植民地帝国日本の文化統合

植民地帝国日本の文化統合

駒　込　　武　著

岩　波　書　店

目　次

凡例

一、資料の引用に際しては、次のような基準にしたがった。
①旧字体の漢字は、原則として、人名を含めて通行の字体に改めた。
②読みやすさを考慮して、適宜句読点を加えた。
③仮名の清濁、平仮名と片仮名の表記については、両者が混用されている場合を含めて原文通りとした。
④中略は「……」で表した。
⑤抹消・見せ消しはその左側にゝゝゝを記した。
二、当時の日本側の用いた地名(「京城」「満洲」「新京」「奉天」など)、組織名(「満洲国」「臨時政府」など)、事件名(「日韓併合」「満洲事変」など)は、呼称それ自体が政治的な意図性をはらんでいることに注意を要する。ただし、今日の学問状況ではすでにその政治的な意図性に関する研究も蓄積されてきているうえに、すべてにカッコを付けてはあまりに煩瑣になるので、初出時にカッコで注意を促し、以後省略するのを原則とした。カッコは、むしろ、「日本」「近代」「同化政策」など、しばしば自明と思われがちな概念の内容それ自体に特に注意を促したいときに用いることとした。
三、日本人以外の人名については、今日の慣用にしたがい、朝鮮人については原語にしたがった読みを示した。

序章

1　研究の課題

本書は、一八九五年から一九四五年にかけての、植民地帝国日本の異民族支配を、主として文化統合という位相に焦点をあてて分析したものである。

まず、本書のタイトルについて説明しておかねばならないだろう。「植民地帝国日本」の範囲には、台湾、朝鮮、サハリン南部、関東州(中国遼東半島の先端地域)、南洋群島のように、帝国主義的国際秩序の中で「公式の帝国《フォーマル・エンパイア》」の一部として認められていた地域だけではなく、一九三一年の「満洲事変」以後の占領地も含めて考えている。これは当時の国際法上の位置づけの相違を越えて、諸地域の相互連関を把握し、比較研究を進め、日本帝国主義による植民地・占領地支配を、できるかぎり総体的な視野に基づいて研究していく必要がある、という判断に基づいている。

もっとも、本書は、時期的にも地域的にも広がりの大きい植民地帝国としての歴史を、網羅的かつ概説的に論じようとするものではない。したがって、筆者の力の及ぶ範囲で、相互連関の把握と比較がある程度可能な地域として、さしあたり、台湾、朝鮮、「満洲国」、華北占領地に分析対象を限定する。これらの諸地域は、いずれも中華文化圏に属していたという点で共通の性格を持ち、南洋群島、東南アジアの占領地(ベトナムを除く)とは区別される。また、「小中華」として独立した世界像を持つ朝鮮を別として、台湾から華北占領地へと向かうにしたがって、中華文明の「周縁」から「中心」に近づき、領有した時点で近代化の進展度は大きく、面積も広大なものとなる。一定の共通性とその中での差異という、比較検討の際に必要な条件を、ある程度満たしていると考えられるのである。(1)

また、本書では、単に既存の「日本史」の枠組みに台湾史や朝鮮史を足し算的に付け加えるのではなく、東アジア世界を一つの地域として、いわゆる「本国」の統治体制と植民地・占領地のそれとが相互にどのような影響を及ぼしあったのかを問題としたい。植民地帝国「日本」という呼称には、そうした意味あいをこめている。

「文化統合」という用語は、国民国家の統合原理に関する西川長夫の議論を下敷きとして、本書の対象に適合的なように単純化と修正をほどこしたものである。

西川は、フランス革命期の国民国家モデルに即して多様な統合原理の位相を四つの水準に区別して説明している。第一は、交通網、土地制度、租税、貨幣-度量衡の統一、市場という「経済統合」、第二は、憲法、国民議会、政府-地方自治体、裁判所、警察-刑務所、軍隊という「国家統合」、第三は、戸籍-家族、学校-教会、博物館、新聞などの「国民統合」、第四は、国旗、国歌、国語、文学、芸術などの「文化統合」である。第四の「文化統合」の諸要素は、第三の「国民統合」の諸装置や革命運動により生み出された「国民的なシンボルや制度の際だったもの」と説明したうえで、このような分類と構成要素のモデルは明治維新にもほぼあてはまると述べている(2)。

本書では、「国民統合」は多様な位相での統合を包括する、もっとも総括的な名辞として用い、他方、第三の水準と第四の水準を包含するものとして「文化統合」という用語を用いることにしたい。イデオロギーそれ自体と、これを生み出し普及させる装置との区別は原理的には可能だとしても、実際の歴史叙述に際しては困難と考えるからである。また、本書では「文化統合」の方式として、特に学校を媒体とした統合に着目したいと考えている。その場合、学校という装置それ自体の性格と、イデオロギーとしての教育内容を切り離しえないことは、いうまでもない。

なお西川は、先の四つの要素に並列して、フランス革命期に「国民を唯一の神とする」世俗宗教が生まれ、キリスト教の祭祀の面影を色濃く残した革命祭典が行われたという興味深い事実を指摘している(3)。非常に広い意味での「宗教的なもの」が統合のためのエネルギーを創出するうえで大きな役割を果たすことはいうまでもない。近代日本の場合は、疑似宗教としての天皇制がこの「宗教的なもの」の領域で圧倒的に優越的な位置を占めるにいたったことが特徴的である。また、一八九〇年代以降、公教育というチャネルを通じて、疑似宗教としての天皇制が民衆に浸透しはじめ、比喩的には、教育勅語という「教義」と祝祭日学校儀式という「儀礼」を備えた学校が、「国教会」として機能したと評することもできる。(4)したがって、欧米帝国主義においてミッションの果たしたのと相同的な役割を、日本帝国主義の場合は学校教育が担うことになる。もちろん、キリスト教や浄土真宗、あるいは天理教などによる植民地への伝道活動が行われていた事実を無視してよいわけではない。しかし、近代日本における文化統合のカナメに位置した学校教育が、植民地支配という文脈でどのような役割を果たしたのか、ということが、まず問われねばならないだろう。しかも、どのように統合しようとしたのかというレベルの問いばかりではなく、そもそも帝国の支配層は、植民地の民衆を国民統合の対象とみなしていたのか、というレベルの問いを忘れてはならない。統合には関心がなく、もっぱら収奪の対象とみなす、という選択肢も十分にありうるからである。

本書の研究対象をこのように定義したうえで、研究のモチーフともいうべきものを説明しておかねばならない。一言でいえば、それはナショナリズム論であり、近代日本のナショナリズムがどのようなものとして構築され変貌し、再建されたのか、ということを批判的に解明することである。ネイションという言葉は、時と状況に応じて「民族」「国民」あるいは「臣民」などさまざまな言葉で翻訳されるが、もっとも一般的には、人類と個の中間に位置する、種レベルの同一性《アイデンティティ》の原理に関わるものと理解できる。それは、人類一般から自らを画し、他の社会集団を排除――国外退去のような顕在的な現象のみならず諸特権からの排除や偏見の再生産ということも含む――する側面をともなうものである。

西平直は、エリクソン(E. H. Erikson)のアイデンティティ理論における「疑似‐種化(pseudo-speciation)」という問題を次のように取り上げている。すべてのアイデンティティが肌の色や風俗習慣、信仰などさまざまな次元での「差異」を「差別」として固定化し敵対的なものとする「疑似種化」の傾向を持っている。それにともなう排他性、異端排除の傾向はアイデンティティの本質に深く根ざすものであり、「疑似種」たることを免れるアイデンティティは存在しない。唯一可能なことは、絶対的な否定の機能としての超越的なアイデンティティに直面することで、その相対性＝関係性(relativity)を自覚することである。[5] すなわち、他者との関係性において、自らのアイデンティティを相対化することが可能なだけなのである。それは日本にかぎられるものではなく、近代ナショナリズムに限定されるものでもない。

本書では、アイデンティティ一般にまつわるこのような問題を見すえながら、近代日本社会において国家レベルの暴力装置を背景として再生産された、「日本人」という「疑似種化」の論理に対象を限定する。そして、それを相対性＝関係性において把握する可能性を対象自身の中から引き出すためにも、帝国主義的な異民族支配との関わりという局面に焦点をあてて分析する。すなわち、ナショナリズムと帝国主義の関係構造を問うことにしたい。

本書の課題意識を明確にするためにも、戦後日本の思想に大きな影響を与えてきた丸山真男の論と、早くもナショナリズム論の「古典」と化した感のある、文化人類学者ベネディクト・アンダーソン(Benedict Anderson)の『想像の共同体――ナショナリズムの起源と流行――』に即して、ナショナリズムと帝国主義の関係がどのように論じられてきたかを、まず検討しておくことにしよう。

米軍占領下に従来の日本のナショナリズムが「超国家主義」として排斥される中で、丸山真男は、「超国家主義」と国家主義一般を区別するための理論的基礎を提供した。たとえば、日本帝国の支配層は「ナショナリズムの合理化を怠り、むしろその非合理的起源の利用に熱中した」と述べている。[6] 当時の政治的状況の中で、丸山にとっては、社会の民主化の推進要因となる合理的なナショナリズムと、対抗要因となる非合理的なナショナリズムとの弁別に精力を注ぐことが重要だったのである。丸山において、「合理的なナショナリズム」の意味内容が、「中性国家」や「市民的自由」の概念にひきつけて、精緻に理論化されていることはいうまでもない。しかし、先の西川長夫の研究を想起するならば、丸山が望ましいモデルとみなした、フランスのナショナリズムも日本のそれと同様に十分に非合理的要素をはらみ、後者もまた一定の合理的要素を持ったものとみなすべきだろう。ナショナリズム批判の原理は、たとえいかに合理的にみえようとも、たぶんに恣意性を免れない「国民」と「非国民」の区別に基づいて、後者を排除することにこそ求められるべきである。

もっとも、丸山真男の議論のうちに、ナショナリズムの否定という問題が取りあげられていないわけではない。一九五四年の時点で「現代ナショナリズムの様相」として、「帝国主義はナショナリズムの発展であると同時にその否定である」[7](傍点丸山)というアンヴィバレントな事態を指摘しているのである。この指摘をどのように理解すべきか。

帝国主義は、ナショナリズムの「発展」であるという部分は、わかりやすい。たとえば、「満蒙は日本の生命線」という言葉を思い浮かべてもよい。自らの生命、あるいは生活の危機を、「日本」の「生命」の危機と重ね合わせるナショナリズムの観念が、「満蒙」支配という、帝国主義的膨張の欲望を刺激し、正当化する。たしかにナショナリズムの発展という要素を抜きにして、帝国主義を理解することはできない。

それでは、「否定」でもあるという部分は、どのように理解したらよいのか。丸山は、古典的な民族国家から超民族集団への権力単位の拡大という過程でこのような事態が生ずると述べている。たとえば、「大東亜共栄圏」の構想が脱ナショナリズムと普遍主義への指向を、部分的に備えていたという事態をふまえた指摘と考えられる。ただし、丸山はナショナリズムが今後も「権力政治の推進力または対抗力」としての生命力を維持し続けるであろうことを指摘するにとどまり、それ以上は展開していない。この時期の丸山の議論が、ナショナリズムの否定ではなく再建を目的としており、酒井直樹が指摘しているように、「日本国民の膨張は連続的なあるべき近代化の過程からの逸脱」[8]であるとみなし、近代国民国家一般の問題と考えていなかったことが、その先へと進ませなかった要因であると考えられる。

「帝国主義はナショナリズムの発展であると同時にその否定である」。このそれ自体としては卓抜した着眼を、さらに展開するための論点を提示しているのが、ベネディクト・アンダーソンである。

アンダーソンは、ロシア、大英帝国、そして日本の例などを挙げながら、一九世紀半ば以降、民衆の国民的な運動への応戦として、権力者が、社会の多様な相違を越えて移植可能な「モジュール(規格化された独自の機能を持つ変換可能な構成要素)」として「公定ナショナリズム」を採用したと述べる。具体的に、ロシアが支配下諸民族にロシア語使用を義務づけた「ロシア化」政策とは、「国民《ネイション》のぴっちりとひきしまった皮膚を引きのばして帝国《エンパイア》の巨大な身体を覆ってしまおうとする策略」であったことを指摘、また、イギリスのインド支配について、インド人の一部を「文化的に英国人にしてしまう」という「精神的雑婚」を進めながら、他方で彼らを本国から締め出したことのうちに、「帝国と国民の矛盾」を見いだしている。この矛盾は、たとえば、イギリス化を求めてインド社会から疎外されながら、同時にイギリス社会からも疎外されるインド人の内面的葛藤として、現実化する。同様な事態は、オーストラリアにも、ビルマにも、台湾にも、朝鮮にも生じていたことだろうとアンダーソンは述べている[9]。

「公定ナショナリズム」を置換可能な「モジュール」とみなすアンダーソンの考えは、日本ナショナリズムに特殊な病理をこそ究明しようとした丸山の発想の対極にある。ただし、「帝国と国民の矛盾」という着眼は、丸山の先の指摘に連なるものとして読むことができる。帝国とは超民族的な権力単位(たとえば、日の沈むことのない大英帝国)、国民とは、単一民族国家的な体制のもとでの統合されたイメージを前提としたものと考えられるからである。

両者のあいだの矛盾は、当然のごとく、まず被支配民族に転嫁される。だが、支配するものもまた、矛盾に引き裂かれていたのではないか。「貸し衣装によって国民的装いをした帝国を魅力的なものに見せる」[10]手品というアンダーソンの比喩にしたがって説明しよう。帝国大の規模に無理矢理引きのばされた「国民的装い」は、伸びきってしまえば「国民的装い」にふさわしいものではなくなる。逆に収縮力を保ち続ければ破けてしまう。破けた部分の修繕のためにつぎはぎされるにしても、破け具合によっては廃棄処分になる可能性すらある。逆につぎはぎだらけの衣装に固執していれば、手品の種がばれてしまう。

すなわち、帝国主義的な膨張が多民族的状況を否応なく顕在化させることで、統合の論理の見直しと再定義を不可避としたと考えられるのである。それ自体はあらゆる帝国主義に共通の問題だとしても、キリスト教という、ナショナリズムとはさしあたり別次元の教化の道具をもたなかった日本帝国主義の場合、特に顕著に現われざるをえない問題だったのではないか。もちろん、たとえどんなに内部矛盾が深まったとしても、ナショナリズムが廃棄されることはない。だが、矛盾の弥縫を重ねる過程で、同一性の原理の構成要素が洗い出され、国民共同体の観念の曖昧さ、不安定さが明瞭になる、というジレンマに満ちた構造が存在したのではないか。そのことが本書の出発点となる仮説である。

本書の課題は、このような仮説を検証すること、すなわち、植民地帝国日本による異民族支配の歴史のうちに、ナショナリズムの自己否定の契機が胚胎し、自己矛盾を深めていく過程を明らかにすることである。そして、結章において、「戦後」改革期の問題をとりあげ、そうした自己否定的な契機がいわば「死産」のままに終わっていることを指摘したい。

筆者は、右のような課題設定の意義と限界について、次のように考えている。

今日では、国民国家という枠組みの擬制的な性格を指摘し、単一民族国家主義の閉鎖的性格を批判する論調は、決して特異なものではない。「オールド・カマー」としての在日韓国・朝鮮人、在日中国・台湾人に加えて、八〇年代以降、「ニュー・カマー」としてインドシナ「難民」、「外国人」労働者が多数流入しながら、多民族国家にふさわしい制度と理念が依然として欠落したままの状態であることも、すでに指摘されてきている。(11)筆者の課題意識も、こうした現在の状況と諸研究に触発されたものであることはいうまでもない。本書の課題のたて方に一定の独自性があるとすれば、近代の産物であるナショナリズム批判の契機を、近代日本の歴史的過程それ自体のうちに見いだそうとすることにある。たとえいかに不徹底で矛盾に満ちたものだったとしても、歴史的に形成された認識を出発点としなければ、ナショナリズム批判も宙に浮いたものとなり、文字どおり一時の流行に終わるほかはないと考えるからである。

他方、「日本人」のナショナリズムに焦点をあてて、植民地支配を論じること自体、ある種の自己中心的な性格を免れないという問題も存在する。

本書の課題設定の対極に存在するのは、たとえば、西村成雄の中国史研究であると筆者は考えている。西村は、植民地帝国日本と鋭く対立するものとしての、「中国近代史を貫く民族自決の思想と実践の形成、発展」の過程を明らかにする必要を説き、このような立論の正当性を「中国近代東北地域史」という対象に即して実証している。(12)西村の研究にかぎらず、朝鮮史の領域においても、経済史では宮嶋博史、教育史では渡部学の研究のように、前近代から近代にかけての朝鮮人の主体的自己変革の過程に焦点づけた研究が蓄積されている。台湾史でも、外来の統治者による歴史叙述を批判的に乗り越えつつ、ナショナルであると同時にグローバルな視野を持った歴史叙述が模索されつつある。特に呉密察が、「コロンブスの新大陸発見」的な歴史観を越えて、台湾原住民の存在を正当に位置づけた「台湾史」の構想を展開していることは注目に値する。(13)

これに比して、本書の視野は、植民地帝国日本の歴史に限定されている。基本的な登場人物も日本人である。三・

一独立運動の際に総督あてに提出された請願書の中に、日本人が朝鮮人の運命を「俎上ノ肉ノ如ク恣ニ論議」[14]することへの怒りを表明した部分があるが、うがった言い方をすれば、本書はもっぱら「俎上ノ肉」を調理する側の議論を分析したものに過ぎないともいえる。そのことの制約と限界を、まず認めておかねばならない。

植民地支配を否定すべき根拠は、最終的に、諸民族が自分の運命を自らのイニシアティブで決定する自決権をはじめ、人権の主体たることを決して認めなかったことに求められるべきである、と筆者は考えている。今日的な観点からそのように批判することは、ある意味では容易である。しかし、「日本人」かぎりのものにとどまらない、普遍的人権という観念を、植民地支配者としての特権を享受してきた「日本人」が、自らの内と社会の内に根付かせることは、実は、それほど容易なことではないのではないか。ナショナリズムが自己分裂を深めていく過程について論じることは、アジアの民衆をもっぱら受動的な収奪の対象とみなす、「俎上ノ肉」的な見方を越えていくことの必要性を開示することにもなるはずである。支配の対象が決して「俎上ノ肉」ではなかったからこそ、民族自決への主体的な動きが起きてくる中で、じりじりと守勢にまわり、ついに一九四五年の帝国崩壊を迎えたのだから。

地球の反対側から井戸を掘るといったら大げさに過ぎるかもしれないが、こうした作業を経ることで「民族自決の思想と実践の形成、発展」を問題とすべき地点に、逆の側からたどり着くことを目指したいと思う。もとより貫通はおぼつかないだろうが、せめて方向性は見誤らないように努めたい。

2　研究の視角——「同化政策」概念の再検討——

本書のタイトルは、いかなる学問領域にも収まりにくいものとなっているが、筆者としては、狭義には植民地教育史研究、広義には植民地支配に関する政治史的研究の系譜の内に位置づくものと考えている。さらに広義には台湾史、朝鮮史、中国史などの地域研究と交錯する。

戦後日本における植民地史研究は、総じて経済史的分析に比べて、政治史的分析が立ち後れてきたことが特徴的である。[15]政治史的な研究のうちでも、民族運動史的な研究が先行し、法制史的な観点からの政策史は、後述の春山明哲などの研究により、八〇年代になってようやく本格的な分析の端緒がつけられたと評することができる。近年では『岩波講座　近代日本と植民地』(全八巻、岩波書店、一九九二―一九九三年)が刊行され、研究領域ごとの偏りを克服して、植民地研究全般の水準をレベル・アップする条件が整いつつある。教育史の領域では、渡部学・阿部洋監修『日本植民地教育政策史料集成(朝鮮篇)』(全六九巻、龍渓書舎、一九八七―一九九一年)や「満洲国」教育史研究会監修『「満洲・満洲国」教育資料集成』(全二三巻、エム・ティ出版、一九九三年)などが刊行され、資料の蓄積も進められている。朝鮮史研究会編『戦後日本における朝鮮史文献目録　一九四五～一九九一』(一九九四年、緑蔭書房)のような文献目録の整備も、研究の深化・発展を促すきわめて重要な作業といえる。

本書に関連する先行研究は「戦後日本」でなされたものという限定句を付けたとしても、膨大なものとなる。そこで、関連する個々の研究については各章で言及することとして、ここでは、研究の内容と方向性を規定する基本的な概念の検討を行い、本書における研究の視角を明らかにすることに努めたい。本書は実証的な歴史研究たることを志向したものであるが、同時に、本来ならば実証の前提となるはずの諸概念を、改めて実証研究に即して吟味し直すことを意図したものでもあるからである。

植民地支配を政治史的に分析する際に避けて通れない問題として、「同化政策」という統治方針をいかに理解するかという問題がある。「同化政策」、あるいは「皇民化政策」――この言葉が政策的に掲げられたのは一九三〇年代後半以降の台湾・朝鮮の政策に限定されるはずであるにもかかわらず、しばしば拡大適用される——という言葉が、分析概念としてきわめて安直に用いられてきた[16]。「同化」という言葉のインフレーションにより、植民地支配の理念も実態も見えにくくなっている、というのが筆者の率直な感想である。同様の問題は「戦後日本」の研究に限定されるものではなく、韓国や中国などにおける研究動向にも見いだしうる[17]。

「同化」「皇民化」は主に教育や宗教など文化政策に関わることがらとして指摘されてきた。本書もこれまでの植民地教育史の研究成果に多くを負うているが、筆者は、国家統合の次元に関する法制史的研究の成果をふまえつつ、教育政策や宗教政策がどのような役割を担い、実際にどのような機能を果たしたのか、ということを改めて問うべきだと考えている。しかし、そうした作業が不十分にしか行われないままに、教育史以外の領域の研究者も、「同化」「皇民化」に関しては、従来教育史を中心に形成されてきた枠組みを踏襲するという事態が生じている。

たとえば、『「帝国」日本とアジア』と題する概説書における、君島和彦の文章を検討することにしよう。ここで君島の文章を取り上げるのは、近年の概説書における一つの総括、しかも植民地のみならず占領地も視野に入れた総括の例としてである。筆者は、この君島の文章が従来の研究動向に対する適切な総括となっていると判断しており、以下の批判も、君島個人に向けたものというよりは、「同化政策」あるいは「皇民化政策」という言葉を曖昧なままに分析概念として用いてきた、研究動向全般への批判たることを意図したものである[18]。

> 日本は、アジア太平洋戦争期の占領地を含めて、すべての植民地で皇民化政策を実施した。皇民化政策の特徴は、その地域の歴史や文化をまったく無視して「日本」を持ち込み、日本化を押し進めることである。経済的収奪だけでなく民族抹殺につながる皇民化政策を「天皇」を戴いて実行したところに、日本の植民地支配の特徴がある。

君島の文章の叙述をそのままに受け取るとすれば、植民地帝国日本による支配は、ナショナリズムの発展であり、同心円的拡大であったということになる。もしそうした側面につきるとしたら、帝国主義的な膨張の過程にナショナリズムの自己否定の契機を見いだそうとする本書のモチーフは、そもそも無いものねだりということになる。しかし、本当にそうなのだろうか。次の三点において、筆者は、君島の歴史叙述を不十分なものと考えている。

第一に、政策展開の時期による差異を、どのように理解すればよいのか。君島は、別の箇所で三・一運動以後、朝鮮で「内地延長主義、同化政策などの各種の懐柔政策」がとられたと述べている。また、三〇年代後半以降の朝鮮の「皇民化政策」は、「内地延長主義の延長上にある政策」であったと評している[19]。全体として「内地延長主義」「同化政策」「皇民化政策」の内容を連続的にとらえ、各時期の段階の相違は、徴兵制施行などの具体的施策によって説明している。そのことは、「同化政策」などの諸概念が、それ自体としては各時期の特徴を総括しうる概念ではないことを示している。また、「内地延長主義、同化政策」が「懐柔政策」であるという評価は、その「延長線上」に位置づく「皇民化政策」が「民族抹殺」政策であるという評価とどのように整合するのか、理解に苦しむ。

第二に、すべての植民地・占領地で「皇民化政策」が行われたというのは、本当なのか。もちろん、それは定義次第なのだが、君島は、朝鮮の例に即してその内容を「学校での日本語の強要や創氏改名、皇国臣民の誓詞や神社参拝」として説明している[20]。だが、大同小異の政策が、日中戦争期の中国大陸の占領地でも行われたと評価しうる根拠は示していない。こうした批判に対しては、時期や地域による多少の相違は、「民族抹殺」という「罪業」の前にさして意味をもたないという反論もありうるだろう。しかし、それぞれの「地域の歴史や文化をまったく無視」した政策が行われたという記述は、かえって諸地域の政治的・文化的な独自性と民族自決への主体的な動きとを無視し、結果として、被支配民族を「俎上ノ肉」とみなす考え方を再生産することになるのではないか。換言すれば、「地域の歴史や文化をまったく無視」しているのは、当時の為政者ではなく、むしろ研究者の方なのではないか。

第三に、「日本」や「天皇」にカッコを付けたとしても、その内実に関しては、「日本語」「神社」などの道具立てを指摘する以上には出ていない。そして、このような一枚岩的な内容のものをおしつけたことを「日本の植民地支配の最大の特徴」としている。しかし、こうした指摘にとどまるかぎり、歴史叙述そのものにおいて、「日本」という観念を実体的なものとして再生産してしまうことにこそ、目を向けるべきである。

総じていえば、右のような歴史叙述には、「他者」としての異民族が存在しない。柄谷行人の表現をかりて、この場合の「他者」とは、共通の規則(コード)を持たない存在であり、たとえば「外国人や子ども、あるいは精神病者」であると定義しておこう。柄谷の指摘するように、透明で対称的な「共同体」的関係ではなく、他者との不透明で非対称的な「社会的」関係こそが、コミュニケーションの基礎的事態なはずである(21)。すなわち、すべての人間関係に遍在する他者性の顕著な存在として、異民族をあげることができるのである。植民地支配とは、「日本人」が異民族との「社会的」な関係の内におかれざるをえなかった場として理解すべきである。もちろん、それだからこそ、権力的装置を利用して異民族の他者性を抹消しようとする政策も出てくるわけだが、その意味も「社会的」関係の存在を前提にしてこそ理解できるものだろう。抹消しようとした、ということと、抹消しつくせたということは同じではないからである。

それでは、植民地支配とは要するに「同化政策」だったという歴史叙述は、日本社会にどのような影響を及ぼしてきたのか。あくまで仮説的な問題提起としてではあるが、「罪業」意識を紋切り型の表現で抽象化する一方、植民地支配の体験とイメージの空洞化を助長する役割を果たしてきたのではないか、と筆者は考えている。

山室信一は、川村湊との対談で、日本人の「アジア」体験が引き揚げという被害者意識を中心に形成されてきたと語り、敗戦とともにいっせいに引き揚げてきた結果「日本人の植民者が過去にどのように世界を発見し参加していったかという自画像が描けなくなった」という問題を指摘している。さらに、政治のレベルでもこうした「体験の希薄さ」が見られるとして、次のように述べている(22)。

日本は台湾領有にしろ朝鮮併合にしろ、あまり緊迫感がないんです。たとえば台湾を領有するときに、原敬などは、異人種を統治するのではないのだから何も特別なことはやる必要はなく内地と区別なく統治すべきだと言う。同じように、朝鮮半島では、同祖同族という意識が基底にありますから、植民地支配によって統治者と被統治者が対立し、異質なものとわたり合うという意識がまったく生じてきていません。

筆者は、植民地支配者としての体験の批判的な回顧を通じて、日本人の「アジア像」を描こうとする、山室のモチーフに共感する。また、日本人植民者の体験が、引き揚げの過程を別とすれば「淡泊」なものであるという指摘も、表面にあらわれたものをみるかぎり、おそらく当たっているだろうと思う。しかし、まわりの異民族に対して感じた恐怖感や、自ら手を下した行為に対する罪責感など、無意識の奥底に深く蔵されている事実も、もちろんあることだろう。政治のレベルでも同様に、「同化」や「内地延長主義」という言説の基底で、緊迫感に満ちた異質なものとのわたり合いが繰り広げられていたのではないか、と考えている。また、個別具体的な植民地体験の掘り下げを触発するためにも、そうした位相にこそ照準を定めて研究していく必要があると思う。

かつて上原専祿が課題化的認識として指摘したように、歴史認識とは「まさに今日の問題意識、まさにわれわれの生活意識によって媒介されたものであると同時に、逆にその問題状況を照らし出し、その生活意識に理由と根底を与えうるような――しかも、その生活意識に自己反省をつねに迫るような――、そのような構造や体系や視角や方法[23]」(傍点上原)を備えたものでなくてはならない。そして、植民地支配とは要するに「同化政策」であったという歴史認識は、それ自体では、「今日」の「われわれの生活意識」に「自己反省」を迫りうるものたりえない、と筆者は判断している。(なお、この場合の「われわれ」とは、本書の研究対象に引きつけていえば、植民地支配と侵略という負の政治的経験を共有する集団としての「日本人」と考えることができる。上原が、「民族」という観念を言語や宗教の共有という文化的な観点からではなく、政治的な経験の共有という観点から理解すべきことを説くとともに、「対中国、対朝鮮、対東南アジア諸地域への日本の侵略、この問題への自己批判をぬきにして、これからの人類の未来社会へ日本が直接無媒介的につながるように考える考え方は、日本人の側からだけの問題の立て方なのであって、世界には通用しない」とも述べているからである。[24])

以下、具体的に、分析概念として、「同化政策」という用語をどのように定義していくべきか、ということについて論じることにしよう。

「同化」という言葉の意味内容は、植民地支配の当事者にとっても曖昧なものだった。たとえば、三・一運動後に更迭された長谷川好道総督は「朝鮮同化ノ方針ハ併合当初ヨリ不変」と述べ、当時首相だった原敬は「朝鮮ヲ内地ニ同化スルノ方針ヲ以テ諸般ノ制度ヲ刷新」すべきであると主張している。[25] かたや従来通り「同化」を維持せよと述べ、かたや新たにそうすべきであると論じていることになる。長谷川は、同じ資料で「国民性ノ涵養ヲ目的トスル教育方針ヲ抛棄スヘカラサルヤ論ナシ」と述べていることからも、主に教育政策を念頭においていたことがわかる。原敬については、春山明哲の先駆的な研究が、憲法をはじめとする法制度上の同一化を先行させる構想、すなわち「内地延長主義」という統治方針を抱いていたことを明らかにし、風俗習慣、歴史などを含む「同化」一般から区別すべき特徴を明確にしている。[26]

山本有造は、春山らの研究成果を総括しながら、植民地帝国日本の支配には「法制的・政治的には明白に異域＝植民地でありながらイデオロギー的には内地化を標榜するという、理念と現実の〈二重性〉」がつきまとっていると表現し、原敬の構想をこのような〈二重性〉の解消を目指したものと位置づけている。また、敗戦直前の段階で、台湾・朝鮮への徴兵制施行と参政権付与を定めることにより、ようやく〈二重性〉を「ある種の「同化主義」によって一元化することに「成功」した」と評価している。[27]

春山や山本の研究から結論できることは、さしあたり、法制度上の次元の問題と、教育政策などイデオロギー的な次元の問題を区別して考察する必要があるということである。本書ですでに定義した概念を用いれば、「国家統合」の次元と「文化統合」の次元を区別しつつ、両者のあいだの関係を考えねばならないということもできる。アメリカにおける社会学研究の成果をふまえながら、朝鮮人「同化政策」の分析視角として、こうした二次元的な枠組みを提起した研究として山中速人のものがある。

山中は、社会構造的次元と文化的次元とを区別し、図1のように定式化している。社会構造的次元における平等化のメルクマールとしては、参政権をはじめとする権利関係の同一化、文化的次元における同一化の指標としては、教育による言語の共通化政策などをあげている。そして、「日韓併合」の際に、ジャーナリズムの論調としては「同化・融合タイプ」が支配的だったとしても、植民地現地官僚のリアリズムや朝鮮停滞論が平等化の原則を空洞化し、現実としての「同化政策」は「階層化タイプ」であったと評価している。さらに、合理主義的植民地経営論が、横軸における文化的同一化の路線を廃棄し、「分離タイプ」に向かう可能性もあったとも述べている。[28] 筆者は、大筋において、このような山中の分析枠組みを正確なものと判断し、踏襲しようと考えている。ただし、次の四点に関して修正、あるいは補足が必要だと思う。

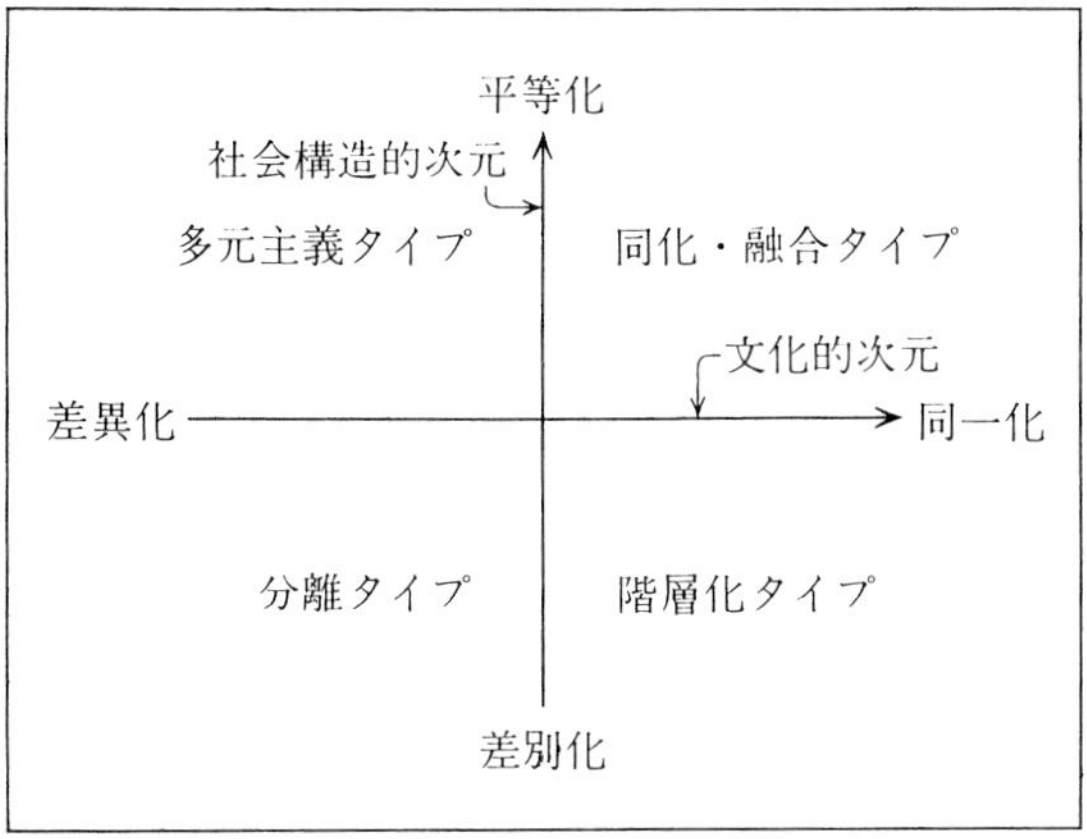

図1

（注：山中のものとは左右が逆になっている）

第一に、「社会構造的次元」という概念の設定の仕方が適切ではないこと。山中の依拠しているアメリカの社会学の枠組みは、主に一国内部におけるマイノリティーを想定して形成されたものである。したがって、「社会構造」を固定した所与の体制とみなすことができた。

だが、一九世紀末から二〇世紀にかけての植民地支配という局面では、一方において経済の次元における資本主義化をはじめ、近代化という不可逆な社会構造上の変化の過程が進行していた。それは統治政策の選択肢を分類したこの表とは次元を異にすることがらであり、縦軸はむしろ法制度上における平等化と差別化ということに限定して考えるべきである。

第二に、この表には文化的多元主義という選択肢は位置づけられていても、被支配民族の独立を認めるという選択肢は存在しないことを確認しておくべきである。もちろん、実際には日本政府が、そうした選択肢をとることはなかった。しかし、一九三一年以降の中国大陸での占領地のように、反帝国主義の理念のもとで民族としての結集が進み、また、近代化も一定程度進行した地域では、別国家という形態をとらざるをえなかった。縦軸における平等化と差別化という区別自体がさして意味をもたない状況が生まれていたのである。台湾や朝鮮の内部からも、こうした枠組みそのものを瓦解させるような力が生じてきていた。この表の適用限界を明確にしておく必要がある。

第三に、縦軸における上下の動き、横軸における左右の動きを規定する要因に関しては、説得的な説明が見られないことである。植民地官僚のリアリズムということは確かに重要な着眼点だが、朝鮮停滞論などは平等化を阻止した要因そのものというよりは、正当化のための単なる口実とみなすべきではないか。さらに構造的な要因の説明に関しては、山中は、「欧米帝国主義」と「天皇制ナショナリズム」が深く関係しているであろうことを、仮説的に指摘するにとどまっている。

第四に、「同化政策」という用語の明確な定義がなされず、「同化・融合タイプ」と用いる例もあれば、「階層化タイプ」を「現実の「同化政策」」と称してもいる点に、曖昧さが見られることである。「同化政策」という概念の定義は、当事者の用法のあいだにも混乱が見られる以上、確かに容易ではない。しかし、資料における用法との一定の連関を保ちつつ、分析概念として内容を明確にしておかねば、さらなる混乱を招くばかりである。

第一から第三の問題については本論で追求することにして、ここでは第四の問題について、植民政策学者矢内原忠雄の所論を参考にしながら、筆者の考えを明らかにしておくことにしたい。

矢内原は、「朝鮮統治の方針」という一九二六年に書いた文章において、植民地統治政策を「従属政策」「同化政策」「自主政策」に分類している。「従属政策」とはもっぱら本国の利益のみを中心とする専制的搾取政策であり、一六世紀から一八世紀にかけての、イギリスのインド支配やオランダのジャワ支配などが含まれる。「同化政策」は、本国の法制、風習、言語を普及し「雑婚」を奨励して、植民地社会の本国化を図るものであり、代表的にはフランスのアルジェリア統治である。「自主政策」とは、イギリスのドミニオンであるカナダ、オーストラリアにおけるように、植民地議会の設置などの自治を認めたうえで、帝国としての協同を図ろうとするものである。矢内原は、最近ではフランスも「自主政策」に転じつつあると述べる(29)。

先の山中の表と照合させると、「同化・融合タイプ」を「同化政策」、「多元主義タイプ」を「自主政策」、その他、図1の下半分を「従属政策」と評していることになる。ところで矢内原は、植民地帝国日本の朝鮮統治政策をどこに分類しているのだろうか。この点は曖昧な書き方をしているが、要するに「従属政策」であると判断していると解釈できる。すなわち、「最初から露骨なる従属政策が表明せられたわけではないが」という表現で、実際は「従属政策」であるということを含意していると読むことができる。また、三・一独立運動以来統治方針の転換が標榜されたにしても、地方諮問機関設置以上に参政権を認めていない状態は、「面積人口歴史に於て小規模ならざる植民地に就て見れば、恐らく世界唯一の専制的統治制度(30)」であるという表現にしても同様である。「同化政策」の指標として、フランスのアルジェリア統治のように、本国議会に対する植民地住民の参政権ということを掲げるとすれば、帝国日本の統治方針は「同化政策」ではなかったという結論になるのである。

一九三七年に書いた「朝鮮統治上の二、三の問題」では、矢内原は異なった解釈を示している。「同化的植民政策は植民地人に対して経済的及び社会的同化を要求すると共に、政治的権利の同化を拒否するを特色とする」[31]と述べ、山中の表の「階層化タイプ」に当たる政策を「同化的植民政策」として論じ、批判している。すなわち、一切の政治的な権利を認めない方針をこそ「同化政策」として言及している。こうした議論の揺れの背景には、一九三七年の時点では、もはや「自主政策」を主張しうる社会的基盤が薄れていたという事情が作用しているのであろう。

右の検討から、「同化政策」という概念の定義にもっとも厳密なはずの植民政策学者の議論にも曖昧さのあることがわかった。また、山中のいう「同化・融合タイプ」あるいは「階層化タイプ」のいずれかに「同化政策」という言葉をあてはめることの無理も明らかになった。

これ以上の議論の混乱を避けるために必要な措置は、四つのタイプにさしあたりは分類しうる統治政策と、一般的抽象的理念としての「同化」を区別することである。統治政策の特質は、法制度的次元における平等化と差別化——本書では「内地延長主義」と「植民地主義」という概念を用いることにする——、文化的次元における同一化と差異化——本書では、伊沢修二の用語をかりて、「自主主義」と「仮他主義」という概念を用いることにする——という二次元の座標軸に即して、分析しなければならない。植民地支配の当事者による「同化」という言葉は、何かを説明する概念であるのではなく、それ自体分析され説明されるべき概念である。すなわち、「同化」という言葉の含意、どの次元でどのような施策を主張したものなのかを説明しなくてはならないのである。

このように「同化」という言葉に頼らずに政策の特質を把握したうえで、それが理念としての「同化」とどのような整合性をもっているのか、ということを問題とすべきである。理念としての「同化」の最大公約数的な内容は、矢内原の文章を援用して、さしあたり「表面的でなく心理的にまで日本人化し、日本に対する融和親善の思想感情を涵養する」ことと定義しておこう。[32]心理面における「思想感情」の同一化としての「同化」を目的とすべきという言葉は、当時の植民地帝国日本の支配層の言説のうちに頻繁に見いだされるはずである。

差別化と差異化を基本とする「分離タイプ」の政策であっても、理念としては「思想感情」の同一化としての「同化」を志向している場合もありうる。ただし、その場合、理念の達成のために適切な手段がとられていないと客観的に判断できる以上、「同化」という理念は形骸化しており、そもそも「理念」としての地位を占めていたのかは疑わしいということになる。「理念」でなければ何なのか。現実における「分離タイプ」の政策の差別性を隠蔽するための建前的な言説ということになるであろう。

「分離タイプ」と「階層化タイプ」を比較すれば、後者では文化的な同一化を目指す施策が言語政策などの領域でとられていることから、「同化」という理念も一定の現実的な基盤を持っていることになる。しかし、どの程度に具体的な施策と、「同化」という理念が整合的であったのかということを問題としなければならないのは同様である。むしろこの点での整合性を欠くからこそ、いっそう言葉のうえでは「同化」が強調されたということもありうる。したがって、まず必要なことは、支配にともなう諸矛盾――それは帝国主義とナショナリズムの矛盾に連なるものである――を隠蔽するための建前的な言説として「同化」を読み解くことであり、それでもなお、実効的な機能を果たした点があるとすれば、どのような意味においてなのかを問うことである。

「同化」を、社会的な必要により再生産される「言説」として読み解くこと。従来の研究の中でこうした観点を提起したものとして、宮田節子の研究と尹健次《ユンコオンチャ》の研究をあげることができる。

宮田の研究は「同化」や「皇民化」という支配者の言葉と、差別を基調とした実際の法制度との乖離が帝国崩壊の時点まで埋められなかったことを鋭く抉り出したものであり、本書を草するにあたっても、宮田の研究から示唆されたことは大きい。具体的内容に関しては本論で述べることにして、これまで述べてきた本書の研究の視角に関わって一点だけコメントしておきたい。宮田は、「同化」「皇民化」、あるいは「内鮮一体」という言葉の使い分けが恣意的になされたことを強調している。たとえば、「支配者は朝鮮人には、全く一方的に同化を強要したが、しかし自らは、自分の強要した論理(朝鮮人の同化が必要でもあり、可能でもあるという論理——引用者注)を少しも信じていなかった」と述べている。[33] 踏襲すべき鋭い着眼である。ただし、宮田の研究に難点があるとすれば、「アメーバーのごとくに不定形」[34]とも評するこうした使い分けを、たぶんに支配者個々人の恣意、あるいはその総和として把握していることである。しかし、朝鮮総督をはじめとする個々の支配者は、むしろナショナリズムの原理に支配されながら、たぶんに現状追随的にそれを再生産していただけではないのか。また、その場合のナショナリズムとは単に恣意的であるというよりも、使い分けのための一定の基準を備えていたのではないか。本書では、こうした問題を、「言語ナショナリズム」と「血族ナショナリズム」という概念でとらえていくことにしたい。

次に尹健次の研究について述べよう。『民族幻想の蹉跌』に収められた「近代日本の異民族支配」と題する論文で、尹は、「「同化」という言葉は、異民族支配の実態を示すというよりは、むしろ「民族問題」の顕在化を回避するための言説として機能していた」と指摘している。しかし、実際の歴史叙述は、こうした問題提起と必ずしも整合的ではない。たとえば「「韓国併合」によって、朝鮮人は天皇を媒介にして、日本人と「同胞」になり、日本語を学び、「皇民化」することが強要された」という歴史叙述は、単なる言説ではなく実態であることを強調したものとして読めるからである。また、朝鮮に関してはこのように述べながら、台湾に関しては、満洲事変以前は「本格的な施策がともなわない空言に終わっていた」という評価をくだす理由も説得的に提示されていない。[35] このような曖昧さは例外的なものではなく、尹の研究の全体的な構造に関わっていると思う。

尹のこの論文は、研究対象の広がりからいっても本書の直接の先行研究となるものだが、国家統合の次元の諸問題と文化統合の次元との区別、さまざまな論議・主張と現実の政策展開との関係が曖昧なために、右の貴重な着眼が生かされていない。「民族幻想」という観点も、「日本民族」意識への批判的原理として機能していることは明瞭であるにしても、「朝鮮民族」意識との関係についてはどうなるのかという点が曖昧である。また、「近代日本の植民地政策、そしてアジアの諸民族にたいする政策は、朝鮮民族にたいする政策を基軸とするものであった」という記述や、「台湾をも含めたその後の植民地経営は、朝鮮での経験を移植していくものであった[36]」という評価など、「日本中心史観」へのアンチとしての「朝鮮中心史観」ともいうべき傾向が見られる点に関しても疑問を感じざるをえない。台湾の政策が朝鮮の経験を移植したものであったという認識が過度の単純化であることは、本書の叙述の中で明らかになることだろう。尹の歴史叙述の根底には、明言はしていないものの、台湾よりも朝鮮の方が「民族」形成、「民族」主義という点で先んじていたという評価が前提的に組み込まれているように思われる。もしそうだとすれば、その歴史叙述は、尹の初志に反して、近代日本の歴史を根底的に批判しうるものとはなりえないのではないだろうか。「民族」主義という尺度そのものは温存されることになるのだから。

「同化」という概念の再検討は、「民族」や「近代」の概念の再検討へと波及せざるをえない。少なくともこの両者を自明の価値とみなすことはできない、この点についてさらに立ち入った問題提起をしている研究もある。朝鮮史研究の領域では、たとえば、並木真人が、従来の「階級解放至上主義的」な分析、あるいは「民族精神絶対賛美論」に基づく研究を越えて、「普遍性を装いつつ近代文明への憧憬を利用する」日本帝国主義に対して、民衆が「伝統・民族」という価値によりながら、いかに抵抗の論理を構築しえたのか、という問題を思想内在的に探求する必要を指摘している[37]。「民族精神賛美論」に陥ることなく、「伝統・民族」という価値を問題にするためには、「伝統」の内実に立ち入った論及が必要であろう。本書では、中国思想史や人類学など関連諸領域の研究成果によりながら、不十分ながらも、儒教や民間信仰の内実に立ち入りつつ、支配する側がそれをどのように組織化しようとし、支配される側がそこにどのような意味で抵抗の拠点を見いだしえたのか、ということに論及することにしたい。

「民族」とは「伝統」を一定の方向で組織化する中で、近代に生み出された政治理念であり、「日本人」のみならず「朝鮮人」「中国人」「台湾人」といったカテゴリーも、近代帝国主義体制の中で、政治的経験を共有する集団として現実的な意味を帯びはじめたものである、と筆者は考えている。したがって、帝国主義体制のもとでの政治的な対抗関係は、板垣雄三が主張しているように、「差別体制の重層的構造をたえず拡大的に再生産する」帝国主義と、そうした場のただ中における「差別の克服と連帯の獲得」という観点から評価しなければならない[38]。一般に「民族主義的」と総称される立場が、こうした対抗関係の中ではむしろ帝国主義を補完するものとなることさえもありえる。朝鮮は台湾よりも「民族」主義という点で先んじていたという評価も、一面において差別の克服を志向しながら、他面において、差別の重層的な構造そのものに対する批判とはなりえないということにこそ注目すべきであろう。

3　本書の内容・構成と方法

はじめにも述べたように、本書は、通史的な叙述を目指したものではない。したがって、植民地教育史の通史としてみた場合、教員養成史や女子教育史など重要な諸側面を欠落させている。また、筆者の力の及ぶかぎり実証的な歴史叙述たることを心がけたが、同時に、本書の主要な関心は、瑣末実証主義の森に迷い込むことではなく、これまで述べてきたような課題意識と視角にふさわしい研究の枠組みを創造することにある。

本書の対象とする地域と時期もこのような関心に基づいて選択されている。内容は、台湾・朝鮮支配を取りあげた第Ⅰ章から第Ⅳ章までと、一九三一年以降の中国大陸における占領地支配を取りあげた第Ⅴ章・第Ⅵ章とに大きく二分される。

第Ⅰ章から第Ⅳ章では、「国家統合」に関わる次元と、「文化統合」に関わる次元との双方が分析される。前者に関しては、参政権をはじめとする権利・義務関係の平等化と差別化という問題を従来の先行研究に依拠しながらとりあげ、後者に関しては、統合の中核となる理念である教育勅語と、日本語教育の問題を取りあげる。憲法、教育勅語、日本語が三位一体となって国民国家としての統合を形成したのが近代日本だとすれば、植民地ではこの三位一体の構造にどのような違いが見られるのか、ということが分析の課題となる。

第Ⅰ章は、領有から一〇年前後の時期の台湾の状況を取りあげ、試行錯誤の末に、植民地支配方式の原型がどのように形成されたのかを論じる。第Ⅱ章では、「保護国」期から併合初期にかけての朝鮮の状況に即してこうした方式が定着したこと、他方第Ⅲ章では、同じ一九一〇年代に早くも台湾では教育制度という局面で支配方式の修正が始まることを明らかにする。第Ⅳ章では、三・一独立運動のインパクトのもとで、より根本的に統治方式を転換し、多民族国家にふさわしい理念と体制を構築する必要が体制の内部からも提起されたこと、ただし、結局実現にはいたらず、統治体制に内在する諸矛盾が「満洲」へと転嫁されたことについて論じる。

第Ⅰ章から第Ⅳ章までのキー・パーソンは、持地六三郎や隈本繁吉など植民地教育行政に関与したテクノクラート、井上哲次郎、穂積八束などのイデオローグである。韓国統監府から台湾総督府へと転じた隈本は第Ⅱ章と第Ⅲ章に関わり、逆に台湾総督府から朝鮮総督府へと転じた持地は第Ⅰ章と第Ⅳ章に関わる。いずれもテクノクラートとしてのリアリズムを基調とした政策提言を行うが、隈本があくまで教育の範囲内で諸矛盾に対応しようとしたのに対して、三・一運動以後の持地の議論はそうした枠をぬけざるをえなかったのが特徴的である。また、第Ⅱ章と第Ⅲ章では、不十分ながらも、植民地化以前の社会制度、あるいは抗日運動との関係によって、支配の方式がどのように規制されたのか、という問題も取りあげることにする。

第Ⅴ章と第Ⅵ章では、もっぱら「文化統合」の次元を問題とする。

第Ⅴ章では、統合の核となる理念で根本的な転換が図られた例として、「王道主義」という統治理念に着目する。王道というアジア主義的な原理が、なぜ統治理念として浮上し、イデオロギーとしてどのような射程を備えていたのかということを、満洲国建国工作の過程でイデオローグとしての役割を果たした橘樸《しらき》の中国認識との関連で論じ、さらに王道が次第に皇道という「日本」的な同一性の原理に圧し去られた過程を明らかにする。

第Ⅵ章では、華北占領地に対する日本語普及政策を中心として、出先軍部、興亜院、文部省という諸主体がどのような思惑で文化工作に関与したのか、ということを「東亜新秩序」「大東亜共栄圏」構想と関連させて論じる。王道主義などのアジア主義的理念がさしあたり従来の植民地統治との切断のうえに成立していたのに対して、日本語普及政策は連続的な発想に立つものであった。しかし、現実の諸条件の相違の中で、事実として非連続的な性格が色濃くなり、それは日本語普及政策の基盤となった発想そのものへの批判にまで及ぶことを明らかにする。ここでは、山口喜一郎など日本語教育の代表的な実践家の議論が重要な分析対象となる。

第Ⅴ章、第Ⅵ章を通じて、一九三一年以後の大陸の占領地支配のあり方も、台湾・朝鮮支配のあり方と密接に連関し、これによって規制されていたことが明らかになることであろう。

最後に、本書の研究手法について述べておこう。

「同化」を言説として読み解くためには、それを可能にする資料と方法が必要なことはいうまでもない。本書では雑誌論文など表向きに現れた資料のほかに、政策主体の内部文書を用い、そのなかでどのような議論がなされていたのかということを分析し、表向きに現れた内容との落差を問題としていくことにしたい。具体的には、国会図書館憲政資料室所蔵の後藤新平文書、斎藤実文書、大野緑一郎文書、また、渡部学と阿部洋が収拾・整理を進めた隈本繁吉文書などの個人文書を利用することにする。逆に政策主体の表向き言明を確認するための資料としては、総督府などの編纂した教科書に着目する。たとえ実質的には個人の書いたものであろうとも、教科書は公的性格を持つ意見表明とみなすことができるからである。

本章で着目する人物は各章によって変化するが、彼らの主張がいかなる現状認識に根ざし、どのような政策提言を行ったのか、また、実際の政策にどのように受容されたのか――あるいは、受容されなかったのか――という観点からの分析手法は一貫させたい。すなわち、テクノクラートやイデオローグの思想そのものよりも、一定の首尾一貫性を持った彼らの主張との関連の考察を通じて、いわば政策を支えた思想を明確にすることが本書の狙いであり、研究手法でもある。以上のような特徴を持った資料をもとにして政策を支えた思想の輪郭を描き出すことによりはじめて、言説の波に呑み込まれるのではなく、言説それ自体を相対化しつつ分析することが可能になると筆者は考えている。

なお、本書のうち第II章と第IV章は書き下ろしであるが、その他の章は既発表論文を大幅に再構成したものであり、どこから読みはじめることも可能なような独立性の高さを備えている。また、各章には、それぞれの時代と地域の中心的な争点と思われる政策的・思想的な課題を副題として付したが、「中華帝国からの離脱」にしても、「差別の重層的な構造」にしても、「日本語共栄圏構想」にしても、実は本書の対象とする全時代・全地域に関わる問題であることを、あらかじめ付言しておきたい。

第I章　台湾・一九〇〇年前後
――中華帝国からの離脱――

1 はじめに

自伝的小説である中勘助『銀の匙』（一九一五年）には、日清戦争中の小学校の雰囲気を示す次のようなエピソードが語られている。(1)

主人公の少年は、友だちの話が「朝から晩まで大和魂とちゃんちゃん坊主」でもちきりで、先生もまた「予譲や比干の話」はおくびにも出さず、「のべつ幕なしに元寇と朝鮮征伐の話ばかり」する雰囲気に苦々しさを感じている。友だちが例によって戦争談義に花を咲かせていたとき、少年は、「結局日本は支那に負けるだらう」と「大胆な予言」をし、新聞も万国地図も『史記』や『十八史略』も読んでいない仲間たちを言い負かす。告げ口でこれを知った先生は「いつものとほり支那人のことをなんのかのと口ぎたなく罵つた」。少年は、「先生、日本人に大和魂があれば支那人には支那魂があるでせう。日本に加藤清正や北条時宗がゐれば支那にだつて関羽や張飛がゐるぢやありませんか」と抗議するが、「□□さんは大和魂がない」と決めつけられて沈黙する。

『史記』の登場人物である予譲や比干、『三国志』の英雄関羽や張飛は、読書好きの少年にとってごく近しい存在であった。「大和魂」の論理によって、そうした世界からの離脱を強引に迫られていくことへの痛みが、ここにはビビッドに描き出されている。それはもとより、この少年にかぎられたことではない。柄谷行人の述べるように、「漢詩・漢文学を本当に味わえる最後の世代」だった夏目漱石や岡倉天心にとっても、その凋落は、「普遍性（宇宙）」の喪失を意味したのである。(2)

日清戦争は、中華帝国が最後まで維持していた朝鮮との朝貢関係を解消させることで、最終的に「中華帝国体制」を解体させ、東アジアにおける「近代帝国主義支配体制」の確立を促すものとなった。(3)国際政治の次元における、このような変化の後を追うようにして、比干や関羽の世界は次第に加藤清正の世界に取って代わられていくことになる。しかし、こうした文化的次元の問題は、外交関係のように明確な区切りのつけられるものではなかった。また、それまで「存在論的現実」を理解するための「ただひとつの特権的な表象システム」(4)でもあった漢文・漢字の影響力を、完全に払拭しきれるものでもなかった。文化的次元における中華帝国からの離脱は、日清戦争以後の重たい課題として残されていたのである。

明治政府は、こうした課題を未解決のまま、中華帝国の「周縁」に位置していた台湾の統治に臨むことになった。その統治方針が策定されるプロセスは、すでに政治的・文化的統合をなしとげた国民国家と、もう一つの国民国家とのあいだの支配 - 被支配関係としては、よく理解しえないだろう。日本と台湾をともに包んでいた「宇宙」としての中華帝国からの離脱を一方で果たしながら、他方で近代的植民地帝国としての支配と統合の原理を樹立するという、ジレンマに満ちた過程として把握すべきである。事実として、日本帝国主義による植民地支配の歴史の中でも、世紀転換期の台湾支配は、統治方針をめぐる振れ幅が最も大きく、実際には実現しなかったさまざまな選択肢がありえたことを示している。そしてまた、この時に形成された支配体制の骨格は、結果として、日本帝国主義の敗北にいたるまで、統治方針を大枠において規定するものとなった。そこで何が選択され、何が排除されたのか。また、その選択を方向づけ、正当化したロジックはいかなるものだったのか。

本章では、まず憲法適用問題という統治方針の基調に関わる選択肢について論じたうえで、次いで教育制度、さらに教育の理念と内容に焦点をあてて、植民地統治体制の骨格の形成過程を追うことにしたい。

2　天皇制国家の「内」と「外」

一　植民地主義の形成

国民国家の「内」と「外」を截然と区別し、「内」部では等質的な権利・義務の保障を建前とする体制は近代世界に固有なものである。一八九五年の日清講和条約による台湾領有は、欧米諸国との条約改正を急ぐ明治政府が、憲法を制定し、きわめて不徹底ながらも、このような体制を整えた矢先に起こったできごとだった。そこに一つの新しい問題が生じてくることになる。「外」国との関係では、台湾は明らかに「内」部に属していた。領台当初の二年間の猶予期間を越えて台湾に居住する者には一律に日本国籍が付与され、納税の義務も課されたのである。しかし、納税の義務を越えて権利・義務の等質化という原理を及ぼすのか否か。あるいは、国家統合、文化統合それぞれの次元で台湾の民衆を統合の対象とみなすのか否か、という問題への対応策は必ずしも明確ではなかった。領台当初の約一〇年間は、一方で、台湾人の根強い武装蜂起に対する鎮圧戦争を遂行しながら、他方で、統治方針の基調をめぐる、試行錯誤が繰り広げられた時代であった。

一八九六年一月、内閣に設置された台湾事務局の委員に外務次官として就任した原敬は、「台湾問題二案」と題する著名な意見書を、伊藤博文首相に提出している。

原は、台湾統治の基本方針として、「甲　台湾ヲ殖民地乃チ「コロニイ」ノ類ト看做スコト」と「乙　台湾ハ内地ト多少制度ヲ異ニスルモ之ヲ殖民地ノ類トハ看做サザルコト」という二つの選択肢を掲げたうえで、ドイツのアルザ

ス・ロレーヌ支配、フランスのアルジェリア支配をモデルとして、乙案を採用すべきだと述べている。(5)

同年三月、明治政府はさしあたりの対応策として、帝国議会に「台湾ニ施行スヘキ法令ニ関スル法律案」を提出、激論の末に三年の時限立法として可決された。一般に六三法と称されるこの法律は、台湾総督に法律の効力を持つ命令(「律令《りつれい》」と称された)を制定する権利を与え、台湾を法制度上の異域として位置づけるものだった。原の意図に反して、甲案に近い内容だったのである。これにより、行政府の長である総督が立法権をあわせもち、しかも、立法過程に民意を反映させる回路を遮断した独裁的な統治体制が、法制的にも追認されることになった。

総督に強大な権限を与えた六三法は、帝国憲法を根幹とする法システムのうちにどのように位置づくのか。それは帝国議会の立法権を犯すものであり、憲法違反の法律ではないか、といった論議が議会で繰り返されたが、政府は曖昧な答弁に終始した。憲法が領土についての明文規定を欠いている以上、憲法の適用範囲を制限して台湾を純然たる「植民地」として扱うためには、憲法改正が必要であるという見解も存在した。しかし、政府としては、制定したばかりの憲法の改正を避けたいという思惑があった。結果として、天皇大権が及ぶという意味では、形式的に憲法の施行範囲としながら、権利・義務の規定、法律と命令の区別、という立憲制の実質的部分に関しては、事実上施行しない、という玉虫色の解釈が公式見解とされることになったのである。

六三法は、延長期限の三年ごとに帝国議会で憲法論争を引き起こさざるをえなかった。こうした事態を、原のいう甲案を貫徹させる方向で収拾しようとしたのが、一八九八年に台湾総督に就任した児玉源太郎、民政局長(のちに民政長官)に就任した後藤新平である。後藤は、一九〇四年ころ憲法改正案を含む台湾統治法案を本国政府に内示、名実ともに「植民地」としての性格を明確にしようとしていた。おりから、日露戦争の勃発、児玉総督の異動もあって、この法案は上程にいたらなかった。(6) しかし、翌年には、帝国議会で桂太郎首相が、台湾を「内地」の延長とみなすのか否かという質問に答えて「無論殖民地デアリマス。内地同様ニハ往カヌト考ヘマス」と明言し、守谷此助議員が、この首相の発言に対して、「実ニゾットスルデハゴザイマセヌカ」と述べている。[7] 欧米列強による植民地化を免れることを国是として近代化を推進してきた当時の支配層にとって、「植民地」という言葉が、独特の語感をもつものだったことがわかる。しかし、事実として「植民地」として位置づける方針が固まり、〇六年には六三法とほぼ同様の内容の三一法が、五年の時限立法として制定されることになるのである。

このような「六三問題」をめぐる法解釈論議、原や後藤の植民地統治思想に関しては、すでに少なからぬ研究が、その政治史的な意味合いを考察している。

後藤に関しては、小林道彦が、地租増徴に反対し台湾関係予算の緊縮を求める政党勢力の干渉を排して、総督府の「自動的活動」の余地を広げ、積極主義的植民地経営を実現することが、その狙いであったと述べている。[8] また、春山明哲によれば、「不平等な内地」において藩閥打破を目指す原は、本国における「制度先行型の平等主義」の原理を植民地にも拡大適用しようとしていたのに対して、後藤は、「文明的植民政策」の実現を広義の外交政策の一環とみなし、経済開発は重視しても、「憲法という恩沢」を与える必要はないと考えていたとされる。[9]

春山は、原の植民地統治思想を「内地延長主義」、後藤のそれを「特別統治主義」という概念で総括しているが、本書では、後者に対しては「植民地主義」という用語をあてることにしたい。植民地主義という言葉は、内地延長主義を含む、植民地統治思想全般を指すこともあるので、こうした用法は、あるいは混乱を招くものとの批判を受けるかもしれない。しかし、原の「台湾問題二案」にもみられるように、「内地」と対をなす概念は「植民地」であり、内地延長主義を徹底させれば、もはや植民地統治とはいえないことになる。日本政府は言葉のうえでは「植民地」という用語を忌避し続け、当初は台湾・朝鮮などの地名列挙方式、一九二〇年代末からは公式に「外地」という用語を用いることになるが、これは中村哲の指摘しているように、事実上帝国主義的支配の対象としての植民地以外の何ものでもないものを隠蔽するための用語であった。[10] それだからこそ、言葉の詐術に惑わされないためにも、「外地」とはすなわち「植民地」＝「コロニイ」であったことを、分析に際して明確にする必要がある。

二　国民統合の境界

小林道彦や春山明哲の研究に明らかなように、植民地主義という統治方針は、本国政治における、藩閥対政党という対立関係や、植民地獲得競争の渦中にあった国際関係から導き出されたものであった。それにしても、そもそもなぜ、北海道や沖縄が「内地」とされたのに対して、台湾、さらに、朝鮮やサハリンは「外地」＝「植民地」とされたのか。今日の日本政府の主権範囲を自明の前提としてしまっては見えにくいことがらであるが、このような問題を改めて考えてみる必要があろう。

「日本」という国民国家の淵源をどこまで遡りうるのか。換言すれば、古代律令国家や、近世幕藩体制による統合の枠組みがどの程度において近代的国民統合の前提となりえたと判断すべきなのか。前近代の国家体制の役割を過大にも過小にも評価することなく、その接続関係を見きわめることは容易ではない。このような問題を取りあげた研究の中で注目に値するのは、安丸良夫の研究である。安丸は、幕藩体制下にも仏教やキリスト教などの普遍宗教に基礎をおいたコスモロジーの存立の余地が狭められていたことに一方で着目しながらも、幕末維新期の変革の過程を通じて、民俗的な秩序の編成替えが行われ、天皇制が国民統合を保障する唯一のコスモロジーとしての地位を獲得していった、という断絶的側面を強調している(11)。鬼頭清明は、安丸らの研究を前提としながら、前近代社会における、言語、民俗、市場圏などさまざまなレベルでの「統合性・凝集性と多様性・分散性というダイコトミイ」の存在を指摘し、前者の側面が国民統合の創出のために巧みに利用されたことを指摘している(12)。

明治維新以後の政治過程は、前近代社会の多様性・分散性を克服し、これを何とか東京に形成された政治権力の中心、天皇を利用した唯一絶対のコスモロジーの内に包摂していこうとするプロセスでもあった。そのプロセスが進行中であったかぎりにおいて、台湾が文字通り「内地」の延長として扱われる可能性もないわけではなかった。実際、台湾領有当初の以下のような議論は、国民国家の枠組みが一八九〇年代においてもそれほどリジッドなものではなかったこと、しかし、台湾の統治方針を策定する作業のなかで「内」と「外」の区別が厳密に確定されていったことを示している。

一八九七年、当時の台湾総督乃木希典は、内閣総理大臣松方正義に次のような「建議書」を提出している。[13]帝国憲法発布の際の勅語で想定している領土とは、「古ノ所謂大八島延喜式六十六国及各島並ニ北海道沖縄諸島及小笠原諸島」に限定される。また、勅語の「我カ臣民ハ即チ祖宗ノ忠良ナル臣民ノ子孫」という表現からも明らかなように、憲法によって権利を保障された臣民とは、歴史的なつながりの明確な人民に限られる。したがって、憲法は新領土に及ぼすべきではない。逆に、憲法を適用するとすれば、戒厳令も宣告しないままの現在の軍事的統治は明確に「違憲」である。このままでは、弊害百出して「本島ニ於ケル日本臣民ノ福利ヲ毀損スル」ことになるだろう。したがって、詔勅発布あるいは憲法改正の手段により、名実ともに憲法が台湾に及ばないことを明確にしてほしい、というのが建議の骨子であった。

この「建議書」が収められたのと同じ後藤新平文書に、法制局長官梅謙次郎による反論と思われる資料が収められている。[14]

梅はいう。憲法発布の勅語を盾として「憲法ハ古来天皇ノ臣民タリシ者ニ対シテ発布セラレタルモノナリト論スル」者もいるが、沖縄や北海道のことを考えても、「帰化人」のことを考えても、「夫レ皇徳ハ一視同仁豈ニ版図ト臣民トニ新旧ノ別ヲ立ツルコトアランヤ」。たとえ憲法発布の勅語に「臣民ノ子孫」という表現が用いられているとしても、そこには「将来ノ臣民」の意が含蓄されていると解釈すべきである。また、参政権や徴兵令に関しても、沖縄や北海道で漸次施行を予定しているように、台湾にも施行できる時がくるはずである。

梅の主張するとおり、衆議院議員選挙法公布の際、「北海道沖縄県及小笠原諸島」は「一般ノ地方制度ヲ準行スル」時まで施行しない、という例外規定を定めていた。北海道全土に司法が適用されたのはこの論争よりあと、一九〇四年のことであり、沖縄は一九一二年であった。ちなみに、徴兵令施行は、ともに一八九八年である。このような事実があるからこそ、乃木も「及各島」と述べたあとに、「並ニ」としてさらに小笠原諸島などを付け加える苦しい表現をしているのである。両者の違いは、乃木が、天皇の勅語を具体的に援用することで、ある種の「歴史」意識に訴え、憲法公布時の領土こそが「内」であると限定しているのに対して、梅は、「一視同仁」という言葉の利用、「臣民ノ子孫」の拡大解釈により、「内」と「外」の区別を可変的なものとみなしていることにあった。

台湾に憲法は適用せずとする乃木の論は、骨子において、司法省顧問のイギリス人カークード(W. M. H. Kirkwood)が一八九五年七月に提出した意見書の内容を踏襲したものと思われる。カークードもまた、憲法発布の勅語を援用しながら、延喜式云々という文言で領土の範囲を規定、憲法により権利を確保された「陛下ノ臣民」には憲法発布後に征服または譲与により獲得した領土の「外人」を含まないと述べているのである[15]。江橋崇は、当時の政府見解がカークードの意見書に深く影響されていると述べたうえで、国王の支配も議会意思に従属するイギリスとは異なり、統帥権の独立という独自の制度が存在する日本では、議会の干渉の排除が「無限定的な天皇の支配権のもとで藩閥勢力が恣意的な植民地支配を貫徹させる」状態をもたらしたと評価し、近代日本の立憲制の構造から生じる問題へのカークードの無理解を指摘している。江橋はまた、梅の論については、やはり司法省顧問であったフランス人ルボン(M. J. Revon)との関係を解明する必要があると述べ、フランス型の統治方式をモデルとして、議会への代表の選出や人権条項の適用などを主張する意見は強くなかったと論じている[16]。

しばしば、日本とフランスの植民地統治は、「同化政策」として単純に類比される。しかし、立憲制の実質的部分を台湾には及ぼさないという選択は、事実上、カークード、乃木の路線が採用されたことを示す。また、このような統治方針を正当化する論拠は、もとより普遍主義的な自然法思想ではなく、天皇制の教説であったことに留意すべきだろう。天皇制の教説は、乃木の主張に見られるように、日本という国民国家の「内」と「外」を峻別し、流動化を妨げる論理として機能しているのである。

同様の論理構造は、後藤新平が中心になって立案した台湾統治法案中の「改正憲法発布ノ勅語」にも見いだすことができる。この勅語案では、「台澎ハ清国ニ隣接シ、我カ帝都ヲ距ルコト太タ遠ク、其ノ民族ヨリ制度文化人情風俗ニ至ルマテ全ク我カ本土ト其趣ヲ異ニ」するという論理で、植民地主義の方針を正当化している。[17] 論拠としてあげられているのは、地理的遠隔性、「民族」、「制度文化人情風俗」――それを広義の「文化」として総括することも可能だろう――の違いである。この後藤の見解は、本節の最初にあげた「台湾問題二案」における原の発想とちょうど対極的な地位を占める。原は、「海底電信」や「船舶ノ交通」の発達に言及しながら台湾の地理的近接性を説き、また、「其人民ハ欧州諸国ノ異人種ヲ支配スルガ如キモノトハ全ク状況ヲ異ニスル」として、「人種」レベルの共通性を説いているのである。

台湾は、はたして遠いのか、近いのか。それはもとより客観的な判断に属することではなく、論者の思惑によっていかようにもいえることがらであった。乃木や後藤がこだわっている、歴史・民族・文化の相違に関しても、大同小異というべきだろう。沖縄を「内地」に含め、台湾を「外地」とすべき理由を、歴史・民族・文化の相違から客観的に説き明かした主張は、当時の政策文書では確認できない。その内実に立ち入った議論は、かえって混乱を招くという判断が働いていたためと思われる。

台湾と沖縄を分かつもの。それは、むしろ次のような政治的事実に求められるべきだろう。

第一に、憲法公布時に領土であったか否かということ。それが重要な意味をもったことは、カークードの意見書にも明らかである。第二に、清朝という、「外」的性格の明確な王朝との戦争により台湾が領有されたこと。第三に、台湾では、当初の平和裡の接収という思惑に反して、激しい武装蜂起に直面し、それを「外征」として意識せざるをえなかったこと。[18]それは、薩摩藩の武力による制圧を前提としたうえで、「琉球処分」という名の「併合」を敢行できた沖縄とは明確に異なる条件であった。

これらの事実は、それぞれ近代天皇制の原理の普及浸透と密接に連関してもいた。

先の三段階の区別にしたがっていえば、第一に、帝国憲法は、そもそも「皇祖皇宗ノ遺訓ヲ明徴」にするという論理で欽定憲法としての性格を正当化していた。さらに、翌年発布された教育勅語が、民衆には縁遠いはずの「遺訓」の内容を、日常的な倫理として普遍化する役割を果たした。第二に、日清戦争の際に、明治天皇が自ら広島大本営で戦争の指揮をとるという演出が、天皇への不信感・異和感を拭いきれないでいた民衆に対して、侵略戦争により「獲物」をもたらすありがたい存在という印象を普及するのに貢献した。[19]第三に、台湾征服戦争の過程で、近衛師団指揮官である北白川宮能久《よしひさ》が死去したことが、「皇族といういわば〝金枝玉葉〟の身でありながら〝未開の蕃地〟に渡り難行辛苦の末病死」した「悲劇の英雄」としての「同情」を集めることになった。[20]

世俗的権力と宗教的な権威をあわせもつ存在としての天皇イメージのアピールは、もとより明治維新期から行われていた。しかし、右のような歴史的プロセスを経ることではじめて、国民国家日本への帰属意識、酒井直樹の表現を借りるならば、「日本」という「共感の共同体」への帰属意識が多くの民衆に浸透しはじめたと考えられる。酒井は、社会的合意や論争に「現実性」をもたらす言説の構成体として「実定性」という概念を定義し、「日本語」や「日本人」の同一性が経験的には規定できないにもかかわらず、近代的な時代環境のなかで実定性を備え、天皇制の諸制度と内在的連関を結び、社会的な現実の一部になりはじめると述べる。「日本人」ならば「日本語」を話し「日本文化」

を内面化しているはずだとの常識が「共感の共同体」を産出し、天皇の存在がそのイメージを可能にする「想像的保証者」として立ち現れるのである。そして、「共感の共同体」は、お互いが日本人であれば「全く障害のない伝達」が可能であり「他の同胞の痛みや苦しみも共有しているはずだ」という夢想を生み出すとともに、「共同体の敵」に対して気軽に残酷になることをも可能にする。(21)

「本島ニ於ケル日本臣民ノ福利」を損なわないためには、軍事的統治の違憲性を無視すべきであるという乃木の建議書は、「共同体」の「内」部で利益を分かち合うための「獲物」として台湾を処遇しようという、気軽な残酷さを表している。台湾総督府内部の汚職を告発したために、一八九七年に乃木総督によって高等法院長を非職とされた高野孟矩が、当局に提出した建言書は、「獲物」に集う「日本人」の姿をリアルに描写したものとして貴重である。(22)

軍夫其他下等の日本人等、漫りに戦勝の威を弄し、理由なく支那人を凌虐し、則ち理不順に之を殴打し、又は財物家畜を奪掠し、若くは婦女を姦する如き非行を為すもの多く、加之憲兵巡査等が支那人種を待遇する状態も亦、内地人に於けると極めて大なる相違あり。

乃木やここに描かれた「下等の日本人」を悪玉、これを告発した高野を善玉として評価してもさほど意味はない。また、高野の描く悲惨は、ある意味では、人類史に普遍的な悲惨であるとの擁護論もありうるだろう。本書で確認しておきたいことは、「日本人」あるいは「内地人」という観念が、このような悲惨を生み出し、また、正当化するものとして現実的な意味を帯びはじめたということである。

沖縄と台湾を分かつもの、一言でいえばそれは、天皇の存在を媒介とした「共感の共同体」への帰属意識の浸透であった。もちろん、「沖縄人」のプロレタリア化、(23)女性参政権の欠落という問題をはじめ、「内地」でも、等質的な権利・義務という建前をなし崩しにする差別がたえず再生産された。それだけに、「外地」の民衆は、よりトータルに差別されねばならなかった。小路田泰直の指摘するように、明治立憲制とは、西洋文明の影響のもとで、生産力に比べて過剰になりがちな民衆の欲望を「質量共に国家にとって適切な規模のものにまで縮小させる」[24]ための装置でもあったとすれば、「外地」としての台湾は、抑圧された欲望を移譲するためのはけ口として位置づけられたともいえる。「日本語」の観念、あるいは歴史や文化を共有する集団としての「民族」という言説は、こうした事態をいわば後追い的に正当化する役割を担ったものと考えられる。

日本政府は、一九〇五年、日露戦争の結果として、サハリン南半部の領有権と朝鮮に対する排他的な支配権を獲得、一〇年には朝鮮を名実ともに植民地化した。その際には、台湾領有の際に形成された「外地」＝「植民地」支配の方式は、一種の既成事実となっていた。朝鮮については、併合直後に緊急勅令を制定、一九一一年に「朝鮮ニ施行スヘキ法令ニ関スル法律」を帝国議会で可決した。これは、六三法同様、総督に法律命令(「制令」と称された)制定権を与えるものであった。異なる点は、台湾では、一九二一年に原敬首相のもとで法三号が制定され、内地法の延長施行を原則とする体制が形成されたのに対して、朝鮮では、一九四五年まで制令中心主義が貫かれたことである。山本有造は、この二つの植民地に、当初から内地法の延長が原則とされたサハリンを加えて、「概していえば、樺太‐台湾‐朝鮮の序列で「外地性」が強まる(あるいは「内地性」が弱まる)関係に排列された」と総括している。[25]

法制上の位置づけという点では、山本の指摘するとおりである。ただし、諸少数民族の占める人口比が低く、一九四三年に「内地」に編入されたサハリンはとにかく、台湾については、どのような法律が延長され、何が延長されなかったのか、という運用面まで考慮に入れれば、話は単純ではない。若林正丈は、法三号制定以降も、抑圧的な律令は廃止されず、治安維持法が直ちに延長される一方、地方レベルの参政権すら限定的にしか適用されなかったことを根拠として、一九二〇年代以降も台湾人の「人権と政治的自由にとっては、その特殊性に何ら変化はなかった」(傍点若林)と評価している。[26]総督府は、こうした事態を、「漸進的」内地延長主義に基づく単なる「時差」と説明していた。

しかし、台湾・朝鮮への衆議院議員選挙法の適用を定めたのが帝国の瓦解を目前にした一九四五年四月であること、それすらも兵員の欠乏という事態の急迫のために強引に徴兵制を施行したことへの反対給付的な性格が強かったことを考えれば、「漸進主義」は、「内」と「外」との截然たる区別を隠蔽するための言説として機能したと理解すべきである。(27)

3 教育制度における植民地主義

一 伊沢修二の教育制度構想

明治政府による植民地主義の採用は、教育政策の展開も大枠において規制するものとなった。しかし、六三法が時限立法として成立したことにも象徴されているように、そうした方針は、結果として貫徹したのであって、政策決定に関与した集団のなかでさえ十分な合意を得たものではなかった。内地延長主義の立場からはもとより、後藤新平のような立場からも、変更の余地は大いにあると意識されていたのである。そのことから、必ずしも統治方針の基調にそぐわない政策構想が出てくることにもなる。

統治方針一般同様、教育政策においても、選択肢は大きく二つに分かれていた。一つは、植民地主義に追随して文化統合の次元でも台湾を統合の埒外とみなし、植民地経営に必要最低限な程度の教育を施そうとする発想。もう一つは、「一視同仁」的解釈に基づく天皇制をむしろ積極的におしだし、教育による文化統合の創出を重視するもの。これは制度論的には、内地延長主義の構想と結びつくものとなる。

台湾総督府の初代学務部長に就任した伊沢修二は、後者の論理を最もよく体現した人物であった。一八九六年二月の国家教育社での演説で、伊沢は、台湾人を教育する目的を、「真に台湾を日本の体の一部分」として「人の心の真底から、台湾を日本化する」ことであると述べている(28)。

しかし、伊沢の眼前に存在したのは、こうした思惑とはほど遠い現実であった(29)。

本島は旧支那領の極南に位し、其の言語も北地とは大に異なり、従来官話に熟したる通訳官の如きも、殆んど其の用を作さざりしは、前に軍隊の経験せし所に照すも自ら明ならん。然るに今日、内地人にて土語を解するものは至つて少く、土人中には日本語を解するもの、殆んど絶無の有様なり。

まずは、「日本語」と「中国語(北京官話)」という単純な対比では律しえない現実を、どうにかしなければならなかったのである。したがって、一八九五年六月に開設された学務部の事業は、当初は、もっぱら部員をして台湾語——本書では台湾原住民に対する教育政策は直接の分析対象とはしないため、以下特に注記しない場合は、「台湾人」という言葉で大陸から渡来した漢民族を指し、「台湾語」という表現で福建系の閩南《みんなん》語を指すこととする——の研究をさせることであり、その成果を『新日本語言集』『台湾十五音字母詳解』(一八九六年)などの参考書として出版することであった。たとえば、『新日本語言集』は、普通用語、軍隊・警察用語から構成される簡易な日台会話辞典ともいうべきものであり、「イモ　芋　|オオ　ア、　芋仔」というように、それぞれの発音・文字を記している(30)。

被統治者とのあいだのディス・コミューニケーション状況を克服しようとする努力は、もちろん、日本語を教えるという方向からも行われた。一八九五年七月には、学務部の位置した芝山巌《しざんがん》に郷紳層の子弟数名を集めて日本語教授を開始、翌年三月芝山巌学堂を国語学校として改組するとともに、新たに国語伝習所を創設した。国語学校は、日本人と台湾人の通訳などの官吏を養成する語学部と、本国から集めてきた日本人を国語伝習所の教員として養成する師範部から構成された。国語伝習所は、一五歳以上の成人層を対象に通訳などを速成する甲科と、一五歳以下の青少年を対象に日本語を中心とした初等教育を施す乙科に分かれ、九七年一二月までに一六箇所（分教場を除く）に設置された。いずれも官費により維持する学校であり、授業料は徴収せず、甲科は給費さえ伴っていた。

「人の心の真底から、台湾を日本化する」というある意味では遠大で、また楽観的な伊沢の思惑に反して、実際には、この時期は通訳などの養成が中心的地位を占め、行政上の必要には直結しない国語伝習所乙科や国語学校附属学校の教育は副次的な位置づけにとどまったと考えられる。これらの教育施設を台湾人向け普通教育機関としての「公学校」——台湾在住日本子弟向けには「小学校」が別に用意された——へと改組する段になると、統治体制全般との齟齬が表面化したこと自体、そのことを物語っている。

伊沢は、一八九七年五月の帝国教育会での演説で、小学科六年、中学科四年の公学校を創設するという構想を明らかにしている。修業年限の設定にあたっては、総督府の学事諮問会でも激論があったが、従来の平均的な修業年限が七、八年であったことから、せめて六年は必要と判断したと説明している。[31] しかし、こうした教育事業拡張計画は、時の総督乃木希典の意向に背馳しているばかりではなく、総督府補助金の膨張が政党勢力の激しい非難を招いている状況のもとで、実現の余地は乏しかった。同月、伊沢は、公学校令制定を見合わせた乃木総督に強烈に抗議した具申書を提出するが、七月に学務部は学務課に縮小、伊沢は非職となった。翌九八年の第一三回帝国議会では、伊沢は、貴族院議員として、台湾総督府の提出した六三法延長案の撤回を強く主張、総督の立法機能をチェックするはずの評議会が単なる「属僚会議」に堕している状況を批判し、「地税又ハ営業税一〇円以上ヲ納メ学識名望アル」台湾人二名以上を加えた評議会設置構想を六三法中改正案として提起している。[32] ここでも伊沢は挫折するのだが、伊沢の「一視同仁」的な平等主義と、現実の統治体制のあいだのギャップを示す事実といえる。

伊沢の非職は、必ずしも、公学校構想の廃棄を意味したわけではなかった。後藤新平が民政局長として赴任した当時の説明資料と思われる「学務部創設以降事業ノ概略」では、公学校、官立師範学校、官立実業学校設立の必要を説き、公学校に関しては次のように説明している。台湾人を「順良忠実ナル日本国民」にするためには、「次代ノ島民タルヘキ幼年ヲ薫陶シ日本ノ言語ヲ注入スルト同時ニ、日本的普通教育ヲ施ス」機関としての公学校が必要である。その設立維持にあたって、判任官待遇の官吏である日本人教員の俸給以外は、富豪の寄付金、学田・学租の利用、授業料により捻出し、修業年限は六年とする。(33)

一八九八年七月に制定された台湾公学校令は、ほぼこの説明資料の内容を踏襲したものとなっている。伊沢の構想と比べてみるとき、高等普通教育としての中学科の設置を見送る一方、「公学校」という名称そのもの、および初等教育の修業年限を六年とする点は継承していることがわかる。前者の側面に関しては、改めて第Ⅲ章で言及することになるだろうが、台湾総督府および本国政府は、台湾人の中等・高等教育に対しては抑止的であったことをあらかじめ指摘しておきたい。後者についていては、当時本国の尋常小学校が四年制(一九〇七年に六年制に延長)であり、また統監政治期に朝鮮人向け初等普通教育機関として設置された「普通学校」も四年制と定められたことを考えれば、教育に対する伊沢の積極主義がわずかに痕跡を残した部分と評価することができる。

総督府の財政状態の好転を至上命題としていたはずの後藤新平が、なぜこのような法律を認めたのだろうか。その理由は、従来官費で維持してきた国語伝習所を一部を除いて廃止する一方、公学校の経費は、街庄(本国の町村にあたる)負担としていたからだろう。公学校令では、日本人教員俸給以外には地方税も支出せず、戸数割協議費や授業料など、正規の税プラス・アルファの住民負担と定めていたのである。こうした受益者負担原則を貫いたとしても、教育内容をはじめ、実質的な管理運営を地域住民の自由に任せるならば、それなりに首尾一貫した対応ともいえる。しかし、公学校令では、学校設立にあたって知事庁長の認可が必要と定めると同時に、教科書検定制を設け、教育内容にも介入する姿勢を明確にしていた。台湾人の側からすれば、官の援助を受けず、自分たちで設立維持経費を支弁する学校の教育内容を、なぜ規制されなければならないのか、当然疑問が生じたことであろう。公学校は、パブリックなスクールという名称とは裏腹に、矛盾に満ちた存在だったのである。ただでさえ抗日ゲリラへの残虐な鎮圧が民衆の反感を募らせている状況で、一部の富裕な郷紳層を別とすれば、こうした矛盾に満ちた学校が歓迎されるはずもなかった。そのため、教員たちは協議費の徴収に奔走し、生徒募集のために多くの時間を費やすこととなったのである。

二 持地六三郎の教育制度構想

一九〇〇年六月、木村匡《ただし》が学務課長に就任すると、内地延長主義の立場から、公費により学校の設立維持費を負担する、義務教育制度の施行を主張した。おりしも同年八月に本国では第三次小学校令を制定し、義務教育制度を確立したところであった。しかし、木村の提言は後藤長官の一蹴にあって、翌年二月には就任後一年を経ずして学務課長を非職となった。(34) 後藤の意を体して教育行政に当たることになったのは持地六三郎である。一九〇二年に総督官房参事官に就任していた持地は、〇三年からは学務課長も兼任することとなった。〇四年、台湾教育会常集会の席上で、この二人は、義務教育制度の施行をめぐる論争を展開している。

学務課長の職を退いていた木村は、「台湾の普通教育」と題する演説で、次のように自説を繰り返している。(35) 教育の方針は統治方針全般に応じて変化すべきものであるのはもちろんである。統治方針としては、「本国の利益を標準とし目的とする」征服主義、植民地の「独立を許容する」自治主義、フランスのように「母国と新版図を結合」する統一主義をあげることができる。「彼の法律第六三号の如きものがありますけれども、法律自らが施行の年数を限つてゐる位で、この過渡期に於ける一の権宜に過ぎない」以上、統治方針としても、教育方針としても、統一主義を採用すべきである。具体的には、旧慣調査会の調査結果等を参考にして斟酌を加えながら、学齢児童・保護者に関する規程など義務教育に必要な規則を本国同様に施行して、台湾人教育を「国民教育」の一環として組織すべきである。

国家統合の次元における植民地主義を暫定的な処置とみなしたうえで、国家統合の次元でも、文化統合の次元でも、「国民」としての統合の創出を目指すべきだと述べているわけである。いうまでもなく、統一的な初等学校における義務教育制度は、近代日本における国民統合の有力な手段であった。そのことは、文部省普通学務局長として第三次小学校令の制定に当たった沢柳政太郎が、「資本家階級と労働者階級と相対立し相対抗する」事態の発生を未然に防ぐためにも、貧富貴賤を問わず同じ小学校に通い、「成るべく長く小国民が共通同一の教育を受けることは、国民精神統一上望ましい」と述べていることからも明確である(36)。

初等教育段階では階級別の学校体系を排することで階級対立を緩和するという原理は、しかしながら、台湾には及ぼされず、民族別の学校体系のもとで「国民教育」の枠外のものであることが明確にされた。持地は現職の学務課長として、木村の発言に具体的に言及しながら、次のように反論する。義務教育制度を布くとすれば、学齢児童や保護者を把握せねばならないが、そのために必要な戸籍法もまだ整備されていない。また、街庄といっても、いまだ地理的区画の名称に過ぎず、本国の市町村のように地方公共団体としての性格を備えていない。こうした諸々の事実は、「台湾にも憲法が適用されて居る事になつては居るけれども、……実際の必要上から特別の諸制度が出来て居る」ことに対応しているのであり、その中で教育だけが突出して義務制を実現するのはおよそ不可能である(37)。

時限立法としての六三法の曖昧さがこのような論争の余地を生み出していること、しかし、事実としての植民地主義の体制に教育制度もまた組み込まれざるをえない理由が、説得的に示されている。実際、台湾で、義務教育制度の学年順の施行が定められたのは一九四三年のこと。また、朝鮮では政策プログラムにのりはしても実現されなかった。

衆議院議員選挙法の施行と同様、教育制度においても、権利・義務に関わる部分では、やはり台湾・朝鮮人は「外」の存在だったのである。

ところで、教育制度構想の次元では対極に位置した木村と持地も、実は共通の発想の基盤をもっていた。それは、欧米帝国主義の支配、また、その先兵となったミッションの教育事業の一部を模倣すべきとの考え方である。

持地に関しては、先の演説より前、台南県内務部長として提出した意見書にその発想がよく現れている。[38]「新附ノ土人」である台湾人に対して、「建国三千年以来君臣ノ義ヲ以テ練成凝結シタル大和民族ト同一ナル健全ナル国民性格」を養成するのは、土台無理なことである。もちろん、教育事業はすぐに効果の現れるものではないから「同化主義」をいくぶんは加味すべきであるが、植民地経営の目的は経済上の利益をあげることにある。特に「列国競争激烈」の今日において「背ニ腹ハ換ヘラレヌ」以上、義務教育制度をはじめとする「同化主義」論は「時務ヲ知ラヌ空論」に過ぎない。むしろ、現在の六年制の公学校は、「本島ノ民度ニ照シ稍長キニ過クル」以上、普及を目的とする四年制の尋常科と、四年制の高等科に分離し、尋常科では「最不適切最不経済」の現今の表記体系を用いず、ローマ字使用による「国語ノ修養」と、「科学的智識」の教養に努めるべきである。

ここで「君臣ノ義」云々という言説を、持地が本気で信じ込んでいたのかどうかは、さしあたり重要な問題ではない。乃木の場合と同様に、天皇制の教説が「内」と「外」を峻別する原理として機能し、植民地的な超過利潤の獲得を最優先させる方針を正当化していることに注目しておこう。その持地が、一九〇四年の台湾教育会での演説では、「アイヌ、マレー、高天原人種などが相混じて、大和魂の鋳型のために団結せしめられたのであるゆゑ、同人種の朝鮮人や支那人は後来同化し得るものであらう。また、必ず同化せねばならぬものと思ふ」[39]と述べていることは、「同化」をめぐる二枚舌、本音と建前の乖離を示している。どちらが本音であったかは、この演説でもすぐ後に「二千五百年同一に統治せられた国民」と同一の主義をとるのは不可能であろうと述べ、義務教育制度を否定していることにも明らかである。

持地はまた、修業年限六年制という、伊沢の遺した制度の掘り崩しにも着手した。一九〇七年に修業年限を地域により八年にも四年にもしうるとしたうえで、さらに一九一〇年に四年制とすべき学校を指定したのである。この時点で、八年制の公学校は九校、六年制は八四校、四年制は七七校であることからも、持地の意図が修業年限の弾力化ではなく、体のよい年限短縮であり、教育費の削減にあったことは明らかである。[40]

ローマ字使用に関しては、実現にいたらなかった。一八六〇年代から台湾伝道を開始していた長老教会は、台湾語のローマ字表記を開発し、聖書を翻訳して宣教に努めていた。持地はこうした方法の「巧妙軽便」なることを賞賛している。ただし、ローマ字を用いて日本語を教えるという方法は、台湾語のローマ字表記により宣教していくのとは、似て非なるものであることに留意すべきだろう。「国文国語ノ調査ハ今現ニ中央政府ニ於テ着手中」と述べていることからも、持地が、国語学者上田万年を中心とする「日本語」創出の動きに期待をかけていたことはわかる。だが、なぜ教化の手段として日本語にこだわったのか、その理由はこの意見書では明らかではない。

このような曖昧さを残しながらも、日本語教育の重視は、「同化主義」批判とは矛盾しないものと意識されていたことに注目すべきだろう。持地に一貫しているのは、一定の限度内での近代化への志向と、これを通じた支配の正当化である。あえて共通の文化遺産たる漢字を捨てて、ローマ字を使用すべきとの意見も、「科学的智識」を教えるべきとの議論と合わせて、欧米をモデルとした近代化志向として理解できる。それが、医学・生理学を発想の基盤とした後藤新平の「科学」志向と通い合うものであったことはいうまでもない。

木村匡も、先の演説のなかで、従来の施策は「土匪討伐」のような「消極的事業」や、鉄道・築港のような「物質的事業」を重視してきたが、縦貫鉄道の建設は清末の巡撫劉銘伝でも部分的には可能だったと述べたうえで、今後は

「積極的事業」としての教育に力を注ぎ、欧米にならって台湾大学を設立すべきだと論じている。また、ミッションのように、宗教の力をかりて「精神的食物の供給者となり精神的感化を与ふる」ことに努めるべきだが、日本の「宗教家の有様が此の様であるならば、勢ひ教育の力に依らなければならぬ」とも主張している。

現地住民の教化を率先してになうミッションの不在、という認識は、持地と木村に共通していた。それを補うべき原理を、木村は、大学における近代的学問に求め、持地は「科学的智識」に見いだしているのである。ただし、木村が宗教に代わるものとして教育を利用しようとしたのに対して、持地は、ミッションの活動に脅威を感じながらも、「教育ヲ以テ恰モ一種ノ宗教」とみなす傾向に批判的だった。そのことが、教育にかける両者の熱意の違いを生み出していたのである。

この二人をはじめ、当時の台湾の行政官の眼前にそびえていたのは、キリスト教と文明的諸価値と自由貿易主義を一体としたうえで、キリストの「福音」を「蒙昧」の民に伝えることの自信にあふれた欧米帝国主義であった[41]。その何を模倣すべきであり、何は模倣できないのか、ということが問題となっていたのである。結果的には、台北帝国大学の設立は、一九二八年まで待たなければならなかった[42]。「科学的智識」の普及という点では、一八九九年にいち早く総督府医学校が設立されてはいる。しかし、総じていえば、総督府の許容する学問は、自然科学の一部の領域に限定され、人文・社会科学の普及には抑止的であったと評することができる。

パトリシア・ツルミ(E. Patricia Tsurumi)が指摘しているように、台湾総督府の高等教育抑圧政策は、一九世紀のインドにおけるイギリスの行政官が、英語による高等教育によって、敵対的なインド人を大英帝国の熱烈な支持者に変えうるであろうと考えていたのとは、好対照をなしていた[43]。欧米により支配された地域の住民は、文明という「福音」を受容し、さらに、自由・平等・博愛のような理念を学べば学ぶほど、帝国主義それ自体をも射程に入れうる批判的知性と同時に、その母胎としての西洋文明への自己同一化と従属化の心情を身につけ、ダブル・バインド的な状況に追い込まれる可能性が大きかった。だが、日本帝国主義の場合は、そうしたダブル・バインド的状況の創出について楽観的でありえなかったのである。そのことが、こうした相違を生み出した一つの要因であろう。

結局、教化の手段として想定しうるのは次のようなものだった。第一に、西洋流の「物質的事業」を根拠にして、「文明」を標榜すること。第二に、儒教・漢文・漢字という中華帝国の文化システムから教化のリソースを借りること。第三に、一種の疑似宗教としての天皇制の教説、そして、日本語という、本国での文化統合に際して重要な役割を占めた道具立てをそのまま持ち込むことである。第一の問題に関しては第Ⅲ章で取りあげることとして、次節では主に、第二の点と第三の点のかね合いに即して、教育内容の模索の過程を検討することにしよう。

4　儒教・教育勅語・日本語

一　伊沢修二の教育内容構想

義務教育施行をめぐる論争にさしあたり決着がつけられた一九〇四年は、一八九八年の公学校規則に代えて、新たな公学校規則が制定された年でもあった。この新規則が台湾のみならず、朝鮮を含めて、その後の植民地教育の内容を方向づけるものとなったと考えられる。そこで、改めて、伊沢修二の教育内容構想と関連させて一八九八年の公学校規則の特質を明確にしたうえで、新公学校規則の制定過程を追うことにしたい。

先にも引用した帝国教育会での演説で、伊沢は公学校における教育内容構想を次のように展開している。(44)まず修身では、礼儀作法を教えたうえで、教育勅語の趣旨を貫徹させる。教育勅語の一部分は儒教の内容とほとんど同じであり、しかも台湾は「同文」の土地であるから、漢文に翻訳すればその趣旨を浸透させるのは困難ではない。ただし、「日本国民といふものは、所謂大和民族の外にはない」という、「古い国学者」のような解釈ではなく、天皇は「新領土の人民も、我々も一緒に御恵み下さる」という「一視同仁」の趣旨に基づいた解釈とすべきである。次に、国語作文と読書と習字という教科目を設ける。国語科では、「日本語脈を追うて来て居る普通文」をもとに話し言葉としての日本語を教えるのに対して、読書科では、四書五経のような漢文のテキストと、「漢文脈を追うて来て居る普通文」をまじえて教える。その他に、算術、理科、地理、歴史、図画、唱歌、体操を設ける。

一八九八年公学校規則では、理科、地理、歴史、図画という教科目は設けられず、普通教育機関としての性格は著しく制限された。しかし、教育勅語を修身の原理とする方針、国語と読書という教科目の区別という点では、伊沢の構想に即したものとなっている。

教育勅語については、すでに一八九六年一〇月、伊沢が総督の決裁を経たうえで拓殖務省を通じて下付を稟申、翌年四月に勅語謄本一八通が国語学校、同附属学校、国語伝習所に下付された。その漢訳には重野安繹があたり、九七年二月には訓令第一五号により「勅語奉読ニ続キ訳文ヲ以テ聖旨ヲ貫徹」させることを定めた。[45] 公学校令の成立以降は、勅語謄本下付の手続きを定める一方、在来の民間初等教育機関たる書房に対しては、『教育勅諭述議』(一八九九年)を「厳粛なる挙式の上」頒布した。[46] 学務部長非職以後のことだが、これにも伊沢が関与していたことは、「教育勅語述義を漢文で拵へたら可からうといふことになり、それをば末松謙澄氏に頼んだ」と述べていることから推定できる。[47]

国語の教科書としては、『台湾教科用書国民読本』(全一二巻)を一九〇一年から〇三年にかけて刊行した。この教科書では、徹底した表音的仮名遣いを用いるとともに、巻六までは本文の台湾語対訳をカタカナ表記で付している。読書科のテキストとしては、文部省編纂『小学読本』(一八八九年)と、第一学年から第四学年までは、『増訂三字経』

『孝経』『大学』『中庸』『論語』の「台湾句読」、第五・六学年では『増訂三字経』『孝経』『論語』の「本国句読」を指定した。

この教育課程の性格を一言で評するならば、「同文同種」論的な折衷性である。

渡台直前の段階では、伊沢も「日本語を輸入し煩雑なる漢文字に代ふるに片仮名を以て」するというように、漢字排斥の方針を立てていた。[48] 明治維新以降、表意文字から表音文字へというような単線的進化論が流布する一方、日清戦争の最中に上田万年が「開闢以来比類のない支那征伐に、我陸海軍が連戦連勝で、至る所朝日の御旗の御稜威に靡き従はぬ者はないのに、我国の国語界文章界が、依然支那風の下にへたばり居るとはなさけない」として、扇情的な口調で漢字排斥論を唱えていたことなどが、こうした議論の背景に存在するだろう。[49] しかし、渡台以降の伊沢は、カタカナの利用は補助的なものにとどめ、むしろ漢字・漢文を積極的に利用する方向に転じている。

教科目の設定についても、「日本語」と「台湾語」の区別を原理としているわけではない。それぞれの言語において文(書き言葉)と言(話し言葉)が乖離している状況を前提としたうえで、共通の文化遺産である文(漢文・漢字)を学ぶための読書科、話し言葉としての言を学ぶための国語科という構成になっているのである。しかも、国語伝習所時代には、読書科と漢文科が別に設けられていたのに対して、あえて統一の教科目として設定することで、「漢文脈を追うて来て居る普通文」と漢文そのものを相互に連絡して教えることになった。

これは、いまだ「日本語」が成立していない状況を前提としつつ、むしろそうした状況を逆手にとって利用しようとした措置であった。そもそも本国で読書、作文、習字を統合して「国語」という教科目が設けられたのは、台湾よりあと、一九〇〇年のことである。一九〇二年には、文部省が国語調査委員会を設置、「標準語」の制定、言文一致、漢字制限などを通じた「日本語」創出への動きが、ようやく政策課題として認められることになったのである。

伊沢は、この国語調査会の定めた、いわゆる棒引き仮名遣い案を批判、従来の字音仮名遣いが台湾語や北京官話や朝鮮語の発音と密接な連関があることを指摘し、台湾語などの音韻を調査したうえで仮名遣い案を考案していくべきことと、「東亜五億乃至六億の生霊の思想交通の利器」として漢字を尊重すべきことを主張している。[50] 伊沢は、台湾人に対して「日本語」「日本文化」を在来の文化に接合させることを求めただけではなく、帝国日本の文化統合の原理自体を、台湾支配に適合的なものへと変革することをも求めたのである。あるいは、帝国日本の統合原理は、中華帝国の統合原理から脱することによってではなく、それを組み込むことによって可能になると考えたと評することもできる。このような主張が成立しうる程度には、国民国家「日本」の枠組みはいまだ流動的だったのである。しかし、国民国家の形成を目指して「日本語」創出を主導した上田万年のような立場からすれば、伊沢は、ミイラ取りがミイラになったものとして映ったことだろう。

儒教への対応にも、同様のことが指摘できる。渡台直前には、「四書、五経の暗誦に過ぎざる」教育は「実用に遠ざかる事甚し」と批判的であり、漢民族は「無文字の蛮族にあらずと雖も、今日の教育より見るときは蠢愚たる一動物の境界に沈み居る」とまで述べていた。[51] しかし、先の演説では、「四書五経、斯う云ふものは、どうしても台湾人として知らなければならぬ」とすっかりトーンダウンしている。[52] これも台湾における儒教の伝統、さらに民間信仰の世界にも浸透した孔孟崇拝の根強さ、に直面しての転換であった。ただし、国語伝習所における漢文科から、公学校における読書科へという継承関係の中で、伊沢の発意にしたがった折衷が施された箇所が二つある。一つは、『三字経』について、伊沢が重野安繹に委嘱して清朝に関わる記述を削除させた『増訂三字経』(一八九六年)をテキストとして指定したこと、もう一つは『孟子』を排除したことである。

当時、台湾の書房の教育内容は、一般的には『三字経』にはじまり、四書白文、四書集註へと進み、さらに整備されたところでは、五経白文や、科挙応試に重要な賦詩を含めていた。南宋の王応麟の編とされる『三字経』は基本的な漢字を学ぶための初学入門教科書であると同時に、経書の解説、中国歴代王朝史の概述、五行説の一斑など、内容学習の書としての側面もかね備えていた。解釈に当たっては、冒頭の章句である「人《ジン》之初、性本善」を、教師が「人《ラン》是人」「初《ツオ》是起頭《キイタウ》」「性《シン》是本性《プンシン》」と解説するように、漢字と日常会話の語彙・発音との対応が図られ、母語教育としての機能を備えてもいた。(53) 公学校規則における経書の「台湾句読」もこうした作業を指す。国語科の教科書で、台湾語対訳を付していることとあわせて、教育内容から決して台湾語を排除していないことに着目すべきだろう。

『孟子』については、「万世一系の天子ならずとも、誰でも王道を行ひさへすれば、王たることを得る」という思想を問題視して、公学校のテキストからはずすこととした。(54) 近世以来、『孟子』の民本主義的な思想は、日本の儒教思想で異端視されてきた。ことに問題とされたのは、周の武王が、暴虐な殷の紂王を「天命」＝民衆の支持を失ったとして放伐した「易姓革命」を肯定する思想であった。それは、「万世一系」の王統の継続性に天皇支配の正統性を求める国体論と対立するものであった。あるいは、水戸学を一つの重要な淵源とする国体論は、『孟子』的なラディカリズムの影に怯えつつ、その陰画として形成されたと評することも可能かもしれない。

公学校における読書科の教科書はこのような配慮のもとに定められたものだった。しかし、『三字経』でさえ「周武王　始誅紂」と記していることを考えれば、それが実質的な意味を持ちえたのかどうかは疑わしい。実際、後年のものではあるが、総督府警務局による抗日運動の調査報告書である『台湾社会運動史』(一九三九年)でも、冒頭で「台湾社会運動の根底に流るる民族的特殊傾向として易姓革命思想の浸潤」を指摘し、それは「漢民族の敬天の思想に基づき「王侯将相寧んぞ種あらんや」との思想に出づるもの」と説明している。(55) 普遍主義的な「天」の観念に基づく易姓革命の思想を「民族的特殊傾向」とおとしめている点は官憲資料らしい記述だが、教育課程レベルでの小細工ではいかんともしがたい、教育文化の伝統の根強さをそこに見いだすことは可能だろう。

さて、『三字経』の改訂や『孟子』の排除が、国体論に背馳しない限りで、経書を利用するための消極的措置だとすれば、教化理念の中軸に国体論をすえるための積極的措置が、漢訳教育勅語と、元田永孚《ながざね》が明治天皇の命による勅撰修身教師用書として編纂した『幼学綱要』の利用であった。教育勅語をめぐる問題に関しては後述することとし、ここでは『幼学綱要』について述べることにしよう。

伊沢は、この書を「台湾の教育の為に作らせ賜りたかと思ふ程、誠に結構なもの」と称揚、中学科の教科書に用いたいとしている。中学科設置は実現にいたらなかったが、一九〇一年の台中県学事諮問会議で、修身の教科書として『教育勅諭述議』と並んで『幼学綱要』を指定していることからも、実際に使用されていたことがわかる[56]。伊沢がこの書を推奨した理由は、漢文と漢文に復すことの容易な片仮名交り文から構成されており、内容的には「四書五経中の文句にして、我国体にも照し、我道徳にも照して、誠に都合の好い所のもの」を編纂していることである[57]。しかし、そもそも国体論と儒教思想が支配の正統性原理を異にする以上、前者の観点から都合がよいということは、後者の観点からは牽強付会だということでもあった。たとえば、久木幸男は、『幼学綱要』が「義」の内容をもっぱら「君臣の義」という側面から取りあげ、その多面的な意味内容のうち「正義、公義、人びとのための自己犠牲、権利(right)などに通じる側面はすべて黙殺している」ことなどを根拠として、儒教の書としては「極めて特異な、端的にいえば非常識極まりない書」であると評している[58]。

伊沢の教育内容構想は、台湾の在来の教育文化の否定を意図していた渡台直前の段階とは異なり、むしろその存在感と侮りがたい価値をふまえつつ、国体論と日本語を接合していこうとするものであった。それは、街庄住民の負担で維持する公学校に、いくらかなりとその名称にふさわしい実質を与え、生徒募集を容易にするためにも必要な措置と考えられたのだろう。また、佐藤秀夫の評するように、台湾植民地教育にかぎらず、音楽教育の局面などでも、「伝統的なるもの」と「新らたなるもの」を「相互浸透的に「合一」せしめようとする」のが、彼の一貫した姿勢でもあった。[59]「新版図人民教化の方針」と題する論文で、伊沢は、こうした自分の発想法を「混和主義」という言葉で定義づけている。すなわち、「我国語我風習など凡て我と云ふことを主として」いくのが「自主主義」、「彼れの利器を奪て之を仮りて我用をなし終に我か目的を達する」のが「仮他主義」、「我れと彼れと混合融和して不知不識の間に同一国に化して往く仕方」が「混和主義」であり、台湾教化の方針としては「混和主義」をとるべきと述べているのである。[60]

確かに伊沢の構想は、一見すると「同文」の側面を活用しながら、漢文と日本語による教育の均衡を図り、巧みに儒教の内容と国体論の折衷点を求めているようにも見える。しかし、「互に相混和して往くと云ふに於ては孔孟主義は実に究竟なる利益」と述べているように、「混和」の鍵となるはずの儒教は、天皇制の教説との間に少なからぬ懸隔をはらんでいた。したがって、伊沢の追求する平等原理があくまで天皇の存在を前提としての「一視同仁」であるかぎりにおいて、「混和」は、矛盾をはらんだ折衷たらざるをえず、やがて「自主主義」と「仮他主義」の両極へと引き裂かれていくことになるのである。

二　「血統団体」としての「日本人」

伊沢の教育内容構想の弱点は、教育勅語の「一視同仁」的解釈が、伊沢の願望の表明でしかなかったことである。「皇祖皇宗ノ遺訓」を標榜することによって天皇個人の恣意を越えた権威性を獲得しようとした勅語の本文そのもの、また、「民族」をキー・ワードに国民国家の「内」と「外」を峻別する原理として勅語を解釈する動向が、こうした伊沢の願望を打ち砕いていくことになる。そもそも、「日本国民といふものは、所謂大和民族の外にはない」という解釈を「古い国学者」の説とする伊沢の思惑とは裏腹に、「大和民族」という言説自体が、帝国憲法による国家統合装置の創出を前提としつつ、当時ようやく市民権をえはじめたものだった。安田浩は、「族民」「民種」「種族」「人種」などの言葉に代えて、「民族」という用語が広く使われる契機を作り出したのは、一八八八年の雑誌『日本人』の創刊であること、また、天皇を「族父」とする血統関係で結ばれた「同祖同族的日本民族論」という穂積八束の主張が概念の内容を方向づけたことを指摘している。(61)

穂積の論の特徴は、血統という出自の関係を所与のものとみなすことにあった。そうした意味では、人種理論に近いものであるが、「人種」という概念により、「日本人」と「台湾人」や「朝鮮人」との差異を絶対的なものとみなすのは困難なことから、天皇の存在を媒介とした独特の粉飾がこらされることになる。鈴木正幸は、これを「種姓」的な差別原理という概念でとらえ、生まれや血統という「自然的差異」――その両極は天皇・皇族・華族と被差別部落民とされた――による差別原理が、天皇制国家を支える原理として機能したこと、また、植民地を領有すると、家族国家観に媒介されて、対外関係を律する原理にまでその領域を拡大したことを指摘している。(62)

鈴木が着目している「種姓」的差別の問題は、穂積と大西祝の次のような論議によく現れている。

穂積が、『国民教育愛国心』(一八九七年)で「我が日本民族の固有の体制は血統団体たり。……吾人の祖先の祖先は即ち恐《マヽ》くも我か天祖なり。天祖は国民の始祖にして、皇室は国民の宗家たり」(63)という「君民同祖」に関する持説を展開したことに対して、大西祝は「厳密な歴史的批評」の結果としてそういえるのかという疑問を提出しつつ、次のように述べている。(64)

今穂積氏の論に従へば君民同祖たるを以て我が国体及び我が国民道徳の基礎とすべきは明らかなり。而して之れを基礎となすことが、同祖ならぬ民人を我が国民の中に包含し易からざらしむることも亦明らかなり。……試に問ふ、如何なる眼を以て新領土の民を見んとするぞ。又新領土の民は血統団結をいふこと穂積氏の如くなる者に如何なる心を以て接すべきぞと。

大西の議論は、穂積の論が、天皇制国家の「外」にある人々に対する教化理念たりえず、端的な排除の原理としてしか機能しえないことを鋭く指摘したものといえる。

上田万年の「日本語」論もナショナリズムの表現であり、穂積の「君民同祖」論もそうであった。むしろ、「国語は帝室の藩塀」「日本語は日本人の精神的血液」という上田の著名な言葉が示すように、この両方の観念が、相互にリンクしはじめることで、「日本人」という経験的には確認できない人間集団が想像可能になりはじめたといってもよい。上田の場合は江戸時代の国学者の教説、穂積の場合は「万世一系」の皇統を強調した水戸学というように、それぞれ前近代の言説の一部を反復利用しつつ、近代的な国民統合にふさわしいロジックを形成しようとしたことや、一八九〇年代に支配的な言説としての地位を獲得していったことも共通していた。ただし、本書で着目したいのは、植民地支配というコンテクストでは、両者はナショナリズムの異なる極を形成したことである。

安田敏朗の研究が明らかにしているように、上田万年の論には当初から日本語を「亜細亜大陸に弘めて往く」というような膨張主義的発想が存在した[65]。ただし、日本語を広めるという上田の論には、伊沢の構想に見られたような、ある種の相互性は欠落している。中華帝国の文化システムからは自立した近代的な言語としての「日本語」を新たに形成したうえで、それを異民族にも普及させようという議論なのである。言語はかなりの程度まで教育により変更可能なものであり、しかも、日本語を学習者の母語同様のものにさせるという、一方向的な変化が理念的には可能であった。言語のこうした性格が、膨張主義的であるとともに、ナショナリスティックでもある上田の論を支えていた。血統団体を説く穂積が、大西に詰め寄られて、ほとんど反論の余地を失っていることと対照的である。すなわち、異民族との関係では、言語は包摂の原理として、血統は排除の原理として機能すると考えられるのである。

本書では、こうした機能の相違に着目して、上田の論のように、言語の共通性にナショナリズムの根底を求める発想を「言語ナショナリズム」、穂積の論のように、皇統の連続性を基軸とした、血統関係の共同性を所与の「事実」

として強調する論を「血族ナショナリズム」として区別することにしよう。

本書でこれまで述べてきたことは、植民地支配の根幹に血族ナショナリズムの原理がすえられたということでもある。乃木希典や持地六三郎の意見書は、その好例である。後藤新平が、『日本植民政策一斑』(一九二一年)において、「十年来新付の民に三千年来忠節を尽くしたる母国人と同一に憲法の恩沢を蒙らしめんとする」ことのナンセンスを説いていることを付け加えてもよい。[66] 憲法という「恩沢」からの排除を正当化する論理として、「三千年来」云々という、およそ論証も反証も不可能な「事実」をもち出し、「日本人」の所与性を強調しているのである。

植民地支配の根底に血族ナショナリズムによる区別、異民族排除の体制がすえられたということは、血統関係を国家的に管理する装置としての戸籍をめぐる法制と実態からも証することができる。

田中宏の研究によれば、「内地」、台湾、朝鮮にはそれぞれ別の戸籍制度が設けられ、本籍の移籍は一般に禁じられていた。一九四四年一二月には閣議決定「朝鮮および台湾同胞に対する処遇改善に関する件」で「移籍のみちをひらくこと」が決められたが、実施にはいたらず、一九四五年の帝国崩壊の時点まで、台湾人、朝鮮人は「戸籍法ノ適用ヲ受ケザル者」であった。[67] 本籍を移転するための限られた手段が婚姻、養子などの身分行為だった。しかし、台湾に関しては「内地籍」の者と「台湾籍」の者の通婚の累計は一九四四年までで六八四組、朝鮮の場合は一九四二年までの累計で一三七九組(内縁を除く)である。[68] 累計にすると多いようであるが、一九四二年度の『台湾人口動態統計』において、同年度に結婚した「本島人(漢民族と原住民)」は約四万七〇〇〇人、うち「内地人」と結婚したのは四六人である。[69] 一九三八年度の『朝鮮人口動態統計』では、やはり同年度に結婚した「朝鮮人」約二二万六〇〇〇人のうち、「内地人」と結婚したのは七四人である。[70] 断片的な数字ではあるが、台湾領有当初はもとより、文化統合への圧力が格段に強化された三〇年代後半以降においてすら、血統――正確には準血統としての戸籍――により区別される人間集団として、「内地人」「台湾人」「朝鮮人」というカテゴリーを維持・再生産し続けたといえる。

このような法制的な裏付けにより強化された、「血統団体」としての「日本人」という議論は、伊沢流の「一視同仁」論の基盤を掘り崩していくものであった。しかしまた、穂積と大西の論議にも明らかなように、「君民同祖」論はそれ自体では異民族に対する教化理念たりえないのはもちろん、公言しうる質のものではなかった。それは、いわば「内輪」のあいだでのみ、自らの所説を正当化する論理として機能しえたのである。それでは、天皇制国家の「外」にある人々に向かって、何をどのように語りかけていけばよいのか。一八九八年、公学校規則の見直しが始まった段階で、台湾の日本人教師たちは、そうした課題に直面しなければならなかったのである。結論的なことをあらかじめ述べておけば、血族ナショナリズムによる排除の体制は基調としたまま、言語ナショナリズムによる包摂の体制を矛盾・共存させていくことにより、一定の彌縫措置が図られることになる。

一九〇〇年、台湾総督府は、公学校規則を改正するための諸学校規則改正取調委員を任命、また、台湾教育会では〇一年に「諸学校規則改正調査の委員に参考に供せん」という目的で、公学校規則改正調査委員を選挙した。(71) 公学校規則見直しの動きが官民の双方から本格化しはじめたのである。

翌〇二年は、教化理念の策定をめぐり、台湾教育会の内部で議論が百出した時期であった。以下に取りあげる前田孟雄、木下龍、高岡武明、平井又八の議論は、いずれも同年の『台湾教育会雑誌』に載せられたものである。

国語学校第一附属学校の教諭であった前田孟雄は、公学校における修身教授の実情が「失望落胆」にたえないほど「乱雑不調和」であると指摘したうえで、「君民同祖血族団体」というような「血族的情念を鼓吹せば或は危険なる結果を養成するに至らむ」として、教育勅語を「ある期間鼓吹せざらん」方が弊害は少ないだろうと説いている。(72) 国語学校嘱託である木下龍は、もっと端的に、教育勅語の朗読や君が代斉唱が本国人同様の「感涙」を催すことを期待できない以上、「本島教育界が跪いて唯物的に物せられたる、第二の勅語」を乞うべきであると述べている。(73)

第二教育勅語発布論。過激な主張のようであるが、帝国主義的な支配体制に適合的な教化理念が模索されていた日清・日露戦間期には、必ずしも目新しいものではなかった。当時本国でも、一九〇一年に文部省修身教科書起草委員中島徳蔵が教育勅語「撤回」論を唱えたという風説、翌〇二年には政友会幹部であった江原素六が教育勅語「変更」を主張したという報道がなされていたのである。ただし、教育勅語の権威性の喪失に連なるこうした事件はマスコミで「不敬」と指弾され、教育勅語の趣旨徹底に関する建議案が帝国議会で可決されたこともあって、「権力内部に存在したと思われる教育勅語再検討(教育勅語追加など)派に対する強いブレーキ」がかけられた[74]。おそらく本国でのこうした事情も作用して、木下の議論もこの時点では単なる提言にとどまった。しかし、植民地における教化統合理念としての教育勅語の不適合性という問題は伏流水と化し、その後も折りにふれて浮上することになる。

伊沢のいう「仮他主義」を徹底させる方向で、こうした事態への打開策を説いたのが、八士林公学校教諭であった高岡武明である。高岡は、まず「国語」教育重視の傾向に対して、「国語サヘ授ケナバ以テ同化ノ実ヲ挙ゲ得ベシト思フハ非ナリ。日本語ヲ以テ非帝国主義社会主義ノ精神ヲ吹込ムコトヲ得ベシ」(傍点高岡)と述べ、「占領土ニ於ケルヤ被占領土人民ノ長短ヲ知悉シ彼等ノ情ノ向ク所ヲ察シテ巧ミニ之ヲ応用セザル可カラズ」と主張する。

そこで高岡の考えたことは、ある意味では伊沢同様の儒教の「応用」である。しかし、それが国体論との折衷を目指したものではなく、むしろその原理的背反性を認識したうえでの純粋に便宜的な利用であることに特徴がある。高岡は、儒教の「応用」にあたって、次のようなことに留意すべきだと述べている。

第一、儒教とも関係の深い「迷信」については「乱源」になることも多いので「撲滅」すべきこと。第二に、儒教の「応用」は「読書人或ハ学堂先生ガ通俗修身談」をする「講善会」の形式を利用するなど主に社会教育場面において試みること、第三に、儒教が日本の国体と背馳する側面を認識しておかなければ「弊害」を招くこと。すなわち、「我国ハ古来万世一系ノ君主ヲ奉戴シ系統ヲ尊重シ神聖ニシテ汚《マヽ》スベカラザルモノトセリ。然ルニ彼ハ堯舜ヲ以テ模範トシ徳ノ大ナルモノヲ以テ天下ニ君臨スベキモノトセリ」(同前)という問題がある。したがって、教育勅語についても「之ヲ以テ直ニ本島ニ適用スル事ヲ得ルヤ否、風俗習慣ノ異ナルアリ」と疑問を提出し、「一旦緩急アレバ義勇公ニ奉ズベシト教フルモ斯ノ如キ道念ハ偶像ニ向テ祈禱スル(ママ)ト同様、未ダ以テ望ミ得ベカラザラム」と懐疑的である。むしろ「道徳的順良ナル人民」、換言すれば「生産ニ力メ動労ヲ辞セズ柔順ニ服従スル所ノ人民」(同前)の養成を教育目的にすべきだと述べる[75]。

この高岡の議論のうち、特に社会教育場面における儒教の部分的な利用を説いた内容や、「道徳的順良ナル人民」という教化理念に関しては、その後の植民地教育政策の展開を先取りしたものと評することができる。ただし、「国語」による「同化」という発想に公然と疑問を表明している点については事情を異にする。厳密な論証は困難だが、この時期以降「国語」による「同化」という発想に疑問を投げかけた議論はほとんど見られず、植民地教育の自明の前提として、一種のタブー領域を形成したように思われる。そのきっかけを作り出したのが、次に取りあげる漢文科廃止論争、そして、一九〇四年公学校規則の制定であった。

三　漢文科廃止論争と日本語教育

ここで「漢文科廃止論争」としてとりあげるのは、『教育時論』と『台湾教育会雑誌』を舞台として、橋本武と平井又八の間で行われた論争である。

橋本と平井は一八九六年に渡台し、九八年の国語教授研究会(一九〇一年に台湾教育会に改組される)の旗揚げに参加している。橋本は、九九年に国語学校教授となり、総督府の諸学校規則改正取調委員に就任、平井は景尾公学校長などを歴任し、台湾教育会の公学校規則改正調査委員に選挙されていた。両者ともに公学校規則の見直しに一定の影響力を行使しうる、指導的立場の教員だったのである。

論争の経過は次のようなものである。まず橋本武が、国語学校教授を休職となって離台した直後に「台湾公学校に於ける漢文科について」と題する論文を、本国における教育雑誌『教育時論』に四回にわたり連載した。これに対する反論を、平井又八が『台湾教育会雑誌』に三回執筆し、『台湾教育会雑誌』における橋本の再批判により、一応の終息を迎えた。以下、便宜的に『教育時論』誌上における橋本論文を第①論文―第④論文、『台湾教育会雑誌』における平井論文を第⑤論文―第⑦論文、同誌における橋本論文を第⑧論文と表記する。(76)

橋本の主張は、一言でいえば、漢文科を廃止し、「国語」教育を重視せよ、というものであった。また、そうした主張を、「同化主義」という理念から演繹しているところに特徴がある。まず第①論文で、台湾人の漢文愛好は科挙により北京の朝廷に出るという、「同化の主義と相容れさる所の夢」に支えられてきたものであると批判している。また、儒教に修身教育としての機能を期待する見解に対しては、今後の「忠孝の標準」は文天祥や比干ではなく、楠木正成のように「国粋」が産出した人物であるべきだと主張する。第②論文ではさらに、たとえ楠木正成を取りあげたとしても、その事跡を漢文に翻訳して教えればよいという発想は、言語と精神の関係を知らない謬見であると述べ、その根拠として、上田万年の所説を引用、言語は「思想及感情が外に出でて化身」したものであり、「日本語は日本人の精神的血液」であるという文言をあげている。

理念としての「同化主義」、また、その手段としての言語教育という関係は、橋本の主張において明確である。この場合の「同化」とは、思想および感情の同一化――もちろん「日本人」のそれを基準とした一方向的な同一化――であり、言語による思想・感情への規定性を重視する、言語相対主義の思想が「同化」の可能性を保障するための論拠とされている。その特徴は翻訳の不可能性を強調することにあり、「日本的」思想および感情は、日本語によってしか理解しえない、と考えるところにあった。さすがに明言はしていないものの、橋本の議論は、教育勅語の漢訳や『幼学綱要』の利用という「混和主義」の構想を正面から否定したものであり、伊沢のいう「自主主義」に当たるものといえる。ただし、教育勅語や楠木正成の事跡を日本語で教えればよいという発想とも微妙に性格を異にしていた。第③論文で、橋本は「国語を授ける際に於ては、頭から国語の思想法を以て話をするやうな習慣を養はなければならぬ」と述べている。重要なのは、思想内容ではなく「思想法」なのであった。言語の習得という行為そのものがもつ感化的な機能を重視し、日本語教育それ自体に一種の修身教育としての役割を期待しているのである。その対極にある発想が、一種の技術教育としての言語教育という発想である。したがって、橋本も、対岸との交易上必要なかぎりで「全く一つの技芸として」漢文を教えることは認めている。

橋本は、言語ナショナリズムに基づく包摂の原理を、「日本語教授法」という方法論に即して具体化しようとしてもいた。一八九九年にグアン式言語教授法を翻訳・紹介し、当時国語学校第一附属学校教諭だった山口喜一郎にその実験教授にあたらせた。フランス人グアン(F. Gouin)の開発した言語教授法は、嬰児による母語習得過程をモデルとして、具体的な実物や一連の動作をできるかぎり翻訳を介さずに教えるという特徴を持っていた。嬰児をモデルとすることは、学習者を「白紙」の存在とみなすことであり、「頭から国語の思想法を以て話をする」習慣を身につけさせる、という要求に適合的な方法論だったのである。山口喜一郎は、その後、朝鮮、関東州、さらに華北占領地へ渡り、一九四五年にいたるまで、翻訳を介さない直接法(direct method)による日本語教授の指導的実践家としての地位を維持し続けることになる(第Ⅵ章で再論)。そのかぎりで、橋本の敷いた路線は、その後の植民地教育の内容・方法原理に少なからぬ影響を与えたといえる。

ただし、この時期の台湾では、日本語による「同化」という言説が自明視されてはいなかった。橋本の論に対して、漢文科保存論に立つ平井又八は、まず第⑤論文で、漢文の内容・程度を変更するか否かは個々の教師の判断に委ねたいとしながら、「同化」という理念から教育方針を演繹するのではなく、統治政策全般との関わりで考察すべきだと述べる。すなわち、教育も「他の百般の行政と凡そ歩調を揃へて進まねばならぬ」のであり、阿片や纏足・弁髪などの「旧慣」存続が認められている状況で、教育だけが「理想」を追ったところで「国家的脳充血」を起こすだけだと指摘する。逆に、橋本の説を実現するためには「少なくとも、授業料を免除し、学費を国庫か地方税にて支弁」する体制を形成しなければならないとして、こうした現実的条件を欠いた主張は、協議費を徴収することの困難と苦労を知らない空論だと述べる。この点は、橋本が「同化」を説きながら、義務教育制度に言及せず、国家統合の次元の問題への視野を欠いていることと好対照をなす。

日本語教育の必要性は、平井も認めている。だが、その習得は必ずしも、精神の「日本化」につながらず、場合によっては「人間の鸚鵡」を作るに過ぎないとして、日本語教育それ自体の感化的な機能を否定している。また、ミッションの方法を模倣して、むしろ日本語の運用には熟さなくとも精神の「日本化」を目指すべきだとしている。

それでは、必ずしも日本語を介さずに教えるべき内容として、何を想定していたのか。それは儒教であった。しかも、伊沢のような折衷主義や、高岡のような部分的利用論と異なり、経書の価値を率直に認めたところに平井の特徴があった。この問題について論じた第⑥・第⑦論文では、四書五経は「仏者が仏典を味ひ耶蘇教信徒がバイブルに親しむ」ように信仰の対象でもあり、「無量の崇見、無限の深慮」の込められた「金玉の書」を台湾人から奪おうとするのは「実に量見の狭い」ことであると批判する。ただし、これらの書物は「組織的系統的論理的知識」を欠くうえに、その内容が「元来世界的」であり「支那人もなければ、日本人もない」から、忠君愛国とか、国家の観念とかについては「多少の遺憾なきではない」としている。しかし、忠君愛国の観念は「人間処世の道徳としては、其一部に過ぎない」といいきり、教育勅語との相違についても、「義勇奉公の一事が脱けて居る位」のことと評している。

第⑧論文で橋本の指摘していることであるが、こうした平井の議論には、「漢学を以て教化の根本として置かうとせらるる積りなるや、又は一時の方便としておかるる積りなりや」曖昧なところがある。確かに平井も「日本化」の必要を説き、漢文を利用して民心を収攬するのはよい考えと述べてもいる。こうした点では、高岡の議論と同様に、「仮他主義」に当たるものと評することができる。ただし、四書五経を「金玉の書」と評して、忠君愛国、義勇奉公の道徳を軽視している点は、伊沢や高岡とは異なり、平井がナショナルな論理から自由であったことを示している。もとより、このような主張が橋本に受け容れられるはずもなかった。橋本は、第⑧論文で「同化」の理念を貫くためには、「四書五経を土足にかけて淡水河中に蹴込んで仕舞ふ」べきだと述べ、論争は平行線のまま終息を迎えた。

平井又八は、一八六八年生まれ、漢学塾通学を経て、岡山師範学校を卒業、八七年には「信仰告白をして、岡山教会に属せり」と伝えられている。(77) はたしてその主張が、このような経歴や世代とどのように結びついているのかということは、単純には一般化しえない。しかし、「世界的」な教えにこそ敬意と共感を表明し、異民族の信仰の自由に対して寛容を説く思想が、少なくともこの時点では、植民地政策の提言の内に含まれていたことは重要である。むしろん、信仰の自由の強調も、政治的自由と権利の連関への見通しを欠くとき、台湾人を被差別状態に放置したままの愚民化政策ともなりうる。平井は日本語による「同化」を標榜するためには、義務教育制度の施行が必要であると述べることで、植民地主義の体制を相対化する視点を示してはいるが、その差別的な性格への批判的観点を抱いていたかどうかは定かではない。しかし、ナショナリズムから自由な、その普遍主義的な志向は、現実の植民地政策が抑圧し否定したものの一端を、逆照射する意味をもつだろう。

右のような経緯を経て、一九〇四年三月に制定された新公学校規則は、従来の読書・作文・習字を統合して国語科とするとともに、漢文科を特立させて「土地ノ情況ニ依リ……闕クコトヲ得」と定めた。第一学年における毎週教授時間数は国語が一〇時間、漢文が五時間で、漢文科の要旨は「普通ノ漢字、漢文ヲ理会スルヲ得シメテ日常ノ用務ヲ処弁スル能ヲ養フ」と規定し、四書五経をはじめとする経書は教育内容から除外した。
総督府の諸学校規則改正取調委員でもあった山口喜一郎は、この新公学校規則の意図を次のように解説している。旧規則では、公学校教育の目的を「国民タルノ性格ヲ養成シ同時ニ国語ニ精通セシムル」と規定していたが、新規則では「国語ヲ教ヘ徳育ヲ施シ以テ国民タルノ性格ヲ養成シ並生活ニ必須ナル普通ノ知識技能ヲ授クル」と改めて、「国語を教へよと、劈頭第一に喝破」したことに、まず注目させる。そして、「国語は、其の国民の形而上の所有の全体を包有するものにして、国民の知識感情品性国民の活動発達すべてこの中にあり」と大上段に述べたうえで、日本語は、日本人と「同情同感」して、「母子両地の結合」を実現するための手段なのだと主張している(78)。また、国語科の外に漢文を放逐したのは適切な措置と評価し、漢文の存廃は公学校の盛衰に影響するために全廃こそできなかったが、「四書、三字経の如き児童の心力に適合せざるもの」を廃止することが重要であると解説している(79)。

橋本の議論の継承者ともいえるこの山口の解説から明らかなように、週五時間という時間数が比較的多いことを別とすれば、一九〇四年の公学校規則は橋本の漢文科廃止論にほぼ従ったものといえる。それは、一八九八年の旧規則に見られた中華帝国的な統合原理との折衷を払拭し、言語ナショナリズムに基づく異民族包摂の原理を中核にすえたものであった。教育勅語の解釈をどうするのか、といった問題は、日本語による思想法の伝達が重要なのだという発想により、さしあたりペンディングが可能となった。日本語が「国民の知識感情品性国民の活動発達」すべてを内包しているという言説は、どのような知識、どのような感情が「日本的」であるか、という問いを封ずる機能を果たしうるのである。また、山口の「同情同感」という表現は、統合の原理の核心が一定の理念ではなく、内実の曖昧な感情におかれたことを示している。「共感の共同体」の存在を前提としたうえで、感情の転移を可能にするための方法として日本語教育を重視する体制が明確にされたのである。

それでは、この一九〇四年公学校規則を境として、台湾統治方針全体が「同化政策」に転じたと評価できるのであろうか。否である。ここで橋本の演繹主義的な論のたて方が、いかに統治政策全般と眼前の現実から乖離しているか、ということを平井が説得的に示していたことに留意する必要がある。橋本の議論に制度論的な観点が完全に欠落していたことに象徴されているように、総督の律令制定権、義務教育施行の否定と民族別学校体系、通婚の法的禁止、という差別的な体制に何ら変わりはなかった。そこで形成されたのは、建前において言語ナショナリズムによる包摂の原理を標榜しながら、本音の部分において血族ナショナリズムによる排除の原理を貫徹させる二重構造であったと評することができる。もちろん、建前と本音という言い方は、必ずしも正確ではない。建前の部分も、公学校における日本語教育重視、漢文科縮小のように一定の制度的実体に対応しており、「道徳的順良ナル人民」の養成を説いた高岡武明の議論のように、本音を公にする言説も見られるからである。むしろ、言説レベルと制度レベルのそれぞれにおいて、建前的な部分と本音的な部分が矛盾しつつ共存していたというべきだろう。

ところで、現実主義者たる後藤新平は、このような経緯にどのように関与し、また、橋本や平井らの議論をどのように評価していたのだろうか。

一九〇三年一一月、平井又八を含む六〇名近くの学校長を招いて開催された学事諮問会の席上、後藤新平は漢文科存廃問題に関する意見書の提出を求め、翌日、これをふまえて有名な「無方針主義」演説を行っている。

この演説で、後藤は、教育方針はいまだ考究中だが、公学校の第一目的は「国語ノ普及」であると言明する一方、日本語教育をしてもどの程度の期間にどの程度の変化が可能かということは見通しが立ちにくく、「先ヅ二代ヤ三代デ変化シテ行クコトハ六ケシイ」とリアルな判断を示している。また、本国でも漢字の廃止がうまくいかないことを指摘して、風俗習慣は簡単に改められるものではない以上「同化ニハ色々ノ種類ガアル」と考えねばならないと述べて、漢文・漢字廃止論を牽制している。(80)

このことから、後藤が単純に漢文科廃止論を支持していたのではないことはわかる。あるいは、曲がりなりにも週五時間の漢文科を存置するに当たっては、後藤の意向が関与していたとも推定できる。後藤は「旧慣尊重」の旗印のもと、一八九八年には連座制による「治安」維持のための方策として保甲制の復活を図るとともに、一九〇〇年には台湾全島から郷紳層を招いて楊文会を開催、在来の学問・文化を尊重する姿勢を示している。台北医院に楊文会員を招いて行った演説では、従来台湾の読書人は医学を軽視してきたが、日本の医学は傷寒論など「東洋」の伝統をふまえたうえで「内外の粋」を集めたものであり、「中華の学問を軽率に捨てて西洋の学問に心酔」したものではないことを強調している。また、日本の医学による「文明」の浸透、「博愛慈善」の精神を強調することで、支配を正当化しようとしてもいる(81)。橋本の論との相違は明らかである。

それでは、後藤は、どのような意味で日本語教育が重要だと述べていたのか。この疑問を解く手がかりは、後年の『日本植民政策一斑』における次のような発言にあると思う(82)。

> 未開国と文明国との等差のある程植民国としては、植民地を持つのに利益である。然るに、日本人と支那人、此間に於ては非常な大差がない。又日本人と朝鮮人とも其通りであります。故に吾人は余程其注意を以て行かなければならぬのである。吾々母国人は植民地的文字の均一を図るに非ざれば、母国人として植民地に臨む力がない、威信が少ない、即ち語学統一に在るのであります。

日本と中国や朝鮮では「文明」の差があまりないと述べた前段と、「語学統一」について述べた後段とのつながりは、明確ではない。この両者をつなぐキー・ワードは、「威信」であると思われる。このあとで、後藤は、ビスマルクが亀の甲文字《フラクトウール》を強制したことも、江戸幕府が官公文書にお家流を強制したことも、「政治上の威信の上から察するに足る」とも述べている。

日本も台湾も同じように中華帝国の文化システムの影響下におかれてきた。そこで、いかに威信を保つべきか。西洋文明に依存した威信を標榜する手段もあるが、それも受け売りのものである以上、限界があった。しかも、儒教の経書や、聖書のように、これこそ普遍的な倫理であると自信をもって広めていけるテキストもない。

伊沢修二の場合は、「台湾の人はなかなか書が上手です。大概の日本人には、台湾人位に書ける人は少ない」と率直に述べている[83]。おそらくこうした事態の具体的な見聞が、渡台前の発想から転換させる要因の一つとなったのであろう。こうした方向性を追求していくと、台湾人の方が経書への造詣が深い、あるいは漢詩が上手だという問題が生じてきて、植民国としての威信を保てなくなると、後藤が判断したとしても不思議ではない。中華帝国の宇宙を離脱して、中華文明圏という「地」のなかに、日本という「図」を浮かび上がらせること。中華文明と西洋文明に挟撃されながら、独自の威信の源泉を求めるためには、そうした作業が不可欠であったのである。

このように考えれば、そもそも後藤が公学校の普及に抑止的であったこととの関係が整合的に理解できる。後藤にとって、重要なことは、できるだけたくさんの台湾人に「日本語」や「日本文化」を広めることではなく、むしろ支配的文化としての威信を与えることであり、また、支配的文化を受容することにより、差別を克服できるとの幻想を与えることだったのではないか、と思われる。

一九〇四年公学校規則により、「同化」を標榜する体制が明確になった。しかし、それはあくまでも教育の世界だけのことであり、教員たちによって信奉されはじめた理念であるに過ぎなかった。弘谷多喜夫は、一般の日本人植民者にとっては台湾人が「同化」する必要性はなく、「同化の可能性を信じようとし、そのことが彼等の幸せと考えることができたのは教師だけではなかったのか」と評している[84]。一般の植民者からは区別される、教員という存在の独自な位相を鋭くついた指摘である。後藤にとっても、教員たちは、義務教育の施行とか余計なことを考えずに、「日本語教授法」のような狭い世界で、熱意を持って「同化」の方法を考えてくれればよく、その実際的な効果いかんは二の次の問題だったのであろう。先の演説における、「何レニモセヨ、諸君ハ公学校ト云フ範囲内ニ於テ躍起トナツテ行ツテ貰ヘバ、本官ハ大イニ満足スル[85]」という発言は、そうした姿勢を象徴しているように思われる。

5 小括

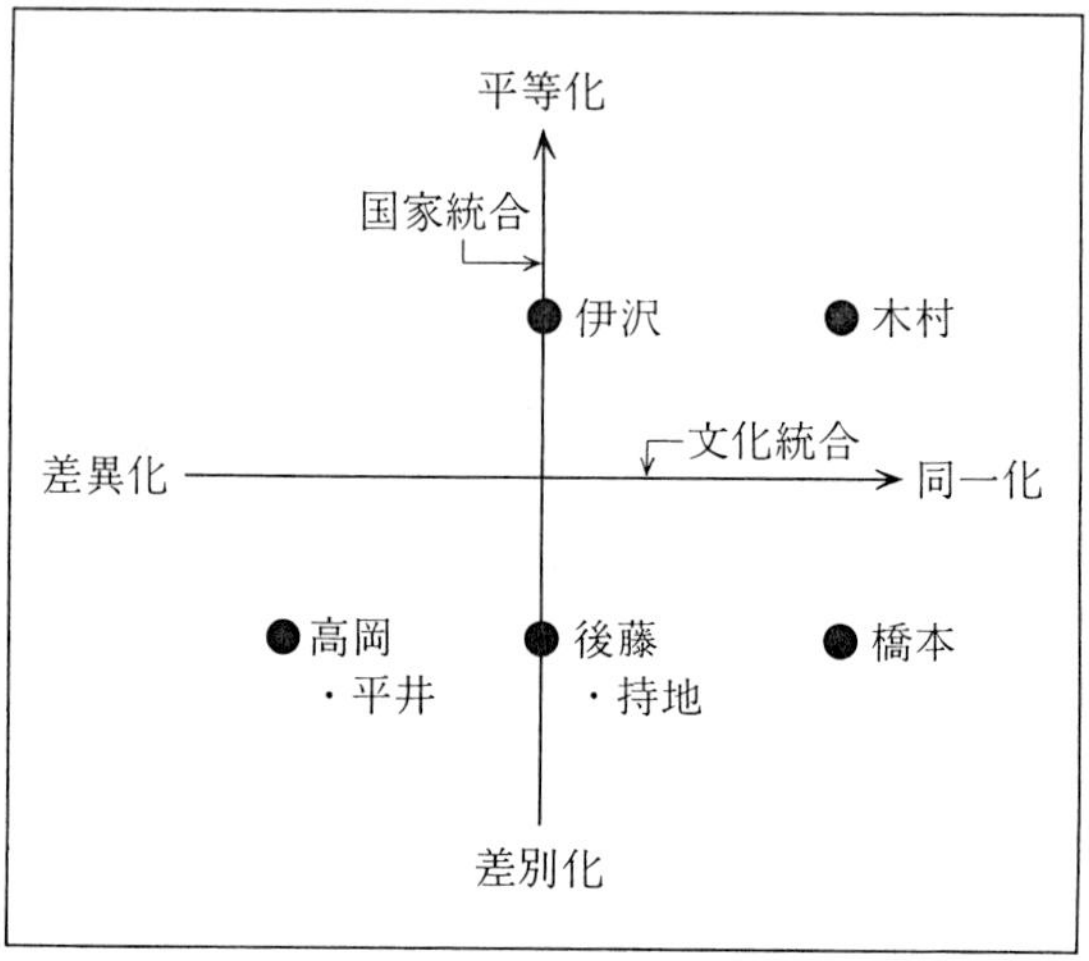

図2

領台初期の植民地統治方針をめぐる試行錯誤の足跡は、あえて単純化すれば、図2のように類型化できると思う。

縦軸は、国家統合の次元での平等化と差別化の論理を表しており、平等化は内地延長主義、差別化は植民地主義という概念で把握することができる。横軸は、文化統合の次元における同一化と差異化の論理を表している。伊沢修二の用語をかりて、同一化を「自主主義」、差異化を「仮他主義」という概念でとらえることにしよう。なお、この場合の「自主」は台湾人の自主や主体性を認めたものではなく、もっぱら「日本人」にとっての自主であり、「日本語」「日本文化」などに支配的な文化としての位置づけを与えることを指す。台湾の独自性や文化的な差異を認めながら、なおかつ参政権を付与して一定の平等化を図る(図2の第2象限)とき、それは台湾人にとっての自主をある程度認めたことになる。しかし、本章で取りあげた対象に即していえば、伊沢の台湾総督府評議会の構想を例外として、そもそもそうした選択肢は主題化されていない。

国家統合の次元での内地延長主義の主張としては、原敬、梅謙次郎、木村匡、伊沢修二などの論が存在した。これと対立する植民地主義の立場としては、乃木希典、後藤新平や持地六三郎などの主張に着目してきた。橋本武、高岡武明、平井又八など教員たちの主張は、事実としての植民地主義の体制を前提としてなされたものであることから、後藤たちと同様に下半分に位置づくことになる。

他方、文化統合の次元では、明確に自主主義に位置するのが橋本武、中間に位置するのが伊沢、仮他主義的な主張をしていたのが高岡や平井である。この場合の「他」とは、儒教・漢文・漢字など中華帝国の文化システムを指す。高岡が効果的な支配の方策としてプラグマティックに「他」の利用を説いていたのに対して、平井は普遍主義的な性格をもつ中華帝国的文化それ自体の価値を認めていたという違いは存在する。しかし、平井の主張も帝国日本による支配それ自体には疑問の目を向けなかった点において、結局、仮他主義的な支配の方策を提起していたものと位置づけることができる。木村匡が文化統合の次元においてどのような教育内容構想を抱いていたのかは定かではないが、特に本国のそれとの編成原理の相違に説き及んでいるわけではないので、ここでは自主主義に分類した。

後藤や持地の文化統合の次元での主張を位置づけることはさらに難しい。結果として、後藤民政長官、持地学務課長のもとで一九〇四年公学校規則が制定され、橋本の主張した方向性での改革がなされたのだから、橋本と同様自主主義の立場に立つといえないこともない。第4象限である。しかし、漢文科が曲がりなりにも週五時間残されるにあたっては、言語風俗習慣の改編が容易でないことを強調する後藤の意向が関与していたものと推定できる。日本語教育の必要は認めていたが、橋本のように「同化」という理念とは結びつけていなかったと考えられるのである。したがって、橋本の主張とは距離があることを表すために、図2では縦軸上に分類した。とはいっても、伊沢のように明確に折衷主義を目指していたわけでもない。持地と後藤に特徴的なことは、国家統合の次元の問題が文化統合の次元の問題よりも根幹的であることを知悉していたことであり、それゆえに文化統合の次元での立場は流動的だったことである。実際の政策展開を律する原理が、この二人の立場にもっともよく表されていることはいうまでもない。

右の分析から、国家統合の次元と文化統合の次元をさしあたり区別したうえで、両者の関連を問う必要のあることが明確にできたと思う。また、国家統合の次元での差別化を正当化する論理として血族ナショナリズムによる排除の原理が機能し、文化統合の次元における同一化の論拠として言語ナショナリズムによる包摂の原理が浮上したことも本章で明らかにしてきた。この両者は、一方は排除の論であり、他方は包摂の論であるという点では矛盾しているが、いずれもナショナリズムの表現であることは共通している。中華帝国からの離脱のさなかに行われた台湾領有は、支配民族としての威信を保つためにも、改めて中華帝国という「地」から日本という「図」を浮き立たせることの必要を明確にしたのである。近代日本社会における文化統合の創出に際して、当時「内地」でも巨大な文化変容が進行していた。たとえば、柄谷行人が指摘しているように、「言文一致」や近代演劇・近代文学の成立にともなって、文字や仮面が「意味するもの」としての特権的な地位を失い、従来無意味だった音声や素顔が意味深いものとなる、という記号論的な場の転換が進んでいた[86]。台湾統治の方針は、こうした次元における深層的な変化と、ナショナリズムの胎動を前提としつつ、さらにそれを推進し、中華帝国という宇宙を解体する方向性において決定されたということができる。

このようにして形成された体制は、台湾人を国家統合の次元では排除しつつ、文化統合の次元では包摂を標榜するという、矛盾に満ちたものであった。これ以降の植民地統治政策は、被支配民族の抗議と抵抗に遭遇するなかで、その内部にはらまれた矛盾を彌縫する過程として展開されることになるであろう。

第II章　朝鮮・一九〇〇―一〇年代

―弱肉強食と平等博愛―

日本帝国主義は、朝鮮統治の方針を、台湾での試行錯誤の経験をふまえて定めた。その根幹は、「内地」の延長としてではなく、「植民地」として扱うということである。

1　はじめに

併合直前の一九一〇年七月には、閣議で台湾の方式を踏襲し、武官総督に制令制定権を与える方針を決定した。それは、憲法という政治的装置を通じた国家統合の対象としてよりも、植民地経営による利潤の獲得、軍事戦略上の拠点としての位置づけを優先させたということでもある。朝鮮の場合は特に、初代朝鮮総督に就任した寺内正毅をはじめ、山県系の陸軍勢力がイニシアティブを握り、ロシアの復讐戦争に備えるという戦略的観点から植民地化を推進したという事情があった。さらに、視野を広げて見れば、一八九五年に思いがけず領有することになった台湾と、江華島事件以来じりじりと勢力圏に収めてきた朝鮮では、植民地政策の方向性を規定する、初発の条件を大きく異にしていたともいえる。

しばしば帝国日本の二大植民地と並び称される朝鮮、台湾における統治体制の構想と実際の政策過程、諸民族の抵抗と協力の諸相に関しては、これまでにもさまざまな論究がなされてきた。ただし、総じていえば、日本政府による植民地化以前の状況の相違、植民地時期の思想状況、経済状態などの違い、脱植民地化以後の政治体制の問題、などに由来する複合的な条件の交錯を十分にふまえないまま、朝鮮支配の「失敗」と台湾支配の「成功」——この場合の「成功」「失敗」は、もちろん支配する側にとっての意味である——を単純に類型化した議論が少なからず見られる。

その前提には、朝鮮の場合により明瞭な、民族主義、国民国家形成への動きこそが評価に値する出来事であるという認識枠組みが存在すると思われる。本章では、台湾と朝鮮の植民地化当時の初期条件の差異をふまえながら、また、近代的な国民国家形成を一義的な価値とする判断基準からできるだけ自由に、朝鮮における教育政策の展開過程を明らかにしたい。

本論に入るに先立ち、持地六三郎の指摘を参考としながら、台湾と朝鮮の初期条件の差異に関して、いくつかポイントとなることを指摘しておこう。持地は、一九一〇年に台湾総督府を休職、『台湾殖民政策』の執筆を経て、一二年に朝鮮総督府に任官、土木局長・逓信局長を歴任したうえで、二〇年に三・一運動の衝撃のもとで官職を辞している。ここに取りあげる「台湾と朝鮮」という文章は、二一年に台湾総督府医学専門学校でおこなった講演の記録である(1)。

①朝鮮は、台湾の面積の約六倍、人口は約五倍。気候風土のうえでは、熱帯の台湾が「天恵多く産物饒多」であるのに比して「天恵」が薄い、という主に自然条件に由来する差異。②朝鮮は「古い歴史と文明」への「自負自尊心」、「長い間独立国家であつたと云ふ国民的感情」が浸透しているという歴史の相違。③清朝から割譲された台湾では、領有後に二年間にわたって国籍選択の自由を与えて大陸への帰還を認めたのに対して、朝鮮では「形式上では征服して合同したのでは無く、朝鮮が任意に日本と身代を一緒にした」ことになっている、という植民地化の経緯の相違。④台湾では旧政府と関係なく「創始的施政」が可能だったのに対して、朝鮮では「任意の合邦」という名目上からも従来の政策を前提とした「継承的施政」を布かざるをえなかったこと。⑤台湾では官吏の後に続いて実業家が入ったのに対して、朝鮮では実業家が先行したために、居留民が「一体朝鮮を開拓したのは誰がやつた、吾々が苦心惨憺の結果ではないか」という調子で強い発言権を持っていること。⑥朝鮮ではアメリカの宣教師の勢力が強大であり、政治に志を抱く多くの朝鮮人が「亡国」の過程でキリスト教徒になった、というミッションの影響力の違い。

持地は、このほかに台湾と朝鮮の経済状況の相違に関しても詳細に論究しているが、この点に関しては、初期条件の相違と総督府の経済政策の結果が混在して論じられているので、ここでは省く。右の指摘は、①は自然条件、②は前近代の歴史、③から⑥は植民地化の過程と時期に由来するものとして大きく分類することができる。③について、韓国併合が「形式上」では「任意」だったという但し書きは、事実上は「征服」だったことを言外に認めているともとれる表現である。総じて正確な認識といえよう。ただし、②については若干の留保を必要とする。本論でも後述するように、朝鮮王朝への帰属意識が近代的国民意識に転化するには、王朝の担い手としての「臣」と一般の「民」の区別の撤廃をはじめ、少なからぬ飛躍が必要だったはずだからである。むろん、「臣」としての両班層に着目すれば、朝鮮文化への強烈な「自負自尊心」をはじめ、台湾の同様の階層とは異なるエートスを見いだすことが可能だろう。しかし、それを「国民的感情」と同一視することには慎重であらねばならない。

この両班層と、日本人植民者、あるいはミッションという、世界観と利害を異にする社会集団が、それぞれ台湾の場合よりも明瞭な存在感をもって存在したのが、併合当時の朝鮮の状況であったと、さしあたりいうことができるだろう。植民地当局は、こうした複雑な構図の中で、教育の制度と理念を定めていかねばならなかったのである。

本章では、まず統監政治期、次いで第一次朝鮮教育令期における教育制度構造と教化理念を分析する。このような検討をふまえたうえで、改めて抗日民族運動を支えた思想と教育政策との拮抗関係を分析し、三・一運動にいたる伏線がどのように形成されていったのか、という問題に説き及ぶことにしたい。

2　統監政治期の教育政策

一　公立普通学校体制の形成

日本政府は、一九〇四年、第一次日韓協約により日本人顧問による内政干渉の体制を公式に認めさせ、財政顧問目賀田種太郎などに続いて、翌〇五年一月には幣原坦を学部傭聘の学政参与官(学部顧問)という名目で送り込んだ。幣原に与えられた課題は、日清戦争期に甲午改革を契機として形成された近代的教育制度を、保護国化という政治情勢にあわせて再編成することだった。幣原の起草した「韓国教育改良案」では、韓国が日本帝国の保護国となった以上、「帝国政府ガ此方針ヲ変改セザル以上ハ、韓国教育改良ノ方針モ亦素ヨリ之ニ基カサル可カラズ(2)」と、自分の役割を明記している。

親日派官僚のイニシアティブのもとで推進された甲午改革は、科挙制度を廃止したうえで、日本モデルの近代教育を模倣するという性格が強かった。「教育立国詔書」(一八九五年二月)にしても、学制序文と教育勅語を混交させたような内容となっている。たとえば、「宇内の形勢を環顧するに、克く富に克く強に独立雄視の諸国は、皆其の人民の知識開明せり。……王室の安全は爾臣民の教育に在り、国家の富強も爾臣民の教育に在る(3)」(原文は漢字ハングルまじり文)という文章は、西洋列強に互するための「知識開明」の必要という点では学制序文、「王室」=「国家」のための教育という点では教育勅語の影響を認めることができる。また、「祖宗の遺訓を継承」すべしとの文言で詔書の内容を権威づけている点も、教育勅語のロジックの踏襲とみなせる。制度的にも、甲午改革以後の近代化路線のもとで小学校（尋常科三年、高等科三年）や中学校（尋常科四年、高等科三年）の名称と組織をはじめ、大筋において日本モデルの改革がなされた。

韓国の「独立保全」を名目として影響力を浸透させようとしていた日本政府にとって、甲午改革期の主要な課題は中華帝国体制の解体ではあっても、朝鮮ナショナリズムの否定ではなかった。したがって、本国における国家主義的な教育制度と理念の輸出を目指していたのであり、朝鮮政府内部の開化派知識人もまた、その受容に努めたのであった。しかし、日露戦争を境とする保護国化への趨勢は、同じように近代化としての文明化を標榜しながらも、従前の施策と逆行する動きを生み出すことになった。

初等教育機関についていえば、普通学校令（一九〇六年八月）により、学校名称を小学校から普通学校に改め、修業年限を六年から四年に引き下げた。学政参与官の地位を退いて以後のことだが、幣原は、「普通学校と称するに就てもいろいろの議論があつた」と回想し、修業年限に関しても「種々熟考の末之を定め……果してこれを以て満足すべきか否かに就て、久しく思い悩んで居た」(4)と率直に吐露している。

普通学校という名称には、どのような意図がこめられていたのか。当時本国では、小学校から中学校、高等学校をへて帝国大学にいたる、正系の階層移動のルートがようやく確立し、従来の身分制原理に代わる、学歴主義の原理が機能しはじめたところであった。これに対して、幣原は、普通学校は「上級学校の予備校ではなく、大多数の朝鮮人は、普通学校の卒業を以て、先づ教育を完了する次第である」(5)と説明している。教育資格による階層移動の原理とは無縁なものとして、普通学校を位置づけようというわけである。さらに、一九〇六年に中学校の名称も高等学校に改めている。これらの事実を勘案すれば、学校体系から階層上昇の梯子《ラダー》という性格を脱色するために、小、中、大という系統性を持った名称を嫌ったのではないかと考えられる。

学校名称の変化は、修業年限や教育課程などの変化とも連動していた。修業年限の引き下げに関しては、幣原は、尋常小学校が約五〇校あるのに対して、高等小学校は一校しかなく、全体として学校制度が有名無実の体系になっているという理由で、両者の合併と修業年限四年という対応策を正当化している。たしかに甲午改革後の近代化路線が日本政府やロシア政府への従属の深化を意味したこともあって、近代教育の普及には多くの困難が横たわっていた。しかし、幣原は、後年、「世界の植民地を視察するに及んで、（普通学校の修業年限について――引用者注）初めて意を安んずることを得た」と述べ、イギリス領インドの「英語小学」が尋常科四年または三年制であることなど、多くの欧米の植民地の初等学校が四年制をとっていることを挙げてもいる。(6)イギリス支配下のインドとの共通性を根拠として修業年限の引き下げを肯定する論理は、統監政治期の教育改革が事実上の植民地化を志向したものだったことを、図らずも吐露したものといえよう。

普通学校の教育課程では、「国文」とされていた朝鮮語を「国語」と改めたこと、新たに日本語を普通学校一年から週六時間課すことにしたこと、漢文の内容を「近易」なものに限定したことなどが特徴である。一九〇六年六月、幣原の後任として学政参与官に就任した三土忠造は、官立普通学校職員会の席上、「韓国人として日語を解すると否とは生存競争上に顕に利害関係有り」という論理で日本語教育を正当化し、また、本国の中学校での漢文科廃止論議や欧米におけるラテン語の凋落にも言及しながら、「孔孟遺言」に基づく修身教育の限界を強調している。(7)台湾の一九〇四年公学校規則における、漢文科縮小、日本語重視という教育内容の構成原理は、早くもこの段階では疑う余地のない方針として定着しつつあったのである。

植民地当局は、大規模な文化システムとしての中華帝国が解体していく趨勢をたしかに先取りしていた。同時に、新たに移植されるべき近代が、「生存競争」の時代であることも、当局にとっては自明のことだった。そのかぎりで、三土の説明は、日本政府が朝鮮にもたらそうとしたものを率直に表明したものといえる。ただし、日本語ができなければ「不測なる詐術に陥り、畢竟韓国人の損失不利益なる」(8)という説明は、リアルであるがゆえに矛盾に満ちている。

「詐術」を用いて損失を与えている主体は誰なのか。文脈からいって、それは日本語を自在に操る人間であると、三土自身が認めていることになる。だとすれば、そうした存在をまず排除することが朝鮮人にとっての利益であるという結論が、同じ前提から導かれてもおかしくはない論理構造となっているのである。

一九〇七年に学部次官に就任した俵孫一も三土と同様の論理で日本語教育を正当化している。これに対して、朝鮮人普通学校長が「幼少ノ時ヨリ日語ヲ学ハシムレハ、韓国ノ国民性ヲ失ヒ日本ノ国民性ヲ習得スルノ虞アリ」と反論している例も見られる(9)。ただし、普通学校規則の制定の際に、「国文」が「国語」に改められたことにも象徴されているように、漢文訓読の手段としてではなく、話し言葉としての朝鮮語を学校教育の内容に取り入れていこうとする発想は、きわめて新しいものであった。したがって、両班層を中心とした従来の学校文化の担い手にとっては、こうした言語教育の問題よりも、漢文の内容レベルの引き下げということの方が重要な問題と意識されていたと推測できる。近代化という点で一歩先んじた植民地当局は巧みにそうした隙につけいりながら、従来の教育体系への破壊的な干渉の度合いを強めていったのである。

統監政治期の官公立普通学校は、台湾の国語伝習所と同様に授業料を徴収しなかった。だが、韓国の「独立保全」という大義名分をかなぐり捨てた日本政府の侵略的意図があらわになったこともあり、生徒募集は困難を極めた。そもそも甲午改革以降の近代教育導入過程に批判的な在地両班層の忌避は特に明確であり、幣原の表現にしたがえば、「中流以上の者は、普通学校に入学することを好まずして、多くは書堂又は私立学校に赴いたから、普通学校は、一時貧民学校の観」を呈することになった(10)。

当時、村々には在来の初等教育機関たる書堂が遍在し、また、愛国啓蒙運動の一環として設立された私立学校、あるいは長老教会(プレスビテリアン)や監理教会(メソジスト)などプロテスタント系ミッションの経営する私立学校が少なからず存在していた。一九一〇年二月の時点でも、全学校数二三九七校のうち、官公立の学校とこれに準ずるものは、あわせてわずか一四六校、残りはすべて私立学校であり、宗教系学校がその約三分の一を占めていた。(11) 台湾でも、領有当時長老教会の経営する神学校や中学校、高等女学校が計五校設立されてはいたが、朝鮮では一九〇五年から一〇年にかけてキリスト教徒の激増に対応して、ミッション系小学校が広範に普及したことに特徴があった。

統監府も、こうした事態を座視していたわけではない。一九〇八年には教科用図書検定規程と私立学校令を制定、宗教教育以外は学部の教則に従い、学部の編纂あるいは認可した教科書を用いるべきことを定めた。干渉の対象は学校の管理形態にも及び、共有財産としての郷校畓を官の管理下におくなどの措置により、私立学校の財政的基盤を破壊し、公立学校へと転換させていく政策を推進した。この場合の「公立」「私立」という言葉の意味が、本来と逆転していることはいうまでもない。後年、朝鮮総督府の視学官が著わした著書でさえ、私立学校の公立化は、「共同醵金により購ひ得たる土地家屋等私学の財産を、官学の為に掠奪せらるることであると解したのも已むを得ない」と評しているほどである。(12)

書堂や私立各種学校などの「副次」的教育施設は、普通学校ほどには厳しい行政上の監督規制はなかったが、上級学校への入学資格の制限や補助金を交付しないなどの措置により、普通学校への転換の圧力にさらされていた。渡部学は、このように、公立普通学校を核として、書堂や私立学校など各種の「副次」的教育機関を漸進的に包摂しようとする体制を公立普通学校体制と呼び、特に一九一〇年代前半と二〇年代前半に、数多くの「副次」的教育施設が公立普通学校に転換させられたことを実証している。(13) 渡部は併合後の状況を分析対象にしているのだが、そうした体制の原型はすでに統監政治期に形成されていたといえよう。

二　植民地支配の「根帯」

併合後の教育政策の原型は、統監政治期にすでに形成されていた。ただし、統監政治期にはまだ明快な決着のつけられない問題もあった。韓国皇帝の位置づけである。すでに朝鮮の独立はかぎりなく建前化され、事実上の植民地化が進められてはいた。しかし、韓国皇帝による統治という建前は、ごくわずかにでも、植民地化という事実を掘り崩す可能性を持ち、またそれだからこそ、建前としての政治的機能を発揮しうるのでもあった。

当時学部の編纂した教科書では、ごくわずかな可能性を無効にするために腐心したあとをうかがうことができる。『普通学校学徒用修身書』巻四の第六課「皇室」では、「太祖高皇帝以来」の歴史に言及したうえで、「我等の祖先及び我等は代々に皇室の恩沢を厚く蒙りたるものなれば、我等は皇室を尊奉し、鴻恩の万分の一に報答すべきなり」(原文は漢字ハングルまじり文)と述べている。[14] ここまでは「教育立国詔書」と同様、韓国皇室への忠誠を説く内容である。ただし、「志士仁人と称して不正の行為」を働くのではなく、「修身斉家」の道をつくすことが「忠良なる臣民」たる所以であるとして、両班層を中核的な担い手とした義兵闘争をはじめ、朝鮮人が亡国の事態を憂えて奔走することを牽制している点が新しい。

この教科書が刊行された前年には、著名な義兵将崔益鉉《チェイクヒョン》が対馬の監獄で獄死している。一八七〇年代の江華島事件以来、衛正斥邪思想の重鎮として「洋賊之前導」である日本政府に敵対する論陣を張っていた崔益鉉は、この時期にも日本政府の侵略への抵抗を繰り返し高宗に上疏し、ついに容れられないとみるや義兵を挙げ、日本軍に引き渡された後も食事などの一切を拒否して、獄中で没したのであった。[15] その生き方は、殷の紂王を諫めて殺された比干、周の武王への諫言が容れられなかったために餓死を選んだ伯夷叔斉の生き方にならったものともいえる。まさに「志士仁人」と呼ぶべきこうした生き方に対して、教科書は、皇帝の名において、天下国家のことは忘れて身近なことに専念せよと諭しているわけである。しかし、皇帝個人というよりは、皇帝の存在を象徴とする朝鮮王朝への帰属心、さらに「小中華」の世界観こそが「志士仁人」たちのよりどころであった以上、韓国皇帝の権威を借りた発言が植民地当局にとって両刃の剣であることも明らかであった。

統監府は、教育制度面では併合後の政策に連続的に接続しうる体制を形成していたが、教化理念に関しては、保護国という建前が存在する以上、手詰まり状態におかれていたのである。ミッションを通じて浸透していた西洋人の目から見ても、それは明らかであった。一九〇九年、上海で刊行されていたドイツ語の新聞『東亜ロイド』に掲載された、「韓国ニ於ケル日本ノ至難事」という記事は、教化理念の策定をめぐる、当局のこうした困難を鋭く剔抉している。[16] この記事は、学部傭聘のドイツ語教師ボリアン(J. Bolljahn)による反論、記者側の再反論とともに、一九〇八年に学部書記官に就任した隈本繁吉の文書に収められていることから、当時の行政担当官に一定の衝撃を持って受けとめられたものと推定できる。

記事は、「日本文化ノ根蒂ハ天皇ヲ帝国ノ神聖ナル統治者トシテ之ニ対シテ誠忠ト服従トヲ捧クル」ことにあると書きはじめたうえで、教育勅語を中心とする学校教育は「内」では強固な団結の形成に役立つが、「外」での「文明的事業ノ経営」に対しては障害になると述べる。また事実として、植民地当局の運営する学校は授業料を徴収しないにもかかわらず「人民ハ余リ之ヲ歓迎セス」、ミッションの学校は、授業料を徴収するにもかかわらず、「西洋諸国ノ智識ト芸能」を学びたいという思いと、「日本ニ対スル韓国民一般ノ憎悪心」に支えられて普及していると論ずる。

こうした事態は、「当然日本官庁ノ平然タルコト能ハサル所」であり、当局は私立学校への干渉に努めているが、それでも「倫理教授及ヒ一般教授ノ基礎トナルヘキ根蒂」を欠いているという点では変わりない。天皇崇拝を教育の中心とするのは、形式的に韓国の独立を認めた日韓協約に反するのみならず、「韓国ノ国民精神ニ強大ナル反動ヲ喚起セシメ」るだろう。他方、韓国の皇室を教育の中心にすえることもできない。現に、普通学校に「天皇ニ倣ヒテ発セラレタル韓国皇帝ノ教育勅語（教育立国詔書のこと――引用者注）ノ掲ケラレタルコトノ報導《ママ》ハ日本ノ諸新聞ニ三再《ママ》ナラス激怒」を生じさせている。植民地当局は、結局、一面では日本の文化を伝えようとしながら、他面では、「日本ノ文化及其国民的世界観ノ総テニ貫通セル根蒂ヲハ、韓国人ニ覚治セラルル事ヲ隠蔽スル」ことになる。しかし、どんな教育も「根蒂」となる世界観がなければ、永続しがたい「不具物」であることを免れない、と結論している。

　日本帝国主義による植民地支配の「根蒂」となる世界観は何か、という問いは、まさにそのアキレス腱をついた指摘である。もっとも、記者も、植民地支配そのものに批判的見解を抱いていたわけではない。欧米帝国主義の場合、それは「文明的事業」なのであった。イギリス帝国主義史の研究者マンガン(J. A. Mangan)が指摘しているように、「社会進化には幾つもの段階があり、世界にはたくさんの奇怪な習慣や、「迷信」があるが、「文明」も、「進歩」への道も、「真実の宗教」もただ一つである」[17]という論理は、当時の欧米人の多くを支配していたと思われる。後述するように、日本帝国主義も、近代化としての文明化の観念を利用しており、記事への反論もその線で書かれた。日本政府による植民地支配は、朝鮮の近代化＝文明化に貢献しているというわけである。そのかぎりで記者と植民地当局とのあいだに対立するものはなかった。しかし、世界観の根底に関わる宗教の領域において、天皇制の教義を「真実の宗教」として標榜しうるか否か、ということは日本帝国主義に固有の問題だった。そのことをしっかりと見抜いた「外」からの目に、植民地当局は応えていかなければならなかったのである。

3　第一次朝鮮教育令の構造

一　「順良ナル臣民」の養成

欧米帝国主義の事前承認を経た韓国併合により、植民地当局は、さしあたり外交的な配慮からは自由に、日本語を「国語」とし、「皇室」の内容を韓国皇帝から天皇に置きかえられることになった。実際に、併合直後の応急処置として学部編纂教科書の字句訂正表を配布し、墨塗りのような形で教科書の改訂を実施させた。しかし、だからといって、天皇崇拝の強要が「韓国ノ国民精神ニ強大ナル反動」を生じさせるだろうという事態に変化があったわけではなく、植民地支配の「根蒂」の欠落という問題が解消されたわけでもなかった。そのことを一番よく知悉していたのは、植民地当局の学務官僚であろう。

併合直後の一九一〇年九月、「教化意見書」と題する意見書が執筆されている。表紙に㊙の印のあるこの資料は、隈本繁吉文書に収められたものだが、執筆者は不明である。(18) 隈本が同時期に執筆したことの明確な「学政ニ関スル意見」(後述)とは内容的に若干のズレがあることや、直筆ではなくコンニャク版であることから、部内協議用に隈本に近い人物が作成したものと推定できる。以下、筆者なりに論理構造を整理しながら、その内容をやや詳細に紹介することにしたい。

「朝鮮民族ノ果シテ同化シ得ベキヤ否ヤ」について論じた「教化意見書」は、冒頭近くで、まず次のようなテーゼを掲げる。

日本帝国民ノ忠義心ハ、日本民族ニ固有ナル祖先崇拝ニ深キ根蒂ヲ有ス。帝国民ニトリテハ此祖先崇拝ハ一ノ宗教ヲナシ最古ヨリ行ハレテ今日尚儼トシテ存ス。天祖ハ日本民族ノ始祖ニシテ天祖ノ直系タル皇室ハ我等ノ大宗家ナリトハ、一ノ信念トナレルノミナラズ又否定スベカラザル事実ナリ。

このようなテーゼからどのような結論が導かれるのか。同化否定論である。執筆者は、四点にわたり同化政策を否定すべき根拠をあげる。第一、「日本民族」の忠義心は、皇室が大宗家であるという「事実」に淵源するものであるにもかかわらず、朝鮮人は皇室に対して特別な関係を持たない、という教化の主体に関わる理由。第二、第三は、朝鮮人がその制度文物に「相当ノ自尊心」を抱き、「朝鮮民族ナリトノ明確ナル自覚心」を持つ、という教化の対象に関わる理由。第四は、朝鮮人の人口は日本人の約四分の一にあたる多数であり、比較的少数の日本人植民者が及ぼす感化影響は大きくないだろう、という人口比較に基づく現状判断。古代「帰服人」は「大海ノ数滴」ほどだったので、次第に「血液モ混淆シテ全ク同化」したとも述べている。

同化否定論の根拠をこのように列挙したうえで、世人はややもすれば「政治ト教育トノ力ヲ過大視」するが、「言語風俗習慣」のような「外的方面」のことはとにかく、第一と第四の事実はいかんともしがたい、特に第四の点に関して、通婚政策も「多少ノ混血児ヲ生スルコトアルニ過ギザル」結果になるであろう、と述べている。そうした見解を補強するために欧米の植民地政策にも言及し、特にフランスのアルジェリア統治について、本国延長主義の植民地統治方針が、人種や文化の差異を無視したために「原住民ノ社会組織ノ破壊者」として敵視され、政策転換をせざるをえなかったことを指摘している。さらに、沖縄については「弾丸黒子ノ地」であるうえに「数百年来我帝国ニ隷属」しているという条件の違い、台湾については領有後に国籍選択の自由という「寛大ノ処置」をとったにもかかわらず、同化の効果は「今尚試験中」であることを根拠として、いずれも朝鮮のモデルにはならないと述べる。かくして、次のような結論が導かれることになる。

彼ノ本居宣長ガ伊勢ノ大廟ヲ拝シテ
　何ごとのおはしますかは知らねども
　　ありがたさにぞ　涙こぼるる
ト詠ジタルハ実ニ日本民族ノ心情ヲ最モ簡明直載ニ発表セシモノナリ。誰カ朝鮮民族ヲ同化《ジャパナイズ》シテ此美妙ノ情感ヲ体得セシメ得ルト断言シ得ルモノアランヤ。

ここまでの部分だけでは、朝鮮人教育不要論にも帰結しうる内容である。しかし、執筆者は「朝鮮民族ヲ教化ノ柵外」におくほかないのかと自問したうえで、「忠良ナル臣民」ではなく、「順良ナル臣民」の養成を目指して教化すべきだと述べる。教育制度面では「初等教育及職業教育ノミ」に限定し、「帝国ノ和平ヲ害ス」る恐れのある高等な学校は作らず、「民度ニ相応セル簡易ナ施設」とする。教育内容面では、「大ニ日本語ヲ普及セシムル」とともに、徳育については「帝国及皇室ニ対スル感謝報恩ノ情ヲ薫陶スルコトニ止メ」、生業に必要な誠実、勤倹、規律、清潔などの諸徳目を教育し、「安穏ニ自活スル帝国ノ順良ナル臣民」を形成することを狙いとする。ただし、朝鮮人を「従属的地位」に立たせることが大前提であり、「其他ハ一切正当ナル自由競争ニ放任シテ優勝劣敗ノ自然淘汰ヲ行ハシメテ可ナラン。」

教育勅語はどうなるのか。世には同化に熱心なあまり、教育勅語を提示して日本人同様の忠君愛国的教育を実施しようという者があるが、この論はとるに足りない。他方、忠君愛国的教育を朝鮮人に適用するのが困難であるという理由で、「日本民族ニ対スル此ノ教育法マデ誹議シテ、日本教育ヨリ排シ去ラント論スル者」がいるが、これも論外である。現代世界における「民族ノ生存競争」で、日本人が優位を占めているのは教育勅語のおかげだからである。結局、朝鮮と「内地」の区別を明確にして、「徹頭徹尾朝鮮ハ日本民族ノ発展スベキ植民地トシテ経営」するという統治方針に即して、教化理念を策定すべきである、という主張に執筆者の考えは集約されることになる。

「教化意見書」の論理構成は、およそ右の通りである。その特徴として次の四点を指摘できる。

第一に、「同化」という理念の核心を、伊勢神宮に詣でて涙する感情的な共同性に求めていること（ちなみに、この和歌の作者は宣長ではなく、西行である）。そのこと自体は、日本語による「同情同感」を説いた山口喜一郎らの議論（六八頁参照）と共通しているが、この意見書では、感情面が重要だからこそ、たとえ「外的方面」の変化は可能だとしても、「同化」という理念の達成は不可能なのだと説いているところに特徴がある。

第二に、「日本民族」という自己規定のありようについては、穂積八束の君民同祖論（五八頁参照）の影響を明確に看取することができる。ちょうどこの意見書が書かれた一九一〇年ころ、本国では、文部省が天皇制教化理念の活性化を目指して、家族国家観を教育勅語解釈の「公認理論」として喧伝しはじめていた[19]。その代表的イデオローグが穂積八束や井上哲次郎である。ただし、穂積の論が、相変わらず血統という出自の関係における所与性を強調していたのに対して、井上は、「君民同祖と云ふことをやかましく言つて人類学者から其欠点を指摘せらるると余程困るのであります。事実に対しては目を眠つ《マヽ》て唯君民同祖と云ふことを主張するわけにはいかぬ」と冷淡であり、日本人の「雑種」性を指摘している。また他方で、「朝鮮などは言語が違ひますから文字も違ひますから、同化する必要がある」と、言語の統一の必要を強調している[20]。「教化意見書」も日本語教育の必要性を否定しているわけではない。しかし、それを副次的な「外的方面」のこととしている点が井上とは異なり、むしろ穂積の論に近い構造となっているのである。前章で用いた概念を援用すれば、「順良ナル臣民」の養成は、血族ナショナリズムによる排除の原理を、言語ナショナリズムによる包摂の原理よりも優先させた教化理念といえる。

第三に、民族の数量的関係を問題にしている点は、本国におけるマイノリティと植民地での朝鮮人の存在の差異をふまえない議論に比べて、リアルな現状認識を示している。当時、本国では、井上の「雑種」論にも見られるように、古代以来の「日本人」の「同化力」を誇る議論や、日鮮同祖論が支配的言説としての地位を獲得しつつあった。しかし、数量的には日本人こそがマイノリティである状況にそうした議論を適用するのは不可能である、というのが「教化意見書」の立場であった。事実としても、一九二〇年の時点で日本人居留者が約三五万人だったのに対して、朝鮮人は約一六九〇万人を数えていた。[21] そうした状況での通婚の進展は、たしかに「教化意見書」の説くように、「混血」の増大をもたらし、ひいては「日本人」の喪失を招きかねなかった。「日本人」が数量的にマイノリティの状況では、血液の混淆という政策は大きな限界を持っていたとみなすべきだろう。

第四の特徴は、社会進化論的発想の影響が顕著なことである。朝鮮人を従属的な地位においたうえで、「正当ナル」自由競争をすべきであるという、矛盾に満ちた言説は、意見書全体を支える根底的な理念の役割を果たしているように思われる。実は穂積の議論も、社会進化論的発想を下敷きにしていた。小学校向け修身教科書解説という場面とは異なり、帝国大学での憲法学講義という特権的な場では、穂積は自らの所論の虚構性を率直に表白し、「民族ノ別、本、絶対ノ囲障ナシ、稍近キ者、稍遠キ者ト分カルルノミ」であり、つまるところそれは「同祖ノ自覚」があるか否か、という主観的意識に依存するのだと述べている。[22] ただし、今の「世界的生存競争」の中では、血統団体意識により団結することが「社会進化ノ理則」に即したものであり「適者残存」を可能にするのだ、という論理で虚構の言説の現実的意味を説明しているのである。

天祖云々という一見空疎で非合理的な主張が、帝国主義世界のパワー・ポリティクスの論理を冷静にふまえていることに注目すべきだろう。かつて石田雄が指摘したように、「内」では家族の情緒的関係に訴えることで対立関係を抹殺した家族国家観が、対「外」的には、「悪魔的にリアリズムを発揮」するのである。[23]「教化意見書」は、一切の論証ぬきに天祖云々を「事実」と強弁してはいるが、実はこの点でも穂積の議論と相似した構造を備えている。ちなみに、持地六三郎や隈本繁吉をはじめ、当時の植民地行政官僚には、穂積八束が法科大学教授を務めていた一八九〇年代に帝国大学を卒業した人物が数多く含まれている。彼らにとっては、天祖云々という教説がそれ自体として意味をもつというよりも、社会進化論的思想を合理化するものとして意味があることは、隠された常識として共有されていたと思われる。

弱肉強食、適者生存の原理は、国家権力を背景とすることで「民族ノ生存競争」で有利な闘いを進めていた日本人植民者の欲求にも適合的なものであった。朝鮮では、政府による公式的支配権の獲得に先だって、日本人植民者の流入が続いていた。その半数近くが一攫千金を狙った中小規模商人、また、飲食店、旅館経営などこれに伴う「雑業」層であった。[24] 居留民の発言権の強さは、「内地人」の「外地人」に対する優位を強化する方向に、総督府の施策を誘導する一因になったと思われる。たとえば、梶村秀樹は、一九一一年に日本人居留民団連合協議会が「優越の民には優越の制度を要し、未開の民には未開の制度を要す」と決議していることを指摘し、「新来の役人たちが作り上げた統治機構」が彼らの「特権を保証し拡大」することを求めたことに着目している。[25] のちに改めて取りあげるように、「教化意見書」の論理構造は、大局的にいえば、こうした日本人植民者の欲求を反映したものとみなすことができよう。短期的かつ直接的利益を求める植民者にとっては、朝鮮人を同化して「忠良ナル臣民」にする必要はなく、従属的地位に置くことこそが重要だったのである。

二 「時勢及民度」に適合した教育制度

一九一一年八月、さまざまな紆余曲折を経て、総督府は第一次朝鮮教育令を公布した。新たに授業料を徴収することになったという変化はあったにせよ、この教育令は、統監政治期の学校体系を継承し、四年制の普通学校と高等普通学校を中核とする教育制度を形成した。異なる点は各学校令を単独の教育勅令にまとめたこと、新たに総括的な教育目的を提示したことである。すなわち、朝鮮教育令では、「教育ハ教育ニ関スル勅語ノ旨趣ニ基キ忠良ナル国民ヲ育成スルコトヲ本義トス」(第二条)と規定し、また「教育ハ時勢及民度ニ適合セシムルコトヲ期スヘシ」(第三条)という原理を掲げたのである。

さきに検討した「教化意見書」は、この第一次朝鮮教育令で形成された教育の制度と理念にどのような影響を与えたと見なせるのだろうか。むろんすべてが意見書の構想通りに実現されたわけではない。表層的な言辞はしばしば食い違っている。それがはたして「順良ナル臣民」という教化理念の修正なのか、あるいは部分的な隠蔽なのか、ということは、政策実施過程の具体的な内実に即して検討する必要がある。[26] ただし、資料的な制約もあって、第一次朝鮮教育令制定過程に関する研究が端緒についたばかりの今日の段階では、直接的な因果関係ではなく、結果としての整合性について論ずることになるであろう。

まず隈本の教育制度構想と、「教化意見書」のそれの異同を見定めよう。

併合直前、隈本繁吉は「学政ニ関スル意見」を起草して、学部次官に提出している。この意見書で隈本は、学生たちが「私立学校又ハ宗教学校ノ門ニ集マリ、不完全ナル教育ノ下ニ険悪ナル影響ヲ蒙」ることを避けるためにも中等学校の存続はやむをえないとしたうえで、組織を「実科中学ノ組織」として、二、三年のうちに三〇〇〇人の需要が見込まれる土地調査従業員をはじめ、吏員、法官、技術員等の養成に必要な実務的学習を中心とすべきであると主張している。また、「半島ノ民度実情ニ照シ」高等教育機関を設ける必要はないとも提言している。[27]

初等教育と職業教育だけでよいという「教化意見書」の極端な見解に比べれば、曲がりなりにも中等教育機関の存続を認めてはいる。しかし、それは私立学校との対抗上必要な妥協的措置であり、職業教育機関に近いものと位置づけられている。実際、第一次朝鮮教育令では、高等普通学校の実業と法制経済を一つの教科目とするなどの措置により、教育内容でも「実科中学」的性格を明確にしている。また、大学に関する規定を設けず、専門学校規則の制定も先送りにすることで、高等普通学校を事実上の完成教育機関とした。当時すでに普成専門学校や梨花女学堂、崇実学校などが専門教育レベルの大学部を設けていたが、専門学校規則が制定されたのは一九一五年のこと、私立学校への取り締まりを強化した改正私立学校規則との抱き合わせにおいてだった[28]。米田俊彦の研究が明らかにしているように、一九〇〇年代初頭に制度的に確立した本国の中学校は、中等段階以上における複線型の学校制度体系において、帝国大学にいたる正系の学校として特権的な位置を占め、「アカデミックな普通教育への強い志向」をもっていた[29]。朝鮮の高等普通学校は、等しく中等教育機関とはいいながら、まさにこれと対照的な性格を持つものとして形成されたのである。

朝鮮人が高等普通学校を卒業したとしても、普通学校入学以来の修業年限は合計で八年であり、年数のうえでは本国の高等小学校を卒業したのと変わらなかった。日本人居留民向けの学校は、本国と同様の学制に基づいて別系統で形成されていたから、居留民は高等小学校さえ卒業していれば、学歴という点で朝鮮人からまず見下げられずにすむ地位を確保しえたわけである。こうした施策を正当化したのが、教育令第三条の「時勢及民度」というロジックである。同じ言葉が、「教化意見書」では「民度ニ相応」、隈本の意見書では「民度実情ニ照シ」と用いられていることに着目すれば、そこに一貫した志向を認めることができよう。いずれの場合も、「民度」という漠然とした内容の言葉を、客観的な指標に即して帰納的に定義しようとした形跡は見られない。「優越の民には優越の制度を要し、未開の民には未開の制度を要す」という発想をややオブラートに包んだ表現が、「民度」のロジックであると評することも可能であろう。このように、隈本の意見書を媒介として、「教化意見書」の構想と、現実の教育制度とのあいだに連続的な側面を見出すことができるのである。

三　教育勅語と仁政

それでは、教育令第二条の教育勅語に関する規定についてはどのように考えればよいのか。そもそも教育勅語は法的には「君主之著作公告」に過ぎないものだったから、本国の各学校令でも教育目的の規定で教育勅語に言及するのを慎重に避けていた。朝鮮教育令では、そうした配慮すらも欠いている。さらに、一九一一年一〇月には天皇の名において「朕曩ニ教育ニ関シ宣諭スルトコロ、今茲ニ朝鮮総督ニ下付ス」と朝鮮への適用を明言し、翌一二年一月に教育勅語謄本を官公私立各学校に頒布、総督府訓令第一号により式日の朗読を定めている。教育勅語の朝鮮への適用は論外であるとした「教化意見書」の主張は、却下あるいは修正されたと考えてもおかしくはない政策展開と一応はいうことができる。

「君主之著作公告」という法的位置づけが無視された点に関しては、立憲制の原理が適用されていなかったという条件を指摘できる。君主が国民の内面を統治しない、という近代国家の原則がそもそも問題とされない統治体制だったのである。それにしても、教育勅語の適用を明言させた、さらに積極的な要因をどこに求めるべきなのだろうか。

一つ手がかりとなるのは、一九一一年三月に帝国教育会が寺内総督に対して提出した朝鮮教育に関する建議である。「教育勅語の聖旨を普及」すべきであるということを冒頭に掲げ、朝鮮語教育全廃を説いた強硬なこの建議書に対して、寺内は、日本語普及は認めても、要はその程度如何として朝鮮語全廃という方針は追認せず、「儒教主義」の採用についても述べても教育勅語には言及していない(30)。同年二月に台湾総督府に転じた隈本繁吉も、先の「学政ニ関スル意見」で、「教育ノ根本訓令」の発布に関わって、教育勅語には一切言及せず、儒教の利用を説いている。儒教の「経世ノ学ト称シ時務ヲ論スル」側面は排すべきだが、「五倫五常ハ今日徳育ノ根本トシテ之ヲ尊崇シ且ツ採用スル所」というわけである。隈本と寺内に一貫した、教育勅語問題への沈黙は意味深い。教育勅語の趣旨と、儒教主義とのあいだの落差を強調する議論が、すでに一般的になっていたからである。たとえば、先の寺内の発言を報道した『教育時論』は、これより早く社説で次のように論じている。[31]

儒教主義を以て、或は実業主義を以て、新臣民を教育すべしと言ふが如きは、根本的に誤れるものの如し。吾等は敢えて主張す、曰く、日本主義を以て教育すべしと。詳言すれば、現在内地に施行せらるる、我が国民を教育する主義を以て、新臣民を教育せんことを主義とせざるべからず。彼等新臣民を、旧臣民に同化すべしといふことは、万人の異存なき所なるべし。

典型的な「自主主義」(七二頁参照)の主張である。本国の教育関係者は、植民地経営による間接的な受益者ではあっても、直接的受益者ではない。したがって、朝鮮人を従属的な地位におくことへの要請よりは、「同化」という理念を標榜することで植民地統治全般において教育政策の意義を強調すること、さらに、勅語の権威性を高めることが関心の焦点だったと考えられる。儒教主義の採用については述べても、教育勅語には言及しない寺内の談話は、こうした本国の雑誌の論調、あるいは帝国教育会の建議への、間接的反論としての意味を備えていたのである。

当時、朝鮮人教育方針をめぐる本国での論調と、朝鮮での論調には、概して大きな意識のギャップがあった。たとえば、「京城」(現在のソウル)で刊行されていた『朝鮮』では、初代学務局長関屋貞三郎が、一九一一年一月、「東京辺にて出放題の熱を吐かれ」ては有害無益と述べ、忠君愛国の原理の単純な適用、朝鮮語全廃論を牽制している。[32] 翌二月の同誌社説でも、「東京方面の座して山水を語る教育家の輩」による、本国そのままの教育方針を適用せよという論議は「机上の空論」と退け、「不規律」「事大思想」「公共的協同的社会的観念無し」という「未開の陋習より救ひ出し、彼等をして文明人と互して恥ぢざるべき人間」とすることをこそ目指すべきと説いている。[33] 論説の中には、一九〇〇年前後の台湾と同様、「朝鮮特殊の教育勅語」の必要を主張したものもある。[34] これらの議論が、本国の教育方針の拡大適用という意味での「自主主義」に反対しているからといって、それだけ良識的な主張であったということではもちろんない。「教化意見書」のロジックにも明らかだったように、「日本人」という同一性の原理を朝鮮人に及ぼすのを避けることによって、植民者としての利益と特権を守ることこそが狙いだったからである。そのことは、「朝鮮に対する我統治方針は、由来朝鮮人其者に重きを置き我内地人に対しては頗る冷淡なり」[35]という、朝鮮人の側からすれば驚くべき内容の論説が、しばしば『朝鮮』に掲げられていることにも明らかである。

『教育時論』や帝国教育会の建議にみられるような本国の教育界の世論の動向と、「教化意見書」や『朝鮮』での論調とのギャップのあいだで、総督府は教育方針を定めていかねばならなかった。『朝鮮』における関屋学務局長の意見、『教育時論』に掲載された寺内総督の答弁は、少なくとも一九一一年三月の段階で、大筋において後者の路線が志向されたこと、すなわち、教育勅語を目的として掲げることに総督府が慎重だった事実を物語っている。

第二条の規定が掲げられた要因をめぐる、もう一つの重要な手がかりは、同年四月、関屋学務局長から「朝鮮学制案の内示を受けた穂積八束の意見書である。穂積は、まず「我ガ皇室ヲ崇敬スルノ精神ヲ扶植シ、特ニ秩序ヲ重ンジ、規律ニ服スルノ観念」を養うべきだと述べたうえで、次のように慎重な表現をしている[36]。

修身科ノ如キ教育トシテハ、一意専心勅語ノ趣旨ヲ実践セシムルノ目的トスルノ外ナカルベキニ、往々之ヲ倫理ノ学トシ(内地学制)授クルガ故ニ、教師モ児童モ何ガ故ニ人間ハ忠孝ナラザルベカラザルカト謂フガ如キ、高尚ナル原理ノ探求ニ其ノ脳ヲ疲ラシ、終ニ解決ヲ得スシテ懐疑ノ念ヲ以テ学校ヲ去ル。其ノ弊害ハ之ヲ始メヨリ教ヘサルヨリモ大ナリ。

穂積は、①修身科の趣旨は教育勅語に則るべきとの原則を明らかにしたうえで、②とにかくそれを「実践」させることが重要であり、③「倫理ノ学」として教えるのは逆効果だと述べているわけである。穂積が①のように述べた前提には、教育勅語の位置づけをどうすべきかという趣旨の照会があったのではないかと推定できる。それに対して、穂積は当然勅語を掲げるべきと答えているわけである。従来この意見書に着目した研究は①の点にもっぱら着目してきたが、②③の但し書きを看過してはならない。児童が「懐疑ノ念ヲ以テ学校ヲ去ル」くらいならば、はじめから教えない方がよいという表現は、①の原則が決して自信に満ちあふれたものではないことを示している。

穂積が「倫理ノ学」として想定しているのは、自らもイデオローグをつとめた国民道徳論のことであろう。高橋陽一の研究によれば、「国民道徳」という言葉の初出は、一九〇九年の文部省中等教員検定試験の修身科本試験の問題「国民道徳と倫理学説の関係如何」「我が国民道徳における忠孝一致の理を説明し之が教案を作れ」であり、それは初発の時点で中等学校レベルの教員・生徒を主要な対象とする、学問的な性格を持っていた。[37]

穂積の懸念していたのは、こうした方向性でロジカルに国民道徳の原理を追求していった時に、さまざまな疑念が生じざるをえないということである。追求すべき道徳の原理が、忠孝の重要な所以ということならば、儒教の経書を用いて弁証することも可能なはずである。しかし、日本の国体においてのみ忠孝が一致するのはなぜかという「難問」を朝鮮人に投げかけていけば、君民同祖論のように隠蔽すべき理念も問題とならざるをえない。かくして、説明はいらない、とにかく「実践」が重要であるという②の方針が導かれることになる。

一九一一年八月という朝鮮教育令の公布期日を考えると、四月下旬に執筆されたこの意見書は最終段階での調整にかかわるものと考えてよい。総督府の学務官僚は教育勅語の利用に関して消極的だったが、本国の教育雑誌の論調や帝国教育会の建議は勅語の趣旨の徹底を当然の前提のようにみなしていた。そのはざまで、教育勅語を掲げながら、もっぱら「実践」に努めさせるという折衷的な解決策を、穂積が提起したわけである。教育令の制定に積極的に関与したとされる寺内正毅をはじめ、総督府としては、「中外ニ施シテ悖ラ」ぬはずの勅語の権威をそこなったという非難を本国の官民から招かないためにも、穂積の案に乗ることを得策と判断したのではないかと推定できる。

朝鮮教育令制定にあたっての、こうした曖昧な対応のツケは、最低限のロジカルな説明を必要とする教科書編纂に転嫁されることになる。学務局編輯課長として一〇年代の教科書編纂を主導した小田省吾は、朝鮮人向けの勅語解釈の作成は「非常に難問題」であり、「寺内総督とも直接御意見を伺つて」対策を考えたと回想している。[38] そこで考えられた方針は、普通学校では意義深遠な勅語の「一々語句解釈をなさず」、本格的な解釈は高等普通学校修身書に譲る、というものだった。[39] まさに、穂積の提言したとおりの、解釈のペンディングである。そして、併合後八年を経てようやく総督府編纂『高等普通学校修身教科書』巻一の刊行にこぎつける。[40]

勅語解釈にまつわる問題点は、修身教科書において天皇崇拝の根拠をなし崩し的に朝鮮の状況に適合させることにより補われる。『普通学校修身書』(全四巻、一九一三―一四年)と『高等普通学校修身教科書』(全四巻、一九一八―一九年)に即して見ていくことにしよう。[41]『普通学校修身書』巻二第二四課では、明治天皇は「朝鮮ニ沢山ナ金ヲクダサイマシテ、人民ハ大ソウノオメグミニアズカッテイマス」と即物的な表現をし、『高等普通学校修身教科書』巻二第一課では、「御仁政を施された」明治天皇が、朝鮮に対しても慈恵医院の設置、下賜金による授産などの「御洪恩」をもたらし、「疲弊の極」にあった朝鮮人を「進歩発達の路」につかせたと述べている。やや高尚な表現ではあるが、内容的には前者と径庭がない。これらは天皇制の教説の単純な輸出ではなく、「教化意見書」の「皇室ニ対スル感謝報恩ノ情」のレベルに薄められた内容とみるべきである。

もとより万世一系など天皇制の基本的教説も、君民同祖への明確な言及がないことを別とすれば、一通り出てはいる。しかし、直輸入的性格の強いそうした教材は、朝鮮との関係には言及せず、結局、朝鮮人が天皇を崇拝すべき根拠は、具体的な恩恵をもたらす仁政の主体、ということに求められているのである。

確かに、仁政の概念は、儒教の伝統に位置づくものである以上、理念として一定の通用性をもっただろう。しかし、そのことは、当局の思惑とは異なる解釈の余地が広がっていたということでもある。

李朝時代から書堂における初学入門教科書として広く用いられていた『童蒙先習』によって、解釈の例を見てみよう。同書は、父子有親、君臣有義、夫婦有別、長幼有序、朋友有信という五倫の解説にあたる「経」と、中国・朝鮮の歴代要義を述べた「史」から構成され、君臣有義については、「君にして君道を尽す能はず、臣にして臣職を修むる能はざれば、共に与りて天下国家を治む可からず」と説明している。[42] 臣と君がそれぞれの義務を双務的に尽くすことを定めたこの君臣義合の観念は、仁政を単に君主の恩恵ではなく責務として要求することにもなる。一つの例を挙げておこう。一九一七年、全羅北道で書堂を開いていた両班崔秉心《チェビョンシン》は、恩賜授産講習所附属の桑園用地として土地を強制収容されることに抵抗して断食自殺を企図した。その遺言は「天皇陛下ノ恩賜場ナルニ顧ミ、人民ヲ殺シテ迄モ斯カル桑園ヲ設ケザルベカラズヤ解スルニ苦シム」と述べ、秉心の息子沢烈《チックヨル》は、「虫ヲ飼フ為ニ人命ヲ損フハ仁政ニアラズ」との異議申請書を道庁に提出した。[43]

「恩賜」を施す「仁政」の主体としての天皇、という論理はすっかり逆手に取られて、抵抗の論理に組みこまれていることがわかる。仁や義の観念は相互に密接に連関して体系的な思想を構成していた以上、「経世ノ学」から切り離して倫常の教えのみを利用するという発想には土台無理があったのである。結局、総督府の意図のうえでも、現実のうえでも、「忠良ナル臣民」という目的規定は、骨抜きにされていたというべきだろう。換言すれば、憲法が形式的には植民地にも適用されるとしながら、権利・義務関係という実質的部分には及ぼされなかったことにちょうど対応するように、教育勅語の適用も形式的なものにとどまったといえる。

四　日本語教育の効用

普通学校における日本語教育重視の方針は、はたして、右のような教化理念の空洞を補塡する役割を果たしえたのだろうか。普通学校施行規則では、「国語ハ国民精神ノ宿ル所」(第七条)という意味づけを日本語教育に与えている。たしかに総督府は、学校教育場面に限らず、普通学校未入学者に対する国語講習会の開催、朝鮮語新聞の発行禁止などの措置により、日本語普及について一定の政策努力を払っていた。普通学校がたとえ十分に普及しなくても、その特権的な地位が私立学校の存在を次第に脅かしたように、支配的言語としての日本語の位置づけは、朝鮮語による教育と文化創造の契機をそこなう役割を果たしたと思われる。しかも、日本語は一教科目として重視されたのではなく、朝鮮語および漢文を除く、すべての教科目の教授用語としての位置づけを与えられ、その実現のために、台湾からノウ・ハウの輸入が試みられてもいた。

第I章で、「同化」という理念を達成するための手段として、直接法による日本語教育が重視された経緯を明らかにした。その実験教授に当たった山口喜一郎は、後年、朝鮮総督府が第一次朝鮮教育令の制定にともなって「視学官と教諭各一名づつを台湾から聘用」したと述べている(44)。山口が、一九一一年に台湾総督府国語学校教諭兼視学から京城高等普通学校附属普通学校に転じていることを考えれば、山口自身がこの朝鮮総督府から招聘された人物なのではないかと推定できる。いずれにしても、台湾統治の場合のように、学習者の母語と日本語を関連づけて教えるという選択肢は朝鮮では当初から問題にされず、日本語の時間はもとより、学校生活全般から朝鮮語を排除するという方針がとられることになる。たとえば、一九一五年、平安南道内の普通学校では、朝鮮人職員および児童に対して、次のような方法で「国語」としての日本語習得が「奨励」された(45)。

教授上は勿論其の他の場合に於ける児童に対する言語は国語を用ひしむ。

教案日誌其の他の事務は凡て国語を以て記さしむ。

朝鮮語及漢文の教授に国語に訳する箇所を予定す。

生徒学用品購求の際は、内地人商店の数軒に行き安価なるものを選ばしめ、其の都度出来得る丈国語を使用せしむ。

児童にして国語を発表し得るにも拘らず鮮語《ママ》を使用するときは、教員故意に応答せず。

これはあくまでも一端であるが、植民地統治体制への従属と服従を表すための一種の「踏み絵」として、朝鮮語の放棄と日本語の受容を迫ったことがわかる。朝鮮語は、思想および感情の同一化としての「同化」という理念に反するものとして、厳しく排除されたのである。

ただし、統治体制全般が教化の網の目と化した皇民化政策期のイメージを読み込んで、右のような事態の浸透度を過大に評価するのもあやまりである。後述のように、そもそも一九一〇年代には総督府は普通学校の数を厳しく制限していたし、就学率も一割にも満たなかった。普通学校にあえて入学する以上はクリアしなくてはいけない条件として、日本語で満たされた突出した空間として普通学校を形成したことは、一部の朝鮮人に日本語を浸透させる結果をもたらすとともに、むしろ大多数の朝鮮人を普通学校から遠ざける結果をもたらしたのである。

また、普通学校で日本語を学ばせた場合でも、そのことが実際に「同化」という理念の具体化につながるか否かという問題への見通しについては、人による開きがあった。たとえば、「教化意見書」も井上哲次郎も、日本語教育の必要性を認めてはいる。だが、その意味づけは異なっていた。前者の立場からすれば、日本語教育は外的方面のことに過ぎなかったのに対して、井上は帝国を統合する原理として言語の統一を重視していた。「国民精神ノ宿ル所」という表現はさらに過剰な意味づけも可能なことを示している。これらのおよそ同床異夢ともいえる意味づけのうち、何が達成され、何が達成されなかったのか。それを確かめようのないのが日本語教育の特徴だともいえる。

日本語普及状況に関する地方官の報告のなかには、「国語を解せざるものは、概して稍頑固の気風を帯び、国語を解するものは、稍生意気の気風あり」[46]と述べているものもある。「生意気」との表現は、日本語を操ることで日本人植民者と同等の待遇を求めたり、詐術を弄される存在から、弄する存在へと成り上がろうとする志向を評したものだろう。日本語の普及、さらに公立普通学校の普及が、個人的な利害得失の念を刺激することに依存した以上、それは起こるべくして生じた志向であった。また、学校以外の場面で朝鮮人が日本人と接触することにより覚える言葉の中に「馬鹿ヤロ、キサマ、チクショウ、ブッタタケ」のように、「卑猥下劣」な言葉が数多く含まれることを問題視した報告もある。(47) 「卑猥下劣」な言葉こそが「国民精神」の発露であると考えれば首尾は一貫するのだが、植民地当局の意図はもとよりそこにはなかったであろう。

結局、右のような事例からも、日本語教育は、個人的上昇の手段として日本語を利用しようとする少数の朝鮮人を生み出すにとどまり、「忠良ナル臣民」という建前のなし崩しを押しとどめる機能は果たしえなかったと思われる。換言すれば、「同化」という理念は、特に言語政策という局面において、理念に反するものを排除し、朝鮮語を抑圧するネガティブな機能は果たしえても、新たに文化統合を創出するポジティブな原理としての機能は、きわめて不十分にしか果たしえなかったと考えられるのである。

五　文明化の使命

教育勅語の適用の形式性、日本語教育の意味づけの曖昧さとして現象する教化理念の空洞化を、実質的に補完する役割を果たしたのは、近代化としての文明化の理念であろう。朝鮮への文明の移植という大義名分は、甲午改革、さらに征韓論の時代までさかのぼることができるかもしれない。併合後においても、たとえば、寺内正毅は一九一〇年一二月の植民学会の席上、「朝鮮を合邦したる趣旨は朝鮮人を秩序宜しく指導啓発して文明の域に進ましめ、而して天子の恩沢を蒙らしめて文明の民とすることが第一の目的」であるというロジックで、朝鮮支配を正当化している。(48) 「天子の恩沢」はほとんど枕詞の役割しか果たさず、欧米帝国主義にも共通する、文明化の使命という考えに力点が置かれていることがわかる。

総督府の諸施策には、朝鮮社会の近代化の動きに便乗、あるいはそれを助長した側面が確かにあったであろう。しかし、移植すべき「近代」の内実は、時に応じて微妙に変化していっていた。また、どのような領域でどの程度に近代化を進めるのかということについての選択権を決して手放さなかったということが重要である。

たとえば、一九一〇年代に精力的に推進された土地調査事業。宮嶋博史は、商品経済の論理に対応する包括的所有権を確定したものとしての土地調査事業が、単に外来権力による収奪の手段としてあったのではなく、李朝後期からの私的土地所有権の発展という「朝鮮社会の内在的展開に即した近代的土地変革」としての意味を持ったことを指摘している。(49) これは近代化への便乗の側面である。ただし、同じく近代化とはいっても、会社令の制定(一九一〇年)にもみられるように、朝鮮人の企業活動の発展と工業化には抑止的だった。

政治的には、宮嶋も指摘しているように、私的土地所有権の確立と連動して総督府による独占的な地税徴収が実現されながら、民意を統治機構に反映させる装置がまったく形成されなかったことに目を向けるべきである。そもそも人による支配から法による支配へという近代の特徴について、官僚機構の整備拡充という意味では実現されても、「国民」としての政治参加――服法の前提としての立法行為への参加――は完全に無視されたのである。教育制度に関しては、甲午改革以後の近代化路線が統監政治期に修正されたことはすでに指摘した。近代のメルクマールの一つを、身分制原理に代わるメリトクラシー、学歴主義の原理と考えれば、植民地当局は保護国化を境として近代的な教育制度の普及を阻害する側にまわったことになる。

統監政治期から総督政治期にかけての、植民地当局の政策を律する原理は、一義的な近代化ではなく、朝鮮人民衆を従属的地位においたうえで、「正当ナル」自由競争を実現するための体制の構築であった。その体制のはらむ根源的な不平等性が変革のエネルギーへと結集するのを防ぐためにも、教育政策の次元で文明化の「恩恵」が繰り返し説かれる必要があった。たとえば、『高等普通学校修身教科書』巻三は、全体として戊申詔書にしたがって教材を構成し、第四課「国運の発展」では、「貧弱未開の国は、世界の文明が進んでも、十分にそのお陰に預かることは出来ぬ」と断定する一方、「見よ、富強文明の国が世界を闊歩して、如何に肩身が広いかを」と、「世界列強の一」である帝国日本に帰属することの利益に目を向けさせようとしている。

統監府時代には、民間の検定教科書との競争の必要もあって、朝鮮の歴史上の人物や二宮尊徳などのほかに、ワシントンやフランクリンなど西洋の人物を取りあげ、「独立自営」と題する教材では「天は自ら助くる者を助く」という著名な標語を掲げてもいた。[50] 隈本繁吉は、普通学校の生徒が「独立自営」という教材を文題として、「外人ニ依頼スレバ遂ニ其ノ主権ヲ自ラ保ツ能ハズ」と「日韓ノ現状ヲ憤慨スル」作文を書いたことを指摘し、その内容が「箇人ノ修徳」と国家レベルの次元の問題を混同視して「不穏当ニ敷衍セラルル虞アルハ常ニ遺憾」と評している。[51]

明治の大ベストセラー『西国立志編(自助論)』の著者中村敬宇は、民撰議院設立の必要を、「有司事ヲ決スルノ権ヲ殺キ、以テ人民政ニ与ルノ精神ヲ養フ」(原文は漢文)と民衆の被治者意識の克服という観点から説いていた。[52] 自助努力の思想は、中村にとっても、原著者スマイルズ(S. Smiles)にとっても、日常的なことに発しながら、政治的・社会的変革を支えるエートスを形成するということに本来の意味があったのである。[53] この点で先の作文は「不穏当」どころか正当な解釈だったのだが、当局にとっては危険思想であった。結果として、総督府編纂の『普通学校修身書』では、「自助」を説いた言葉はもちろん、欧米人のすべてが姿を消すことになる。

総督府の『普通学校修身書』に残された内容は、「キマリヨクセヨ」「役所ノ命令ヲ守レ」「勤倹」「分ヲ守レ」「衛生」という教材の題名にも現れているように、命令に従い、「分」を守る、前近代的被治者意識の温存である。政治的・社会的変革を支えるエートスという意味での自助努力の思想は、「保護」「指導」というパターナリズムのロジックによりかき消されたのである。あるいは、こうしたパターナリズムへの依存心と、規律・訓練、衛生思想こそが、思想内容上において、総督府の標榜した「近代」の内実だったと評することも可能だろう。ここで「教化意見書」が「順良ナル臣民」に必要な徳目としてあげていたのが、「誠実勤倹規律清潔等」であり、穂積が強調していたのも「秩序ヲ重ンジ規律ニ服スルノ観念」であったことを改めて想起し、実際の教科書の内容との共通性に注目すべきである。

以上の分析から、教育制度の次元でも、教育内容の次元でも、第一次朝鮮教育令の構造は、基本的な発想において「教化意見書」と整合的なものとしてよりよく理解できるのであり、――教育勅語が目的として掲げられることで隠蔽される結果となってはいるが――、「忠良ナル臣民」ではなく「順良ナル臣民」こそが教育政策の展開を実質的に領導した理念であったということができるのである。

4　抗日民族運動と教育政策

ここまではもっぱら、教化の主体としての植民地当局の意図に即して、第一次朝鮮教育令期の教育政策の構造の把握に努めてきた。しかし、大局的には、朝鮮人の側での主体的な営みに対する、広い意味での対応策として、教育政策の展開を理解すべき必要のあることはいうまでもない。また、実際に公立普通学校体制がいつ頃からどのように浸透していったのか――あるいは浸透を阻まれたのか――、という政策の実施過程を理解するためにも、朝鮮人の思想形成において、どのような論理が抵抗の拠点を形成し、どのような論理が体制との協力的な関係に帰結したのか、という問題を検討しなくてはならない。

抗日民族運動を支える思想に関しては、すでに汗牛充棟の研究が積み重ねられてきている。本節で意図するのは、そうした諸先学の研究成果に学びながら、改めて政策展開との拮抗関係というダイナミズムの中で、抗日民族運動を支えた思想と、教育政策を支えた思想それぞれの意味と特質を浮き彫りにしていくことである。その際に留意しなければならないのは、儒教の多様なアスペクトに着目する必要を提起した、中国思想史の領域における溝口雄三の問題提起などに触発されつつ、民族運動を評価する枠組みが修正されつつあることだろう。

一九八〇年代半ばまでの研究では、西洋近代志向の開化派知識人が主導した愛国啓蒙運動の可能性に着目する一方、両班・儒生を指導者とする義兵運動に対して思想的には低い評価しか与えてこなかった。これに対して、趙景達《チョウキョンダル》は、義兵運動を支えた衛正斥邪思想の限界を指摘しながらも、愛国啓蒙運動の指導者であり、YMCAのリーダーでもあった尹致昊《ユンチホ》が、イギリスのインド支配を肯定し、文明国支配下の朝鮮改革論を主張していたことなどを指摘し、後者における「近代文明至上主義」の傾向が、アジアにおける近代化の先駆者としての、日本政府保護下での改革を容認する思想を生み出したことを問題としている(54)。統監政治期に「合邦」運動を推進した親日派組織である一進会についても、その主張するところの開化の内容は、立憲君主制の採用、農業の機械化・商品化による殖産興業、近代教育の普及など愛国啓蒙運動の主張と一致するものだったことを、金東明《キムドンミョン》が明らかにしている(55)。また、並木真人は、二〇年代の抗日運動について、『東亜日報』グループにおける「近代至上主義」的傾向が社会進化論への追随、植民地当局への妥協的姿勢を生み出す一方、『朝鮮日報』グループの「近代懐疑主義」的な志向が非妥協的な運動を可能にしたと論じている(56)。

これらの研究は、近代化としての文明化の理念が、植民地権力と一部の朝鮮人とのあいだに、一種の共犯的関係を作り出す可能性をもっていたことを指摘したものといえる。もちろん、一進会のメンバーが、最終的には、植民地当局により利用され、捨てられたとの思いを嚙みしめねばならなかったように、たとえ共犯的関係が一時的に成立する場合でも、その内実は不安定であり、絶えず民族的敵対関係へと転換する可能性をはらんでいたとみなすべきである。

とはいえ、西力東漸の圧倒的な趨勢のもとで文明化の理念が共犯関係を形成するキー・ポイントになったことは事実であり、植民地当局も、この点につけいるために教科書などで文明化の恩恵を標榜していたのである。もちろん、植民地当局が移植すべき「近代」の内実について時に応じて取捨選択を加えていた以上、徹底した近代主義が植民地当局に対するラディカルな批判を提起しえた可能性も否定はできない。しかし、事実として、近代化志向の人物・集団がしばしば妥協的方向に流される一方、抵抗のための思想的なリソースが主に伝統的思想・世界観に求められたことも確かであった。そこで、本節では、李朝期に形成された社会的・文化的な伝統の中核的な担い手たる在地両班層が、どのような意味で抵抗の拠点を形成していたのか、ということを、台湾の郷紳層と比較しながら検討する。次いで、キリスト教受容との関係で、抗日民族運動と教育政策との対抗関係を問題とすることにしたい。

一　在地両班層・郷紳層と植民地統治

在地両班層とは、宮嶋博史の研究によれば、ソウル周辺に代々居住する名門の在京両班とは異なり、一般民衆との境界が曖昧な存在だった。そのなかで、在地両班として認知されるには、およそ次のような諸条件を不完全にでも満たすことが必要だった。第一に、祖先に科挙合格者をもつこと、第二に、数世代にわたり同一の集落に居住すること、第三に、祖先崇拝などを丁重におこなう生活様式をもつこと、第四に、代々の結婚相手(姻族)も、この三つの条件を満たしていること。そして、一八世紀から一九世紀にかけて、小農経営の安定化と一般化を背景として、両班的な価値観や生活理念が朝鮮社会全体に浸透しはじめたとされる[57]。

両班的な価値観の中核は、いうまでもなく、科挙の学問としての、朱子学の世界観である。政治的行動の次元でこの世界観をもっとも忠実に生きた人物として崔益鉉がいることは、第一節ですでに指摘した。植民地当局にとっては、地域社会に影響力を持つ在地両班層こそが、政治的把握の第一義的な対象であったはずである。しかし、崔益鉉の体現したようなエートスが広く共有されている状況で、支配体制への組み込みは困難だった。そのことは、具体的には、地方行政支配の不安定として表れることになる。

朝鮮では、李朝以来、郡(あるいは州・府・県)‐面‐洞・里という地方行政機構が存在し、中央から官僚の派遣される郡と、日常的な地域共同体としての洞里のはざまで、面が徴税のための行政単位の役割を果たしていた。統監政治期から総督政治期にかけて、当局は、徴税制度を円滑に機能させるために、面長や区長(洞長)に有力な在地両班を起用しようとした。しかし、大和和明の研究によれば、そうした試みは概して成功せず、面長が「面中の年長者両班層名望家等と協議するに非ざるよりは、何事も行ふ能はざるもの多し」という状況が存在する一方、一進会の会員が、面長として断髪を命じたことなどを理由に義兵に殺害された例も見られるという。大和はまた、一九二〇年代以降になると、新たな地主層が植民地支配の基盤として面協議会や朝鮮農会のような組織に包摂されていき、面長民選要求など、面政レベルで植民地統治体制と民衆との対立が深化していくという展望も示している。[58]

一方、清代の台湾は、府・県‐堡‐街・庄というように地方行政機構が形成されていた。領台以降、府・県のレベルで新たに庁が設置され、一九二〇年の地方制度改正で従来の堡が街庄に改組された(従来の街庄は大字となる)。この時の新たな街庄数が二六三、同時期の面数は約一〇倍の二五〇〇あまりである。府・県の下位単位であること、また約一対五という人口比や面積比を考えると、台湾の堡がほぼ朝鮮の面に相当する行政単位といえよう。朝鮮では、李朝期から「郡県を単位とする地域間の階層意識」に基づく「中央指向性」が顕著である一方、面は行政上の単位として中途半端な存在であり、植民地化の過程で境域の変化、大規模な統廃合が行われた。[59] これに対して、台湾では堡レベルの広域的な自治が形成される場合のあった点が特徴である。

たとえば、西海岸の中部にある北投堡は、一八九六年に台中県北投堡に編入され、一九二〇年に台中州南投郡草屯庄となる。この間、中心的市街の変動に伴って地名は変更されているが、現在の南投県草屯鎮にいたるまで、その境域は変化していない[60]。石田浩によれば、草屯では清代に洪・李・林・簡という圧倒的多数を占める「四大姓」により北投堡全体の公共事務(水利、訴訟、徴税など)を管理する自治的組織が成立し、日本政府の台湾領有はこうした社会組織が形成されて以後に行われたとされる[61]。朝鮮が中央集権的な王朝のもとで比較的安定した社会を築いていたのに対して、官による規制の比較的弱い状態で、原住民と漢民族の対立、漢民族相互の「分類械闘」が繰り返される流動的な社会だったことが広域的自治組織を必要としたのであろう。

台湾総督府は、後藤民政長官時代に、抗日ゲリラを匪徒刑罰令によって徹底的に鎮圧する一方、自治組織を担う地方有力者を庁参事、区長(庄長)などの職につけ、統治体制に協力させるシステムを形成していた。若林正丈は、こうした階層を「土着地主資産階級」と呼び、私的武力を要する土豪が、次第に科挙のタイトルをあわせもちはじめ、総督府の土地調査事業により、高額の小作料収取を保障されたものと性格づけている[62]。アメリカの中国研究におけるローカル・エリートという概念を援用して同様の問題を分析したラムレー(Harry J. Lamley)は、ローカル・エリートの郷紳化という傾向に着目しながらも、その内実の多様性を強調し、郷紳的存在のうちにはさまざまな手段により科挙のタイトルを購入した土豪、商人、地主なども含まれ、その厳密な定義は困難だと述べている。また、一八九六年創立の紳商協会において、日本人実業家と台湾人郷紳層の一部が結託したことに着目し、清末から胎動しはじめていた近代化路線の追求が、さしあたり郷紳層の主要な関心事であり、「紳商」への転換も比較的迅速に行われたことを明らかにしている[63]。

郷紳を郷紳たらしめたものは、宗族のネットワークや資産に基づく、地域社会への実力そのものだった。しかも、「進士」や「挙人」という高位の科挙のタイトルをもつ郷紳層の半数以上が、領台後二年間の猶予期間中に大陸への帰還を果たしている。[64] 結果として、台湾に残されたのは、清朝への帰属意識の相対的に薄い層であり、日本政府への台湾の割譲という行為そのものが、さらにこうした傾向に拍車をかけることになる。このような台湾の郷紳層の存在形態が、朝鮮の両班層と大きく異なるのはいうまでもない。朝鮮の場合、名門両班中には資産家が少なくなかったものの、宮嶋博史の定義からも明らかなように、両班として認知されるか否かは、経済的なステイタスそれ自体よりも、文化的な威信に大きく依存していた。したがって、資産の乏しい両班も一応は存在しえたし、逆に李朝末期から植民地期にかけて庶民の地主が台頭してきてもいた。朝鮮王朝の体制にコミットしていた在地両班層にとって、王朝そのものを滅ぼした日本政府への抵抗の意思を持続することは、両班を両班たらしめるレゾン・デートルにかかわっていたのである。

台湾と朝鮮のこのような違いは、ロナルド・ロビンソン(Ronald Robinson)の提起した、「協力メカニズム」の作用の仕方の違いとして総括することができる。ロビンソンは、西欧帝国主義の統治体制を、非西欧世界の抵抗と協力との関係でとらえるための枠組みとして、近代化の資源を西欧から得ようとする協力エリートと、これに反発する伝統エリートという概念を設定し、西欧帝国主義にとって協力エリートの操作を通じて「協力メカニズム」をいかに効率的に作動させるか、ということが重要な意味をもっていたと述べている。ロビンソン自身が指摘しているように、近代化に阻止的だった江戸幕府を倒した明治政府は、西欧帝国主義勢力と結託するための協力エリートの集団であったと評することも可能である。[65] 単純化を恐れず、この概念を援用して概括的に整理するならば、台湾では伝統エリートと協力エリートとの境目が曖昧なまま「協力メカニズム」が当初からある程度機能したのに対して、朝鮮では在地両班層という伝統的エリートと、一進会のような協力エリートのあいだの溝が大きく、少なくとも一九二〇年代以前の時期には「協力メカニズム」を有効に組織しえなかった、ということになる。こうした相違は、植民地化以前の社会体制・思想状況の相違に規定されていると考えるべきだろう。

さて、台湾の公学校と書房、朝鮮の普通学校と書堂への就学率・学校数の推移を概観してみると、右のような状況の相違が大きく影響していると考えられる。朝鮮の公立普通学校への就学率は、佐野通夫の試算によれば、男女合計で一九二〇年の時点で三・七%、二五年に一三・〇%、三〇年に一四・五%である。[66]二〇年までは就学率はきわめて低く、二〇年代前半にようやく上昇しはじめたことがわかる。台湾の公学校就学率は、一九〇五年に四・七%、一五年に九・六%、二〇年に二五・一%と急増する。[67]一九二〇年という同時点で比較してみれば当然台湾の方が高いが、植民地化以後一〇年という観点で比較してみれば同様に低い数値にとどまっている。両総督府とも、学校教育の普及についてさして熱心ではなく、台湾の場合は一〇年代後半、朝鮮の場合は二〇年代前半にようやく重い腰をあげて学校増設に乗り出したということになる。また、「協力メカニズム」とはいっても、このメカニズムに巻き込まれたのは、当然のことながらごく一部の階層であったことが、これらの数字から推定できる。

台湾と朝鮮の差異が明瞭に現れるのは、書房、書堂の学校数の推移である。台湾では、一八九八年の調査当時一七〇〇校近く存在した書房がその後減少傾向を保ち、一八年には調査当初の約二割、二一年以降は一割程度まで落ち込んでいる。[68]朝鮮では、一九一二年の調査時には約一万六〇〇〇校だった書堂が増加し続け、二一年には洞里数にほぼ匹敵する約二万五〇〇〇校に達する。第二次朝鮮教育令の公布された二二年以降減少しはじめるが、三二年の時点でも調査当初の半数を越えていた。[69]

このような相違には植民地権力による取り締まりの強度の違いも反映しているだろう。しかし、それればかりではなく、一家として、あるいは村落や同族集団として、書堂を経営していた在地両班層と、台湾の郷紳層の対応の違いが大きく作用している、と筆者は考える。渡部学が、『童蒙先習』のさまざまなバージョンにおける朝鮮歴代要義の書きかえ過程――たとえば漢の武帝が箕子朝鮮を「討滅」したという記述が「侵略」したという朝鮮中心の記述に書きかえられている——の分析を通じて明らかにしたように、朝鮮では、書堂での学習が、「小中華」の世界観の再生産にとどまらず、「民族陶冶」としての意味もあわせもつようになったことも重要である。(70) 高峻石《コジュンソク》は、一九一九年に書堂に入学した当時を回想して、書堂の教師たちは植民地当局から「保守的」とさげすまれながらも、「親日派がいかに汚い人間である」かを教え、「甲午農民戦争(東学党の乱)、反日義兵闘争や朝鮮に対する外勢の侵略」について、口角泡を飛ばして議論していたと述べている。(71)

ただし、朝鮮の在地両班層も単純に普通学校を拒絶していたわけではない。幣原坦は、普通学校をめぐる両班層の両義的態度を次のように描写している。両班が郡庁に行くと「常民の若輩」が郡書記などになって、あれこれと指図する。それもやむをえないと自分は農業をするが、子どもは元通り役人にしたいと思って普通学校に送る。しかし、漢文の時間が少なく、日本語と実業の時間が多いことを本意でないと思って、やはり書堂に通わせることになる。(72) 朝鮮人が全体として生存競争の世界に巻き込まれていく中で抗日の節操を貫くことは、不利益を甘受し、生活の基盤を掘り崩すことでもあった。併合後の官憲資料でも、「頑固両班」が、京城高等普通学校を卒業して官吏になろうとした息子を、「倭奴《ウェノム》ノ下ニ頤使セラルベカラズ」と叱責し、日本への留学も阻止した話が伝えられている。(73) しかし、そもそも息子が高等普通学校に通うのを認めていた以上、この「頑固両班」も、「倭奴」に従属することへの嫌悪感と、両班的な生活基盤の再生産の要請との板ばさみのうちにあったとみなすべきだろう。

両班層の中には、書堂を私立学校へと改組したもの、あるいは私立学校に子弟を通わせることで、近代化の趨勢に積極的に適応しようとしたものもいた。植民地体制下で高敞金氏が湖南財閥の基礎を築いた過程について論じたエッカート(Carter J. Eckert)の研究によれば、全羅北道高敞の小地主だった金堯莢《キムヤヒョプ》の一族は、在地両班としての立場(marginal yamban status)を利用して姻戚関係などによる発展の契機をつかみ、堯莢の息子祺中《キジュン》と暻中《キョンジュン》は開明的地主として愛国啓蒙運動に参加、祺中の養子性洙《ソンス》と中の息子季洙《ヨンス》は書堂で学習したのち、昌平学校のような私立学校での学習を経て日本に留学した。この時に資本主義文明の威力を目の当たりにした経験をもとにして、二〇年代以降、彼らは紡織工場の経営に乗り出すことになる。ただし、近代教育の受容に許容的であった金堯莢も資本家的活動への参加を儒教の原則の侵犯とみなしていたために、一九二〇年代以前には資本家としての活動そのものではなく、もっぱら西洋近代文明の学習と教育を重視するにとどまったとされる(74)。

以上の事例からも明らかなように、書堂の経営主体たる在地両班層も、多かれ少なかれ近代化への趨勢に適応することを迫られていた。ただし、植民地当局への反感と、儒教的世界観の根強さが相乗しあうことで、公立普通学校の浸透に抵抗する原理を強固に保持し続けたのである。渡部学の表現を借りれば、他律的な「引き裂かれた構造」のなかでの、朝鮮人による「自主・自立的な回復」への力動の存在を、そこに認めることができるだろう(75)。

他方、先にあげた草屯庄の事例について台湾の郷紳層の対応をみると、相対的にはスムーズに総督府の敷いた公学校体制に便乗していった姿を見いだすことができる。たとえば、「四大姓」の一角を占めた洪玉麟は、区長、庁参事などの役職に就任するとともに、一八九九年の南投公学校分校の設立にあたり多額の寄付を行い、息子である洪元煌をただ一人の第一期卒業生としている(76)。公学校を科挙制度に代わる文化的威信の源泉として認めたのだろう。当時は一八九八年公学校規則のもとで儒教・漢文を教育内容に大幅に取り入れていたことも、こうした転換を比較的容易にしたと思われる。もっとも階段に昇った状態で梯子を外すようにして、一九〇四年公学校規則では日本語重視、漢文科縮小の方針を明確にした。次章で再論するように、台湾における「協力メカニズム」にもさまざまな亀裂があり、駆け引きがあったのである。一九二〇年代になると洪元煌が庄協議会員の職を辞して台湾文化協会という抗日団体に身を投じることも、亀裂の一つの例証といえる。ただし、朝鮮では、三・一独立運動の際に、憲兵官署や面事務所と並んで普通学校が襲撃対象とされることもあったことが象徴しているように、台湾の場合よりもさらに深刻に、総督府の統治体制、その一環としての公立普通学校は在来の社会秩序から浮き上がっていたのである。

二　キリスト教の両義性

右に論じてきたように、在地両班層は、単に「保守反動」的な存在だったのではなく、朝鮮人の自主的な営みの一切が抑圧された植民地体制下において、抵抗の基盤を必死に模索する存在であった。在地両班層の弱点ともいうべきものは、逆説的ではあるが、朝鮮王朝への帰属意識の強さが、近代的な国民意識形成への桎梏となっていたことにある、と筆者は考えている。たとえ『童蒙先習』の内容が中国中心ではなく、朝鮮中心のものに書き改められたとしても、その根底となる前近代的君臣意識と、近代的な国民意識のあいだには、小さからぬ落差があったと見るべきである。前者が後者に転化するためには、「臣」と「民」との区別の撤廃、忠誠の対象の一元化と抽象化が必要だからである。従来の研究では、しばしば朝鮮人としての民族意識の存在を自明の前提として論じてきた。だが、この点に関して、エッカートの次のような指摘に耳を傾ける必要があろう[77](筆者試訳)。

今日の南北朝鮮の学者は、すべての朝鮮史をナショナリスティックな観点から解釈しようとする。しかし、ナショナリズムもナショナリストも、帝国主義への反動として一九世紀末に生じ、植民地支配の経験により強化された比較的最近の現象に過ぎない。もちろん、朝鮮人は周囲の人々との民族的・言語的相違に対して自覚的であり、朝鮮王室や支配的な王朝に対して忠誠心を抱いてきたことだろう。しかし、一九世紀末期以前の段階では、国民国家としての「朝鮮」、あるいは半島に居住する同胞としての「朝鮮人」という抽象的な観念に対する忠誠感情は、もし存在したとしてもごくわずかだった。この時期にもっと重要な意味をもったのは、皇帝への忠誠感情に加えて、村や地域、とりわけ門中、宗族、親族への愛着であった。

筆者は、このエッカートの見解に賛同する。たとえば、三・一運動の契機の一つとなった高宗の死去に対する朝鮮人の感想のうちに、エッカートの指摘するような、近代的ナショナリズムへの跳躍の困難さを見いだすことができると思う。総督府によるこの調査では、「自分ハ李王家ノ恩沢ヲ蒙リタレバ父母ト同様三年間服喪セザルベカラズ」と哀悼の意を表する両班もいるが、「二千万ノ臣民ヲ悉ク日本ノ奴隷ニ属セシメ」た「不肖ノ君」に対して服喪の必要はないと述べる両班もいる。このほか、宗教家の感想として、「本教ノ祖崔時亨《チェシヒョン》ヲ強殺」した高宗に対して「何等哀悼ノ意ヲ表スル要ナシ」と述べる天道教徒、「偶像ニ対シ虚礼ハ大禁物ナリ」という原則を貫こうとするキリスト教徒、仏教を排斥した「李太王ノ薨去ハ仏教ノ為メ喜フベキナリ」と述べる僧侶など、比較的「冷淡」な感想を見いだすことができる[78]。

官憲の調査によるものであるから「不逞鮮人」と烙印を押されることを恐れてのカムフラージュもあっただろう。また、民族意識の強さゆえに高宗に反感を抱いていると解することのできるものもある。だが、筆者が注目したいのは、哀悼や冷淡の根拠となる論理の構造そのものである。そこには、特定の個人としての君主と、自分が帰属する集団との具体的な社会関係に即して、論評するという顕著な特徴がある。近代的国民統合が、さまざまな次元での社会的な諸集団との関係での自己という規定を無視して、国民という抽象的な共同体への排他的同一化を要求することと比較して、その違いは明瞭である。明治天皇の死去に際して、「日本人」全体が悲しむべきであり、また悲しむはずである、という論理がかなりの程度有効に機能した集団との差異を思い浮かべてもよい。そうした論理が機能しない方がある意味では自然なのだが、同時にナショナルな次元での連帯を獲得しなければ、強固な団結力を誇る支配者の前に非力であることもまた冷厳たる事実であった。

儒教的な価値意識を前提としながら、近代的な国民意識を形成していく際に大きな役割を果したのは、やはり西洋近代の思想の受容、また、これに連なるキリスト教の受容であったと考えられる。それが文明国支配下の近代化の容認に連なるとすれば、抵抗の論理は文字通りの隘路に落ち込むことになる。しかし、隘路を抜け出そうとする試みがなされなかったわけではない。また、朝鮮ナショナリズムが、基本的にはエッカートの指摘するように、帝国主義への反動であり、植民地支配により強化されたものだとしても、主体的な思想的営為の内で獲得されたものであることも看過してはならないだろう。この点で着目すべきは、安重根《アンジュングン》の思想である。両班の家系に属し、儒教的教養を基調としてキリスト教(カトリック)を受容した安の思想は、儒教的なエートスと、反帝国主義を核とする、近代的国民形成への志向を両立させようとした興味深い事例を提供している、と筆者は考える。

安は、旅順監獄で次のような「所懐」を述べ、統監としての伊藤博文の罪状を列挙している[79](原文は漢文)。

今日世人おおむね文明時代と称す。然るに我ひとり長嘆して然らずとす。夫れ文明とは、東西洋の賢愚・男女・老少を論ずるなく、おのおの天賦の性を守り、道徳を崇常し、相競うのなきの心もて安土楽業し共に泰平を享す、これ文明というべきなり。現今時代は然らず。所謂上等社会の高等人物の論ずる所は競争の説にして、究むる所は殺人機械なり。……伊藤博文、天下の大勢を深料せず、残酷の政策を濫用し、東洋全幅の将来、魚肉の場たることを免れること能わず。

安重根のこうした議論のうちに、趙景達は、「天賦の性」＝天賦人権論による「競争の説」＝社会進化論の批判を見いだし、そうした文明批判の論理こそが、もっともラディカルな日本帝国主義批判の論理たりえたとしている[80]。「教化意見書」のロジックにも明らかなように、天皇制の教説や仁政の理念といった外皮を取りはらって、統治体制を支えた骨格的な理念を摘出すれば、そこに浮かび上がってくるのは、弱肉強食、自然淘汰の社会進化論的思想である。そしてまた、日本帝国主義による統治体制が、つまるところ「殺人機械」の発達に支えられていたことも、今さら再言するまでもない。たしかに安は、植民地統治の核心部分に批判の矛先をむけていたのである。

安重根が帝国主義を批判する際の根底的な理念は、仁の思想だった。獄中で執筆した「安応七歴史」において、安は、義兵運動の際に日本人捕虜を万国公法に基づいて釈放し、この措置に反対する仲間に対して「仁を以て悪に敵するの法」を説いたと述べている。また、処刑を目前にして、閔妃を殺害した三浦梧楼が無罪だったのに、義兵として伊藤博文を殺害した自分が死刑であるという不条理に悩み自問自答した安は、「千思万量の末に忽然として大覚し、手をたたいて大笑いして曰く、我は果たして大罪人なり。我の罪は他にあらず。我、仁弱の韓国人民たるの罪なり。即ち疑いが解けて安心せり」と記している。(81)

「仁弱」の罪とはいかなる罪か。まずこの場合の「罪」の観念は、他者から与えられた罰ではなく、自らの良心において自主的にそれとして引き受ける罪であり、キリスト教の贖罪観念の影響を見いだすことができる。そのうえで仁という言葉に着目すれば、「仁弱」の罪とは、おそらく「仁を以て悪に敵するの法」を貫徹できなかった罪、あるいはそうした方法が最終的な勝利——それはもとより自分の存命中のものではなく彼岸的なものとして意識されたことであろう——にいたることを確信できなかった罪ということではないかと推測できる。処刑により中絶した「東洋平和論」では、西力東漸の状況で「東洋人種が一致団結して極力防衛」すべき時に、「隣邦を剝割し友誼を頓絶」した日本政府への回心をよびかけている。(82)それは、改めて「仁を以て悪に敵するの法」の原理を明らかにしたものといえる。

「安応七歴史」で、安は、項羽と並んで、アメリカ独立の父ワシントンの労苦を思い浮かべ、国家の政治と人民とは何の関係もないと述べる商人に対しては「若し国民、国民の義務を行わずんば、豈に民権自由の理を得んや」と反論したことを回想している。これらの発言から、愛国啓蒙運動の影響も受けた安が、国民国家形成を志向していたことがわかる。もちろん、儒教的な倫理観も根強い。日本人捕虜釈放の際には、「忠義の士」ならば、韓国の独立保全を説く「天皇の聖旨」を遵守して、伊藤博文のような「乱臣、賊士」を掃滅せよと説いている。この場合の天皇のイメージは、英明であるはずの君主一般のイメージの類比で考えられたもので、実際の天皇制の教説とは無縁である。

それにしても、忠孝の観念が倫理の基軸にあることは確かである。そもそも天主としての神のイメージにしても、孝の対象としての親、忠の対象としての君主の極限値としてとらえられており、李朝期にカトリックを受容した際に、儒教とキリスト教の教えの折衷を図った補儒論的な傾向が、安にもたぶんに残されている。[83] しかし、極限値としての天主のイメージの存在が、此岸の秩序を相対化し、個別的な君臣関係を越えた倫理――たとえば「民権自由の理」――の重要性を指し示したという側面もあるだろう。そして、「仁弱の韓国人民」という表現は、安重根が、文字通りの献身の対象として、日本帝国主義による被支配という運命を共有する「韓国人民」を、自ら選び取ったものとして読むことができる。

安重根の思想は、強権には強権を、国粋には国粋を対置するというよりも、仁という普遍的な倫理を掲げることで、弱肉強食的現実における同位対立の地平そのものを超えることを志向するものだった。「仁弱の韓国人民」という言葉はたしかにナショナリズムの一つの表現であるにしても、近代天皇制下のナショナリズムとはまったく異質な地平を切り開いている。はたして、宗教的基盤を持つこうした理想主義的なエートスは、貪欲な植民地当局の前で無力な絵空事に過ぎなかったとみなすべきなのだろうか。それとも、実際に統治体制を脅かす理念として意識されていたのだろうか。たとえば、月脚達彦は、趙景達らの研究動向を批判して、「日本の朝鮮侵略は、強権とともに東洋平和、文明の指導などという仁義道徳の衣を纏って行われたのではなかったのか」と述べ、「仁義道徳」という理念は有効な日本帝国主義批判の論理たりえなかったという見解を提起している。[84]

たしかに「仁を以て悪に敵するの法」の理念が個人の心構えのレベルにとどまる限り、無力といわざるをえない。事実、総督府の『普通学校修身書』巻四第二〇課「誠実」という教材は「自分ニ誠実ノ心ガアレバ、先方ガタトイ悪人デモ、之ヲ感ゼシメルコトガデキルモノデス」と説き、すべてを「心」の問題に還元しながら、構造的な「悪」に対して去勢された民衆への欲求を示している。安も自らの無力を感じていたからこそ、暗殺という孤立した手段に走らざるをえなかったのであろう。しかし、理想主義的エートスが、倫理性の高さゆえに分断された状況を克服するための連帯の理念たりうる可能性も無視することはできない。

抗日運動を支えた思想の評価は、総督府の政策を支えた思想との拮抗関係に即して行われるべきである。筆者は、右のような可能性を脅威と意識していたからこそ、総督府は、宗教弾圧政策をとったのだと考える。具体的には、一九一五年に私立学校規則を改正し、宗教教育と宗教儀式の禁止という強引な措置をとったことがその一つの現れである。[85] 改正私立学校規則の適用にあたって、既設校については、一〇年間の猶予という妥協的な措置もとりはした。だが、それにしても、当然予想される欧米諸国からの強い非難もかえりみず、私立学校の教育内容一般ではなく、そのレゾン・デートルたる宗教教育の禁止に踏みきった理由は何だったのか。文明化の使命というパターナリズムの点では、ミッションは総督府の敵対者ではなく、共犯者でもあったはずである。

たとえば、韓国のキリスト教史学者閔庚培《ミンキョンベ》は、朝鮮老会や総会が宣教師を監督する権限を持てず、むしろ「奴隷視」されていたという証言を紹介し、宣教師たちが人文的知識や世俗的学問の紹介には消極的だったことを指摘している。[86] 安重根は、「安応七歴史」において、フランス人神父が朝鮮人のための大学を作ることに反対したことに対して憤り、日本語を学べば日本人の奴隷となり、フランス語を学べばフランス人の奴隷になると述べたことを回想している。このような教会組織内部での差別的な構造に加えて、一九〇七年のリバイバル運動以来、朝鮮の教会が内省的傾向を強めていたことを想起すれば、宗教による内面への退却と沈潜が、統治に好都合という判断もありえたはずである。

それでもあえて総督府が宗教教育を禁止した理由があるとすれば、宗教の教義自体に内在する問題に着眼していたと考えるほかないだろう。儒教などと同様、キリスト教の教義には、幅広い解釈の余地が残されていた。たとえば、長老教会の宣教師アーサー・ブラウン(Arthur Brown)は、パウロの教えや、世俗的な権威への従順を説く「ローマ人への手紙」第一三章によりながら、植民地当局への「敵対」や「無関心」ではなく「忠誠」の必要を説いていた。(87) しかし、聖書は、これとは異なる方向性で解釈される可能性も孕んでいた。韓国の民衆神学者金容福《キムヨンボク》は、「出エジプト記」や「黙示録」、イエスの受難の物語が、今まさにエジプトの圧政下におかれ、また、ピラトの尋問の前に立たされていると感じる朝鮮人にとって、革命のための政治的プログラムではないにしても、「歴史を解釈し、歴史的苦難を了解し、そして歴史をメシア的王国へと変革していくのに必要なたとえ話・比喩・象徴体系」としての意味をもったと評している。(88)

神という超越的な権威を背景としたユートピア的な構想が、既存の支配的イデオロギーと支配秩序を相対化し、さらに秩序を変革するエネルギーを生み出すこと。それこそが総督府の恐れたことであり、私立学校規則の改正にふみきらせた要因と考えられる。先に引用した、朝鮮教育令制定の際の穂積八束の意見書も、体制の教説としての天皇制との関わりで宗教のこのような側面を問題としている。(89)

忠孝ノ大義ヲ根軸トスル道徳ト、博愛人道ヲ大本トスル道徳トハ其ノ根底ニ差異アリ。人間ヲ平等トシ尊卑ノ区別ヲ非理トスル教義ト、皇位ヲ神聖ナリトシ君父ヲ尊敬シ祖先ヲ礼拝スルノ教義トハ、全ク其ノ主義ヲ異ニス。我国ニ於ケル耶蘇教宣教師ノ如キハ、之ヲ調和センコトヲ試ミルカ如シ。若シ調和シ得タランニハ、耶蘇ノ根本精神ヲ逸失シタルノ一種ノ道徳教トナランノミ。蓋仏《ほとけ》及耶蘇ノ起リシハ、家及国ト云フガ如キ狭隘ナル藩障ヲ設ケ人間相敵視スルノ弊害ヲ救ハントシテ、一切平等博愛ヲ説キタルモノニシテ、当時ニ於ケル世界的大功績ハ茲ニ在リシナリ。此ノ本来ノ教義ノ精神ニ着眼シテ相当ノ取締アランコトヲ切望ニ堪ヘス。

植民地体制下でこの穂積の意見書を紹介したもののうちでも、高橋浜吉『朝鮮教育史考』や渡辺豊日子「初期朝鮮教育令案に対して披瀝された故穂積八束博士所見」(『文教の朝鮮』一九三四年九月)では、この部分を省略している。

「民法出テ忠孝滅フ」と唱え、祖先教に基づく君民同祖論を主張した張本人が、イエや国を「狭隘ナル藩障」として、実は冷めた視線でとらえていたのである。そのことは、彼らによって隠蔽すべきことがらと意識されたのだろう。

天皇制とキリスト教の「調和」の試みを説いた部分で、穂積の念頭にあったのは、井上哲次郎のキリスト教攻撃に端を発する「教育と宗教の衝突」論争であろう。この論争の中で、平等・博愛の思想は忠孝の教えに矛盾するものではないというキリスト教徒の必死の防戦が、かえって天皇制の教義に権威性を付与する結果を招いていた。そして、本国における宗教教育禁止規定たる訓令一二号(一八九八年)の制定に際して、諸宗教教団の経営する学校の多くが、特典付与を求めて宗教教育禁止規定にしたがうことにより、天皇制と敵対あるいは競合する可能性を持つ価値体系の担い手であることを放棄し、体制にとって「無害」かつ「無力」なものとなっていた[90]。穂積は、こうした事態が、キリスト教や仏教本来の姿からの逸脱に過ぎないことを指摘したうえで、神や仏という超越的権威に支えられた平等思想が、様々な「藩障」に依存した帝国日本の統治体制を根幹から揺るがすことを危惧しているのである。本章の冒頭に紹介した論文で、持地六三郎も「クリスト教からは矢張り自由とかデモクラシーとか云ふ方に来易く、又耶蘇教的の信念から来るものは先づ真面目で人道的の精神でやつて居るから中々侮ることは出来ない」と述べている[91]。

キリスト教勢力の文明化志向は総督府の統治体制と相互補完的な関係を取り結んでいた。しかし、他方で、穂積の述べるとおり、キリスト教や仏教の教義と密接に連関した自由・平等という理想主義的なエートスは、やはり総督府の統治体制を現実に脅かしていたと考えてよいであろう。本章では具体的に分析の対象として取りあげることはできなかったが、「人乃天」の思想を育んだ天道教に関しても同様の問題を指摘できる[92]。しかも、キリスト教や天道教の場合に顕著なように、総督府のコントロールを越えた組織系統を持っていたために、理想主義的な理念が集団的連帯の核心となる可能性も備えていた。私立学校規則の強引な改正は、結局、宗教的抑圧への憤りを惹起するという逆効果しか果たさなかった。そして、キリスト教徒、仏教徒、天道教徒が宗教上の立場を越えて「人類平等ノ大義」を宣言したことを契機として展開された三・一運動において、暗殺という手段に走らざるをえなかった安重根の孤立は克服され、穂積の懸念は現実のものとなるのである。

5 小括

統監政治期から一九一〇年代にかけての朝鮮の統治体制は、根幹において弱肉強食、自然淘汰の社会進化論的思想に支えられていた。すなわち、植民地当局は、朝鮮に立憲制の原理を及ぼさないことで政治的次元での従属的地位を明確にする一方、土地調査事業などを通じて資本主義的な競争原理の浸透を図った。教育政策もまた、こうした帝国主義的な政策のコロラリーとして理解できる。教育制度面では「時勢及民度」という論理で、近代社会における階層移動の手段としての機能を制限する一方、教育内容面では、文明化の恩恵を標榜し、前近代的な被治者意識に、近代的な規律・訓練を加味した従順な人間像を浸透させることを狙いとしていた。朝鮮教育令第二条の教育勅語に関する規定により部分的に隠蔽される結果とはなっているが、その狙いは、「忠良ナル臣民」よりも「順良ナル臣民」の養成という概念で適切に総括される。

右のような政策の論理をもっとも端的に定式化していたのが「教化意見書」である。血族ナショナリズムによる排除の論理を基調とするこの意見書は、朝鮮人の「同化」は不必要であり不可能でもあると主張していた。その背景には、自らの特権の強化と拡充を求める日本人植民者の欲求が存在したと考えられる。もちろん、植民地当局は、「仁政」という概念を利用することなどにより、赤裸々な欲求を隠蔽しようとした。しかし、その場合の「仁義道徳の衣」はつぎはぎだらけであり、いわば中身の透けて見える「裸の王様」であったというべきだろう。

朝鮮人の側では、近代化としての文明化を推進することで、日本帝国主義に対抗しうる実力を養おうとするグループと、李朝期に形成された儒教的な伝統のうちに抵抗の拠点を見いだそうとするグループとが存在した。前者は、ともすれば文明化の主体としての植民地当局への批判を鈍らせ、場合によっては「協力メカニズム」のうちに組み込まれていくこともあった。これに対して、在地両班層を主な担い手とする後者は、より明確に抵抗の原理を固持し続けた。しかし、圧倒的な近代化の趨勢のもとで従来の思想・世界観を保持することは、個人的な不利益をもたらすばかりではなく、ナショナルな次元での連帯の獲得への跳躍を困難にしていた。そもそも近代化志向のグループと伝統志向のグループが分裂していること自体、より有効な抵抗運動の可能性を阻んでいたともいえる。

このような朝鮮人の内部の分断状況から三・一運動への跳躍を可能にしたのは、「日本人」と「朝鮮人」の区別を排他的に優越させる統治体制そのものだったと考えられる。すなわち、「内地人の湯屋に鮮人《ママ》を入浴せしめざる」「来客の前後に不拘、内地人を先にし鮮人を後にする」という日常的なレベルでのさまざまな差別に、朝鮮人民衆は、文字通り貧富貴賤、老若男女を問わず直面していたのである。[93] このような「朝鮮人」としての被抑圧、被差別の体験の共有こそが、跳躍の重要な条件になった。さらに、それ自体としては受動的な被支配の経験を主体的な体制変革のエネルギーに転化し、結集させる契機も三・一運動以前に現れてきていた。「仁弱の韓国人民」のために自分は処刑されるのだと考えた安重根の思想的営みは、そうした可能性を示唆する一つの例といえる。

安重根にとって朝鮮ナショナリズムの観念は、仁という普遍主義的な理念を核としている点で、近代天皇制の体現するナショナリズムとは異質なものだった。その内実は、忠孝や仁のように儒教的な概念を駆使していることなど、たぶんに前近代的な要素を備えてもいた。しかし、それだけに、「文明」という言葉に惑わされることなく、植民地統治を支える原理を根底から相対化し、批判しうる原理としての性格を備えていた。本書の冒頭において、近代的な国民国家形成や民族主義を一義的な価値とはすべきではないという観点を明らかにしたが、それは反帝国主義へとエネルギーを結集する民衆の民族的な運動を評価しなくてもよい、ということではない。重要なことは、エネルギーの源泉を朝鮮文化として文化主義的に理解することではなく、政治的な経験の共有に求めるべきこと、またいかに民族主義的であったかということよりも、いかに差別の克服と連帯の獲得を志向していたか、ということである。安の思想は、そうした観点から、三・一運動の思想的前史としても評価に値すると筆者は考えている。

植民地当局はこうした思想的な営みによってじりじりと守勢に追い込まれつつあった。そして、三・一運動において、統監政治期から総督政治期にかけての教育政策の破綻は決定的なものとなり、新たな統合の方式が模索されることになるのである。

第Ⅲ章　台湾・一九一〇年代

——差別の重層的な構造——

1　はじめに

一九一九年一月、朝鮮教育令より八年近く遅れて、台湾教育令が勅令として公布された。ここに後藤新平の無方針主義を越えて、朝鮮教育令と同様、教育勅語の趣旨に基づくとともに「時勢及民度」に適合させる、という教育方針が明示されることになった。教育制度のうえでも、初等学校で六年制を本体としたことを別とすれば、ほぼ朝鮮の例にならって、台湾人向け教育機関が体系的に整備されることとなった。

三年後の二二年に公布された第二次台湾教育令では、さらなる改革が行われた。まず教育勅語および「時勢及民度」に関する文言が削除された。また、第一条では「台湾ニ於ケル教育ハ本令ニ依ル」と規定し、在台日本人と台湾人を全く別に扱っていた従来の複線型の教育制度を改めて統合を図った。初等教育段階では、「国語ヲ常用スル者」は小学校、「国語ヲ常用シナイ者」は公学校と定め、一部の台湾人に小学校入学の可能性を開くとともに、中等教育段階での共学を定めた。さしあたり国語としての日本語を自在に操れさえすれば、台湾人も日本人と同様の教育を受けられる可能性が生じたわけである。

第二次教育令発布の際の田健次郎総督の諭告は、「茲ニ教育令ヲ改正シ、内台人間ノ差別教育ヲ撤去シ、教育上全ク均等ナル地歩ニ達セシメ得タルハ本総督ノ洵ニ欣快トスル所ナリ」として、「一視同仁ノ聖旨」の貫徹を誇らしげに語っている。もちろん、一般に、教育の機会均等原則が、出発点や環境の差異を視野の外に置くことによって、実質的な平等原理たりえないのと同様に、この教育令も「差別教育」を撤廃したものではなかった。日本人の子どもと台湾人の子どもが日本語による同一の中等学校入学試験を受ければ、言語の点からだけでも、日本人にはるかに有利なハンディが与えられているのは明白だった。

それにしても、この転換を過小評価することもできない。競争のチャンスすらなかった状態に比べれば、日本人植民者の子どもたちが、圧倒的に有利な競争で敗れることにより、文明の指導者としての威信が全体として失墜していく可能性も生まれた。朝鮮の高等普通学校の場合のように、中等教育の内容を特に植民地的実学教育に限定することも難しくなった。教育制度に関するかぎりは、内地延長主義の方針が——初等教育における別学と非義務制は維持されているにしても——、部分的に実現されたのである。

こうした転換を可能にした要因として、第一次大戦後の世界情勢の変化、三・一独立運動のインパクト、原敬が首相として内地延長主義を志向したことなど、相互に密接に連関した一連の事態が、従来から指摘されてきた。だが、すでに辛亥革命の段階から、アジア諸民族におけるナショナリズムの興起に対して日本帝国主義は守勢にまわりはじめ、内地延長主義への転換を促す思想も準備されていたのではないか。一九一一年二月に朝鮮総督府学務課長から台湾総督府学務課長(一四年からは学務部長)に転じた隈本繁吉が、内外の情勢の変化への対応策として、持地六三郎の植民地主義路線を修正していった過程に、第二次台湾・朝鮮教育令の伏線を見いだすことができるのではないか。

本章では、こうした仮説的見通しに基づきながら、まず郷紳層の教育要求とのかかわりで、一九一五年の公立台中中学校設立にいたる経緯とその背景について論じる。この時、中学校官制案を認可する条件として、本国政府は台湾教育令の制定を要求する。中学校の位置づけに関しても、台湾教育令の内容についても、植民地主義を貫こうとする本国政府と、その修正の必要を説く総督府のあいだの意見の対立が、ここでの重要なテーマとなる。次いで、中学校設立認可という譲歩を迫られたのと同様な背景のもとで、教育内容の次元でも、台湾版教育勅語を発布する構想や、漢民族の民間信仰に由来する呉鳳《ごほう》伝説の利用など、漢民族の思想、世界観を換骨奪胎しつつ教化理念を再構築する試みがなされたことを明らかにする。

結論的なことをあらかじめ述べておけば、国家統合の次元における一定の平等化への志向と、文化統合の次元における差異化への志向は、相互に矛盾するものではなく、重層的な差別の構造を強化することで、漢民族郷紳層とのあいだの「協力メカニズム」を再構築しようという点では、相互補完的な意味を持っていたことが明らかになるであろう。

2　台湾教育令制定過程

本論にはいるに先立ち、まず本節で主要な資料として用いる隈本繁吉『台湾教育令制定由来』の性格について簡単に論じておこう。

台湾総督府罫紙八二枚にのぼる『台湾教育令制定由来』は、隈本が一九二〇年に総督府の官職をしりぞいたのち、休職中に執筆したものである。前篇は二二年一月、後篇は二二年二月に脱稿、表紙のすぐ後に「大正一一年五月二四日閲了」と記されている。後篇の緒言では、「総督府学務課保管ノ関係書類ノ送付ヲ待チ稿ヲ起サント欲シタルモ、今ヤ更ニ新教育令ノ制定セラレタルニヨリ、寧ロ拙速ヲ便ナリト信シ」急いで起草したと述べ、第二次台湾教育令の公布に間に合わせようとした意図を明らかにしている(1)。また、本文中に関係資料は学務課に保管のはずといった文言がしばしば見うけられることから、おそらく総督府からの委嘱を受けて、後任者のための説明資料として起草されたものと推定できる。

隈本が東京帝国大学文科大学史学科を卒業していることも影響しているのだろうか、『台湾教育令制定由来』は、学務部日誌などと照合しながら、歴史叙述としての正確さを期した内容となっている。また同時に、独自の歴史観に貫かれてもいる。それが比較的率直に語られているのは末尾の文章、「新ニ教育令改正トナリ、斯ニ新領土ニ於ケル台湾教育カ、一視同仁ヲ本トシテ根本的ニ妥当ナル解決ヲ見ルニ至リ、予箇人トシテモ窃カニ素志ノ酬ヒラルル感ナシトセス」という記述である(2)。第二次台湾教育令における内地延長主義の部分的実現は、隈本の「素志」であり、総督府の内部で、あるいは本国政府で植民地主義の教育方針を堅持しようとした勢力と異なり、自分は先見の明を持っていたというわけである。隈本文書の復刻作業を進めている上沼八郎も、隈本が「後藤や持地より一歩進んだ開明性を自認」し、それを誇る特有の口吻が『台湾教育令制定由来』や学務部日誌の随所に現れていると評している(3)。

当事者の主観的意図において、ある段階から内地延長主義的な教育制度を志向していたことが右の記述からわかるのだが、それが本当に「素志」だったのかということは、自画自賛的姿勢に惑わされることなく、検討する必要がある。また、「素志」ではなかったとすれば、転換を促した要因を構造的に把握していかねばならないだろう。

一　郷紳層の教育要求と中学校設立問題

隈本が、台湾総督府着任の直後に執筆したと推定できる「[秘]台湾ニ於ケル教育ニ対スル卑見ノ一二並ニ疑問」は、「台湾人教育ノ出発点」として、次のように述べている。まず「表面上教育ヲ重要視スルガ如クシ実際ニ於テハ何等進ンデ之ヲ奨励セズ」、教育施設は「列国ノ視聴」上やむをえざるかぎりの程度において設けていく。特に「遊民」の輩出を避けるためにも中等教育機関は新設せず、設置するとしても低度の実業教育機関に限定する。教育内容面では、「勤倹、清潔、順良、遵法、奉公等所要ノ諸徳目ノ勧奨ニ力メ合セテ国語ノ普及ヲ計ル」ことを目的として、適切な方法を今後考案していくべきである(4)。教育の普及をできるかぎり抑制し、最低限の実業教育と道徳教育と国語教育により、「順良」な存在を養成すれば十分との発想である。当然のことながら、同化という理念は否定し、「台湾人ハ人種言語風俗習慣等ニ関シ内地人トノ差異、朝鮮人ニ於ケルヨリモ一層甚シ」いうえに、「旧母国人ガ一衣帯水ノ地」にある関係上、同化はおよそ無理であると述べている。

台湾と朝鮮の差異に関する見解を示しているものの、ここに述べられた内容は、明らかに、隈本が朝鮮総督府時代に知悉していた議論の延長線上にある。それはまた、後藤新平の意を受けて、持地六三郎が敷いた植民地主義の路線を継承しようとするものでもあった。隈本文書には、前任者である持地——正確には三カ月間学務課長心得を努めた小川尚義が途中に介在している——による引継書類と思われる「教育行政覚書」が含まれている。[5] 持地は、伊沢修二や木村匡の教育方針、特に義務教育施行論を取りあげながら、同化は確かに「教育社会一般ノ理想」だとしても、効果を期待できるのは永遠の先であり、「教育ハ政府ヨリ余リ指導勧誘セス」、漸進主義の原則にしたがうべきだと述べている。また、「後藤長官ノ指導」のもとに、同化熱に浮かされた教員の「頭脳ヲ改造」して、こうした原則を浸透させるのは容易なことではなかった、とも述懐している。

植民地主義の統治方針に基づく教育非奨励論、実質的な同化否定論を踏襲することこそが、隈本の「素志」だったことをまず確認しておこう。しかし、この二年後には早くも、微妙な論調の変化が生じることになる。一九一三年二月、鈴木三郎官房文書課長名で、台湾総督府部局長会議のメンバーに次のような「宿題」が課されることになった。[6]

一、内地人ノ為ニ設ケラレタル小学校、中学校ニ或制限ヲ附シ本島人ヲ入学セシムルコトノ可否

二、本島人ニ対シ特別ニ中学普通程度ノ学校ヲ設クルコトノ可否

三、モシ設クルトセハ学科目、修業年限等ノ内容如何

第一問は、後藤新平の内訓に基づいて、台湾人子弟の共学が禁止されている状態で、今後それを黙認していくか否

かという問題である。第二問は、当時在台日本人向けには中学校が設けられていたのに対して、台湾人向けには国語学校(師範部、国語部、実業部)、医学校のほか、農事試験場のような技術員養成機関しかない状況で、新たに中学校と同様の学校を設立すべきかという問題であった。

これに対する隈本の「答案」は、第一問、第二問ともに「可」、第三問については四年制の「台湾高等学校」とするというものだった。なぜ中等教育機関を新設せずとの方針を抱いていた彼が、第二問について「可」としたのか。この点については、台湾人の知識を向上させないというのが大原則だとしても、「島民ガ内地及対岸ノ状況ヲ見聞セル影響」は、現状維持を困難にしていると説明している。すなわち、郷紳層が自らの子弟を「内地」に留学させ、あるいは、対岸の福州、廈門、広東、香港などの外国人経営の学校で教育を受けさせることにより、「非国民的感情」に駆られている状況で、従来の方針を堅持しても「同化シ難キ島民ヲシテ一層怨嗟乖離ノ念」を抱かせるだけである、という現実的な状況判断があったわけである。(7)

隈本の他にも「答案」を起草したのは、大津麟平蕃務本署長、亀山理平太警察本署長をはじめとする総督府の要職者一二名である。第一の共学問題については、賛成六名、反対六名。反対論の根拠としては、「内地人ノ威信ヲ失墜」させる恐れや、ただでさえ日本人の少ない地方では「却テ土人化セラルル」状況で、共学は論外という意見が提出されている。賛成論では、保護者の地位資産を共学に際しての重要な要件とすべきことが共通している。第二の問題については、賛成が八名、反対が四名。反対の理由として、中学校類似の学校を設立して「法律経済等形而上学ニ対スル智識的欲望」を満足させることが統治を阻害する、あるいは現在の三年制の小規模な国語学校国語部で十分との意見が提出されている。中等学校の内容についての第三問では、すべての意見が何らかの形でレベルを落としたものにすることを主張し、本国の中学校の修業年限(五年制)と教育課程をそのまま適用すればよいとした意見は見られない。(8)

このように、まだ総督府の内部でも意見は割れていた。しかし、それでも隈本を含めれば過半数が、限定つきではあれ、賛成意見であることに注目すべきだろう。その背景に存在したのは、隈本の述べたような危機感、すなわち、台湾人郷紳層が次第に不満を蓄積させつつ、子弟を「内地」や対岸に留学させていたことへの不安感であった。

隈本は、『台湾教育令制定由来』で、着任直後の視察の際に、郷紳層のシンボル的存在である霧峰林家の当主林献堂が共学に関する陳情を行ったことに言及、「郷紳乃至有識階級ニ在リテハ、くうりい階級トノ差別ヲ希フト共ニ陰ニ陽ニ内地人トノ差別教育ニ対シ不満ノ意」を洩らしていると述べている。[9] また、中等学校の設立に関しては、「討蕃事業」を最優先させていた佐久間総督が、「台湾人ノ賦役其他ノ奉公容易ナラサル」ために窮地に陥っていた時に、これを好機とした林献堂や、辜顕榮——日本軍の台北入城を先導した「御用紳士」として名高い——の陳情に対して諒解を与えたという事情があった。[10] 佐久間総督が言質を与えた時期について、隈本は「大正一、二年頃」としか述べていない。しかし、先の「宿題」は、こうした事態をふまえて提出されたものと推定できる。

中等学校設立の段取りは、当初はおもに辜顕榮と大津・亀山の両総長に、西本願寺派の僧侶紫雲を加えた人脈を中心として、本願寺経営私立学校とする方向が模索される。大津・亀山の思惑としては、その方が安上がりに郷紳層の要求に対応できるということがあったのだろう。しかし、佐久間総督が、隈本に対する内話として、従来「持地カ後藤等ノ意ヲ受ケ島民ノ教育ニ関シ何等施設セサリシ」[11] 状態への批判的見解を明確にし、財政の許すかぎり公立とすべしと述べたことを転回点として、一九一三年五月段階で、郷紳層の寄付金二五万円を基本財産として公立中学校を設置する構想が固められた。隈本は、公立とすることで総督府による直接のコントロール下におくことには賛成だったが、実業的学校の構想には固執し、本国の中学校と同一の形式としては「実用ヲ主トスル公学校教育ヲ根本ヨリ破壊スル虞」を強く主張していた。[12]

しかし、本国並みを求める郷紳層の強い要求、彼らに言質を与えていた佐久間総督の意向が押しとおされる形で、一九一四年一月には、本国の中学校と名称、年限、教育課程ともにほぼ同様の学校を、林献堂、辜顕榮らの居住地に近い台中に設置する案が、総督府のレベルで決定された。これ以降、中学校設立をめぐる議論の舞台は、本国政府との折衝過程に移ることになる。

二　台湾総督府の内憂外患

隈本をはじめとする幕僚にとって、本国同様の中学校を設立するという官制案は「素志」ではなく、他律的に強制されたものであった。ただし、それは佐久間総督個人の意思というよりも、総督府の支配が郷紳層との「協力メカニズム」に依存していたことの帰結とみなすべきであろう。総督府は郷紳層を利用する存在であるとともに、また利用される存在でもあった。特に一九一〇年代前半には後者の側面が強く現れざるをえない事情があった。台中中学校の設立過程について論じた若林正丈が適切に総括しているように、「遠景には辛亥革命が、近景としては、「漢を以て蕃を制する」日本帝国主義の対高山族征服戦争があった」のである[13]。以下、大筋においてこうした若林の理解を踏襲しつつ、漢民族の思想が総督政治とのあいだにどのような意味で接点を持ち、どのような意味で亀裂を内包していたのかという問題を論じ、中学校設立構想が浮かび上がってきた背景を明らかにしよう。

隈本は、『台湾教育令制定由来』で、自分の着任とちょうど時を同じくして梁啓超が台湾を訪問したことにふれ、ほぼこの頃から台湾の民心に「変調」の兆しが見られたと述べている[14]。

外ハ支那革命新ニ成リ、其ノ中堅タル南清一帯ノ意気頓ニ振ヘルニ伴ヒ、島民ノ心理ハ一種ノ変調ヲ来タセリ。爾後一、二年ノ間弁髪纏足ノ弊風急ニ革マレル如キ、一面皇化ノ然ラシムル所ナルヤニ思ハルルモ、寧ロ彼等ノ胸裏ニ潜在セル母国即対岸支那カ、革命後急ニ励行シタル断髪解纏足ノ影響多キニ居リタリ。

台湾の郷紳層にとって、清朝という王朝への求心力は必ずしも強くなかったと思われる。それだけに、一九一一年一〇月の武昌起義にはじまる辛亥革命が、強いインパクトを与えたとしても不思議ではない。その影響は、袁世凱が権力を握り、辛亥革命の蹉跌が明確になる一九一四年頃までの時期に特に著しかったであろう。この時期、台湾の住民もさまざまな仕方で、辛亥革命と、それが体現した近代化の動向への反応を見せている。郷紳層による中学校設置要求も、その一環として提起されたものであった。

梁啓超を台湾に招いたのは、「内地」に赴いた際に交友関係を結んでいた林献堂である。秘書だった葉栄鐘らによる『台湾民族運動史』は、「君主立憲の使徒」という言葉で、林献堂が梁の唱える立憲君主制の原理を深く信奉していたことを伝えている[15]。

中国における近代思想の導入に力を尽くした梁啓超は、君主専制から君主立憲、民主立憲という政体の進化の筋道を構想、君主制に対する冷めた視点を保ちつつ、民主立憲に軟着陸する手段として君主立憲の必要を唱えていた。梁の師である康有為は、君主を「虚君」として利用する考えに基づいて、清廷の存続を図ろうとしていた[16]。梁啓超が「国家」という新しい思想の鼓吹者でもある以上、林献堂も「中華民国」への統合という長期的展望を抱かなかったわけではないだろう。しかし、梁らは、「祖国」は当面のところ台湾の解放を援助している余裕はないと述べていた[17]。他方、清代以来の郷紳層を中心とした地方自治の体制を想起するならば、林献堂が、天皇という「虚君」のもとでの立憲制の実現、地方自治の保全・拡充という戦略を抱いたとしても不思議ではない。すなわち、新しい国民国家の形成を直接に志向するよりは、国家レベルの権力行使の適正化と国家の関与する領域の縮小化、民間社会の自立化を林献堂は目指していたのではないかと考えられるのである[18]。

一九一四年に板垣退助の来台を期として台湾同化会を結成した際に、台湾人の内部からも進んで同化を志向するとはなにごとかという意見が出された。これに対して、林献堂は自分の立場を次のように釈明している[19]（原文は漢文）。

台湾の学制は日本と異なり、台湾人は日本の中学を卒業しなければ正式に官立の大学に進学できず、戸籍法も異なり、日本人と台湾人の結婚は禁止されている。匪徒刑罰令や保甲条例を制定し、連座法を適用し、また笞刑を施行して、日本憲法も台湾には施行せず、法律上はさらに不平等である。したがって、いわゆる同化といっても、その実同化を目指すものではなく、掩飾の名詞に過ぎない。その目的は、台湾人に対する日本政府の圧力を弱め、束縛をゆるやかにし、台湾人の苦痛を軽減することにある。

直接的な独立を求めるのではなく、制度的な平等としての「同化」を求めること。それは、自ら新たな国民統合を創出しようとするものではなく、国民国家日本への包摂を求めたものとみることもできる。「民族運動」という観点からは微温的としか評しようのないこうした要求も、しかし、総督府の統治体制への根源的批判としての意味をもっていた。なぜならば、第I章で明らかにしたように、血族ナショナリズムに基づいて国家統合の次元で台湾人を排除することこそが総督統治の根幹にあり、天皇制の否定を含む国民統合の体制の全面的な再定義を果たしえなければ、およそ平等は実現しえない構造になっていたからである。林献堂は、総督統治における排除の構造をかなり正確に見抜いていた。ただし、その見通しに甘さがあったとすれば、板垣退助のような名士の利用、同化という建前的な言説の逆用といった手段により、体制の変革がある程度可能と考えたことだろう。その後の推移は、林献堂がここで問題にしたことがらのうち、総督府にとって妥協の余地があるのは、ほぼ教育制度に関する事項だけだったことを示すことになる。

辛亥革命の胎動は、纏足の解除、断髪という目に見える変化ももたらした。台北の郷紳黄玉階は、辛亥革命以前からいち早くこうした事態に適応し、一九〇〇年には天然足会、一一年二月には断髪不改装会を発足させていた。前者の発会式には児玉総督や後藤民政長官が出席、後者の発会式では亀山内務局長が祝辞を述べている。纏足と弁髪が清朝への服属のあかしでもある以上、総督府がその解除を歓迎したのは当然である。しかし、一九〇〇年の時点での纏足廃止がもっぱら清朝からの離脱を意味したのに対して、一一年の時点での断髪は新たな政治的意味合いを備えていたことを看過してはならない。

黄玉階による断髪不改装会の結成は武昌起義よりも前のことである。しかし、すでにこの前年には、清朝の設置した官民合議機関たる資政院でも断髪案が可決されていた。この案は清朝の朝廷の容れるところとはならなかったが、『台湾総督府警察沿革誌』は、黄玉階の行動は、資政院における断髪案の可決に「本島人中有識の士之に共鳴せる」潮流を機敏にとらえたものであったと評価している。[20] 断髪にはもとより「滅満興漢」というナショナリズムの契機が含まれている。たとえば、郭沫若は少年時代を回想して、「革命の成功ばんざい！　みなが頭の弁髪を切りさえすれば、それ以後中国は、一躍して世界で一番の一等強国になるのだ」と感じて、友人や先生の髪を切って歩いたと述べている。[21]「中国」という観念を核としたナショナリズムは、いまだ未知数の世界であるだけに、総督府の目には恐るべきものとして映ったことだろう。しかも、容易には改変できなかった「弊風」が、対岸の動向に影響されて急激に変貌していく様子は、隈本ならずとも、改めて一衣帯水の絆の強さへの再認識を迫られるものであった。

もっとも、総督府の懸念においてはとにかく、はたして黄玉階の脳裏にどの程度ナショナリスティックな観念が重要な位置を占めていたかは、さだかではない。呉文星は、断髪不改装会のメンバーが漢詩に「文明の鼓吹は吾人に属す」と謳っていることなどを引きながら、「文明」の理念こそが断髪受容の主要な契機であったと論じている。[22] 確かにその通りだろうが、何を西洋近代文明の内実とみなしていたのか、立憲君主制のような政治体制の構想をどこまで共有していたのか、ということは必ずしも分明ではない。

一九一三年五月段階で中学校設立発起人二八名の内には、林献堂、辜顕栄、黄玉階のほか、台湾最大の資産家林本源家の林熊徴などの名前が見られるが、後述の勅語宣講会の構想には林献堂は関与せず、二〇年代には台湾議会設置運動のリーダー林献堂と、これに反対する辜顕栄や林熊徴のあいだの対立は明確になる。共通点があるとすれば、資本主義化としての文明化への適応のために、「紳商」への転進が比較的スムーズに行われたことである。医者だった黄玉階は別であるが、貿易商人だった辜顕榮はもとより、林献堂や林熊徴も、地主的体質を残しながらも、銀行や製糖会社などの経営に進出している。[23] 中学校の設置は、断髪など風俗の近代化、および産業化の趨勢に適合的であるとともに、子弟の学歴を通じて郷紳としての地位の保全と再生産を図るのに都合がよかった。たとえ政治体制の構想のレベルでは懸隔があったとしても、そのことが、最大公約数的な共通利害を形成していたのだと考えられる。

総督府にとってもっとも恐るべきことは、立憲君主制の観念や断髪の風俗ばかりではなく、革命そのものが対岸から波及することであった。実際、そうした可能性がなかったわけでもない。隈本は、民心「変調」についての指摘に続けて、「此変調カ遂ニ進ンテ大正二、三年ニ於ケル陰謀事件ト因縁」を持ったと述べている。[24]「陰謀事件」とは、苗栗事件、六甲事件、西来庵事件など、この時期に相次いだ抗日武装蜂起計画のことである。いずれも未然のうちに発覚したにせよ、辛亥革命の動向に励まされつつ、郷紳層とは利害を異にする民衆の立場から総督統治の転覆を意図したものであった。

特に注目に値するのは、対岸からの革命軍の来援をえて武装蜂起を策した、苗栗事件の首謀者羅福星の思想である。一九〇六年に大陸に渡り、黄興などの指導層とも連絡を取りながら辛亥革命に参加した羅福星は、一九一二年、帰台したのち作成した檄文で、苛税の徴収、専売制度の理不尽、警官の横暴、人夫徴発の過酷などを具体的に列挙して総督府の虐政を批判し、『論語』衛霊公篇の「志士仁人は、生を求めて以て仁を害すること無く、身を殺して以て仁を成すこと有り」という章句を引きながら、「身を殺し仁をなし深く台湾人民の紀念人物たらん」という決意を披瀝し、「我は断言せん、今後台湾官吏をして一日たりとも安寧の日あらざらしめんと欲す」と結んでいる。[25] また、捕らえられたのちの「死罪記念」と題する文章は、「吾は日本の国法を犯すと雖も、我事業は之れ天の命ずる所なり」といい切り、処刑される前に「既往の行為に対して不可なりしことを自覚せしや」と聞かれたことに対しては、「余が既往の行は総て是れ自由平等の権利を行ひしに過ぎず」と自信をもって述べている。[26]

伝統的な天命思想と近代的な自由平等の理念を接合した羅福星の思想は、ラディカルな総督統治批判の論理を構築していた。ただし、「自由」「平等」「権利」のような語彙自体は、ルソーから中江兆民、さらに梁啓超へといったルートでの訳業により、辛亥革命を準備した勢力のうちに共有されていたものであり、特に先駆的なものだったわけではない。羅福星に独創性があるとすれば、「天命」や「志士仁人」という伝統的思想と、近代の理念とが、日本帝国主義批判を媒介として結びついていることである。若林正丈は、中国革命同盟会員であった羅福星は別であるという慎重な留保を残しながらも、一九一〇年代の抗日武装蜂起は「日本勢力によって早晩排除・淘汰、ないし変形を迫られていくことになる古い社会要素(士紳、土豪)にひきいられたもの」であったと評価している。[27]こうした観点から評するならば、羅福星も後述のように民間信仰から抗日のエネルギーを汲み上げており、「古い社会的要素」を色濃く残している。郷紳層による地方自治の伝統に根ざした、林献堂の思想にしてもそうである。しかし、必ずしも「中国革命」という「近代的政治思想」には直結しないそうした要素もまた、抗日のエートスを支えるものとして根強い生命力を保ち続けていたとみるべきだろう。

羅福星の思想のもう一つの特徴は、東アジア地域における日本帝国主義の支配体制を、総体として批判する視点を獲得していたことである。先の檄文では、「我台湾人民にして熟省する所無くんば猶ほ猶太、琉球人の如き境遇せん」と沖縄支配の問題に具体的に言及し、「死罪記念」では、「近年の偉人孫逸仙君」の民国形成への努力はもちろん、「伊藤を刺せし安重根」の行為を称揚している。[28]沖縄や朝鮮の状況に関して、どの程度正確な知識を保有していたのかは、さしあたり重要な問題ではないだろう。清末・民初の時期には、大陸でも、「内地」でも、漢民族の知識人は、近代日本の国家形成を近代化のモデルとみなすことで、帝国主義国としての性格への批判的観点を濁らせることが多かった。その支配のさなかにあったはずの台湾の郷紳層も例外ではない。これに対して、「我事業は汝等野蛮国を脱して文明の国を樹てんと欲する美挙なり」という「死罪記念」の文章にも現れているように、彼は、近代帝国主義体制の野蛮、自由平等の理念からの乖離を批判的に見通すパースペクティブをもっていたのである。現今のいわゆる文明化とは、「競争の説」と「殺人機械」の普及に過ぎないと断じた安重根の思想に通い合うものを、そこに認めることができる。

羅福星の武装蜂起の計画自体は未然に終わった。だが、彼の思想が当時の状況に影響を与えなかったわけではない。一九一三年一〇月の事件発覚以来、全島にわたり五〇〇名以上の大検挙が行われたが、同年一一月の鈴木官房文書課長の報告書は、検挙者のうちには「保正、区長等には一切関係者無し。加担者多数は日雇苦力」と事件の性格を明らかにしながら「此種危険思想の暗流あるは扼ふべからず」と伝えている(29)。隈本もまた、翌一四年二月一六日の民政長官あて書信で、羅福星に関する新聞の記事が「島民ヲシテ志士仁人ナルヤニ誤解セシメ易キ文字有之、窃カニ杞憂罷在候」と記している(30)。

隈本の念頭にあったのは、『台湾日日新報』の報道だろう。二月一三日付の記事は、「愚民を扇動」した「狂徒」という基本的評価を示しながらも、「昂々然として吾は革命の大義に殉《とな》へんとする者なり」と平然としている羅福星にも「多少の条理」があるようだと述べ、死刑判決への異議申し立てをすることで「余が島民を救はん為めに如何に革命に力を竭《つく》したるかを台民に知らしめ、永く台湾の記念たらん」と述べたことを比較的正確に伝えている。また、一四日・一五日に連載された「落人の羅福星」と題する読み物は、「剣潭《けんたん》精舎の鐘の声、一杵《しょ》二杵散じて人間無尽の声となり……」と平家物語もどきの書き出しではじまり、革命破れておちのびる羅福星に、従者である周斉が「閣下夙《つと》に知るが如く、我が兄は故なくして台東に送られ、庁は強制に我土地を買収し、苛税を徴し重賦を課し、警官暴戻《ぼうれい》、日人驕傲」と述べるくだりがある。明らかに羅福星らにシンパシーを持ったこの読み物を誰が書き、いかなる経緯で載せられたのかは不詳である。あるいは羅福星を本来の意味での「志士仁人」とみなすカルチャーが、この時期の日本人にはまだわずかに残されていたということか。いずれにしても、一七日以降紙面は大きく変化し、「志士」気取りではあるものの、「単に金銭詐取が目的」とか助命嘆願のために同志に罪をなすりつけたといった内容が紙面にあふれることになる。(31) 隈本の民政長官宛書信の日付(二月一六日)とあまりに見事に一致していることがかえって不可解ではあるが、紙面の変化は総督府の監督権発動によるものとみなしてよいだろう。

もとより、羅福星の企図が、苦力らの現実に深く根ざしたものである以上、こうした糊塗策の限界は明瞭であり、事件の余波で「民心為めに動揺を来たし、前途暗澹として帰趨に迷ふの観あり」という状況が生まれた。(32) 檄文の意図した通り、総督府の官吏の「安寧」は確実に脅かされていたのである。そうであればこそ、郷紳層と一般民衆のあいだに差別を設け、前者をより確実に体制内に取り込む必要が生じていたといえよう。

一九一〇年代はじめ、総督府は、民心「変調」にさらされるとともに、他方、「討蕃事業」の遂行のために大規模な民衆動員を果たさなければならない、というジレンマのうちにあった。すなわち、台湾原住民の居住する山地の豊富な林野資源を求めて、一〇年から「理蕃五カ年事業」に乗り出し、一般行政区域としての平地と特殊行政区域としての山地の境である隘勇《あいゆう》線を前進させ、原住民の服属、武器の没収を進めていたのである。その遂行のためには、物資の運搬などに当たる人夫として、あるいは、隘勇線の警護に当たる隘勇として漢民族を徴用する必要があり、資金も必要であった。佐久間総督は、「理蕃五カ年事業」について「それはおもしろい案である」と述べた明治天皇の鶴の一声のおかげで、一五〇〇万円近くの莫大な国庫支弁経費を引き出すことに成功していた。(33) しかし、予想をはるかに越える頑強な抵抗に直面するなかで、強引な征服事業の無理は明確になっていく。台湾経世新報社編の『台湾大年表』は、この時期、「新竹前進隊死傷続出」「台中隘勇線前進隊戦死者招魂祭を台中公園に於て執行さる」「佐久間討

伐司令官、戦線視察中断崖より墜落負傷さる」のように、戦時であることを示す記事にあふれている。(34)

漢民族の人夫徴発にあたっては、保甲制のシステムがフルに利用された。だが、一般の民衆にとっては、総督府の利害のために自らの命を危険にさらすいわれは毛頭なかった。同じように戦時であったとしても、日清・日露戦争時の日本兵が、自らの係累を含む「日本国民」の利益の確保と増進を最低限の動機づけとしえたのに対して、台湾の場合は、そもそもそうした条件を欠いていたのである。地形を知悉した原住民の巧妙な作戦により敗北を重ねる中で、漢民族の隘勇や人夫が逃げ出すのを日本人警官がとめようとすると、「我に対して銃を擬する」というような事態も伝えられている。(35)羅福星もまた、先の檄文で「生蕃討伐人夫徴集の如何に不公平残酷極むるか」を訴え、富者が警官への贈賄によって人夫の出役を免れる一方、貧者は、「僅に四五十円にて自己の生命を売らさる可らす」という事態の不条理を告発している。(36)辛亥革命の影響、総督府の苛政による民心の乖離が人夫徴集の困難を生み出し、強引かつ不公平な徴発がさらなる民心の乖離をきたす、という循環が成立していたのである。

佐久間総督としては、明治天皇への負い目からも、この悪循環を断ち切り、戦争の成果を歴然として示さねばならなかった。そのためには、資金面でも、人夫徴発という点でも、郷紳層の積極的な協力が必要不可欠となっていた。若林正丈は、「北勢蕃討伐」に際しての林献堂や辜顕榮らの寄付金、保甲人夫後援会の組織などに言及しながら、本国同様の中学校の設立を認める程度のことで、彼らの協力を取り付けられるならば、佐久間総督にとっては「願ってもない取り引き」だったと評している。(37)たしかにその通りであり、もはや後藤や持地のような植民地主義の方針ではだめだという佐久間の発言にしても、このような事態の帰結として導かれたものといえる。

中学校設立の背景には、複雑な利害関係が内包されていた。それは、日本人と台湾人という二項対立の関係では理解できない。最低限でも、日本人、漢民族郷紳層、漢民族一般民衆、原住民という重層的な差別の構造に即して理解すべきである。朝鮮に比して台湾では「協力メカニズム」が比較的有効に機能していたということは、それだけ台湾統治が穏健で、民主的だったことを意味するわけではない。「協力メカニズム」のしわ寄せは、漢民族一般民衆や、原住民へと転嫁されていた。羅福星の言動は、歴史の表面には現れにくい、そうした階層の怒りの一つの露頭を示したものである。もう一つの例を挙げよう。一九二〇年代に広東台湾革命青年団を設立する張深切も、少年時代の思い出として、養父が台湾同化会に参加したことに対して、日本軍に兄を殺された経験を持つ養母は「忘祖の行為」と非難していたことを伝えている。[38] 日本人を「臭狗」「四脚仔」と呼ぶこの養母の素朴な反感もまた、瀰漫していたものとみなすべきだろう。

張深切は、一〇年代末に公学校における台湾語使用の禁止に抗議して退学、養父の知己だった林献堂による仲介を経て「内地」に留学、中学校で東洋史を学んで、中国史の壮大に感動し「まだ会ったことのない父母に会った時のように、血が沸き立ち、漠然たる民族意識が鮮明な民族思想に変わった」と述べている。[39] 若干時期は前後するが、駒込の案じたように、「内地」や対岸への留学が「非国民的感情」の醸成に帰結する事態が生まれていたのである。総督府にとっては、そうした民族意識が「中国人」あるいは「台湾人」という理念を核として結集するのに先だって、「協力メカニズム」を再構築しなければならなかった。中学校設立は、そのための手段の一つであったのである。

三　本国政府の植民地主義

総督府による中学校の設立認可は、ただちに内地延長主義への方針転換を意味したわけではない。事実、台湾同化会が結成された際に、当初はこれを奨励する素振りを見せた総督府も、同化の内容に、三一法の改廃など権利の平等という意味が含まれることに神経をとがらせ、結局、翌年初頭には解散命令を出している。隈本も、台湾教育会での演説で台湾同化会の企図に言及し、たしかに「陛下の赤子」である点で区別はないにしても、同化の過程には「血族の相婚といふことも、又徴兵其の他種々の義務」を負担することもあり、同化の意味を勘違いしてはならない、と説諭している(40)。その隈本が、台湾公立中学校官制案、さらに、台湾教育令案について本国政府と折衝する過程では、同化という目的論を高唱する、という皮肉な役回りを引き受けることになる。たとえ一定の状況の中で駆け引きの手段として主張されたものであるにしても、いかなる論理がそこで構築されたのか、ということは検討に値しよう。

一九一四年一月以降、台湾公立中学校官制案を審議する舞台は本国に移り、台湾総督府は、当時の管轄官庁たる内務省および法制局との折衝を開始することになった。中学校の校長に奏任官待遇の日本人教員を配置するためには、台湾かぎりの律令ではなく、勅令として官制を公布することが必要だったからである。それ自体は公学校令公布の際などにも必要な手続きであったが、この時は中学校官制案に法制局が強く反対することにより、かつてない紛糾を見せることになった。第一次朝鮮教育令制定に際しては、寺内正毅と同じ山県閥に属する桂太郎が首相だったこともあって、枢密院への諮詢がなされなかったことをはじめ、本国政府で実質的な審議がなされた形跡は見られない。「天皇ニ直隷」する朝鮮総督への監督権はほとんど有名無実であり、台湾総督への監督権よりも弱いという事情もあった。かくして、中学校官制案をめぐる台湾総督府と本国政府との折衝は、帝国全体を視野に入れた教育方針の策定が、本国ではじめて本格的に論議される場となったのである。

台湾総督府の中学校官制案に対する法制局の異議は、次の三点に要約できる。①公立中学校官制を公布する前提として、朝鮮教育令にならって、教育方針を公示すること。②同一帝国内に同名異質の学校を公認することはできないから「中学校」の名称を用いないこと(41)。③そのほか修業年限、入学資格、教育課程などに関しても朝鮮なみに引き下げること。前章で述べたように、朝鮮では四年制の普通学校から四年制の高等普通学校が接続することになっており、本国と同様、六年制の公学校から五年制の中学校が接続するとした台湾総督府の官制案とは、合計年数にして三年の開きがあった。いうまでもなく、それは教育内容の程度においても大きな格差が生じることを意味する。

内田民政長官の要請により、一九一四年五月末に上京した隈本は、民政長官名で法制局長官あての説明書(六月四日付け)を起草、①に関しては、併合前の韓国政府の学制を継承したために、教育方針の転換を明示する必要のあった朝鮮とは状況が異なることを説明。③の教育内容に関しては、事実上さまざまな斟酌を加え、「資力アル者ニ対シ普通教育中稍高キ程度ノ事項」にとどめるとした。困ったのは、学校名称、修業年限である。佐久間総督は、隈本が上京する以前も以後も、この件について一切妥協をしないという立場を貫いていた。郷紳層に言質を与えてしまった張本人として、総督の威信がかかっていたのである。修業年限五年の「中学校」という要求を法制局に認めさせるために、隈本の用意したのは次のようなロジックである。第一に、「一視同仁ノ旨趣」からして「統治上同化ノ可能ニシテ且コレカ必要」であることは明らかである、という建前的原則論。第二に、資力ある台湾人郷紳層が対岸や「内地」に子弟を留学させることで悪影響をこうむっているという現状判断。第三に、台湾では「人種文字及習俗上」のうえでさほどの差異はないにもかかわらず、「英国ノ印度人教育ノ成敗ヲ以テ我帝国ノ新領土教育ヲ律スル」のは不当である、という論理。[42]

三番目のイギリスのインド支配への言及は唐突なようだが、官制案の主査である原象一郎法制局参事官をはじめ、「法制局其他内地官民カ台湾朝鮮ヲ植民地ト見做シ、英国ノ印度埃及《エジプト》」統治をモデルとして教育方針を立案することへの反論としての意味をもっていた。[43]しかし、人種が同じという議論には民族が異なるという反論がありえ、文字が同じという議論には言語が異なるという反論——後述の台湾版教育勅語起草にあたっては台湾総督府自身がそうしたロジックを用いている——がありえたから、第一の点はもちろん、第三の点でも、法制局への説得力は薄かった。

右の意見書でリアルな現状認識にかかわる論点は、第二の点であった。しかし、これだけでは何とも迫力を欠いたためであろうか、鈴木三郎文書中の「㊙台湾公立中学校官制案公布ノ件ニ就テ」では、さらに立ち入った言及がされている。同資料は、「去秋陰謀事件ノ不祥事」があったとして、帝国議会でも話題になった羅福星事件にふれながら、これは「苦力ノ徒カ一二ノ無頼漢」が企図したものに過ぎない、と弁明する。他方、一般の台湾人は、「討蕃」事業のために保甲の人夫として「僅少ノ報酬ニ甘ンシ昼夜ノ労役」に服している、とこちらは過大に台湾人の協力を評価する。したがって、本国並みの中学校設立の要求を受け容れるべきであり、法制局の意見のような学校にしたら、台湾人は総督府の真意を疑い、たとえ「同化ヲ図リ一視同仁ヲ標榜シテ之ニ臨ムモ、其ノ効果無キニ至ラン」と窮状を説明する。また、「民心一端離反スルカ如キアラハ」兵力と警察力の増強による「失費多キ威圧政治」が必要になってしまうとも述べている(44)。

羅福星事件に象徴される民心「変調」と、保甲出役への不満が相乗することによる悪循環は巧みに覆い隠されている。それを公言することは、総督府の失政を自認することにもなるうえに、中等教育という「恩恵」を与えることを阻害する要因になると判断したためだろう。それにしても、「陰謀事件」や「討蕃」事業により、民心離反の瀬戸際に立たされている、との趣旨が言外に伝わる内容ではある。総督府としては、かなり踏み込んで自らのおかれた窮状を訴えた説明書といえよう。

隈本ら総督府官吏の苦心の説明も、法制局の受け容れるところとはならなかった。朝鮮を基準と考える本国政府にとっては、軍・警察力による威圧政治も当然であり、三・一運動のように衝撃的な形で植民地統治の矛盾が顕在化しないかぎりは、威圧政治の「失費」もさほど問題にするに足らない、とたかをくくっていたのだろう。一段高くそびえた本国の体制の外郭に、台湾、朝鮮が語義通りの「植民地」として肩をならべて従属するという、帝国全体の秩序構造の保全が優先されたと評することもできる。

総督府と法制局の折衝が膠着状態におちいるなかで、江木翼内務省書記官長が、「中学校」の名称と修業年限は五年のままとし、入学資格を公学校六年から四年に引き下げるという折衷案を提出する。しかし、この仲裁はかえって内務省と法制局のなわばり争い的問題を誘発してしまう。結局、本国での審議をはじめてからほぼ一年を経て、一九一五年二月にようやく公立台中中学校官制が公布された。前述の論点に即していえば、①総督府は官制公布後ただちに台湾教育令の制定にとりかかることを約束、②「中学校」という名称は総督府案のまま維持、③修業年限は四年、入学資格は公学校四年卒業程度とする、ということで決着が付けられた。そのプロセスで一四年一二月には法制局起案の閣議稟申案が可決、「普通教育ノ向上ヲ図ルカ如キハ、徒ニ土人社会ノ文明的意識ノ発達ヲ助長シ、遂ニ統治上有害ナル結果ヲ生スルノ虞アリ」という理由で、「朝鮮教育令ニ定ムル限度以上ニ普通教育ヲ施サルコト」が閣議決定された[45]。学校名称の件以外は、生徒募集も終えて開校を急いだ総督府が妥協したことになる。

これで問題が終わったわけではなかった。総督府では、一九一五年四月台湾教育令制定のための台湾教育調査会を設置して審議を開始し、同年九月内務省に原案を提出、だが、次田大三郎内務省拓殖課長が「原法制局参事官ノ意見ニ共鳴[46]」していたことから、事態はさらに深刻化することになった。

隈本によれば、次田の意見は「植民地土人ヲシテ経済上内地人ニ隷属スルノ地位」に立たせるためには「労働者トシテ其ノ行程ヲ進メ其ノ価値ヲ増ス」だけの教育をすれば十分であり、同化も「国語」としての日本語教育によってではなく、通婚の進展によって可能になるというものだった。血統団体としての民族という観念を優先させる、血族ナショナリズムの立場である。この議論は、だから通婚をすすめよという方向に進むのではない。むしろ、同化という建前を認めるにしても、その成否は通婚関係の形成という教育外の領域に依存しているのだから、教育の役割そのものに疑問を呈すという意味をもっていた。次田は、例証として、ドイツのポーランドにおける言語政策が、かえってポーランド人の民族意識を煽る結果となったことを失敗例として挙げている。

隈本の反論は、第一に教育の重要性、第二に教育を重視する以上、日本語による同化という発想を基調とすべきということに焦点づけられた。第一の点については、よらしむべし、知らしむべからずという方式は通用しなくなっているのであり、「我ニ於テ適当ナル教育ヲ与ヘテコソ安全弁トシテ統治上無害」であると述べる。第二の点については、他国の言語で教育されれば、「国語ニ依テ生ズル多少ノ自覚及其弊以上ニ非国民的感情ニ陥ル」であろうということを指摘したうえで、日本語教育だけで同化の効果をあげることは無理だとしても、「雑婚其他ノ諸施設」の進展と相まって、長期的には「我順良ナル民タラシメ、更ニ進ンテ忠良ノ民」にすることが可能であると述べている。(47)

日本語による同化という構想について、隈本は、現実主義者らしい慎重な表現をしている。日本語は、「国民的感情」に関しての多少の自覚、あるいは弊害を生み出すに過ぎない。その効果は、教育以外の諸条件により大きく左右される。「国民的感情」の共有としての「同化」という理念に対して、日本語教育という手段は必要十分なものではないのである。しかし、全体として、日本語で表現される文物の範囲に教育内容を限定する方が、弊害が少ないという判断を示している。隈本自身、自らの主張を「折衷主義」と評しているように、日本語による同化を文字通り必要でもあり可能でもあるとする議論(たとえば第Ⅰ章の橋本武の議論)と、教育による同化の不可能性を強調する議論(次田の意見や第Ⅱ章の「教化意見書」)とのあいだをゆく議論であった。「順良ナル民」と「忠良ノ民」の相違を質的差異ではなく、段階的差異としている部分にも、従来の認識をふまえながら、同化という理念をおりこむために苦心した跡が見られる。ただし、本来ならば、「国民的感情」を共有させる最有力の手段であるはずの権利・義務の同一化には言及せず、「雑婚其ノ他諸施設」という表現のうちに含意しているに過ぎない点も看過すべきではない。この点では、隈本と次田も、共通の土俵のうえにあったのである。

台湾統治の窮状から発して、「安全弁」としての教育の重要性を説く隈本の議論は、「一視同仁ノ趣旨」という建前的な原則論に比べれば、説得力をもつものになっていた。それは、一九世紀後半にイギリスで、労働者階級の教育運動に対抗しつつ、その教育要求を先取りするための安全弁として国民教育が組織された際のロジック[48]と、相同的な論理を形成している。ただし、イギリスの場合は、大英帝国における支配層の一部を担うものとして労働者階級を体制内化することが必要でもあり可能でもあったわけだが、隈本の直面していたのは植民地統治の問題であるから、体制内化の必要性も当然低く見積もられることになる。事実としても、台湾教育令案の制定過程は、二転三転した。

一九一八年七月に閣議に請議された台湾教育令案では、公学校の修業年限を六年制から四年制に引き下げ、台中中学校は廃校、中等学校としては実業学校のみを存続させることになっていた[49]。次田の主張していたような植民地主義の方針が露骨に反映されたものであり、台湾総督府としては、郷紳層の離反を招いてもおかしくない、シビアな内容といえよう。しかし、枢密院審査委員会で事態は一挙に逆転、修業年限六年制の公学校は存置し、中学校については名称を高等普通学校と改めたうえで、公学校六年からの接続に改めるという修正案が可決された。名称こそ朝鮮同様に変えられたものの、教育レベルの実質的な引き上げが行われたのである。金子枢密顧問官は、枢密院本会議の席上、隈本の議論を踏襲してその理由を次のように説明している[50]。

現今ノ公立中学校ハ地方島民ヨリ金三十万円ノ寄付ヲ受ケテ特ニ設置シタル事情アリ。一朝之ヲ廃止スルハ決シテ穏当ノ処置ニ非ス。……又追々内地ニ遊学スル者アルヲ制止スルコト能ハス。内地留学者ハ概ネ私立中学校ニ入リ、成績良好ナラサルノ事実アリ。寧ロ島内ニ於テ父兄ノ膝下ニ在リテ官憲ノ監督ノ下ニ適当ナル教育ヲ施シ、能ク向学ノ精神ヲ善導シテ善良ナル人民ヲ造出スルニ如カサルナリ。

逆転を可能にした要因は、おそらく首相の交代にある。同年九月、米騒動の責任をとって寺内正毅内閣が総辞職、原敬内閣が成立した。枢密院本会議で原が「本案ニ対スル委員会ノ修正ニ就テハ内閣ニ於テ全然同意ナリ[51]」と述べていることや、第一回の枢密院審査委員会が七月に開催されて以降、しばらく開店休業状態になり、原内閣成立以後の一一月にようやく第二回が開かれていることも、こうした推定を支持するものである。

もちろん、すべてを原個人の意思に帰せるわけではない。『原敬日記』一二月三日の条には、金子堅太郎枢密顧問官が「枢密院委員会ハ一致シテ年限短縮即チ土人ニ可成教育ヲナサザル事ニ反対」であると伝えたと記されている。(52) 隈本が台湾教育令案の根回しのために、一九一六年四月に枢密顧問官の訪問を繰り返した際にも、金子顧問官は好意的な応対をし、浜尾新顧問官なども「内地人ノ教育ト台湾人ノ教育ト甚シキ区別ヲ為スハ考ヘ物」であるという意見を披瀝している。(53) 徐々にではあるが、植民地主義に基づいた教育方針を修正しなければならないという認識が、総督府から本国政府に還流しはじめていたと考えてよいだろう。原の登場が、それを「国策」として展開する条件を形成したのである。

一九一九年一月に公布された第一次台湾教育令は、六年制の公学校と四年制の高等普通学校からなる普通教育の体系を形成した。さらに、同年一〇月、総督府は共学に関する内訓を発し、さまざまな制限は付したものの、台湾人の小学校への転入学、在台日本人の公学校への転入学を公式に認めた。こうした共学認可の措置により、一三年二月に提出された「宿題」の決着がようやくつけられ、第二次台湾教育令への移行を可能にする体制が、制度的にも思想的にも準備されることになったのである。

朝鮮でも、やはり一九年から共学を事実上認可しはじめ、二〇年には、台湾と歩調をそろえるために、普通学校の修業年限は六年制を本体とする改正がなされた。第一次台湾教育令の制定にあたっては朝鮮教育令がモデルとされたが、今度は朝鮮の教育制度が台湾を基準として変更されたのである。なお、二二年の第二次朝鮮教育令では、第二次台湾教育令とは異なり、中等学校でも原則的に別学とした。朝鮮総督府が内閣に提出した「朝鮮教育令改正要領」では、共学不可の理由として、「内鮮人ノ頭ハ今ノ処大ニ異ナルヲ以テ混合教育ハ出来ザルコト」「内地人ハ勿論朝鮮人モ決シテ共学ヲ希望セズ」「内地人ノ学力ヲ低下セシメ内地人ノ反抗ヲ起コスヘキコト」といったことをあげている。(54)

一九二〇年代はじめの時点において、「協力メカニズム」が未形成だったことが、こうした違いに対応していると考えられる。

本節のまとめにかえて、第二次台湾教育令がどのような機能を果たしたのか、ということに関する見通しを述べておく必要があろう。

隈本が、日本語による同化の重要性を説くにいたったのは既述の通りだが、すでに公学校の教育課程は一九〇四年段階で日本語中心のものに改められていたから、この点でドラスティックな変化があったわけではない。変化があったとすれば、一九一〇年代後半からはじまっていた公学校増設の傾向が二〇年代前半まで続き、一五年の時点で二八四校だったのが、二五年には七二八校(分教場を含む)と三倍近くに増えたことである。また、都市部では次第に中学校進学熱が高まりはじめ、階層上昇の手段としての日本語という観念が浸透し、公学校教育の内容にも影響を与えることになった。近藤純子は、第二次台湾教育令以降、師範附属公学校を拠点として児童を優等生と劣等生とに分けて日本語を教授する能力別編成が試みられたこと、このような風潮が、「大多数の台湾人児童に理由のない劣等感を植え付け、更には台湾人同士の間にも、日本語能力による選別をもたらした」ことを指摘している[55]。序列化＝選別の尺度として日本語能力の重要性が明確になったのである。

ただし、序列化の尺度を受け容れつつ競争に参加した台湾人は、主に郷紳層の子弟と都市部の住民にかぎられており、農村部の民衆にとっては、およそ縁の遠い世界のことだっただろう。彼らに対しては、一九三〇年代にいかなる上級の教育機関にも接続しない、国語講習所という簡易な教育施設が用意されることになる。また、一九二九年の時点で、ある公学校の教師が「田舎の公学校は勿論市街地の公学校でも、公然と台湾語を使用してゐる現状」「漢文教授に台湾語を使用すること」を批判している。そのことは、逆にこの時期まで公学校から台湾語を排除し切れなかったことを示している。[56] 第二次台湾教育令制定にともなって随意科目とされた漢文科については、一九三〇年の時点では三九八校の公学校で教えていたが、三一年には九〇校と激減、三七年には名実ともに廃止された。[57] 三〇年代に入って日本語の時間のみならず、学校生活全般から台湾語を排除しようとする傾向が顕著になってきたことがわかる。国家統合の次元における、ごく限られた領域での譲歩と一定の平等化は、文化統合の次元における同一化への巨大な圧力を代償としてなされたのである。そうした政策の構造の原型が、一九一〇年代の後半に本国政府との折衝の過程で隈本の執筆した意見書類で明確にされているということができる。

3　台湾版教育勅語発布構想

さて、ここで再び辛亥革命期にさかのぼり、教化理念、教育内容の構築の過程について論ずることにしよう。

日本語教育の効用に関する隈本の議論は、リアルな判断に基づいているだけに、たぶんに曖昧さを残している。議論の前提は、日本語で表現される内容と、中国語あるいは英語で表現される内容は異なる、ということであった。だが、翻訳という技術が存在し、「日本語ヲ以テ、非帝国主義社会主義ノ精神ヲ吹込ムコトヲ得ヘシ」(高岡武明)という可能性を否定できない以上、日本語で表現される内容として、教育内容を規定するだけではいかにも不十分だった。台湾議会設置運動を主導した郷紳層も、主に「内地」への留学経験者から構成されていた。彼らは、当然のごとく日本語を操り、日本語で総督統治を批判していた。したがって、何が「日本的」「国民的」であり、何が「非日本的」「非国民的」であるかという判断の基準をまったく曖昧なままにとどめておくわけにもいかなかった。修身教科書にしても、隈本の着任以前は、『教育勅諭述義』や『台湾適用作法教授書』などが参考書として出版されるにとどまり、現場での混乱を招いていた。隈本は、新たにその編纂に着手せねばならなかったのだが、中核的な理念となるはずの教育勅語の効用について、日本語に対するよりも、さらに懐疑的だったように思われる。

隈本は、朝鮮教育令の制定にあたり、儒教主義の採用については進言しても、教育勅語の利用は説いていなかった。『台湾教育令制定由来』ではもっと率直に、教育勅語における「義勇奉公」や「祖先ノ遺風」という内容は、「三千年来ノ歴史ト国風トノ結晶タル我内地臣民ノ特色」ではあっても、台湾人や朝鮮人には適用しがたい憾みがあると述べ、「今上御即位」の際などに特別の御沙汰を賜われば、「島民ノ教化上遺憾ナキヲ得ヘケン」と考えて、「幾度カ総督及民政長官カ非常ノ大決心ヲ以テ御沙汰ノ御下賜ヲ仰カルヘキヤウ陳言セシコトアリキ」と証言している。[58] この「非常ノ大決心」の一端が、隈本文書に「台湾版教育勅語」の草案として残されている。当時の資料では「教育勅論」や「本島教育ニ関スル御沙汰書」という呼称を用い、教育勅語という言葉を慎重に避けていることが多い。しかし、関係資料の封書に「㊙新領土特殊ノ教育勅語関係」と記されていることからも、後述の内容からも、実質的には教育勅語に代わるものだったと考えて、「台湾版教育勅語」という名称を用いることにする。最終的には発布にいたらなかったにしても、教化理念の基準そのものを再構築しようとする試みは、同化という言説の根底に伏流する問題を解き明かす手がかりとなるだろう。

隈本文書中の教育勅語関係資料は、大きく、宣講会という伝統的な民衆教化の形式をかりて、教育勅語や戊申詔書の趣旨を浸透させようという建白に関する資料群と、台湾版教育勅語の構想に関係する資料群に分かれている。前者は一九一一年一二月から一二年一月にかけて論議、後者は同年八月に極秘のうちに計画、この間には同年七月の明治天皇の死去という重要な事件が介在する。したがって、一応段階を異にすることがらなのだが、前者が後者の伏線を形成したという仮説的な見通しに基づき、勅語宣講会の構想から論じていくことにしよう。

一　勅語宣講会構想の浮上

宣講とは、清代に地方官が中心となって行った民衆教化の方式であり、内容的には康熙帝の聖諭一六条など皇帝の詔勅の解釈が中心であった。辛亥革命により各省の独立宣言が相次いでいたさなかの一一年一二月、黄玉階や辜顕榮らが、教育勅語および戊申詔書を内容に加えて、宣講会を開催したいという建議を総督あてに行った。植民地当局が、現地民衆に教育勅語の奉読を強制する、という一般的イメージに反して、台湾人自らが教育勅語の趣旨の普及を願いでるとは一体どういうことなのか。そもそもそれは本当に台湾人の発意によるものなのか。この点について、上沼八郎は、亀山警察本署長や学務官僚による「誘導」の可能性を示唆している(59)。たしかに当局による一定の「誘導」はあったただろう。しかし、黄玉階らがまったく受動的にこうした構想に参与したのか。また、隈本はいかにこれに対応しようとしたのか。改めて検証してみる必要があろう。

隈本文書中には、次のような一綴りの宣講会関係資料が存在する。上から、①高田民政長官代理より内田民政長官あて内報案(一九一二年一月二五日)、②亀山警察本署長より内田民政長官あて内報案(同年一月二二日)、③石部定より佐久間総督あて建白(一九一一年一二月一〇日)、④黄玉階他一三名の人物覚書、⑤黄玉階他一三名より佐久間総督あて稟請(一九一一年一二月、漢文原文および日本語訳文)、⑥「宣講ノ起源沿革及実行状況」に関する説明書、である。執筆時期の遅いものが上に綴じられており、全体として、黄玉階らの稟請、総督府官吏石部定による仲介、隈本らを交えた論議という順序で事態が進行したと推定できる。

形式的には、①②④が台湾総督府罫紙に書かれているのに対して、③⑤⑥は欄外に「東京榛原製」と記された同一の罫紙を用い、黄玉階らによる署名の部分を別とすれば、筆跡もよく似ている。また、③の石部定の建白に宣講会の

「起源沿革実行状況等ノ一斑ハ別記ノ如シ」とあり、⑥がその内容となっている。したがって、③⑤⑥は同一人物の手になるものであり、筆者は石部と推定できる。それでは、⑤の稟請が石部の手による浄書を経たものと推定できる以上、もっぱら石部や亀山による「誘導」の結果と判断すべきなのだろうか。

③の石部の建白文の内容と⑤の稟請を比較してみよう。共通しているのは、文明の発達を謳ったうえで辛亥革命に言及し、この期をとらえて総督府の保護指導のもとに民衆教化にのりだす必要がある、という論理構造である。すなわち、黄玉階らの稟請では、総督府による「文明ノ恩沢」にもかかわらず「人民ノ性情依然トシテ守旧」であるとしたうえで、「清国今日革命ノ乱」の外で「超然トシテ生命財産ノ安全ヲ保ツヲ得ルハ是我帝国ノ恩賚」であるという現状認識を示している。[60] 守るべき財産をもたず、人夫として生命の危険にさらされた苦力にとってはとにかく、黄玉階らの郷紳層にとっては、この建言はまんざら誇張でもなかっただろう。ただし、民心が安定しているからこそ、宣講をすべきだという論理は不自然であり、実は民心「変調」への対応策として主張されていると考えるべきである。そうした不自然さを含めて、右の部分に関しては、細部の表現にいたるまで、石部の建白文と類似している。

両者のあいだで、表現の力点が微妙に異なるのは、宣講の目的と内容である。黄玉階らの稟請では、教育勅語、戊申詔書のほか「従来ノ宣講用書中其今日ノ時宜ニ適スルモノ」を選び、「徳ヲ植エ化ヲ施ス」ことは「聖明ノ治」に沿うものと述べている。これに対して、石部の建白文では、教育勅語と戊申詔書にしか言及せず、目的は「我国体ノ尊厳皇徳ノ無窮」を知らしめることにある、と表現している。[61] 国体云々という表現は一種の常套句であるにしても、それをあえて持ち出している点、他方、従来の宣講用書に言及していない点は、黄玉階らの意図とのズレを示している。ちなみに、⑥によれば、黄玉階は、一八八二年に普顕社という宣講のための組織を設立し、「領台後モ尚継続セシカ、警察取締上禁止」されていたとのこと。[62] 教育勅語や戊申詔書も内容に含めることで、総督府の同意と協力を取り付けながら、さしあたり従来の民衆教化方式を復興し、辛亥革命さなかの民心「変調」に対応しようとしたのではないか、と考えることができる。その際に、「孝悌を敦くし以て人倫を重んずべし」「宗族を篤くし以て雍睦を昭らかにすべし」というような聖諭一六条の伝統的倫理と並んで、「日進ノ大勢ニ伴ヒ文明ノ恵沢ヲ共ニセムトス」といった戊申詔書の文言が、利用価値のあるものと意識されたとしても不思議ではない。

このような点に着目すれば、黄玉階らがある程度自発的に稟請を行ったと理解できる。ただし、教育勅語に関してはいかなる意味で利用しようとしていたのか明らかではない。あるいは宣講会の構想に承認を取り付けるには、教育勅語を無視するわけにもいかない、という状況判断が働いていたのかもしれない。いずれにしても、石部のように「国体ノ尊厳」という目的を掲げていないことからも、その位置づけは副次的なものにとどまったと考えられる。

亀山の起草した②の内報案では、黄玉階らが勅語宣講会の趣旨を総督に直接願い出たところ、総督はこれを歓迎、「対岸事変ノ影響モ有之旁」補助金の下付についても内示したと述べ、今後、会の名称、方法を定めるとともに、学務部で保安課長、地方課長、秘書課長とも協議のうえ、「詔勅ヲ台湾人ニ理解シ易カラシムル様解釈ヲ一定」していく予定であると報告している。

興味深いのは、「一月二四日　高田民政長官代理意見」として次のような付箋が付けられていることである。[63]

総督閣下ハ、本件ノ目的遂行ニ適切必要ナル根本的教訓事項ヲ詔勅中ヨリ引用祖述スルコトトシ、之ニ就テソノ原案ヲ当府ニ於テ起草シ、東京ニ於ケル碩学大家宮内省ノ重立テル人々ニ内議ヲ遂ケタル上、決定サレタキ御見込ニ付キ、更ニ其旨長官閣下ニ内報旁、御意見下示ヲ乞フコトトシタシ。

佐久間総督としては、どうせなら大がかりにやろうということだったのかもしれないが、同時に、勅語の解釈は総督府の内部だけでは解決できない問題として存在したことがわかる。高田の起草した①の内報案は、総督の意向をふまえたうえで、改めて上京中の内田民政長官の意見を窺うものとなっている。ただし、宮内省をも巻き込む大がかりな構想への慎重論として隈本の意見を注記している。それは、末松謙澄の手になる『教育勅諭述義』が存在する以上、改めて統一的な解釈を作成する必要はない、というものであった。隈本は、『秘部務ニ関スル日誌』一月二六日条で、「本宣講件ニ就テハ小子箇人トシテハ、従来ノ楊文会及金公維新上会ノ例ガ烟ノ如ク消エシニ鑑ミ、大ニ慎重ノ考慮ヲ要スルコト」と記してもいる(64)。

隈本が、末松の衍義書で本当に十分と考えていたためにこのような意見を述べたのか、それとも碩学大家を交えての統一的な解釈の作成が困難な問題を惹起することを恐れていたのかということは、この資料だけからでは判断できない。しかし、先に引用した『台湾教育令制定由来』の内容と考えあわせれば、既存の教育勅語を前提として「台湾人ニ理解シ易カラシムル」公定的な解釈を作成することの無理を明確に意識していたと思われる。

一九一〇年代前半に、民衆教化のための風俗改良会や国語普及会などがさかんに設立されるが、勅語宣講会が総督府のバックアップのもとに実現された形跡はない。隈本の提起した慎重論が、ブレーキの役割を果たしたのだろう。しかし、郷紳層自らが勅語宣講会を申し出たのに対して、総督府がブレーキをかけるだけでは面目が立たず、郷紳層の側でも、民心「変調」への有効な方策を示せない総督府への苛立ちをつのらせたのではないか。一見、教化に熱心な風を装いながら、実はそれを放置するという対応の限界が明確になりつつあったのである。

明治天皇の死去という時期をとらえて同年八月に展開された台湾版教育勅語の構想は、こうした流れの中に位置づくものと思われる。既存の勅語を前提として台湾に適合的な解釈を作成するのが困難ならば、解釈のための方法、すなわち歴代詔勅の「引用祖述」という方法により、勅語の内容そのものを「台湾人ニ理解シ易カラシムル」ものへと改編してしまおうというわけである。宣講会の構想に対しては慎重論を唱えていた隈本が、今度はイニシアティブをとり、辛亥革命以後の民心「変調」への対応策を、台湾版教育勅語の発布という方向で模索していくことになる。

二　台湾版教育勅語草案の検討

台湾版教育勅語に関する資料は、佐久間台湾総督より西園寺公望首相あての内申案と、勅語草案そのものに大きく分かれる。

内申案には四種の草案がある。形式上は、①二〇行二四桁の編修原稿用紙に記され、執筆時期不明のもの、②罫紙に記され、執筆時期不明のもの、③台湾総督府罫紙に記され、「[秘]本島教育ニ関スル御沙汰書内申ノ件」（一九一二年八月一四日）という稟議書の付されたもの、④台湾総督府罫紙に記され、欄外に「八月一九日総督宛発送」と記されたものに分かれる(65)。学務部嘱託館森万平が「内申に関する鄙見」（一九一二年八月二〇日）において「別紙内申書前日隈本部長ヨリ一見ヲ命セラル(66)」と述べていることや、③の稟議書の回覧先が総督、民政長官、学務部長、学務課長、文書課長、秘書課長であることから、学務部長心得兼課長だった隈本のイニシアティブは明確である。ちなみに、隈本の『[秘]部務ニ関スル日誌』八月九日の条には「勅語ニ関シ総督ヨリノ内申案(67)」と記されているが、これ以降は勅語問題について沈黙している。これは、ことがらの機密性に対応する事実と考えられる。

さて、佐久間総督から西園寺首相にあてた内申案の内容を③によって見てみよう。まず台湾に特別の教育勅語が必要な所以を次のように説明している(68)。

> 教化漸ク普シト雖モ、種族素ヨリ同シカラス。言語亦全ク異ナレルヲ以テ、風ヲ移シ俗ヲ易フルハ、素ヨリ一朝一夕ノ能クスル所ニアラス。況ヤ其心性ヲ啓培シ、其情感ヲ融合シテ、渾然同化ノ実ヲ挙クルニ至リテハ前途尚ホ遼遠ナリト謂ハサルヘカラス。

第I章で取りあげた、台湾統治法案の「改正憲法発布ノ勅語」とほぼ同様の論理、すなわち、民族、文化の相違を根拠として、本国における統合の原理をそのまま植民地に延長することはできない、というロジックが用いられている。特に興味深いのは、内申に関する草案中、①では「血族素ヨリ同シカラス」と表現されていた部分が、②以降は「種族」と訂正されていることである。そのことは逆に、「種族」という言葉が、「血族」とほぼ置換可能な言葉であることを示している。同化という理念の内実を、言語や風俗の変化ではなく情感の融合に求めている点は、「教化意見書」において、伊勢神宮に詣でて何とはなしに涙する情感をメルクマールとして、朝鮮人同化の不可能を説いていたことを想起させる。典型的な血族ナショナリズムの論理といえよう。

③の内申案でもう一つ注目すべきことは、教育勅語とのかかわりについての、次のような表現である。

今上天皇陛下登極ノ初ニ当リ、幸ニ本島教育ニ関スル勅諭又ハ御沙汰書ヲ下賜セラルルヲ得ハ、島民益々聖旨ノ渥キニ感激シ、曩日ノ教育勅語ト相須テ光華映発、民心維レ新ニ教化ノ効愈ゝ著シキモノアラン。

天皇代替わりという特別な機会をとらえて、この構想が政策プランにのせられたことがわかる。また、「勅諭又ハ御沙汰書」という慎重な呼称や、「万世不磨ノ大訓」たる「教育勅語ト相須テ」という表現は、教育勅語の権威性をそこなわないための配慮を示している。しかし、そもそも台湾特別の勅語という構想自体が、勅語の普遍的適用性に疑念をさしはさむ結果となることは、蔽いがたい事実であった。内申案でも、右の引用部分のすぐ後に続けて、「一片ノ至情不敬ノ罪ヲ顧ミルニ遑アラス」と最大級の表現を用いて、「不敬」の罪を問われることへの弁明を用意している。怒られる前に謝ってしまおうというわけである。第I章、第II章で台湾や朝鮮特別の教育勅語が必要との議論が出されていたことを指摘したが、総督府がそれを政策プランとして取りあげるにはやはり「非常ノ大決心」を必要としたのであろう。そのような決心をもって、どのような勅語をつくりあげようとしていたのか。

限本文書中に勅語草案に関わる資料としては、次のようなものがある。①「教育勅旨草案ニ擬ス」(日本語文)、②「敬擬教育勅諭草按」(日本語文および漢文)、③「極秘　敬擬教育勅諭草按」(日本語文および漢文)、④「㊙帝国新領土ノ民衆ニ下賜セラル、場合ニ於ケル教育勅語内容事項私按」。①から③は草案そのもの、④は草案作成にあたってのガイドラインを示したものである(69)。すでにこれらの草案類の主要なものは、上沼八郎により復刻されている。しかし、いまだ十分に知られた資料ではないので、まず煩を厭わずに、③の全文を、日本語文のバージョンで提示しておくことにしよう(70)。

極秘　敬擬教育勅諭草按

朕茲ニ爾台澎諸島曁ヒ爾百執事ニ勅ス。特ニ昭ラカニ教育ノ旨意ヲ宣ス。

爾臣民惟レ忠惟レ孝、徳ヲ尚ヒ、道ヲ明ラカニシ、恭倹礼ヲ執リ、誠実業ヲ修メ、徳器ヲ成就シ、身家ヲ保持シ、終ヲ始ニ慎シミ、勤労倦マズ、殊ニ国語ヲ習ヒ、而シテ国法ニ遵ヒ、国体ヲ尊ビ、倘シ一朝事アラバ、惟ゝ当サニ忠義奮発、皇猷ヲ匡補シ、以テ邦家ニ利スベシ。此レ吾ガ皇祖皇宗教学ノ遺訓ニシテ、臣民ノ宣《宜》シク恪守シテ墜スコトナカルベキ所ノ者ナリ。

惟フニ吾ガ祖宗ハ天ニ継キ、極ヲ建テ、日域ニ光宅シ、万方ヲ協和シ、聖子神孫世世相承ケ、一統替ハルコトナク、宝祚加ゝ隆ナリ。文教覃ク敷キ、徳威遠ク播ク、而シテ域外ヨリ帰化スルモノ、皆ナ軌範ニ就キ、以テ礼儀ノ邦ヲ成ス。

朕恭シク天命ニ膺リ、丕ニ祖宗ノ基緒ヲ承ケ、実ニ賢良ノ輔佐ニ頼リ、神人ヲ粛協シ、夙夜懈ラズ、以テ大業ヲ恢弘スルコトヲ得タリ。惟フニ茲ニ台澎図ニ帰ス、固ニ同文同種ニ属ス。惟ゝ是レ言語風俗既ニ殊ナル。教育ノ政尤モ至重タリ。朕惟レ一視同仁内外ヲ別ツコトナク、時ニ因テ宜シキヲ制シ、以テ民心ヲ協ヘリ。爾台澎百執事上下心ヲ一ニシ、尚クハ祖宗ノ遺訓ニ率ヒ、而シテ朕ガ意ニ称ヘヨ。

各段落ごとの特徴として次のようなことを指摘できる。

第一段落では、まず天皇が直接台湾の住民に呼びかける姿勢を明確にしている。これは、④のガイドラインで「陛下ガ新附ノ民衆ニ告ゲ給フ御趣旨ヲ成ルベク冒頭ニ置キタキ」という趣旨をそのまま反映している。

徳目を列挙した第二段落は、三つの要素からなる。一つは教育勅語と共通の語句である。忠孝のほか「業ヲ修メ」「徳器ヲ成就シ」「国法ニ遵ヒ」などがこれにあたる。教育勅語のうち「智能ヲ啓発シ」「公益ヲ広メ世務ヲ開キ」「国憲ヲ重シ」などは削除されている。二つ目は戊申詔書をふまえたと思われる表現である。たとえば、「誠実業ヲ修メ……勤労倦マズ」という語句は、戊申詔書の「忠実業ニ服シ勤倹産ヲ治メ」を踏襲したものとみなすことができる。「皇猷ヲ恢弘」も戊申詔書の表現である。ただし、草案①では、この部分は「時難厄アルニ遇ハバ、則チ義勇奉公、労苦ヲ憚ルナク」と、教育勅語類似の表現となっている。三つ目は、「国語ヲ習ヒ」や「国体ヲ尊ヒ」など台湾独自の表現である。前者が独自な語句であるのは明らかだが、後者に関しても、教育勅語ではすべての道徳の淵源とされていた国体が、徳目の一つに格下げされているのは独自の用法というべきだろう。この徳目列挙の部分に関しては、④のガイドラインの趣旨とやや食い違いを見せている。④では、「徳目ハ差支ナキ限リ現在ノ教育勅語中ノ分ニ依ラセラルルコト」としているのに対して、必ずしも教育勅語に依存した表現は多くはないからである。(71) ④ではそもそも「帝国新領土ノ民衆ニ下賜セラルル場合ニ於ケル教育勅語」として、既存の勅語に代わるものという位置づけを明確にしていたのに対して、勅語と並び立つものであるとの弁明を可能にするような修正がなされたと考えられる。

第三、第四段落では、それぞれ冒頭で「天ニ継キ極ヲ建テ」「天命ニ膺リ」と述べていることが注目される。「天命」の受託という中国の伝統的な政治思想を利用して、天皇支配の正統性をアピールしているわけである。むろん、「一統替ハルコトナク」と万世一系に対応する表現も用いてはいる。しかし、それは、せいぜい「礼儀ノ邦」としてのユニークさを示すにとどまり、正統性の原理とはされていない。

第四段落では、「同文同種」「一視同仁」という言葉を用いて、天皇から見て本国の住民にも台湾の住民にも差別はないのだと同一化の論理を強調している。しかし、他方で、「言語風俗既ニ殊ナル」「時ニ因テ宜シキヲ制シ」というように、差異化を肯定する論理もしっかりと折り込んでいる。現実に政策を領導した理念が、前者ではなく、後者であったことは、内申案の内容からも明らかである。この点に関して、④は「一視同仁ト共ニ、風俗習慣民度ノ差異ニ応シ新領土ニ於ケル施設ニ緩急自ラ趣ヲ異ニスル」ことについて、誤解疑惑を生まない表現にすべきであると述べている。やはりガイドラインの指針がそのまま勅語草案に反映された部分といえよう。

右のような特質のうち、個々の徳目に関しては、「順良ナル臣民」像として提起されていたものの具体化とみなすことができ、「一視同仁」の建前と「民度」に基づく差異化の論理の矛盾・共存も、本書でこれまで論じてきた内容と比較して、さほど目新しいものではない。その中で特に注目すべきことは、「天」の観念の利用だろう。

実は、本来の教育勅語も、初期の草案では「忠孝の心は天を畏るるの心に出て」というように、「天」という言葉が頻繁に使われていた。「敬天愛人説」で有名な中村敬宇が起草したからである。しかし、完成稿は中村案を批判した井上毅案をもとに作られる。井上による批判の要点は、「此勅語には敬天尊神の語を避けざるべからず」ということであり、道徳の根源を「天」のような普遍的観念ではなく、国体に求めるべきということだった(72)。それは、天賦人権論にもつながる「天」の観念を、もっぱら天皇に収斂させることも意味していた。中村の「天」観念には、原始儒教の思想や、キリスト教の天父の観念が混在しており、漢民族のそれと単純に同一視しえない。しかし、中村草案を下敷きに教育勅語が作られていたならば、台湾における利用価値も異なり、台湾版教育勅語を起草する必要性も薄れていたとの憶測は許されるだろう。

清朝の解体により「天下」的な世界が、政治制度の次元でも、文化・思想の次元でも解体しつつあったさなかに、改めて「天」の利用を図ろうとしたのは、皮肉というほかはない。しかし、たとえ「国法」を犯したとしても「我事業は之れ天の命する所なり」という羅福星の用例にも見られるように、天命思想は既存の体制の自明性を問う自然法的な原理として再生しつつあった。また、漢民族にとって、「天」の観念は、政治思想上の原理であるにとどまらず、民間信仰の世界に溶け込んだものでもあり、根強い生命力を保ってもいた。人格的主宰者としての「天」の信仰は殷代に発し、名称や発生の時代を異にする神々を同一視しつつ、主に玉皇上帝という名称で敬天の念を表現していたのである。(73) 第I章で言及した高岡武明の所説は、敬天の観念の浸透度の深さについて、「彼等以為ラク、死生命アリ、富貴天ニ在リト。所謂天命説ハ彼等ノ一挙一動ヲ支配シ、座作進退凡テ神ニ謀リテ行動ス」と説明している。(74) 高岡は、このような認識に基づきながら、教育勅語について「本島ニ適用スル事ヲ得ルヤ否、風俗習慣ノ異ナルアリ」と疑問を呈する一方、講善会(宣講会)の形式による儒教の利用を説いていたわけだが、台湾版教育勅語の構想は、そうした「仮他主義」の方策の具体化とみなすことができる。

藤田省三が指摘しているように、教育勅語は郷党社会からの圧力のもとで、村落共同体の「道徳的元素」を掬いとりつつ、政治的・宗派的係争を超脱するような「簡約化」を果たしたものであった。(75) だが、単に従来の「元素」を集約したというだけではなく、中村草案の訂正に見られるように、台湾や日本を共通に包摂していた「宇宙」の原理を排除する方向での選択を自覚的に行ったものでもあった。それは「日本」という疑似共同体の内部では理念としての力を発揮したが、同時に異民族教化の理念としての弱さを生み出すことにもなったのである。台湾版教育勅語草案における「天」の観念の利用は、本来の教育勅語におけるこうした問題の所在を示している。

はじめにも述べたように、結局、台湾版教育勅語発布の構想は頓挫し、第一次台湾教育令第二条では、朝鮮同様、「教育勅語ノ旨趣ニ基キ」という条文が取り入れられた。一九一六年四月、金子枢密顧問官は、教育令制定の根回しのために訪れた隈本に対して、第二条の規定についての疑義を表明し、「勅語ハ大体的ノモノトシ、特ニ其地方ノ実情ニ応スル工夫」が必要ではないかと述べた(76)。『台湾教育令制定由来』で、隈本は、たしかにその通りであり、だからこそ自分も台湾版教育勅語の起草に携わったのだと所懐を述べながら、すでに乃木総督の時代に勅語謄本の下付という既成事実があり、朝鮮についても同様であること、また、勅語に「中外ニ施シテ悖ラス」という文言があることを考えると、金子の意見に完全に賛成するわけにはいかない、と記している(77)。隈本文書中「教育令修正案ニ対スル意見」という執筆年月不明の資料でも、第二条の削除という修正案に対して、勅語奉読の既成事実の存在を指摘したうえで、もしこれを削除すれば「教育者ノ信念ハ根底的動揺ヲ来タシ、且社会見解上一種不安ナル亀裂ヲ生シ、本島民心ヲモ動揺セシムルノ虞ア」ると反論している(78)。教育勅語は日本人向け小学校にのみ適用されると規定してしまえば、「一視同仁」が文字通りの建前に過ぎず、民族のあいだの「亀裂」を意味づけ、拡大する原理としての天皇制の本質が露見してしまうというわけである。

教育勅語は、台湾人に対する教化理念として有効だからこそ、教育令に掲げられたわけではない。第一に、解釈次第によって有効に活用できると考えた伊沢修二による勅語導入の既成事実、第二に、「中外ニ施シテ悖ラ」ぬはずの勅語の権威性への配慮、第三に、事実として存在する「不安ナル亀裂」の顕在化を防ぎ――今日的観点から見れば倒錯した事態だが――「平等」にする必要、という観点から第二条の規定は踏襲されたのである。台湾版教育勅語の発布を妨げたのも、同様の原理であったと考えられる。勅語がこのように矛盾に満ちた存在である以上、総督府としては、何らかの形で台湾支配に有効な代替物を模索していかねばならなかった。その間隙を補塡する役割をあてがわれたのが呉鳳伝説である。

4　呉鳳伝説の改編過程

台湾版教育勅語の構想が、広い意味では、辛亥革命に影響を受けた民心「変調」への対応策としての意味をもつのに対して、「理蕃五カ年事業」に密接に関わって利用されたのが呉鳳伝説である。それはまた、台湾版教育勅語における「天」の観念のように、漢民族の思想、世界観を巧みに換骨奪胎しつつ、台湾支配に適合的な教化理念を構築しようとするものでもあった。しかも、台湾版教育勅語構想が実現にいたらなかったのに対して、呉鳳伝説は、民衆教化の場面で用いられたのはもちろん、総督府の編纂した修身・国語・漢文の教科書にのせられ、漢民族の民族性に連なる要素の一切が抑圧された皇民化政策期の教科書にも登場し続けることになる。天皇制の象徴的な価値秩序からすれば周縁的な位置づけしかありえないはずの、漢民族の伝説がこのような生命力を保ち続けたのはなぜなのか。実はそうした周縁的領域でこそ、漢民族、そして原住民と、総督府との文化的なヘゲモニーをめぐるせめぎ合いがリアルに展開されていたのではないか。以下、このような仮説的な見通しに基づきながら、呉鳳伝説の改編過程を分析することにしたい。

呉鳳伝説とは何か。総督府により改編されたのちの内容の大要を、一九一四年に刊行された『公学校用国民読本』巻一一第二四課「呉鳳」の記述によりながら追っておこう(79)。

「昔阿里山蕃の通事に呉鳳といふ人がありました」。呉鳳は、「人を殺すことを何とも思はないで、お祭りの時に人の首を供へる」阿里山蕃の悪習をやめさせようとして、すでにとった四〇人あまりの首を毎年一つずつ使えと言いました。四〇年あまりがたって、それも足りなくなると、さらに四年辛抱させたのち、「是非ほしいなら明日昼頃来い。

赤い帽子を被って赤い着物を着た人が、此のあたりを通るから、其の人の首を取れ。其の代りすぐ罰があたって、お前たちは皆死んでしまふぞ」と言いました。翌日、阿里山蕃が赤い帽子の人を殺してみると、呉鳳でした。嘆き悲しみ、また、「どんな罰があたるかもしれない」と恐れた阿里山蕃は、呉鳳を祭り、その後、人を殺さないことを誓いました。

修身の教科書では、右の話を簡略化したうえで、最後に「身をころして仁をなす」という『論語』の章句を格言として挙げている。この伝説は、台湾総督府の教科書のみならず、文部省の国定国語読本(第二期修正版、第三期、第四期)、『台湾名勝旧跡誌』(一九一六年)や『神話台湾生蕃人物語』(一九二〇年)のような一般書、『東洋歴史大辞典』(一九三七年)、『国史辞典』(一九四三年)のような辞典類、さらに戦後国民党政府の作成した教科書にまで所載された。内容は、「阿里山蕃」と呼ばれたツオウ族の首狩りをやめさせるために、四〇余年にわたり待たせたうえで、自らの命を犠牲にしたという展開、赤い帽子と赤い着物云々という劇的な仕組みまで同工異曲である。いずれも、中田直久『殺身成仁通事呉鳳』(以下『通事呉鳳』と略す)という共通の出典によったものだからである。呉鳳伝説のイデオロギー性は、この本が刊行された政治的脈略、また、その内容と従来の諸伝説との異同を検討することで明らかになるであろう。

一　呉鳳顕彰事業の展開

『通事呉鳳』が出版されたのは、原住民征服戦争のさなかの一九一二年。本書の冒頭には「殺身成仁」という佐久間総督の揮毫、大津蕃務本署長、亀山警察本署長、津田毅一嘉義庁長の序が寄せられている。著者である中田直久は嘉義庁警視課長であった。これらの事実が象徴しているように、本書は、総督府肝いりの呉鳳顕彰事業の一環として編纂されたものなのである。

顕彰事業の発端は、一九〇四年、当時の民政長官後藤新平が嘉義巡視に際して、「阿里山蕃通事呉鳳の廟に属僚を特派して詣賽せしめ、且弔呉元輝の一詩」を賦して、石碑の建立を意図したことに始まる。[80]この動きは後藤の異動で一旦は立ち消えとなるが、津田毅一が嘉義庁長に就任すると「後藤氏ノ志ヲ為スハ政教ヲ likeli裨補スル所以」[81]と考え、大地震で倒壊していた呉鳳廟の再建を企図、総督府の援助もえて寄付金四〇〇〇円を募集した。一二年には廟宇を再建、佐久間総督による「殺身成仁」の献額、記念碑建立のための後藤新平の撰文をうけ、『通事呉鳳』を出版した。翌一三年三月には呉鳳廟遷座式を挙行、『台湾日日新報』は、「台北より総督は駕を枉げて臨場するとのことで、高田長官代理、石井法院長、大津、亀山の両総長、萩野司令官も亦参列する筈にて、嘉義としても各大官の雲集するは稀有のこと」と報じている。[82]この時、大津麟平蕃務総長の述べた祭文は、「蕃人」の首狩りをやめさせ、「腥膻ノ蕃境ヲ一変シテ、無尽ノ豊源」[83]たらしめた呉鳳の事跡を称揚したうえで、次のように総督府の「理蕃事業」の模範としての意味づけを与えている。

本島理蕃ノ業タルヤ、経過既ニ久シト雖、未タ子ノ若ク効績ノ赫著タルハアラス。嗟乎、子逝テヨリ茲ニ一百五十余載、春雨秋風変遷窮リナシト雖、其不誠ヲ感シ、不仁ヲ化スルノ道ハ之ヲ他ニ求ムルモ復得ヘカラス。……廟宇馥郁タル香火以テ英霊ヲ無彊ニ安ンスヘシ。魂乎知ルアラハ、其レ髣髴トシテ白雲ニ乗シ来格セヨ。

この祭文は、呉鳳の「英霊」に語りかける形式をとっているが、その標的が現存する漢民族であったことはいうまでもない。そのことは、『通事呉鳳』において、日本文と同一の内容を漢文でも記していること、さらに、巻末には呉鳳を讃える漢詩九五首を載せ、うち八五首は漢民族の手になるものであることにも現れている。漢詩作者中に林献堂や辜顕栄の名前はないが、中学校設立の際に嘉義庁代表の委員となった徐杰夫、五大民族系資本に数えられる顔雲年などの名前が見られる。また、総督府蕃務本署は、一九一一年に『治蕃紀功』を刊行し、日本人巡査や漢民族の隘勇の「兇蕃討伐ニ於ケル忠勇諸士ノ美譚」を数々収録したうえで、巻末に附録として「呉鳳ノ事跡」を載せている。(84)本書の場合は日本語で記されているので、漢民族の隘勇や人夫が読んだとは考えられないが、上官の日本人を通じて、その精神が鼓吹されたことであろう。

呉鳳廟遷座式というセレモニーは、このような一連のプロセスのなかで、「不仁ヲ化」し「無尽ノ豊源」を切り開くといった大義名分により、原住民征服戦争への動機づけを漢民族に与えるための一大デモンストレーションだったのである。もとより、その程度のことで「四五十円にて自己の生命を売らさる可らす」という不平を解決できるはずもなく、郷紳層に対しては、中学校の設立という、より実質的な譲歩を迫られることにもなる。しかし、呉鳳伝説の場合は、こうした政治的脈絡に適合的なものに改編された内容が、あたかも事実であるかのように、一人歩きして流布しはじめるという独自の問題が存在した。

呉鳳顕彰事業は、本章で分析した他のことがらと同様、総督府官吏の明確なイニシアティブのもとに行われたものである。ただし、内容の改編には、『通事呉鳳』を編纂した嘉義庁のほか、教科書を編纂した総督府学務部など複数の主体が関与しているうえに、改編過程自体を明らかにしうる内部資料は存在しない。したがって、本節では、結果として現れた伝説の内容から、そこに働いた政治的力学を読み解くという方法を採ることになる。

二　呉鳳伝説の原像

本節のはじめにあげた教科書の記述は、諸呉鳳伝説から『通事呉鳳』へ、『通事呉鳳』から教科書教材へ、という二重の改編過程の結果として作られたものである。清代の記録で呉鳳の名が見られるものとしては、劉家謀の『海音詩』(一八五五年)と倪贊元の『雲林県采訪冊』(一八九四年、以下『雲本』と略す)があるが、いずれも曖昧な部分が多く、呉鳳の没年すら確定できない。そもそも呉鳳伝説を「伝記」としてとりあげることの問題性についてはすでに別稿で明らかにしたので、ここでは繰り返さない(85)。以下、まず呉鳳伝説の原像の解明を試みることにしよう。

『通事呉鳳』には、六つの「異伝」が載せられている。もとより伝説が多様なヴァリアントからなる口頭伝承として存在する以上、『通事呉鳳』における「正伝」——総督府により「正しい」とされたという意味で仮にこう呼ぶことにする——の選定は、恣意的なものたらざるをえない。当時の状況としては、こうした恣意性を自覚せざるをえなかったからこそ「異伝」を載せているのだともいえよう。「正伝」とは異なり、これらの「異伝」では伝承者を明記している。漢民族としているのが四つ、「ラ、チー社の土目老蕃」のように原住民としているものが二つである。当然この両者は異なる性格を持つと考えられる。そこで、まず『海音詩』や『雲本』を含めて、漢民族系伝説について呉鳳伝説の原像への遡及を試み、「正伝」の性格を検討したい。

呉鳳が原住民による漢民族殺害を延期させ、それが呉鳳殺害への伏線になる、という展開はすべての伝説に見ることができる。だが、「正伝」のように四十余年、さらになお四年待たせたという記述は見られない。延期の年数は「十数年」だったり「幾年」だったりする。呉鳳の死はどのように描かれているだろうか。『雲本』では呉鳳が「朱衣紅巾」を着して原住民の説得に乗り出したことに対して、「番聴かず、鳳を殺し以て去る」と、はなはだそっけない。「異伝」の中には、呉鳳が「吾死して癘鬼となり、蕃を殺さん」と誓ったうえで「壮丁、百数十人を募り、四隊に部署」して「大に呼て闘ひ死す」と述べているものさえある(86)。後述する原住民系の伝説には、まちがって殺してしまったという伝承が見られるが、この場合は、呉鳳は自分の覚悟と関わりなく殺されている。いずれにしても、死を決した呉鳳を原住民がそれと知らず殺すという劇的な自己犠牲の構造は存在しない。『治蕃紀功』が「呉鳳ハ已ムコトヲ得ズ、慨然トシテ自殺ス、蕃人ハ之ヲ馘リ去ル(87)」と述べ、『雲本』の淡白な記述と、「正伝」のドラマティックな構造の過渡的な形態を示していることを考えれば、「正伝」の内容は『雲本』の「朱衣紅巾」という言葉にヒントをえた創作としてよいだろう。

以上の問題に関連して重要なのは、ほとんどすべての漢民族系伝説に、紙人を通じた復讐の構造が見られることである。『雲本』によってこの点を具体的に見ると次のようになる。原住民との交渉の決裂を予想した呉鳳は、あらかじめ家族に「紙人の刀を持し、馬を躍らし、手に番首を提ぐる己の如き状」を作らせ、「我死するとも哭すなかれ、速に製するところの紙人を焚き、更に呉鳳は山に入りぬと喝せよ」と述べる。翌日、呉鳳が殺され、家族がいわれたとおりにすると、「社番は鳳の馬に乗じ、刀を持し、其山に入りぬるを見るごとに、見れば則ち病あり、多く死する者あり」。これを恐れた原住民が漢民族を殺さないと誓い、漢民族が呉鳳を祀るという結末にいたる。このように漢民族系伝説では、紙人を通じて呉鳳の霊が原住民に祟りをもたらすモチーフが重要な位置を占めている。この点では「正伝」も、『雲本』の記述を踏襲している。ただし、教科書として教材化される段階では、「罰があたる」とごく簡略化され、もっぱら自己犠牲の美談としての性格が強調されることになる。

次に、原住民系伝説の検討にうつろう。この範疇に入るものとしては、『通事呉鳳』における二つの「異伝」のほかに、猪口鳳庵「阿里山蕃地見聞録」(一九一三年)に採録された伝説がある。『通事呉鳳』刊行翌年の記事だが、採録者が「呉鳳伝記の載する所と其趣を異にすと雖、此異聞あるが為に、毫も呉鳳の徳を傷けざるなり」と弁明するほど内容的に異なっている点で注目に値する。原住民系伝説には、首狩りへの要求を拒絶されたために呉鳳を殺したという構造は見られない。それでは、なぜ殺したのか。この点に関して「異伝」では、「愚狂の者」が殺したと説明している。一方、猪口がツオウ族の「達邦《タバン》、知母臘《テボロ》等の頭目」から採録した伝説は次のように語る。[88]

呉の公廨《こうかい》を社口庄に設くるや、我等祖先の為に謀りて頗る忠なるものありしを以て、社衆は斉《ひと》しく之に信頼したりしも、其役する所の支那人中には無頼悪少の混ずる有て、常に蕃社を侵して鶏豚を勒索《ろくさく》し、婦女を姦淫し……、凶暴横肆《おうし》殆ど底止する所を知らず。是を以て闔族《こうぞく》の憤恨、深く骨髄に入り、終に怨を報ゆるの議を決し、社口庄の公廨を襲ひ、一人を殺害して其元《くび》を刎《はね》て帰りたる後、初めて呉鳳なることを覚りたるなり。

この伝承者は、自分の祖先には呉鳳を殺す意図がなかったことを強調している。これは、彼が原住民代表として呉鳳廟遷座式に出席しているために、「呉鳳の徳を傷けざる」べきという配慮の必要を感じたためだろう。それにしても、漢民族系と原住民系では、伝説の構造が異なっていることをうかがう手がかりとはなる。

呉鳳死後の結末部分に関しては、石を埋めて人を殺さないと誓ったという話や、「白馬に騎せる呉鳳、大なる石を持来り、指示して云ふ、此の石の腐朽するまで、必ず人を害ふ勿れ」と誓わされた話があるが、総じていえば、呉鳳を殺害したのち、疫病が流行したために、これを呉鳳の祟りと恐れて、石の前で（あるいは石を埋めて）漢民族を殺さないと誓ったというのが原住民系伝説の共通点である。

伝説と史実との関係について、柳田国男は、固有名詞や年月日を明確にさせて伝説を合理化するのは、史学にかぶれた「外部の人であり、実は又伝説の少なくとも一部を、否認しようとする人であつた」と述べている[89]。伝説のこうした性格を考えれば、台北帝国大学言語学研究室が、一九三二年にツオウ族の「タバン社、jaspenoats-atsuhijana（男、当時四四歳）」から採録した次のような伝説こそが、呉鳳という固有名詞がないにもかかわらず、あるいはむしろそれゆえにこそ、原住民にとっての呉鳳伝説の原像に近いかもしれない[90]。

本島人は鉄砲を有つてゐた。平地で戦ふならば、鉄砲を有つてゐる者にはどうしても勝てない。平地にゐたツオ族は山へ帰つて来た。ツオ族は怒つてゐた。彼等は本島人を見ると、全部殺した。ツオ族の言ふやうには、この土地の邪魔になる者だと。其の後で天然痘（が流行して）死んだ者が沢山あつた。馬のやうなものが蕃社を駆け回つた。其時から人間を殺さなくなつた。其時本島人が言ふやうには、人間を殺してはならぬ。丸い石を与へよう。若しその石が摩滅したならば、再び人間を殺しても構はないと。

いうまでもなく、「外部の人」が一定の政治目的のために改編した「正伝」には、こうした原住民の立場に立ったものの見方は反映されていない。それにもかかわらず、教材化された段階で、あたかも原住民のあいだに語り伝えられてきた物語であるかのような外観を呈していることに留意すべきである。同様の詐術は、挿画についてもほどこされている。台湾総督府の教科書も、文部省の国定教科書も、最後に原住民が呉鳳を神に祀ったと述べ、呉鳳廟の挿画あるいは写真をその証拠という趣で掲載している。しかし、廟は漢民族の宗教文化に属するものであり、原住民がつくることはありえない。意図的な混同なのか無意図的なのかはわからないが、原住民が呉鳳に服属させられたのではなく、自己犠牲の精神により感化されたのである、ということを印象づけるのに適合的な潤色ということができる。

三　改編過程における政治的力学

右のように、『通事呉鳳』における「正伝」、さらに、教科書に示された呉鳳伝説は、美談化の原理により大きく歪曲されたものであった。歪曲の過程で換骨奪胎され、隠蔽されたものは何なのか。総督府は、原住民、漢民族の社会・文化を、どのようなものと認識し、どこに利用価値を見出し、どこを否定すべきと考えていたのか。呉鳳伝説そのものは一つの物語に過ぎないとしても、それを窓口として、総督府の教育文化政策に働いていた政治的力学を探求していくことが可能でもあり、必要でもある。ここでは、文化人類学の知見などに学びながら、原住民における首狩り慣行の意味、漢民族の民間信仰における「神」や「鬼」の役割、そして、「身を殺して仁を成す」という『論語』の章句の解釈を、本来のコンテクストにおき直して考察することで、美談化という原理の対極にある世界像を明らかにすることにしたい。首狩りの「野蛮」、民間信仰という奇怪な「迷信」、「遅れた」儒教思想というような観点を総督府の為政者と共有しているかぎり、呉鳳伝説の改編過程に働いた政治的力学を把握できず、ひいては、日本帝国主義による台湾の統治を一義的な文明化の過程とみなす立場を真に克服することもまた困難になるからである。

（二）首狩りと原住民の社会文化構造

『通事呉鳳』や教科書における呉鳳の物語は、原住民が祭祀のために新たな首を必要とし、そのために首狩りをしていたという認識を前提とした記述になっている。それにもかかわらず、いわば生首ではなく、かつてとった首、つまり頭骨でがまんさせられたために、呉鳳への不満が蓄積したという展開になっているわけである。しかし、このような認識は、当時としても一般的なものだったのだろうか。

台湾総督府は、原住民征服戦争が一段落したのちに、臨時台湾旧慣調査会を通じて原住民の社会文化構造の調査を行った。日本人の目を通して行ったものである以上、調査報告書の内容をすべて信用できるわけではない。しかし、原住民行政立案のための資料という性格から考えて、逆にある種の正確さを要求されたとも考えられる。

臨時台湾旧慣調査会第一部『蕃族調査報告書』のツオウ族に関する記述は、「馘首《かくしゅ》せし年」と平年の儀礼の違いに言及している。[91] 毎年の祭祀のためにぜひ首を必要としたわけではないことがわかる。また、同『番族慣習調査報告書』第四巻は、「或人の云ふが如き、祭祀に要する首級を得んが為にとか、悪疫を禳ひ或は穀類の豊作を得んが為にとか云ふ目的にて、出草を行ひたる事例は未だ之あるを聞かず」と明確に述べている。[92] これらはツオウ族に関する記述だが、原住民一般についても森丑之助『台湾蕃族志』が、「過去に馘首せし敵の毛髪を保存しあり、祭祀の序を以て之をも祀ることありと雖、未だ此場合新たに馘首して祖霊に供せしものあるを聞かず」と記している。[93] いずれの場合も、たしかに原住民による首狩りという事実は存在するにしても、毎年の祭祀のためにそれが行われたという認識を否定している。むしろ、政策立案にあたって『通事呉鳳』のイメージに引きずられた認識を捨てるべきことが、自覚的に主張されていると見ることができる。

それでは、首狩りは何を目的として行われたのか。ここで戦国時代に手柄のしるしとして首を保存することはあっても、敵対する集団との戦闘の結果として得られるものだったことを想起すべきであろう。かりにそれを首狩りと呼んだら、戦闘の目的そのものと付随する効果とを混同することになる。原住民についても基本的には同様の問題が存在する。

『番族慣習調査報告書』は、ツオウ族の社会組織が、タバン、テボロなどの大社とこれに服属する小社から構成されると説明したうえで、大社を中心とした共同体を「党」と呼び、これを独自の対内的体制と対外的関係をそなえた社会集団とみなす。党は、他の党と通婚により友好関係を形成し、猟場をめぐる争いなどを通じて敵対関係を形成する。まれに友好的関係にある党の成員を首狩りの対象とすることで、新たに敵対的な関係を創出する場合もあるが、一般的には首狩りの対象は敵対関係にある党の成員であると述べている。実際に首狩りの主な動機となるのは、「党民ガ他ノ党又ハ種族ノ民ニ殺害セラレタル」場合の復讐である。また、「相手ヲシテ或義務ヲ履行セシムル為ニス」という動機もあるとして、テボロ党の「老蕃」の次のような話を紹介している。祖先が漢民族に土地を貸して収穫の一部を受け取る約束をしたところ、彼らは「我等ヲ軽侮シ租穀ヲ延滞」するようになった。督促しても種々の理由を述べて応ぜず、官に訴えても「常ニ彼ノ言ニ聞キテ我申分立タズ」。そこで、漢民族に契約を履行させるためには、「我等ノ出草ヲ恐ルル」ようにしなければならなかったという(94)。

『番族慣習調査報告書』は、漢民族の横暴には言及しても、やはり官を後ろだてとした日本人の横暴には言及していない。しかし、首狩りが自らの属する集団を自衛するための戦闘という性格を持っていたという認識自体は、説得力をもって提示されている。もちろん、戦闘の結果獲得した首を祭祀に用いるなどの事実も存在した以上、首狩りを戦闘一般に還元するのも正しい認識とはいえない。首狩りの観念が、共同体の内部で特別な意味をそなえていたことにも注目すべきだろう。

文化人類学者合田涛は、フィリピン・ボントック族の調査に基づいて、東南アジア地域にも広がる首狩り慣行の意味を明らかにしている。すなわち、青年が首狩りに際して危険な空間移動を行うことで、子どもから成人へという人間の範疇上の変換をなしとげるように、首狩りは、外部／内部、敵／味方、危険／安全、男／女、成人／子ども、のような世界観上の範疇区分を導入するための文化的な装置としての意味をもっていたと説明している。[95] 台湾原住民の場合も、首狩りの動機として「壮丁の班に入る為め」とか、「武勇を誇り一般族衆の尊敬を博せむ為め」などさまざまな事項があげられることがある。[96] これらは、首狩りへの参加が共同体内の関係に及ぼす効果(範疇上の変換)とみなすべきである。そして、首狩りの観念が原住民の世界観の核心に位置するものである以上、その効果もまたきわめて多様でありうるのである。

『通事呉鳳』に見られる首狩りへの認識は、こうした効果と動機とを混同したものである。祭祀のためにぜひとも生首を持ってこなければいけないという倒錯した認識は、原住民の自衛のための戦闘をことさらに「残酷」「野蛮」な首狩りの遺習としておとしめる必要という政治目的に従属したものなのである。もちろん、必ずしも改編者が意図的にそうした操作を行ったとはかぎらない。『通事呉鳳』の編纂当時、原住民の社会に対する組織的な調査は端緒についたばかりだったから、不十分な情報しかえていなかったことも考えられる。しかし、首狩りの目的と効果とを混同した認識が、「不仁ヲ化」し「無尽ノ富源」を切り開いた呉鳳の偉大さを印象づけるのに、好都合なものであったことも確かだろう。戦後国民党政府の編纂した教科書から呉鳳伝説を削除するにあたり、立法院は、理由として「日本人が意識的にねじ曲げて、呉鳳の人格の崇高さを突出させ、対照的にツオウ族の人格をおとしめた。呉鳳を神化することで、原住民を醜化した」ということを挙げている。[97] 適切な総括というべきだろう。

なお、日本人は、一九三〇年にタイヤル族が周到な準備のもとに行った霧社蜂起事件さえも「首狩りの再発」と呼び、翌年には呉鳳廟を改築して改めて顕揚に努めることになる。[98] 首狩りへの偏見と呉鳳伝説の政治的性格が、端的に現れた事例である。

(二)「鬼神」としての呉鳳

原住民の社会・文化への偏見は、漢民族系の伝説にも見られる。たとえば、『雲本』は首狩りには言及していないが、「番の性殺を嗜む」あるいは「番の人を索《もと》むること急なり」というように、殺人自体を目的としているかのような記述をしている。ただし、呉鳳の死の態様については伝説による異同が大きいのに対して、紙人を通じた復讐というモチーフに関しては記述も詳細なうえに、諸伝説のあいだに高い一致性が見られる。したがって、漢民族にとっての呉鳳伝説の意味は、何よりも紙人のモチーフにより呉鳳の霊験を強調することにあったと考えられる。

そもそも呉鳳廟は、道教を中核とする民間信仰の世界に位置づくものであった。そのことは、呉鳳と並んで、「神兵神将の総帥として邪鬼を鎮圧する神」太子爺、「強勢を以て疫癘を攘ひ、廟内を鎮圧せんと前方を睨む」虎爺など道教系の神が祀られていたことにも現れている。[99] 漢民族の民間信仰の世界では、紙一般の尊重と相まって、金紙・銀紙を焼却することにより死後の生活の安泰を祈る慣行が広く行われ、紙を切って人型にすると、それが兵となって立ち働くという剪紙成兵の術が信じられてもいた。[100] 清朝による社会的統制力の弛緩している状況のもとで、漢民族と原住民、漢民族相互の武力衝突が繰り返された歴史が、そこに反映していると考えられる。だからこそ、超自然的な力で原住民を懲らしめた霊験あらたかな「鬼神」としての姿が漢民族の宗教的心性に訴えるものであり、呉鳳伝説はそうした願いに支えられた呉鳳廟の縁起だったのである。

漢民族の宗教的宇宙は、「神」「祖先」「鬼」から構成され、横死した存在は「鬼」になるとされていた。他方、「神」として認められるためには、生前の霊能や死後の霊験が認められて勅封をうけることが必要だった。日本人は北白川宮能久を台湾神社に祀り、明石総督の病気平癒祈願などのために参拝することを勧奨したが、漢民族にとって「北白川宮殿下に対しは、末だ何等台湾人的の伝説が無く、従って殿下の霊魂としては解し」えても、「神」とみなすことはできず、「霊魂」に対して病気平癒を祈願するとは「内地人も亦笑ふ可き迷信を有つて居るぞ」と評していたことが伝えられている。[101] 呉鳳が正式に「神」としての位格を獲得していたのかどうかは明らかではない。しかし、三尾裕子の研究によれば、台湾のように「世俗における皇帝の権威の欠如した社会」では、宗教世界でもこれとパラレルに「神」の階梯的秩序が曖昧であり、「〈神〉と〈鬼〉との境界的存在」が存在するとされているから、さしあたり呉鳳は、境界的存在としての「鬼神」であったと考えてよいだろう。[102]少なくとも、霊験あらたかな「台湾人的の伝説」が存在することから、単なる「鬼」ではなく、信仰の対象たりえていたと思われる。

総督府による呉鳳顕彰事業は、こうした信仰心を巧みに利用しようとするものであった。ただし、本来は怨念と憤怒の感情に満ちていた呉鳳伝説を改編し、自ら命を捨てた「英霊」の物語とした点で、一定の秩序と体系を持った漢民族の宗教的世界観に、異質な要素を持ち込んでいる。

「英霊」の観念は近代の産物である。近代以前から仏教や道教系の祟り神が日本の守護霊信仰と結びつくと「幸運をもたらす福神」に転じるというような事例は存在した。[103]しかし、他方で、菅原道真や平将門のように怨念に満ちた神の系譜も存在した。こうした御霊信仰的な心性が、明治維新期に招魂社(のちの靖国神社)の設立を契機として次第に影に追いやられ、日清・日露戦争を経るなかで、「英霊は――土俗的な怨霊ならぬ――正に〝英霊〟として日本人の精神世界の中で着実に地歩を固め」たのである。[104]呉鳳を「生ける英霊」と呼ぶ『通事呉鳳』の内容は、こうした新しい宗教観念を部分的に移植することで、原住民征服戦争のさなかに死んでいった漢民族の怨念を拡散させる、宗教的装置としての意味をも担っていたのである。もっとも英霊の魂を鎮める祭祀者としての天皇の存在、さらに実質的にそうした信仰を支える「国民的利益」を欠いていた以上、実際には本国と同様の機能は果たしえなかったと考えられる。

呉鳳伝説が、「理蕃五ヵ年事業」という限定された時期に喧伝されただけではなく、教科書などのメディアを通じてその後も利用され続けた要因の一つには、宗教政策としての重要性が次第に認識されたという事情が考えられる。呉鳳廟遷座式の挙行された一三年に発覚した羅福星事件、八〇〇名以上に死刑判決がくだされた一五年の西来庵事件など、この時期の抗日武装蜂起計画は、反乱のエートスを民間信仰の世界から掬いあげている。羅福星は「死罪記念」で「不幸にして事成らざれば、吾等一挙して反天覆地の騒動を起し、以て汝等日本政府を苦しめん」と死後の復讐を誓っている。[105] 祭神王爺の神勅により皇帝の位につくことを宣言した、西来庵事件の首謀者余清芳は、「天帝、毒雨を降し、毒風を起して日本人を全滅せしむる」という神将天兵の観念に訴えることで、広範な民衆の心をとらえることに成功している。[106]「正伝」では削除された「吾死して癘鬼となり、蕃を殺さん」という呉鳳の言葉や、紙人による復讐という展開が、これらの指導者の言葉と相似しているのは偶然ではない。民間信仰という共通の世界に足場を持っていることに由来するものと考えるべきであろう。

西来庵事件の全貌が明らかになり、在台日本人を怯えさせていたさなかの一五年七月一六日、隈本繁吉は、『秘部務ニ関スル日誌』に「台湾人ノ風教維持上、淫祠邪祠ヲ取締ルト共ニ、其然ラザルモノ、孔子廟、関帝廟、鄭成功、呉鳳等ニ保護ヲ加フルコト」と記している。[107] 呉鳳も実は、隈本の立場からすれば「淫祠邪祠」と共通の根に発しているのだが、神社建立というような独善的政策の効用が疑わしい以上、積極的利用が必要となっていたのである。民間信仰のエートスが羅福星や余清芳の企図した方向で発展していくのを妨害するための、対抗伝説の役割を担わされたともいえる。そして、「志士仁人」たる羅福星の用いていた「身を殺して仁を成す」という語句を呉鳳にあてはめることで、対抗伝説としての性格はさらに補強されるのである。

(三)　儒教的理念としての「殺身成仁」

総督府の編纂した『公学校修身書』(全六巻)は一九一三年から一九年にかけて刊行されたものと、二八年から三〇年にかけて刊行された改訂版とに分かれる。前者では「仁義」という題名で簡略化した呉鳳伝を載せ、教師用書の「目的」の項目で「仁義は人の最も尊ぶべき道なることを知らしむる」と述べている。後者では題名が「人のためにつくせ」に変わり、「目的」も「一身を犠牲として人の為につくすは尊き行なることを知らしむる」に変化している。

この両者で自己犠牲の精神を強調している点は同じであり、「身を殺して仁を成す」という格言をあげている点も変化していない。しかし、「仁義」から「人のためにつくせ」という題名の変化は、こうした儒教的理念の利用の仕方に問題があったためと考えられる。

佐久間総督の献額として、『通事呉鳳』の書名、さらに修身教科書の格言として、さかんに利用された「身を殺して以て仁を成す」という章句は、本来、どのような意味だったのであろうか。

よく知られているように、儒教の解釈史は、朱子学以前の古注と、朱子の新注に分かれる。古注では、何晏注刑昺疏『論語注疏』が、「志士仁人」の例として、伯夷叔斉と比干をあげている。第II章でもふれたように、いずれも仁や義の理念にしたがって、君主を諌め、死にいたった人物である。この用例は、政治的な正統性原理との関わりの不分明な呉鳳伝説での用法とは、少なからぬ開きがある。もっとも、『雲本』では、呉鳳が死の前日、家族に「人を死に置くに忍びず、今当に責むるに大義を以てす」と語り、原住民を諭す場面では「人を殺し命に抵くには、王法の具に在るを以てす」と述べて、清朝の官人らしく「大義」の理念を背景に「王法」に従うべきことを説いている。「大義」をふりかざす対象が君主ではなく、「化外の民」としての原住民であることが異なってはいるが、義のために死ぬ、という抽象的なレベルでは共通点がないわけではない。ただし、「大義」云々というくだりは『通事呉鳳』では削除され、教科書では、清朝の官吏としての呉鳳の歴史的な位置づけそのものが完全に背景に退いている。

次に、朱子の『論語集注』では「理、当に死すべくして生を求むれば即ちその心に安からざるものあり。是れ其の心の徳を害すればなり」と普遍的な原理としての「理」に基づいて行動することで心の安らぎが得られると述べている。また、『朱子語類』では、「殺身は只是れこの仁を成すに要すか」という弟子の質問に対して、「若しこの仁を成すに要すと説かば却てしからず。只是れ当に行ふべき所を行ふのみ」と答えている。自己犠牲の行為そのものが称揚されているわけではないことがわかる。

こうしたオーソドックスな解釈と並んで注目されるのが、社会的な正義の実現のための自己犠牲という意味でこの章句を用いた羅福星の用法である。同様の例は日本にも見られる。たとえば、一九〇〇年に詠まれた「題白巌義民」という漢詩では、次のような用い方をしている。(108)

封主暴戻。細民餓死。流離困乏。村内不治。

嗚呼義民。憤然唱理。殺身成仁。三十八士。

羅福星の場合と同様、普遍的な原理としての「理」への献身が、鋭い体制批判と結合しているのを見ることができる。こうした解釈史に照らす時、『通事呉鳳』、さらに、教科書の用例では、献身すべき対象としての理念の内容がきわめて曖昧なことがわかる。総じていえば、「蕃人」の「不仁ヲ化スル」というようなことになるのだろう。しかし、古注や新注の用例が支配層内部で「君子」にふさわしいエートスを醸成しようとするものであり、羅福星の例が被支配層から支配層に向かって突きつけたものであるのに対して、呉鳳伝説の場合は、支配層の側から被支配層に向かって仁や義を説く、というコンテクストの違いがある。「不仁ヲ化」した結果として、何が生まれることを期待するのか。当然のことながら、原住民に「仁政」の主体たることを求めるわけでもない。結局、それは体制に都合のよい教化を意味するものでしかなく、教化の目的は「無尽ノ豊源」の開発、という儒教的理念とはおよそ無縁な世界から導き出されることになるのである。

もちろん、日本の儒教の解釈史のうちでも、「白巌義民」のような用例ばかりではなく、呉鳳伝説と同様のコンテクストで用いた例もあっただろう。吉田松陰が自らの舌禍によって死刑となったことを『留魂録』で「成仁の死」と意味づけている用例などもある。原住民の首狩りにしても、漢民族の民間信仰にしても、儒教の章句の解釈にしても、『通事呉鳳』の執筆者、そして教科書の編纂者は、ことさらに原住民や漢民族の文化をおとしめようとしたわけではないかもしれない。むしろ自らの価値観・文化意識にしたがいながら、効果的美談たらしめようとしたのであり、そ伝説という個別の物語の改編過程に働いた政治的な力学の一般性を想定することができるのである。

のことが結果として伝説の歪曲、偏見の助長につながった面もあると考えられる。また、そうした点において、呉鳳

四　文明と野蛮の二分法

『通事呉鳳』編纂事業を指揮した津田毅一嘉義庁長は、呉鳳伝説が「公学校教科書中に掲載せられて、修身教授上の一資料」となったのは「余の快感を禁ぜざる」ところであり、「学務当局に対して深く謝意を表する」と述べている。[109] しかし、学務当局は、一体何を意図して、呉鳳を教材として利用したのだろうか。『通事呉鳳』の場合は、原住民征服戦争に漢民族をかり出すための動機づけという初期の目的は明確だった。だが、総督府による最初の『公学校修身書』が刊行された一九一四年にはこの戦争は一段落していたうえに、一般論としても、子どもを対象とした教科書の教材はより長期的な観点から取捨選択されたはずである。原住民の「野蛮」を強調すること、漢民族の民間信仰の世界を「善導」することも、さしあたり重要な要因と考えることができる。ただし、これらの要因は、建前として教育内容を律する原理であった天皇制の教説とおよそ次元を異にした問題である。その間隙は、どのようにして埋められたのか。

『通事呉鳳』と教科書の内容を比較すると、後者の特徴として、清朝の官人としての背景を省略し、改めて寓話的な色彩を強めていること、紙人による復讐の構造を「罰があたるぞ」という程度のレベルに矮小化することで、自己犠牲の美談としての性格を強調していることを指摘できる。そのために「成仁」の内実はいっそう曖昧となり、ほとんど「殺身」という自己犠牲の行為自体にモラルとしての意味を付与している感がある。自己犠牲の精神は、一体どこに向けて発揮すべきなのか。教材の内容があまりに抽象化してしまった以上、その回答は、呉鳳伝説自体には求め

ようがなく、むしろ他の教材との連関の中に用意されていると見るべきだろう。

ここでは、台湾総督府の編纂した修身や国語の教科書の内容全体を視野に入れて論じるゆとりはないが、北白川宮能久親王に関する教材との相似性に着目することで、教材の意味連関の中での位置づけにふれておくことにしたい。なお、総督府編纂教科書のイデオロギー構造に関しては、パトリシア・ツルミが、総督府の教科書では「個人としても集団としても台湾人が権力を持ち、決定権ある地位に昇ることは勧められていない」ことを指摘し、「公学校教科書の内容は、小学校教科書の内容が薄められたものではない(not watered-down versions)。イデオロギー内容が重要なところで修正されている」と適切な総括をしている。(110) ただし、その根拠は、五箇条の御誓文がないことや二宮尊徳が強調されていることなどを挙げるにとどまり、十分に具体化されていない。

筆者は、呉鳳伝説と能久親王神話の相似性のうちに、一方で台湾統治に効果的な内容を形成しながら、他方でそれを建前的な教説と整合的なものにしようとした、苦心の跡を見いだすことができると考えている。

台湾総督府の修身教科書では、文明化の象徴として能久親王を取りあげている。たとえば、『公学校修身書』の教師用書で、巻二第一〇課「台湾神社」の「説話要領」は次のように定めている。能久親王が来る前の台湾は、汽車も水道もなく「只色々のわるい病気がはやるばかり」だったが、能久親王が「わるい者」たちを鎮めて以後は「今のやうに便利」になった。これも「天皇陛下のおかげでございますが、その本をいへば、能久親王様が御身を棄て、台湾の為に骨を折つてくださつた」からであり、親王は死んだあとも「神様」になって「此の島を守つて」いてくれる。

ここで注目すべきことは、次の四点である。第一に、行軍の際に病死したとされる能久親王についても、「御身を棄て」というように自己犠牲的な行為であることを強調していること。第二に、衛生思想の普及、インフラの整備という意味での文明化を強調していること。第三に、台湾の文明化は能久親王のおかげだが、「その本をいへば」天皇のおかげと述べているのではなくて、逆であること。一介の皇族であるはずの能久が「本」であり、天皇が「末」なのである。これは台湾ゆかりの人物を主題的に扱った方が効果が大きいという判断によるものだろう。第四に、「わるい者」という曖昧な表現を用いることにより、征服者として「外」からやってきた能久親王の姿を覆い隠そうとしていること。文部省の国定第二期教科書『尋常小学修身書』の「能久親王」(巻四第二課)では、「清国が台湾を我が国にゆづつた時、台湾に居つた清国の者が、なほ我が国に、てむかひました。能久親王北白川宮はこれを御せいばつになりました」というように、敵国としての清朝の存在は明確であり、台湾は「征伐」の対象である。さすがに、総督府の教科書では、こうした表現を用いるわけにはいかなかった。

台湾総督府にとっては、能久親王の死は大いに教材として利用価値のある事実であった。しかし、「外」からの征服者であるという姿は覆い隠しようがなかった。これに対して、呉鳳伝説は、どんなに潤色されているにせよ、漢民族の世界の「内」から出てきたものとしての強みをもっていた。一九一五年に行われた『公学校用国民読本』の調査によれば、公学校六年生に「絶対的に正直に表白」することを約束して「筆答」で読本教材の好悪を答えさせたところ、「呉鳳」を好む生徒は四一人中四〇人で一位、「孔子」を好む三一人よりもかなり多かった。他方、「日本武尊」を好む生徒は一三人で最下位に近かった。(11) 能久親王の功績をたたえるのに、しばしば日本武尊が引き合いに出されていることを勘案すると、この結果はさらに興味深い。ただし、呉鳳という教材には、それ自体では、天皇制とは関係のつけようがないという弱みがあった。能久親王と呉鳳、それぞれが教化の素材としての強みと弱みを備えていたのである。

あくまで一つの解釈に過ぎないが、総督府は、この両者がそれぞれ補い合って、漢民族に適合的な教化理念を構成することを期待していたのではないだろうか。『公学校修身書』巻四では、まず能久親王が台湾を文明化するために「御身を棄て」たと述べたうえで、すぐ後の教材で、呉鳳が原住民の文明化のために自分の命を犠牲にしたという話を展開している。能久親王は、インフラの整備あるいは衛生思想の普及という意味での西洋近代文明を体現し、「野蛮」な世界に生きていた漢民族を引き上げる存在である。他方、呉鳳伝説では、今度は漢民族が「野蛮」な原住民を感化するための文明——この場合は中華文明——の担い手である。文明の内実には違いがあるのだが、全体として文明と野蛮という二元論的な価値観を浸透させること、そして、天皇・皇族への崇敬の念を含めて、漢民族が文明の担い手としての総督府権力に自己同一化することを期待していたのではないか、と思われる。呉鳳伝説は、そうした跳躍を可能にするための橋頭堡として位置づけられていたのだろう。そのためには、さしあたり自己犠牲の目的は、人を殺すなという抽象的なものでもよく、ただ原住民との対比で漢民族をもちあげていること、しかも情動を喚起する美談であることが必要だったのである。

　ちなみに、一九二三年度から使用された『公学校用国語読本』では、呉鳳の自己犠牲の結果として、阿里山の「無尽ノ豊源」が開発されたことを強調する教材が新たに挿入されている。「阿里山鉄道」(巻一〇第一二課)では、阿里山鉄道が将来登山鉄道として開放されれば「二五〇〇米の山上に一大楽園」が出現するだろうと述べ、「台湾の木材」(巻一二第九課)では、「橿原神宮・桃山御陵・明治神宮の御用材中、長大なるものは大抵阿里山材を用ひられたり」と語っている。文明、開発の重要性とあわせて、天皇制の権威を受容させる、という仕組みがより明瞭に打ち出されている。何とも苦しい綱渡り的連関なのだが、総督府としては、このような原理で教材を構成することで、教育勅語という建前の維持と、台湾支配に適合的な教化理念の必要、という引き裂かれた状況への架橋を意図したと考えられるのである。もっとも、戦時中に焼失した台湾神社が戦後跡形もなく消えたのに対して、呉鳳廟が今日まで残り続けていることは、呉鳳伝説自体の効用はともかく、両者を架橋する試みには、やはり無理があったことを象徴しているように思われる。

5 小括

一九一〇年代台湾の教育政策は、外における辛亥革命、内における原住民征服戦争によって、総督支配が動揺するなか、郷紳層の要求の一部を取り込みつつ、「協力メカニズム」を再構築しようとする原理に基づいて推進された。一九一〇年代初頭の内憂外患が、従来の植民地主義に基づく教育軽視論を越えて、「安全弁」としての教育の意義を次第に明確にさせた。台湾人向け中学校の設立を認め、中等学校における共学を定めた第二次台湾教育令にスムーズに移行しうる体制が準備されることになったのである。漢民族郷紳層の要求への一定の譲歩が、このように制度的には内地延長主義の部分的実現を促したのに対して、内容論的には、むしろ本国の教化理念との差異化を生み出すことになる。その具体的な現れが、勅語宣講会構想に端を発する台湾版教育勅語の起草であり、呉鳳伝説の利用だった。前者は、広い意味では、辛亥革命後の民心「変調」への対応策の一環であり、後者は、原住民征服戦争の遂行と密接に連関しているというように、政治的な脈略を異にしていた。しかし、漢民族の伝統的な思想・世界観の「仮他主義」的な利用を図るという点では共通の特徴を持っていた。

さて、本章で論じてきた内容の知見に基づき、単純化を恐れず、この時期の教育政策の思想的な構造を理解するための枠組みを整理してみたのが図3である。

大きく支配の論理と抵抗の論理に分けてみたとき、支配の論理の構成要素としては、インフラの整備や断髪、衛生思想の普及に象徴される「文明としての近代」と、天皇制の教説をあげることができる。抵抗の論理の要素としては、

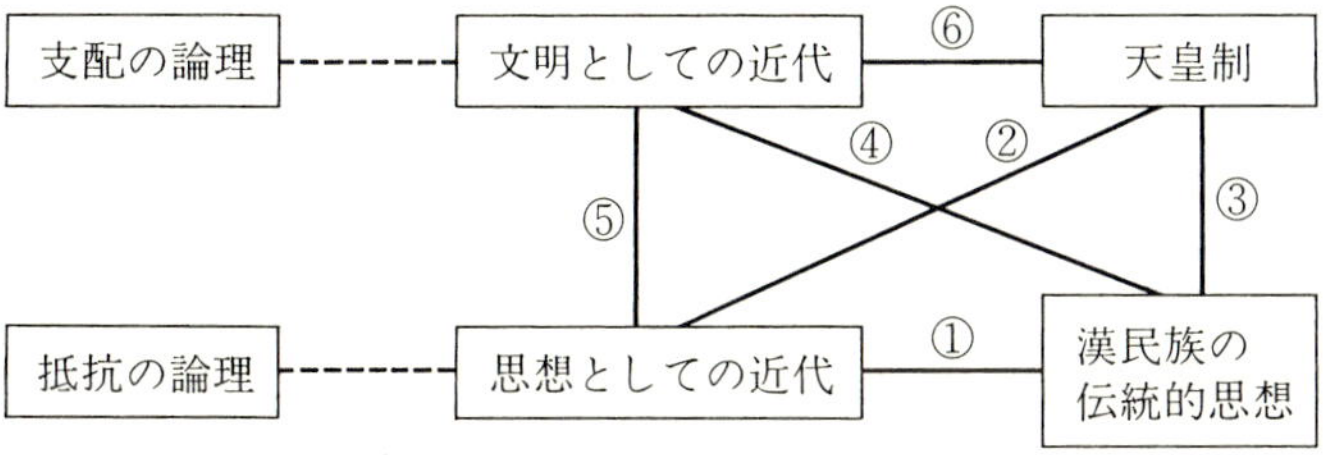

図3

自由や平等の理念に集約される「思想としての近代」と、儒教や民間信仰など漢民族の伝統的な思想・世界観をあげることができる。[112] もとより「文明としての近代」と「思想としての近代」との区別は曖昧である。しかし、ここではさしあたり、自由・平等・博愛や人権という普遍的な理念と、これに基づく民主的な政治システムのみを「思想としての近代」の内実として考えることにしたい。少なくとも近代のはらむ両義性を問題にしうる枠組みでなくては、文明化を標榜する支配の論理を相対化してとらえることもできないからである。

もっとも基底的な問題として存在するのは、羅福星の象徴する①の関係である。すなわち、漢民族の民間信仰の世界、あるいは儒教の理念を母胎としながら、「思想としての近代」を取り入れていこうとする動きが存在した。苦力の立場に立って総督府の苛政を具体的に批判し、伝統的な天命思想と自由平等の理念を接合させた地点で根底から総督統治を否定する思想は、いまだたぶんに未定形な可能性の段階にあったとしても、支配者の側から見てまことに恐るべきものだった。他方、教育施設の普及を抑制することで、「思想としての近代」の流入を防ぐ方策も、対岸や「内地」への留学生の増加のなかで困難になってきていた。

「思想としての近代」、あるいは漢民族の伝統的思想に対抗する教化理念としては、近代天皇制の教義はたぶんに無力であった。前章で論じたように、自由平等の理念により天皇制の教義は脅かされていた(②の軸の対抗関係)。また、「天」の観念を利用しようとした台湾版教育勅語の構想、漢民族が台湾神社への参拝を「迷信」と笑ったという逸話は、天皇制の教義と漢民族の伝統的な思想・世界観の懸隔をよく表している(③の軸の対抗関係)。こうした状況で、支配の論理を有効に機能させるにはどうしたらよいのか。総督府が積極的に利用したのは④の軸である。④の軸でも、断髪への抵抗、産業化への冷淡、という形で伝統思想の立場から、「文明としての近代」を批判する立場もありえただろう。しかし、辛亥革命により中華文明の崩壊が明確になり、全体として西洋近代文明の一元的な世界に組み込まれていく趨勢のもとで、この対抗軸に関しては、総督府の側が有利な立場にあった。中学校の設立、黄玉階らによる勅語宣講会の設立稟請、呉鳳顕彰事業、いずれも「文明としての近代」の理念に追随せんとする郷紳層と、総督府が利害を共有できることがらであった。近代化のはらむ両義性を認めず、一元的かつ普遍的な文明化の過程とみなす考えが、さらにそれを補強することになる(⑤の軸の曖昧化)

こうした提携の路線を推進するために、日本帝国主義を「汝等野蛮国」といい切る羅福星のような存在は、当然のごとく抹殺されねばならなかった。ただし、総督府の側でも、「文明的意識」の発達を防ぐために教育すべきではない、という植民地主義の統治方針を修正しなければならず、学務官僚隈本繁吉は「素志」に反してやむなく内地延長主義的論理を採用していくことになる。総督府はまた、文明化の進展が「思想としての近代」に結びつき、総督府のコントロールの埒外に逸脱していくのを防ぐ方策も講じなければならなかった。「文明としての近代」と天皇制を核とした文化統合の論理をリンクさせる、⑥の軸である。「順良ナル臣民」は「忠良ナル臣民」にいたるステップであるという論理構造の転換、呉鳳の「英霊」化と能久親王神話との相似性は、いずれも⑥の軸の連関を図ろうとする動きである。特に呉鳳伝説の場合は、中華文明の原理と西洋近代文明の原理を重ね合わせることで、原住民を最底辺とし、天皇を頂点とする文明の秩序を形成しようとしていたものとみなすことができる。

ところで、羅福星も「生蕃討伐」という行為そのものの不条理を告発するにはいたらなかった。それは決して羅福星個人の資質の問題ではない。中華文明における「文明」と「野蛮」の原理の浸透度の深さをこそ認めるべきだろう。

自由平等の理念の本国であるはずのアメリカ合衆国でも、そもそもネイティブ・アメリカンを「人間」とみなしていない時代のことでもあった。ただし、総督府がそこにつけいる余地を見いだしたのも確かであり、中学校の設立も、呉鳳伝説の改編も、原住民の犠牲において、差別の重層的な構造を拡大再生産していこうとするものであった。また、二〇年代以降も、郷紳層の主導する台湾議会設置運動と、民衆による農民組合運動の提携は十分に展開せず、一九三〇年の原住民による霧社蜂起事件の際には、漢民族による連帯の動きはほとんど存在しなかった。[113] 分割統治(Divide and Rule)の原則にしたがった総督府の政策が、三・一独立運動のような事態の発生を未然に防いだ側面――それは台湾の社会に分断の深い傷跡を残したということでもある――は確かにあったのである。ただし、法制度上の権利・義務関係をはじめ、全体として台湾人を差別する体制の根幹には何らの変更もなかった以上、「台湾人」の理念を結集地点とした連帯が生ずる可能性も常に伏在し、総督府は、郷紳層との「協力メカニズム」の再構築に絶えず腐心していかねばならなかったのである。[114]

第Ⅳ章　朝鮮・一九二〇―三〇年代

――多民族国家体制の模索――

1　はじめに

「旧時代ノ異物タル侵略主義強権主義」を排して「正義人道生存尊栄ノ為ニスル民族的要求」を掲げて闘われた三・一独立運動は、階層、宗教、性別の違いなど、諸々の差異による分断状況を越えた文字通りの民族運動であった。このような事態の出現をまったく予期していなかった朝鮮総督府は、驚愕のなかでなりふりかまわぬ鎮圧行動に乗り出し、そのことがまた、抵抗の拠点としての「民族」という政治理念の意味を開示することになった。しかも、「独立宣言書」が、日本を「邪路ヨリ出」さしめ、中国を「不安恐怖ヨリ脱出」せしめて「東洋平和」を実現するのだと述べていることは、――同様の境遇にあった台湾などの諸民族への言及が見られない点では徹底を欠くとしても――分断と差別の克服、連帯への志向こそが、その民族主義の核心に置かれたことを示している。

三・一運動は、東アジア地域における、既存の帝国主義的支配体制の解体と再編の潮流を加速することになった。もちろん、これに先立って、日本帝国主義による支配体制を修正する動きがなかったわけではない。原敬首相は総督武官制の廃止をはじめ、陸軍主導の植民地支配体制の修正を企図していた。前章で指摘したように、第一次台湾教育令の制定過程において、内地延長主義的な教育方針が、内務官僚の強硬な反対にあいながら、原敬の登場により実現された事実も見逃すことはできない。本国政府の統治方針の変化というトップ・ダウンの方式ばかりでなく、植民地統治の矛盾の深化と、これへの総督府の対応というボトム・アップの原理により、支配体制の修正が不可避のものとなりつつあったのである。さらにマクロな視点から言えば、帝国主義による被抑圧という経験を通して、東アジア諸民族が多様な方向性でナショナルな次元での連帯を模索しはじめていたことが、体制の改編を促していたと見ることもできる。三・一運動は、そうした変化の胎動を決定的なものとしたのである。

朝鮮人を総体として差別し、従属的地位におく体制が、対立物として「民族」のもとでの結集を促し、さらに強化していく効果を持つことはもはや明白であり、従来の中途半端な統合の方式は転換を必要としていた。新たな対応策が、「文化政治」という言葉で総括される、諸々の改革である。これに関してはすでに研究が蓄積されてきている。本章ではむしろ、個々の改革の内容を追うのではなく、実際には実現されなかったよりラディカルな改革論のなかで、井上哲次郎の教育勅語修正論と持地六三郎の朝鮮議会設置論に着目することにしたい。これらは、不十分ながらも多民族国家体制への転換を促したものと見ることができるからである。

国民国家・日本は、帝国憲法の制定された一八八九年の時点でも、一九一九年の時点でも、事実として多民族国家だった。そもそも「民族」という言葉が奇異な新造語に過ぎなかった一八八九年の時点では、アイヌをはじめ、文化的偏差を持った諸集団が存在するのは、ある意味では当然であった。それだからこそ、差異の度合いにかかわらず、新たに「日本人」という同質的な集団を創出するための体制が構築されたのである。台湾や朝鮮を「外地」として区別する体制は、この時に形成された国家統合の体制に対する、巨大な例外を形成した。しかし、形式的には、憲法も教育勅語も適用されることになっていたから、統合の原理自体が修正されたわけでもなかった。形式的な適用と実質的な非適用という玉虫色の使い分けにより、理念レベルでは単一民族国家という建前を維持していたのである。

内地延長主義は、この建前を実質化しようとするものであり、制度的な平等の実現により、長期的に「日本国民」へと民族の差異を溶解することを目指したものだった。これに対して、当時の用語でいえば自治主義の体制、すなわち、内地延長主義と同じように植民地の住民の無権利状態に修正を加えながらも、事実上の民族的差異に対応した制度・政策の必要を国家編成の理念のレベルで明確化したものが、多民族国家体制であるということができる、と筆者は考えている。もし朝鮮特別の教育勅語が必要という井上哲次郎の議論と、朝鮮議会の設置を唱える持地六三郎の主張が実現されたとすれば——かろうじて帝国の統治者としての天皇という名目は残る以上、多民族国家体制に完全に移行したとはいえないにしても——その重要な条件をクリアしたと評することが可能だろう。

筆者が、持地や井上の議論に着目しようとするのは、それだけ彼らが「良心的」であったと弁護するためではない。彼らの議論を手がかりとして、朝鮮統治の体制にはらまれていた客観的な矛盾を摘出するためである。彼らの議論は実現されるどころか、井上は「不敬」、持地は「非愛国的」という非難を浴びることになる。それはなぜなのか。吉野作造や矢内原忠雄などの議論にかかわって中塚明が指摘しているように、朝鮮議会設置論も「日本帝国主義の軍事的・官僚的支配」に対する批判ではあっても、帝国主義的な支配そのものへの批判ではなく、むしろ延命に資する議論だったはずである(1)。いうまでもなく、朝鮮の即時独立を認めるという選択肢はあらかじめ除外してもいる。また、吉野や矢内原の場合とは異なり、井上は体制公認のイデオローグ、持地は植民地テクノクラートとしての、それぞれの役柄にしたがって必要不可欠と考えられる政策を提起したに過ぎない、と筆者は考えている。にもかかわらず、彼らの目指した改革がなされなかったとすれば、そこにどのような原理が働いたためなのか。彼らの解決すべきと考えていた問題が的確な現状認識に基づいて主張されているかぎりにおいて、それは体制の問題でもあったはずである。

本章では、まず「文化政治」の構造を従来の研究によりながら簡単に総括したうえで、井上哲次郎の教育勅語修正論、持地六三郎の朝鮮議会設置論を検討することにしたい。そして、結局は単一民族国家的な建前が維持される状況のもとで植民地統治の内部矛盾が深まり、満洲事変による新たな「外」の創出が矛盾の部分的転嫁を可能にする一方、皇民化政策が矛盾を糊塗しつつ深化させていったことを、一九三〇年代以降への展望として示すことにしたい。

2 「文化政治」の構造

斎藤実総督時代の「文化政治」については、すでにさまざまな角度からの研究が蓄積されてきている。本論に入るに先立ち、その研究動向をまとめ、一九二〇年代から三〇年代にかけての、統治体制の骨格を描き出しておくことにしよう。

原敬の構想は、春山明哲がつとに指摘しているように、朝鮮人の風俗、習慣などの同一化よりも、制度的な平等を先行させようとするものだった(2)。ただし、原の提起した統治方針の変更と、実際に実現された改革とのあいだには少なからぬ距離があった。第I章でも指摘したように、朝鮮では制令中心主義が撤回されなかった。内地延長主義の内容を国家統合の次元における平等化として広く解しても、その構想は、どこまでも部分的にしか実現されなかったのである。「時勢及民度」と同様の意味の、「漸進主義」というロジックがこれを正当化することになる。

内地延長主義の部分的実現は、どのような機能を果たしたのか。姜東鎮《カンドンヂン》は、その役割を、親日派育成による民族分断政策と性格づけている。具体的には、欧米諸国の非難への対応という点で急を要したキリスト教勢力には布教規則緩和と宗教教育禁止規定の撤回、両班・儒生に対しては儒道振興会の結成、地主に対しては地主会の保護奨励など、さまざまなチャネルで親日派の育成と組織化が図られたこと、特に「朝鮮が南方の「複合社会」のような複雑多様な対立要素がないことと関連して、主に階級分断政策に依拠」したことを指摘している(3)。

姜の研究は斎藤実関係文書の精査に基づくすぐれたものだが、ともすれば、民族主義左派、右派、親日派というラベリングが先行し、分断政策が実際にどのように機能したのか、という点への歴史的説明を欠く。これに対して、森山茂徳は、本国における政友会の方式を踏襲した、「地方エリート」への利益供与として政策の特質を把握したうえで、公共事業投資の増大、産米増殖計画などの利益供与政策が実際にどのように機能したかを問題としている。すなわち、本国政府による補充金復活という積極財政政策に基づく第一次産米増殖計画(一九二〇年から)は、「戦後恐慌」による財政縮小のもとで失敗し、緊縮財政下の第二次産米増殖計画(一九二五年から)は、補助金ではなく増税に支えられたものであったために、地主層に対する利益の供与にはなっても、朝鮮の農村を全体として疲弊させたと論じている。(4)

このほか、糟谷憲一は、一九二〇年七月の地方制度改正に基づく、府協議会員や指定面協議会員の選挙制度と投票行動の実態を分析することで、地方諮問機関が朝鮮人の上層、資産家の多数を植民地権力の側に引き寄せる役割を果たしたと論じている。(5) エッカートは、朝鮮における企業活動を抑制していた会社令の撤廃(一九二〇年)により、朝鮮人地主の一部が企業経営者に転進していく過程に着目し、民族を越えた階級的な提携(Class Over Nation)という言葉で、総督府の保護のもとでの朝鮮人産業資本の成長を総括している。(6)

本書で用いてきた概念にしたがえば、台湾の例にならって、朝鮮でも遅ればせながら「協力メカニズム」の構築が真剣に模索されたということになる。その際、台湾では、既存の民族的対立に先手を打ってつけこんだのに対して、三・一運動を通じてすでに「民族」が可視的な存在として浮かび上がっていた朝鮮では、地主層の体制内化が重要な政策課題とされたのである。しかも、「協力メカニズム」はたしかに機能しはじめていた。近代的な土地所有制度と商品経済の浸透を根底とする、資本主義化への動向が不可避のプロセスであったかぎりにおいて、それは一部の朝鮮人の「親日派への堕落」というモラルの問題としてばかりではなく、近代化への志向を巧みに取り込もうとした統治システムの問題として理解すべきだろう。

教育制度の改革も、当然こうした政策のコロラリーとして位置づけられる。第二次朝鮮教育令は、普通学校六年、高等普通学校五年、という本国と同水準の教育制度を構築し、さらに総督府令第一五号により、受け入れ側学校の生徒数の三分の一を越えないかぎりでという但し書きつきで、日本人と朝鮮人の共学を認めた。「三面一校計画」に基づく普通学校の増設も顕著な動向であり、男子だけに限定すれば、就学率は二〇年の六・五%から二五年の二二・一%へと二〇年代前半に急上昇をとげている。(7) 一九二四年には京城帝国大学も設立された。普通学校の非義務制には変わりなかったから、普通学校から中等・高等学校に進学したのが、教育費負担の可能な階層に限られていたことはいうまでもない。しかし、教育の普及を抑制しようとしていた従来の施策と異なり、「協力メカニズム」の構築の一環として、近代的な学歴主義の原理がある程度機能しうる方向へと軌道修正されたのである。

それでは、こうした内地延長主義の部分的実現により、朝鮮総督府は安定的な支配を実現しえたのだろうか。

三・一運動後に憲兵警察制度を廃止する一方で警察力を大幅に増強したことなどが、一九一〇年代の武断統治期と変わらない支配の実態として、これまでにも指摘されてきた。(8) 筆者はこれに加えて、右のような施策が、統合のための強力な装置である国政レベルでの参政権には及ばず、また、朝鮮総督府および本国政府が、天皇制の問題を含めて、統合の核となる理念も曖昧なままに存置したことに注目したい。憲法、教育勅語、日本語が、三位一体となって統合を創出した国民国家・日本と、植民地・朝鮮とのあいだの距離はなお大きかったのである。これらの統合原理に格差と時差を設けて適用するのが、事実として実現された内地延長主義であったということができる。以下に取りあげる議論は、そうした支配の方策が決して統治体制の安定をもたらさなかったことを証することになるであろう。

3　教育勅語修正論の行方

異民族教化の理念としての教育勅語の非適合性について、本書ではこれまでもたびたび論じてきた。教育勅語と儒教との折衷を図ろうとした伊沢修二を別とすれば、天皇制のイデオローグも、台湾・朝鮮総督府の学務官僚もそのことをよく認識していたように思われる。穂積八束が朝鮮総督府に提出した意見書、隈本繁吉がイニシアティブをとった台湾版教育勅語の発布構想が、その例証である。ただし、後者は極秘のうちに計画されたものであり、前者の意見書も一九一〇年代の時点では公になっていなかったようである。結果として表面に現れていたのは、第一次朝鮮・台湾教育令の第二条における教育勅語の規定である。台湾や朝鮮の雑誌に教育勅語修正論が散発的に発表されてはいたものの、建前的な理念としての地位は確保し続けていたのである。

したがって、教育勅語解釈の本家本元ともいうべき井上哲次郎が、本国のメディアに台湾・朝鮮に特別の教育勅語の必要を説く議論を発表したことの意義は、小さくはない。台湾総督府の主張した植民地主義の修正が本国政府の受容するところとなり、あるいは呉鳳伝説が文部省の国定教科書にも掲載されたことに象徴されるように、植民地統治の内部矛盾に対処するなかで形成された認識が、植民地かぎりの問題ではなく、多様な形で本国へと還流しつつあったのである。升味準之輔の表現をかりれば、「膨張の逆流」現象が勢いを増して起こりつつあったともいえる(9)。井上による教育勅語修正論は、その一つの波頭と見なすことができる。

一　井上哲次郎の王道的国体論

井上哲次郎は、三・一運動後、間をおかずに、同趣旨の論を矢継ぎ早に発表している。まず「朝鮮に新勅を賜ふべし（朝鮮統治の欠陥と民族自決の謬見）」という論説を『やまと新聞』の一九一九年四月二八日、四月三〇日、五月二日付けの朝刊に連載したことを手はじめに、『教育新聞』五月五日付けの紙面には「教育勅語に修正を加へよ」、五月二五日刊行の『教育時論』に「殖民地に新勅語を賜ふべし」という具合である。[10] 以下、もっとも詳しい『やまと新聞』の論説に即して、内容をみていくことにしよう。[11]

まず「今回の朝鮮暴動事件に就ては、吾々日本国民として此際大に反省」を要すると前置きしたうえで、「我日本が今回の講和会議（パリ講和会議――引用者注）に於て人種差別撤廃問題を盛んに主張して居るにも拘はらず、朝鮮人に対して種々の差別を設け同等に待遇せないといふことは第一に甚だしき矛盾」と、それ自体としてはきわめて正当な主張を展開する。井上はまた、朝鮮における、日本人の人道に反した行為として、詐欺まがいの土地奪取や横暴な振る舞いを具体的に指摘したうえで、こうした行為は「西洋人が劣等人種に対する遣方を真似た」ものであると述べる。

井上の主張するとおり、確かに近代帝国主義体制における差別の重層的な構造において、日本人は一面では「人種差別」の客体でもあり、それを朝鮮人や台湾人に転嫁していたという側面があるだろう。そもそも西欧列強による植民地化を免れるために富国強兵を目指した日本政府が、台湾・朝鮮を植民地化したこと自体、そうした抑圧の移譲の原理を示している。一九世紀末の時点では、弱肉強食の現実のもとでそれをやむをえないとする議論が日本人のあいだでは大勢を占めていたと考えられるが、この時点では、両者をともに人道に反した行為として批判する認識枠組みがようやく市民権を得つつあったのである。

右のような認識に基づいて、井上の主張する対応策は、「差別を設くべき事に対しては其儘とし、既に撤廃すべき事に対して依然として差別を設けてゐる」という「拙劣な遣方」を逆転させることである。教育勅語は前者の差別を設けるべきことがらに属し、朝鮮人を裁判官に採用しないことや「代議士の選出を許さない」ことなどは、後者の差別を撤廃すべきことがらであると述べる。朝鮮人による代議士の選出に関して、帝国議会への議員の選出という内地延長主義的な方向を考えていたのか、朝鮮議会の設置という自治主義的な方向を想定していたのかは、この論説からはわからない。いずれにしても、日本帝国主義の植民地統治体制が、第Ⅰ章でも指摘したように、国家統合の次元における差別化(植民地主義)と、文化統合の次元における同一化(自主主義)により特徴づけられるのに対して――文化統合の次元におけるもう一つの同一化の手段である日本語の普及にはふれていないものの――、この関係を逆転させた提言をしているのである。教育勅語については差別を設けよという主張だけならば、事実として存在する差別的な体制を追認するにすぎないものともいえるが、そうした文化統合の次元の問題にかかわらず、平等化を図るべきだと述べている点が、当時の改革プランのなかではラディカルなのである。

さて、教育勅語のどのような部分を問題視していたのか。特に強調していたのは「爾祖先ノ遺風ヲ顕彰スルニ足ラン」という部分である。井上によれば、これは、朝鮮人の祖先、台湾人の祖先と解釈される恐れがあるからよくない。「一旦緩急アレハ」という部分や「皇祖皇宗」という言葉についても同様、「朝鮮のための緩急」と解釈されては逆効果であるから、適当な言葉に改める必要がある。他方、「父母ニ孝ニ兄弟ニ友ニ」といった部分は「普遍的」のことであるからよい。このほか、「日本の天皇に従つて居れば、将来高度の文明の恵沢に浴する事が出来る」といった内容を付け加えれば申し分がない、と修正の方向性を説明している。このような趣旨にしたがって、「多少の字句を代へた新勅語を別に今上陛下から賜る事」にすべきだと論じているわけである。従来の教育勅語は「日本人」用に存置するというのがこの議論の前提だから、完全な修正論ではない。しかし、教育勅語が、「皇祖皇宗」という連綿たる王統の「遺訓」であることに権威性の根拠を求めていたこと、また、すべての徳目が「一旦緩急アレハ」に収斂する構造になっていることを考えれば、「多少の字句」の修正であるどころか、原理的な修正の必要性と可能性を示したものと見なすことができる。

現実としての多民族的な状況を、統合の核となる理念のレベルでも反映すべきというこの提言は、民族自決の理念に抗して、帝国主義的な支配体制の維持を優先させるための一定の妥協であり、「民族自決の謬見」を排するための措置であった。井上は、総督府の「サーベル主義」を批判し、教育勅語の修正と差別待遇の撤廃の必要について論じたうえで、ウィルソンの提唱した民族自決主義に反論し、この原理が朝鮮には及ばない理由を必死に弁証しようとする。もっともそこで用いられた論理は目新しいものではなく、子どもが親や先生に導かれるように「文化の程度の低い民族」は進んだ民族に導かれるべきというパターナリズムの論理、広義には「日鮮両民族は同一民族」であるという日鮮同祖論的なロジックである。井上は、併合当時から穂積八束流の君民同祖論への冷淡さを表明していたから、ここで日鮮同祖論を採用したとしても不思議ではない。二つの同祖論は、血統のつながりに関する議論という点では共通性を持ちながらも、前者は「日本人」から異民族を排除する原理であり、後者は異民族を包摂するための原理というように、方向性を異にしていたからである。もっとも、井上が本気で日鮮同祖論の正当性と有効性を信じていたとすれば、教育勅語の「爾祖先ノ遺風」云々という表現を問題視する必要もなかったわけで、この最後の部分はそれまでの論旨と必ずしも整合的ではない。

井上が、右のような立論をするにあたっては、二つの伏線があったと見ることができる。一つは、三・一運動前から時代状況の変化に対応した国体論再構築を志向していたことであり、もう一つは、どの程度自覚的であったかはさだかではないが、井上の提唱した方向での修正が総督府編纂の教科書で事実上行われていたことである。

すでに三・一運動に先立つ段階で、井上は、明治天皇の死、デモクラシーの風潮、ロシア革命の衝撃などの同時代状況に対応するために、「王道」をキー・ワードとして、「仁政主義＝民本主義＝人道主義」というロジックで天皇制の固有性と普遍性を弁証する、王道的国体論を提唱しはじめていた。[12] それは、仁政の概念を「天壌無窮の神勅」における「治焉《しらせ》」の概念に結びつけることで従来の正統性原理と折り合いをつけながらも、天皇は単に「万世一系」なるがゆえに尊いのではなく、代々仁政を行ってきたからこそ「万世一系」たりえたのである、という方向で国体論を再構築しようとするものだった。しかも、この場合の仁政とは、当時さかんに論じられた民本主義や人道主義の内容を先取りしたものであり、たとえどのような新しい政治思潮が出てこようとも、それは天皇制の教説に敵対するものではなく、包摂されるものだというわけである。

天皇制の教説の再解釈により一定の普遍性を持たせようとの試みは、時々刻々変化する同時代状況に何とか折り合いをつけようとするためのものであった。井上の発想の基盤に、そうしたある種の政治的なリアリズムがあることは、井上が会長を務めていた東亜協会の機関誌『東亜之光』の巻頭言「教界春秋」の内容からもうかがうことができる。一九一九年前半期の内容を概観すると、一月号では、ウィルソンの提唱する正義人道の理念は正当であり、ドイツが敗北したのもそれを無視して「他国を侵略して独り自国のみを拡大」しようとしたためだと述べる。他方、三月号では、民族自決主義を「馬鹿々々しき主義」と否定し、もし「米国土人」が「白人退去」を求めたら、ウィルソンも啞然とするだろうと揶揄する。その背後に、民族自決の理念が、ウィルソン自身の思惑も越えて、帝国主義的な国際秩序を根底から崩壊させることへの恐れを見いだすことができる。「朝鮮人の独立運動」に言及した四月号や、朝鮮・台湾で教育勅語を教えることに疑問を呈した五月号では、教育勅語の修正は明言していないものの、『やまと新聞』の内容とほぼ同趣旨の主張を展開している。[13]

世界的な植民地分割競争のもとで弱肉強食の論理が幅をきかせた時代から、人道主義、民族自決主義による一定の歯止めを持った時代への転換。そうした世界の大勢に乗り遅れまいとしながら、植民地支配をいかに延命させるのか。それが井上の主張を貫くモチーフであった。ここで一九三〇年代以降に日本帝国主義が実際に採用した進路、すなわち、侵略主義の採用が、既定の方針ではなかったことを改めて想起すべきである。第一次大戦時のドイツの例にみられるように、侵略主義が国際的孤立を招き、長期的な観点ではかえって国益をそこなう可能性も生まれていた。少なくとも井上は、大戦後の新たな帝国主義的国際秩序に追随する必要を考えていたのである。三・一運動の衝撃が、それを一般的な主張のレベルにとどめず、教育勅語の修正という具体的な政策提言へと結びつける触媒としての役割を果たしたと考えられる。

もう一つの伏線たる、朝鮮総督府編纂修身教科書の内容については、第II章で述べた(九九頁参照)。それは、全体として教育勅語の解釈をペンディングする一方、仁政のような儒教的理念の換骨奪胎的利用を図り、「文明の恵沢」を標榜していた。ちなみに、二〇年代に刊行された教科書では、「文化政治」という標語に合わせるためだろう、「文明」という言葉の一部が「文化」に置きかえられている。しかし、内容的には変化していない。たとえば、『高等普通学校修身教科書』巻三(一九一九年)の第二課「文明の進歩」における「我等国民はかかる文明の世に生れて、幸福利益を受けることを喜び」という表現が、『高等普通学校修身書』巻三(一九二三年)の第二〇課「文化の進歩」では、「我等は、この有り難き文化の御代に生れて、この文化の恩恵に浴して居る」に変更されているという具合である。そのことは、逆に「文化政治」という言葉が、従来説かれてきた文明化の理念と比べて、実質においてさほど異なった理念を提示しているわけではないことをうかがわせる事実である。

いずれにしても、井上の主張は、総督府編纂教科書で事実としてなし崩し的に行われていた天皇崇拝の根拠の改編を、理念上も公認すべきことを説いたものと位置づけることができる。しかし、だからといって、その意義は小さいというわけではない。日清・日露戦間期に提起された、教育勅語の追加・改訂・撤回論が「不敬」事件を惹起する中で、日露戦争以降は、戊申詔書など新たな詔勅の発布により、教育勅語の指し示す内容と時代状況との間隙を埋める方式が採られていたからである。(14) 教育勅語批判が一種のタブー領域を形成していたことを勘案すると、井上の主張は、たとえ植民地向けの議論であるにしても、やはり相当に大胆なものであったといえるのである。

二　教育勅語修正論への反響

さて、それでは、井上の教育勅語修正論は、当時の人々にどのように受け止められたのだろうか。『教育新聞』では、井上の主張に対する論評的な内容の意見が紹介されている。まず井上の論説に先立って、『教育新聞』主幹である佐藤正が、民族と国民の違いを説明し、同一民族が複数の国民に分かれることもあり、同一の国民に複数の民族が含まれる場合もあると述べたうえで、多民族的状況に適合的な国家に編成替えすべきことを明快に説いている。(15)

今や我が帝国は過去に於ける(意識的と言はず)民族主義を抛ちて帝国主義を採るに到つたのである。……教育勅語を発布せら《マヽ》た当年(明治廿三年)の我が国と現代の我が国の、国家組織は如上の意味から全く一変したものと言はねばならない。台湾の領土たらず、朝鮮の併合なかりし時代の、其の実際より結論せられたる総べてのものは一切改廃せらぬ《マヽ》ばならぬ。

このような見解に基づき、教育勅語についてもその「改廃改訂」を認めない者はかえって「日本を愛せざる反叛《マヽ》者」であると断言している。井上以上に、既存の体制のラディカルな改編を説く佐藤の議論には、軍内部の革新派の主張を想起させる、激しい口吻がただよっている。

井上に続いて意見を述べている三名のなかでは、亘利章三郎(東京高等師範学校教授)が、教育勅語の祖先の意味を

「血統的血族的」観点から考える必要はないとして、本来はあかの他人の祖先であるはずの妻の祖先を自分の祖先と意識できるではないか、というたとえで反論している。日本人と朝鮮人の関係を、結婚あるいは養子の比喩で説明し、家族国家の枠組みに何とか回収しようとする言説は、当時枚挙にいとまがない。この比喩は、血統のつながりのない者もイエの構成分子たりうることの説明としては、あながち的外れではない。父系血縁集団としての朝鮮の宗族とは異なり、日本のイエ制度はそのようなものだったからである。しかし、そのことは逆に朝鮮人に対する論理としては説得力を欠くということでもあるうえに、あえてこの比喩に則していえば、離婚や家出の可能性をあらかじめ排除している点が実際とは異なっていた。

窪田治輔(文部書記官)は、亘利とは対極的に、血統の観念による宿命論的な相違を強調している[16]。

この度の朝鮮における動乱などでも、必ずや彼等の身内に渦巻いて居た血液が勢を得たのであらうと思ふ。余輩に言はしむれば、これは自然の勢であると思ふ。たとへば一時彼等が教育に依つて、日本の教育に依つて其血液を保持して居たとするも、必ずや破裂すべき時期が来たつたのであらう。

三・一運動勃発の背景への無理解という点では亘利と五十歩百歩であるが、教育勅語の趣旨を「血統的血族的」な観点から解釈しようとする点が異なっている。窪田は、教育により「血液までを同化させることは出来ない」以上、あまり教育するのは考えものと述べながら、教育勅語の修正に関しては「軽々しく行ふべき事ではない」と、官僚らしい慎重な見解を示している。もう一人の論者、箕作元八(東京帝国大学文科大学教授)は、「明治天皇より賜つた教育勅語を否定する」のは畏れおおいから、もっとよく考えてみるべきと曖昧なままに終始している。

佐藤のもっとも過激な議論を冒頭においたうえで、井上の主張に反対する論、ひかえめに賛成する論、どっちつかずの中間派と、まんべんなく意見が拾われているわけである。特に佐藤の「民族主義」か「帝国主義」かという二者択一的な問題の取りあげかたは、単純であるだけに、帝国日本の統合原理をめぐるジレンマを摘出したものとして、興味深い。穂積八束的な君民同祖論(五八頁参照)、血族ナショナリズムの原理(民族主義)は、事実としての多民族支配状況(帝国主義)への適応力を失っていた。巷間では、日鮮同祖論や養子のたとえなどで純血主義をオブラートに包み、矛盾を糊塗していたわけだが、民族主義の原理が深く埋め込まれた教育勅語の位置づけをどうするかという点では、二者択一的な選択肢が浮上せざるをえなかったのである。もちろん、どちらも愛国主義であるのには変わりはなく、朝鮮や台湾の諸民族を支配すべき対象ととらえていたのも同じである。ただし、一八九〇年と一九一九年のあいだの時代状況の変化、世界の大勢の変化の大きさをどの程度に見積もるか、どの程度に長期的なスパンで国益の維持を目指すのかによって、対応の違いが生じていたのである。

当時、佐藤や井上のように、民族主義よりも帝国主義を優先させる考えがどれくらい支持を集めていたのかを見極めるのは困難である。ただし、併合当時社説で朝鮮への教育勅語の適用を当然のこととして説いていた『教育時論』にも井上の教育勅語修正論がのせられていることは、象徴的である。全体として、結婚や養子の比喩でなんとかなるという楽観的な見通しの甘さが反省され、理念としての単一民族主義と、事実としての多民族支配状況とのあいだの裂け目への認識が、本国の世論にも浸透しはじめたと考えてよいだろう。ただし、井上の志向した国体論再構築の試みは「不敬」として糾弾され、さしあたり教育勅語修正への道は閉ざされることになる。

よく知られているように、井上哲次郎不敬事件は、井上の著書『我が国体と国民道徳』(一九二五年)における、三種の神器などに関する記述を「不敬」とする、頭山満らの非難を契機に引き起こされたものである。多くの不敬事件がそうであるように、この事件の場合も、井上が当時総長を務めていた大東文化学院内部での利害対立という、いわば卑近な出来事が直接のきっかけとなり、「不敬」という概念が攻撃の手段として用いられたものである(17)。ただし、結果として、一九一〇年代末から井上の主張していた王道的国体論のように、皇室の血統関係や神器を軽視する構造をもった議論は「不敬」であるとの判断が、定着していくことになる。井上は、代々天皇は仁政を行ってきたからこそ万世一系たりえたのだと論じていたが、井上を批判した『日本及日本人』の論説では、「皇室は仁政を行ふを条件としてのみ、辛うじて万古不易なるを得る」とするのは「神州を以て、易姓革命の国家と同一視せるもの」と攻撃している。[18]井上としては、国体論の読みかえにより一定の普遍性を持たせようとしていたのだが、「神州」の固有性と特殊性を強調する、民族主義派の言説は、そうした方向で国体論を再構築していく志向に歯止めをかけることになったのである。その結果、教育勅語修正論も宙に浮いたままの状態で放置されることになる。

もっとも、井上の提言が、まったくの空振りに終わったわけでもない。不敬事件よりも前、第二次朝鮮教育令制定に際して、第二条の教育勅語に関する規定が削除されたのである。

新教育令案の審議をした一九二二年一月の枢密院本会議では、「当局ノ弁明セラルル所」の内容を議長が説明し、こうした条項は本国での教育勅令にも見られないうえに、「本令ニ存置スルトキハ往々朝鮮人ノ反感ヲ買ヒ、却テ統治ニ不利ヲ来スノ虞アル」と述べている。[19]教育勅語が教化理念としての普遍性をもたないことを、総督府も本国政府も認めざるをえなかったわけである。ただし、決定過程で、水面下では小さからぬ確執があったようである。当時の総督府学務局長柴田善三郎は、第二条削除を提案したところ「法制局の某参事官は非常に怒つて私を罵倒した」と回想している。[20]朝鮮人の「反感」の増大は教育勅語の権威性の喪失を顕在化させるような事態を招きかねなかったが、かといって、いったん表に出したものを引っ込めることも事実上その権威性を否定することになる、というジレンマが存在したのである。

教育勅語が「中外ニ施シテ悖ラス」の名に値しないことはもはや明確だった。ただし、その内容が修正されたわけでもなく、修身科の要旨や教科書には、教育勅語に関する記述が残されている。他方、はじめにも述べたように、斎藤実総督のもとで宗教教育禁止規定は緩和され、儒教の利用も試みられた。厳密には教科書の記述などに即して検討しなければならないが、教育勅語がキリスト教や儒教の教義と矛盾・対立する側面をもった以上、そのことは、統合の核となる理念のさらなる曖昧化と空洞化を促進したと推定できる。併合から一〇年以上を経て、植民地支配の「根蒂」の欠落、という『東亜ロイド』の記事（八五頁参照）の指摘した事態には何の変化もなく、むしろその指摘の先見性と正しさが証明される結果となっているのである。

4 朝鮮議会設置論の蹉跌

井上哲次郎は、教育勅語を修正しさえすれば、東アジア諸民族における民族運動、民族自決主義の理念によく抗しうる、と考えていたわけではない。それは統合の原理を再編するためのミニマムな条件の一つであった。他方で、制度的な平等と差別の撤廃を一定程度推進することを不可欠の条件として意識してもいた。しかし、後者の問題に関しては、井上の主要な守備範囲を越えていたために、具体的な論及がなされなかったのである。本節では、そこで、制度的次元で多民族国家体制を志向した議論として、朝鮮議会設置論に着目することにしよう。

一 持地六三郎の朝鮮統治論

三・一運動後の統治改革を見すえて斎藤総督に提出された数多くの意見書のうちで、明確に朝鮮議会設置論を説いたものとして、持地六三郎の「朝鮮統治論」がある。[21] これは、持地が一九二〇年六月に朝鮮総督府を依願免本官となった直後に執筆したものである。

「朝鮮統治論」は、「昨年勃発したる騒擾事件」が「民族自決主義に刺激せられた一時的現象」ではなく、「深い源泉」を持つものであり、「日本帝国の将来の安危消長」のために適切な方策を立てねばならないという問題意識を明らかにしたうえで、前半では「同化政策」を批判、後半では朝鮮議会設置論を唱えている。

前半では、まず日鮮同祖論を批判の俎上にのせている。すなわち、日本人の一部に朝鮮人の一部の血が流れているのは確かだとしても、特に平安道や黄海道のような北部では中国の影響がはるかに強く、中国人の後裔としての意識が強いと指摘している。次いで、前近代から近代にわたる日朝関係史に即して、朝鮮人の民族主義的感情が深い根を持つことを明らかにしている。具体的には、「倭寇、豊太閤役の宿怨」から、日本側にあっては「強者の権利」の行使、朝鮮側にとっては「弱者の運命の順受」だった韓国併合にいたるまで、朝鮮の「国民的感情」は反日的感情を核として養成されたことを指摘、朝鮮人は「往時は日本文明の先輩、教師であつたことを自負」しており、「日本の勢力が加ハつて以来西洋流の物質的進歩こそあれ、為めに道義の頽廃、風俗の破壊を来したことを父兄等は切に慨嘆」していると述べる。

持地が「同化政策」という言葉を用いて批判しているのは、文化統合の次元で「自主主義」を志向し、朝鮮人の民族的文化的な主体性を一切排除しようとした体制のことと考えることができる。持地は、そうした政策が既存の文化構造の破壊というネガティブな意味では機能しえても、新たな統合の創出というポジティブな機能は果たしえないこと、結果として、思想および感情の「融和」が達成されるどころか、いよいよ反感を煽らざるをえないことを指摘しているのである。特に教育政策の効用に対する強い懐疑心は台湾総督府時代から一貫しており、朝鮮人を「飴細工や土人形の如くコネ次第」という発想に基づき、「同化論者の唯一の手段として熱心努力せる朝鮮教育」は、「朝鮮魂の反発」を促進するにとどまったと評価している。隈本繁吉が参政権問題には言及せず、「安全弁」としての教育に依存して問題の解決を図ろうとしていたこととの発想の違いは明らかである。

こうした持地の認識は、朝鮮人自身の認識、たとえば、三・一運動の際の総督向け要望書の内容をかなり正確にふまえたものとなっている。「独立宣言書」と同様、崔南善《チェナムソン》の起草したこの要望書は、植民地当局が「絶大ナル心力ヲ傾注」した日本語教育は「僅カ十万」の日本語解者を産出したに過ぎないが、「最近十数年習俗改化ノ激甚」であると述べ、それは「同化政策」が効を奏したのではなく「過渡的社会ノ趨勢」によるものであると主張している。また、「新文化ノ過程ニ於テハ仮令幾歩カ落後」したとしても「朝鮮ノ文化的高級」なることへの自負を明らかにし、「自己ノ地位ト歴史ト運命トニ対シ正確ナル自覚ヲ得タル朝鮮人」が、「吾人ノ運命ヲ自力ニテ処理」する主体となるためには手段を選ばないとも述べる(22)。

要望書も、持地も、教育というよりは、むしろ経済的な次元での近代化の波及効果が社会生活に混乱を生み出し、それが朝鮮人によって文明の普及ではなく、破壊と見なされていることを指摘している。植民地当局の標榜する文明は、「競争ノ説」の普遍化と「殺人機械」の普及をもたらしたに過ぎない、とする安重根の議論のリフレインをそこに見いだすことも可能だろう。文明化の恩恵を標榜することで「順良ナル臣民」の育成を目指した、総督府の施策の蹉跌は明らかといえよう。一九一〇年代の総督府の政策のうちで、近代化政策としての性格が比較的明確だったのは、鉄道・道路・通信の整備であった。土木局長、次いで逓信局長としてそうした政策を推進する立場にあった持地が、その効果をこのように認めざるをえなかったのは皮肉というほかはない。

同化政策に反対すべきもう一つの理由として、持地が挙げているのは、井上哲次郎と同様、「世界の大勢に逆行背馳」する、ということである。「国民的国家《ナショナル・ステート》」形成を理想とする動き、大戦後の国際協調主義、「民衆主義《デモクラシー》」の増進という同時代状況のもとで、従来の「資本的侵略」主義に基づく植民政策は困難になっている、というのが、持地の現状判断であった。大戦後の委任統治制度の採用にも言及し、「一旦埃及を併合するも其の国民的運動の猛烈なるを見るや、心機一転忽ち自治を許容した、サスガハ英国人で機敏である」とイギリスの植民地統治政策を賞賛してもいる。

先の総督あて要望書は、「改新シタル世界ニ独リ旧式帝国主義ヲ把持スル」帝国日本に対して世界の疑念が輻輳し、孤立を招くであろうと述べているが、そのような事態を避けねばならないと持地もまた考えていたのである。

結局、持地がたどり着いた地点は、国家統合の次元の差別化により蓄積された問題を文化統合の次元に転嫁するのではなく、正面から朝鮮人の参政権について論じなければならないということである。「同化政策」という理念が統合を創出するためのポジティブな原理としては形骸化しながらも、リアルな役割を果たした点があるとすれば、朝鮮人の自主的・主体的な活動を抑圧したということであった。さまざまな条件つきでではあるが、持地はその点をこそ変えなければいけないと考えたのである。

「朝鮮統治論」の後半では、参政権付与の必要を前提としたうえで、それを内地延長主義の方向ではなく、自治主義の方向で追求すべきことを説いている。すなわち、帝国議会への朝鮮人代表の参加を認める内地延長主義については、そうした運動を起こした閔元植《ミンウォンシック》が「日本当局者の提灯持ち」として朝鮮人から一顧だにされていないと述べる。本国同様の選挙法を施行したら、衆議院議員の少なくとも四分の一は朝鮮人が占め、言葉の問題が生じてくるうえに、イギリス議会がアイルランド選出の議員に左右されたような弊害を招くという理由も挙げている。

即時独立を認める以外に残された選択肢は、朝鮮議会の設置ということになる。三・一運動以後の諸改革が「的確ナル前途ノ光明」を与えず、かえって知識人を失望落胆させている状況を克服するには、軍事権、外交権などを除き、立法権と予算の協賛権を備えた朝鮮議会を、地方自治の充実を待って一〇年後に設置するとの声明を発するほかはない、というのが持地の判断だった。自治の許容は独立につながるという反対論があるだろうが、「仮に一歩を譲りて将来幾百年の後独立し得る実力を具へ得るに至つたとすれば、是則ち日本の撫育其功を奏したるもので、喜びこそすれ悲しむべきことにあらずと思ふ」とも述べている。

斎藤実の日記によれば、持地は、一九二〇年六月に総督府退職後も、同年七月に閔元植らとともに斎藤に面会している[23]。同月に地方諮問機関の設置と、限定的な選挙を定めた地方制度改革も行われている。「朝鮮統治論」は、このすぐあと八月に執筆されているわけである。おそらく、斎藤総督が、閔元植を利用した帝国議会への参政権請願運動と地方諮問機関の設置により朝鮮人の不満に対応しうると考えていたことに持地が異議をとなえ、総督府の退職と「朝鮮統治論」の提出となったものと推定できる。総督府内部での路線対立に発する意見書と考えられるのである。ちなみに、閔元植は翌年二月、民族運動の妨害者として朝鮮人青年により東京駅で刺殺されている。持地にとっては、自分の見通しの正しさを証する事実と意識されたことだろう。

従来、朝鮮議会設置論は、大正デモクラシーの代表的存在である、吉野作造や矢内原忠雄の主張に即して、体制外からの批判の論理として理解されてきた。山本美越乃や泉哲のような植民政策学者の支援した、台湾議会設置運動についても同様である[24]。厳密な分析をここで行うゆとりはないにしても、彼らの議論も——留学生の主体的な活動へのシンパシーや立論の基礎となるエートスの問題は別として——自治から進んで長期的な見通しとしては独立もやむをえないという論調に関しては、持地の主張を越えるものではなかった、と筆者は考えている。

たとえば、吉野作造は、一九一九年六月に執筆した「朝鮮統治の改革に関する最小限度の要求」で、第一に教育制度の不備をはじめとする差別待遇の撤廃と共学の推進、第二は武人政治の撤廃、第三は朝鮮の歴史を忘却させる同化政策の撤廃、第四は言論の自由、という四項目を主張している[25]。総じて、文化的差異を許容したうえでの制度的な平等を志向した議論とみなすことができる。ただし、共学を進めた場合に、日本語や教育勅語の位置づけはどうなるのか、という問題については明言していない。同化政策を撤廃すべきとは述べていても、具体的にそれが何を意味しているのか、共学を推進すべきという意見とどのように整合しているのかも、さだかではない。

矢内原忠雄の場合は、一九二六年の論文で、総督府の教科書が国定教科書を基礎としていること、「教授用語は朝鮮語の時間以外は悉く日本語を強制せらるること」、墓地規則・屠場規則など、具体的に総督府の施策のうちで同化主義的な側面を批判する一方、朝鮮議会設置の必要を説いている。朝鮮に政治的自主性を認めれば「朝鮮は日本に反抗すべき心理的理由を失ふ」ことになり、改めて政治的・軍事的利害関係に基づいた結合が可能となる。また、「仮りに自主朝鮮が全然日本より分離独立を欲するとしても、その事は日本にとりて甚だしく悲しむべきことであるか。道を以て領有関係が平和的に終了せられたる場合には、その後の友誼関係の維持が、期せられ得る」と論じている。[26]第一次大戦後のイギリスの植民地統治方針の転換を念頭においたこうした発言も、持地の主張と相似している。自治の付与は必ずしも帝国日本の国益に反するものではない、という論理構造にしても同様である。

吉野や矢内原は、被抑圧民族の言論の自由を重視して、その主体的な活動に対して賛意を送っていた。この点では持地の発想よりも開明的だった。矢内原のように、「朝鮮に行いて見よ。路傍の石悉く自由を叫ぶ」[27]というようなシンパシーに満ちた文章は、持地の議論には見いだすことはできない。しかし、改革プランそのものは大同小異であり、吉野や矢内原にしても、帝国日本の国益の観念を優先させた立論であることに変わりはなかった。世論を説得するためにはそうした論理をとらざるをえなかったということもあるだろう。しかし、国益の論理が容易に異なった方針へと転じうることも確かだった。

植民地テクノクラートとしての、政治的リアリズムを発想の基盤としていた持地の場合、そのことは明瞭である。一九二〇年一一月に斎藤総督に提出した「朝鮮統治後論」において、持地は「朝鮮統治論」を知友に配布したところ「少なからさる批難」を招き、なかでも「非愛国的であるとの批難に到つては素より甘受すべからざる所」という自分の思いを吐露したうえで、一転して次のような強硬策を説いている。[28]

植民地経営とは「本来偽善の政治」であり、統治国民の思想、感情、利益と被統治国民の思想、感情、利益の「矛盾衝突を巧みに按排調和」して「本国の利益」を求めなくてはならない。「人種、宗教の区別を巧みに利用して、被統治国民を相反目嫉視」させるなかで、自らの利益を追求するイギリスがよいお手本である。朝鮮には、このように巧みに利用すべき人種上、宗教上の差異はないが、いずれにしても「大手より王道を唱道すると同時に搦手より覇道を遂行」していかなくてはならない。具体的には、散在制ではなく密集制による大量の日本人移住、計画的な水利事業に基づいた日本人農村の形成、現在の二個師団にさらに二個師団を加え、除隊者を朝鮮に居住させることなどが必要と述べる。ただし、コストとリスクのかかるこうした政策を実施できないのならば、やはり「自治を許容し進んで独立を助成するより外ハない」とも書いている。

このように、持地は、冷徹な政治観をもったリアリストであった。重要なことは、そのリアリストが朝鮮議会設置やむなしと判断するほど、三・一運動のインパクトは大きく、朝鮮統治の危機は深かったと判断できることである。朝鮮議会の設置は、植民地統治体制の外にある人道主義的な立場からなされた体制批判の論理であるばかりではなく、体制の側でとりうる、あるいは、とるべき選択肢の一つでもあったのである。

二　朝鮮総督府の参政権構想

一九二〇年の時点では持地の提言は孤立したものだった。しかし、斎藤総督も結局持地の論に先見の明を認めざるをえなかったということであろう、二〇年代後半には朝鮮総督府の内部で朝鮮議会の設置による「民心緩和」の方策が真剣に模索されることになる。

斎藤実関係文書には、朝鮮総督府が極秘裏に朝鮮議会の設置を政策プログラムにのせていたことをうかがわせる資料が含まれている。

一九一九年から二五年まで内務局長の職にあった大塚常三郎の「朝鮮議会(参議院)要綱」では、「形式又ハ名義ノミノ同一ハ却テ反発ノ力ヲ培フ」だろうから「差異ヲ差異トシ無理ナキ適切ナル制度」を形成すべきと述べ、「納税資格又ハ学歴資格(中等学校卒業)」を選挙資格の要件として、朝鮮議会を設置すべきと説いている[29]。提言の内容としても、立論の構想としても、ほぼ持地の議論を踏襲したものといえる。特に「形式又ハ名義ノミノ同一」という語句は、従来の総督府の政策の特徴を適切に総括した表現である。

一九二七年四月に斎藤総督が異動する直前の段階で説明資料として起草されたと推定できる「㊙朝鮮在住者の国政並地方行政参与ニ関スル意見」[30]では、帝国議会(衆議院・貴族院)への朝鮮人議員の選出と、「朝鮮地方議会」設置の双方を認める案を提示している。

前者の帝国議会への議員選出に関しては、兵役義務を負担せず、教育も普及していない朝鮮人に衆議院への参政権を与えるのは時期尚早とする議論や、朝鮮出身の議員により国政を左右される恐れがあるという議論など、予想される反対論をあげながら、むしろ「朝鮮人議員を帝国議会に出すに依り漸次内鮮人の国民意識を接近せしむるを得ん」と述べ、ただ議員数を限定すればよいと説明している。国家統合の次元における平等化こそが「国民意識」を形成するとの考えである。他方、後者の朝鮮地方議会に関しては、「朝鮮を区域として北海道及各府県の如き地方団体を組織し之に範囲の広範ならざる自治」を認めることで、「帝国に対する反抗的気運を抑制する」効果が期待できると説明している。自治付与は分離独立の気運を醸成する恐れがあるとの反対意見に対しては、次のような反論を用意している。

> 朝鮮地方議会の議員の多数は朝鮮人の占むる所となる結果、若し不当に内地人の利益を無視するが如き議決を見た場合には監督権の発動に依りて之を是正し得べく、又仮に内地人が朝鮮に於て政治的に優越なる地位を贏ち得ずとするも、経済的利益にして損傷せらるるが如きことなき限り、朝鮮在住の内地人の発展を阻礙し、其の人口増加を抑遏するが如きことなかるべし。

この説明は、自治付与がどのような意味で譲歩として意識されていたのかを明確に物語っている。最終的に守らなければならないものは、「内地人」の経済的利益である。朝鮮人を政治的に従属的地位におくことは、そのための一つの条件なのである。朝鮮が独立したとしても、経済的・軍事的利害に基づく「友誼関係」により国益の維持が可能という見通しを述べた矢内原の主張と並んで、新植民地主義的な方向での統治政策を模索したものといえる。同資料は、このような見解に基づいて、周到な配慮をめぐらした選挙資格の制限から朝鮮地方議会の審議すべき歳入歳出事項まで、「帝国の利害に関し又は帝国を通じて統一を必要とする事項」を慎重に除いたうえで、自治付与計画を具体的に提示している。

一九二九年に斎藤実が再び総督になった際に再び参政権問題が浮上し、ほぼ右の案を踏襲した内容の案が総督府のレベルで決定された。総督府がこの案の実現に意欲的だったことは、三〇年三月の児玉秀雄政務総監より斎藤総督あての電報で「該案ハ閣下御重任ニ際シテノ最モ重要ナル政策ニシテ、今回御東上ノ機会ニ於テ是非成立致ス様只管切望シテ已マズ」と述べていることからも明らかである(31)。官房文書課長だった萩原彦三も、後年、「児玉さんの仕事で一言したいのは、ある程度朝鮮の自治を認めようと計画したことである」と述べたうえで、「斎藤総督は成案を携えて上京し、要路に内示して交渉したらしかったが、ついに日の眼を見ずにしまった」と回想している(32)。結局、萩原の述べるように、大山鳴動してのたとえ通り、朝鮮地方議会設置ばかりでなく、衆議院議員選挙法の限定的適用も否定され、三〇年一二月に、従来の地方諮問機関を議決機関とする改革のみが行われることになった。

本国政府は、なぜ朝鮮地方議会の設置を否定したのか。萩原彦三は、右の回想記で「内地延長主義の下では已むを得なかった」と述べている(33)。たしかに朝鮮議会の設置は、内地延長主義という公言された統治方針と方向性を異にする政策だった。ただし、朝鮮議会を否定するという点ではその原則が貫徹しながら、帝国議会への議員の選出という点では、その原則も実質化されなかったことに留意すべきである。筆者は、そこで貫徹している方針は、むしろ「膨張の逆流」現象に対する「防波堤づくり」として理解すべきであると考える。すなわち、植民地統治の矛盾が、さまざまな領域で逆流現象を引き起こしつつある中で、ドミノ倒しのように、本国の統治システムや教化理念への疑問が生じ、ひいては危機に瀕させることを本国政府は恐れていたのではないかと考えられる。本国でも階級対立の激化に伴って左翼勢力が浸透し、天皇制を否定あるいは相対化する思想も生まれてきていた。一九二五年に普通選挙法と抱き合わせで治安維持法を制定しなければならなかったことも、危機意識の一つの現れである。

井上哲次郎の教育勅語修正論に関しても、文部官僚はその趣旨には同意を評しつつも、勅語の修正という点には反対していた。「日本人」向けのものではなく、あくまでも植民地向けのものであるにもかかわらず、である。「教化意見書」の執筆者が懸念していたように、「朝鮮民族ニ適用スルノ不便ナルヨリシテ、日本民族ニ対スル此ノ教育法マデ誹議」する議論が普遍化する可能性を恐れたためではないかと考えられる。また、後年のことだが、一九二〇年代後半から三〇年代にかけて急増した朝鮮人の流入現象に関しては、三四年に「朝鮮人移住対策の件」を閣議決定、厳しい渡航制限を設けている[34]。植民地統治の矛盾を植民地かぎりのこととして封じ込め、本国へと波及させないこと。本国政府といってももちろん一枚岩の存在ではなく、時期による相違を考える必要があるにしても、このような意味での防波堤の障壁は一貫して守られ続けていたように思う。

朝鮮人への参政権付与に関する総督府案は、「帝国の利害」に背かないこと、「帝国を通じて統一を必要とする事項」に混乱をもたらさないことを強調している。本国政府の要求を先取りした弁明のロジックと考えてよいだろう。朝鮮議会から朝鮮地方議会へという名称変更も、限定的な「地方自治制」の枠を大きく越えるものではない、という意図をアピールするためのものと考えられる。帝国議会への議員の選出は、法制度上は本国のシステムを拡大適用するものに過ぎないが、選出された朝鮮人議員自体は防波堤を越えて東京へとやってくる。そのことが忌避されたのだと考えれば、本国政府の対応も、首尾一貫したものといえるのである。結局、本国は植民地経営により利益をあげるとしても、そのことにともなう諸矛盾の波及は極力防ぎ、従来の統治システムや天皇制にかかわる価値観を保全するという原理こそが、教育勅語修正論や朝鮮議会設置を否定し、多民族国家体制への編成替えを阻止したものと考えられる。それは、植民地を府県と同様の一地方として取り込もうとした原敬の内地延長主義の構想とも、経済的な利益の確保を最優先させる新植民地主義の発想とも異なる、独自の原理であった。

本章のはじめにも述べたように、一九二〇年代以降は、地主、産業資本家層を主な対象とした「協力メカニズム」がある程度機能しはじめた時代だった。しかし、右のような経緯は、諸改革にもかかわらず朝鮮人の「反抗的気運」は根強く存在し続け、総督府の統治体制を脅かしていたことを物語っている。民族運動の側では、三・一運動の際の「民族代表」の一人崔麟《チェリン》を中心とする天道教の一派が、朝鮮議会設置をはじめとする合法的な自治運動から独立へという戦略を立て、非妥協的な運動を貫こうとするグループと対立、自治運動に反対する後者は左翼勢力とも提携しながら新幹会に合流していった。持地の主張したように朝鮮議会が成立すれば、崔麟らのグループと総督府内部の改革派とのあいだに提携が成立するという余地も存在していた。しかし、一九三〇年秋突然崔麟の側から、朝鮮人の生活苦が極度に激しい状況のもとで分裂を克服しようという申し入れがなされ、「鮮内各社会団体ヲ縦断シタル運動ニ合流シ、一層活発ニ進展シ来ルヘシ」と植民地当局から恐れられる体制を形成していた(35)。

三・一運動からおよそ一〇年を経て、ふりだしに戻ったともいえる。就学率が上昇したというような変化はあるにしても、統治体制と教化理念にはらまれる基本的な矛盾は何も解決していなかった。一九二〇年代後半には緊縮財政のもとで小作争議や労働争議が頻発、疲弊した農村からは「内地」あるいは間島地方へと農民の流出が続いた。一九二九年の世界大恐慌の波及が、こうした動きをさらに加速したことはいうまでもない。しかも、二〇年代末には、朝鮮解放のための政治的プログラムを明確に提示した左翼勢力が間島地方に浸透し、武装闘争路線を強化していた。朝鮮議会の設置も本国政府により否定された総督府は、このような事態をどのような方向で打開しようとしたのだろうか。それを考えるのが次節の課題となる。

5　対外膨張と皇民化

一九三〇年代以降、朝鮮総督府は、満洲という「外」への抑圧の移譲と、統治体制全般を教化の網の目と化した皇民化政策の実施に、体制存続のための活路を見いだすことになる。前者の問題に関しては中塚明やエッカート、後者の問題に関しては宮田節子のすぐれた研究が存在するので、これらの見解をふまえつつ、三〇年代以降の状況への展望を簡単に述べておくことにしたい。

一　満洲事変と朝鮮統治

一九三一年九月の満洲事変は、中国における抗日ナショナリズムの勃興のもとで、満洲における日本政府の権益が脅かされているとの意識を背景として、対ソ戦略上の観点を重視していた石原莞爾ら関東軍首脳が引き起こしたものである。ただし、つとに中塚明が着目しているように、朝鮮統治の安定に資するという目的もそこにはあった(36)。

関東軍の側では、石原莞爾が「満蒙問題私見」(一九三一年五月)で「朝鮮ノ統治ハ満蒙ヲ勢力下ニ置クコトニヨリ初メテ安定スヘシ」と論じ、板垣征四郎は「満蒙問題ニ就テ」(一九三一年五月)で、さらに詳細に次のように述べている。「目下在満ノ朝鮮人ハ百万ト称セラレテ」いるが、彼らは「支那官憲ノ圧迫」を受けるなかで「民族心理モ自然ニ悪化シ日本頼ムヘカラストノ結論ニ到着」している。したがって、朝鮮統治の安定を期するためには「満蒙問題ヲ解決」するほかはない。(37) さしあたり石原や板垣が問題視していたのは、間島在住の朝鮮人の動向だった。しかし、間島地方の朝鮮人の増加が朝鮮統治の矛盾に発する以上、朝鮮統治の問題そのものが射程に入れられていたといってよい。

板垣の発言にかかわって重要なのは、三一年七月の万宝山事件である。水利事業をめぐる朝鮮人と中国人の対立に発するこの事件を総督府は最大限に利用して、朝鮮人の反日感情を反中国感情へと転嫁させるための宣伝をおこない、朝鮮人を中国人襲撃へと駆り立てた。(38) 「在満鮮農圧迫問題」においては、「支那官憲」は圧迫者であり、総督府および関東軍は朝鮮人の保護者であるとの構図が、ここに形成されることになる。

関東軍にとって、朝鮮統治の安定が満洲事変を引き起こすためのよい口実の一つであったばかりでなく、朝鮮総督府および朝鮮軍の側でもそれを必要としていた。そのことは、当時朝鮮軍参謀だった神田正種が、戦後書いた回想記で次のように述べていることからもわかる。(39)

朝鮮統治は長年に亘る斎藤総督の統治に依り、表面は如何にも治まつて居た様であつたが、之れは臭いものに蓋をしたのであつて、実情は民心険悪、排日拝米思想澎湃としてをり、……学校の厠には日米開戦を待つと云ふ様な激烈な落書きがしてあり、三大節の祝日には先生が生徒の列の中に入つて居て、不敬事件の起るのを防ぎ、君が代を歌ひ終はると、直ぐ式の解散をやると云ふ様なハレ者に触る状態であつた。

神田は、このような情報を配属将校からつかんだと述べたうえで、現状のままでは「在満邦人の発展が阻止せらるるのみにあらずして、朝鮮にまで飛火が来る事明瞭」との判断に基づき、関東軍の満洲領有計画に賛同、「鮮人の不平の安全弁」として特に間島地方を朝鮮総督府の支配下に編入することを企図していたと回想している。巣鴨の獄中で書いた回想記であるから、満洲事変への関与を正当化するために朝鮮統治の不安定を強調しているという要素もありうるだろう。だが、満洲事変が起こると事前の謀議を経ていた朝鮮軍が中央の命を待たずに国境を越えて作戦行動に参加した事実は神田の回想と整合的であり、大筋において信用できる。

満洲の地では、持地六三郎が「朝鮮統治後論」で主張していたように、密集制による大量の日本人移民が行われた。しかも、本国からの移民が行われたばかりではなく、朝鮮人の本国への渡航制限にともなって、朝鮮人農民の満洲への移民もまた奨励された。一九三四年の閣議決定「朝鮮人移住対策の件」は、前文で次のように述べている。[40]

(内地への朝鮮人の渡航増加と就職難にともなって――引用者注)朝鮮人関係の各種犯罪、借家紛議その他各般の問題を惹起し、内鮮人間に事端を繁からしめ、内鮮融和を阻害するのみならず、治安上にも憂慮すべき事態を生じつつあり。これに対しては、朝鮮および内地を通じ、適切なる対策を講ずるの要あり。すなわち、朝鮮人を鮮内に安住せしむるとともに、人口稠密なる地方の人民を満洲に移住せしめ、かつ内地渡航を一層減少すること緊要なり。

植民地帝国日本に内在する諸矛盾を転嫁する場所として、「満洲」という「外」が新たに作り出されたのである。膨張の逆流現象が強固な防波堤にぶつかってはねかえった時、さらに大きな波となって外へと広がっていったと評することもできる。

朝鮮人は、このような事態にどのように対応したのか。エッカートは、日本帝国主義の満洲侵略において、朝鮮人が従属的な受益者であり、また、従属的加担者だった側面を強調している。具体的には、朝鮮の財界人が満洲事変を異口同音に歓迎したこと、広大な満洲市場が朝鮮の対外輸出を飛躍的に拡大するとともに、総督府主導のもとでの工業化と朝鮮人資本の成長を推進したことを明らかにしている。エッカートはまた、尹致昊が三二年二月末の日記に、「朝鮮の愛国者として、私は日本が満洲政策に成功を収めると考えたい。……日本支配下の満洲は、教育ある多くの朝鮮人に雇用の余地をもたらすだろう」と述べていることに着目し、実際、満洲国の官吏・警察・教員などに多くの朝鮮人が採用されたことを指摘している。[41]

確かにエッカートの指摘するように、満洲領有が朝鮮人の「不平の安全弁」となり、一九二〇年代よりもさらに効果的に「協力メカニズム」を機能させた側面はあると考えてよいだろう。一九一〇年代に台湾で、原住民への差別を拡大再生産しつつ、漢民族の一部を体制に取り込んだように、ここでも、満洲の諸民族をスケープゴートとして、一部朝鮮人の体制内化が図られているのである。ただし、どの程度の割合の朝鮮人が、満洲国における日本人の従属的支配者として、自らの感じていた抑圧から逃れようとしていたのか。また、彼らの心中はいかなるものであったのかという問題に関しては、エッカート自身が指摘しているように、たぶんに問題提起的な仮説であるというべきである。あくまで差別を前提としての体制内化であるから、朝鮮人の心中に複雑な葛藤があったことは想像に難くない。たとえば、木下重行(新潟県師範学校教諭)が一九四〇年に朝鮮人青年に対して行ったアンケート調査では、「万世一系の皇室をいただいてゐることを心から有難いと思つた実際の体験があつたら具体的に記せ」という問いへの回答として、次のような朝鮮人中学生の感想が見られる。[42]

支那で僕は日本人なりとて大いばりした、支那人に対してはるかな優越感を感じた、心のなかでは泣いた、支那の人々も亦吾等と同じと思ふと。

これは、あくまで一つの例に過ぎない。しかし、エッカートの着目した事態はやはりことの一面であり、中国人との連帯に転嫁しうる可能性を常に潜在させたものとして、「日本人なりとて大いばり」する朝鮮人の姿を理解すべきであろう。[43]

二　皇民化政策の展開

一人の朝鮮人の青年が「僕は日本人なりとて大いばり」したくなる心性。それは、同化政策が功を奏したものというよりも、徹底した被差別状態からの脱出願望の現れと見なすべきだろう。権利・義務関係や戸籍のうえでは「朝鮮人」として排除する論理を貫きながら、言語や生活様式の点では「日本人」たれとして同一化を強要する論理。一九三〇年代半ば以降の皇民化政策期にも、こうした矛盾に満ちた要求が撤回されたわけではなく、むしろさらに強化されていく。皇民化政策の構造に関しては、すでに宮田節子が、志願兵制度や徴兵制度の立案と実施過程、「内鮮一体」論の変遷に即して鋭利な分析を展開しているので、まずは宮田の所論をやや詳細に要約・紹介しておきたい。

宮田によれば、一九三八年の陸軍特別志願兵制度は、満洲事変の頃から朝鮮人を「兵員資源」として利用することを考えていた朝鮮軍のイニシアティブのもとで行われたものであり、地方支配機構を通じての露骨な強制、志願者およびその家族への優遇措置、農村の崩壊のなかでの生活苦といった条件が相乗し合うことで、「志願せざるをえない状況」が作り出された。また、志願兵制度と有機的連関をもって、やはり朝鮮軍のイニシアティブのもとで第三次朝鮮教育令を制定(一九三八年三月)、本国に先立って「忠良ナル皇国臣民」の育成という教育目的を掲げ、学校名称を小学校・中学校に統一した。このようにして「兵員資源」のすそ野を広げるとともに、志願者に対しては訓練所で生活様式の日本化、「国語常用」、神社参拝を徹底する。しかし、日常生活の細部にわたる要求のなかで朝鮮人の言語、風俗、思考様式から、食べ物の嗜好の違いまでが「巨大な「敵」となって、皇民化政策の行く手に立ちふさがって来た」と評している(44)。

他方、一九四二年に公表された徴兵制施行(実施は一九四四年度から)は、朝鮮総督府および朝鮮軍の頭ごしに、陸軍中央の意向により決定されたものと宮田は推定する。すなわち、総督府や朝鮮軍が「皇民化の度合い」からみて徴兵制施行は「数十年後」と予測していたのに対して、陸軍中央は、「大和民族」の「人的国力」の消耗を極力回避するという要請に基づいて「外地民族ノ活用」を図ったと論ずる。総督府の側では、こうした事態に対応するため、正規の学校での教育経験を持たない青年の「錬成」に狂奔し、その「無意識の構造」までも日本化しようとするが、支配者の側の皇民化への要求が高まれば高まるほど、実際の皇民化の度合いとの落差は拡大し、朝鮮人兵士の脱走なども相つぎ、日本軍の戦力を内部から崩壊させる一因となったと述べる。[45]

志願兵制から徴兵制へという推移のなかでスローガンとされた「内鮮一体」論に関しては、朝鮮人の一部は「日本人以上の日本人」になりきることに「差別からの脱出」という願望をかけたが、支配者側では本音の部分で断固としてこれを拒否、徴兵令施行への反対給付として義務教育や参政権を要求することを「半島人の増長不遜」とみなす日本人植民者の意見を紹介しながら、「政策上の同化の進展は、朝鮮人を差別する根拠の喪失に連なっていくように思え、そこから生ずる不安・不満が、朝鮮人に対する理由なき反感・反発・不信を増幅させた」と論じ、「内鮮一体」が「内鮮平等」ではないと修正される過程を鋭く抉り出している。[46]

右のような宮田の研究は、本書がこれまで論じてきた内容とも整合的である、と筆者は考えている。

朝鮮総督府の統治政策全般のなかでの教育政策の占める比重は、一九一〇年代には決して高くなかったが、二〇年代前半に上昇し、三〇年代に朝鮮軍の意向が介入することで格段に高まったと考えてよいだろう。一九三七年六月の時点で朝鮮軍が総督府に対して「朝鮮人児童全部ノ修学ヲ目途トシテ小学校ヲ整備シ、漸次義務教育制度ヲ採用スルコト」と述べていることは、そのことを示す。[47] しかも国民精神総動員朝鮮聯盟(一九三八年設立)の組織を通じて、学校外の社会生活全般を教化の網の目にくみこむ体制が形成された。

ただし、宮田も指摘しているとおり、朝鮮総督府および朝鮮軍が「忠良ナル皇国臣民」の育成という、自らの公言した教育目的をどこまで本気で信じていたのかということに関しては単純ではない。視点を教育・教化政策の枠内に限定するかぎり、このような疑問は不必要のようにも思える。しかし、一歩目を転じれば、どこまで行っても制度的な差別は解消されなかったという事実が厳然として存在する。

たとえば、朝鮮総督府警務局長が起草した「極秘　内鮮一体ノ理念及其ノ実現方策要綱」では、朝鮮人が「徒ラニ制度上ノ平等ヲ求メ其ノ俄カニ成ラザルヲ見テ窮極ノ理念ヲ誹謗スルガ如キハ正ニ非皇国臣民的態度」と断ずる一方、「兵役義務ノ実施ハ皇軍ノ素質及民心ニ及ホス影響極メテ微妙ナルモノアルヲ以テ慎重ナル検討」を要すると消極的であり、「内鮮婚姻ノ奨励ハ、内鮮文化ノ一体化ニ伴ツテ行ハルベク、其ノ前提ト為スベキモノニ非ズ」と通婚も否定している(48)。「大東亜共栄圏」という言葉が用いられているから、一九四〇年以降のものであろう。総督府レベルでは、この時期でも、「忠良ナル皇国臣民」を育成するための強力な手段であるはずの、参政権付与、通婚奨励、徴兵制施行に対して消極的だったのである。著名な創氏改名にしても、日本式の姓と家族制度のあり方を事実上強制しながら、本籍の記載において必ず朝鮮籍であることを明記していた、という二重性にこそ着目すべきだろう。

言語・生活様式という文化統合の次元における同一化強要と、国家統合の次元での制度上の差別との間隙は、もっぱら教育・教化政策が埋めることを期待されることになる。教育・教化政策の効果に関して懐疑的だった持地六三郎が批判していたような、朝鮮人を「飴細工や土人形の如くコネ次第」と考える発想こそが基調にあったのだろう。しかし、そうした発想に基づく政策が本当に有効に機能したのだろうか。

中村雅子は、アメリカの黒人文化の例に即して、「文化剝奪」の一面的な強調が、たとえ白人の非を訴える意図のものであっても、結果として、もっぱら文化を否定された受動的存在として黒人を描くことになるという問題を指摘し、黒人の文化的な主体性を把握するためには、「文化を剥奪された状態」と「文化剥奪力にさらされた状態」とを区別すべきことを説いている。[49] 中村の用語をかりるならば、皇民化政策期の朝鮮人は、近代的なメディアを駆使した圧倒的な「文化剥奪力」にさらされながら、剥奪されきれない部分を頑強に保持していたのではないか。「皇国臣民の誓詞」の朗唱、神社参拝などの行為を強制することは物理的な暴力により可能だったが、身体的な次元での強制は、むしろ内面的なレベルでの反発をいっそう招いたのではないだろうか。もちろん、対象が子どもである場合は、そうした身体的強制が内面的同一化への通路として機能しうる場合もあっただろう。しかし、たとえそのような場合であっても、「日本人」に同一化しようとする心情は必ず裏切られる構造になっていたことを看過すべきではない。

このような問題意識に基づきながら、先にも引用した、朝鮮人青年の国体意識に関する調査の結果をさらに詳細に検討してみることにしよう。なお、この調査は「個人としての君の成績を評価し、思想を研究するのではない」という但し書きのもとで行われたが、記名式であった。調査者が回答用紙を学級担任に見せたところ、「皆思想的に注意を有する者は、用心深くカムフラジュしてゐるところがある」と述べていたという。[50] そのことは逆に、調査者によって要注意とみなされた個々の見解は、たとえ実数においては少なくても、さらに深い根底と支持基盤を持つものであることを示唆していると考えてよいだろう。[51]

「我が国は世々一系の　天皇が統治遊ばされ、君は臣を愛したまひ、民は忠孝の誠を尽して、君臣一体万邦無比の国となつてゐるのであるが、その根本は何か、どうして我が国のみがそのやうな国家を形成し得たのか。」という問いに対して――

○「古くから他民族との交通が比較的疎遠で、悪くいへば野蛮、よくいへば単純な精神をもつて一意協力してきたため。」○「民族の性質が甚だしく階級的で服従性に富み、感激的である。」○「我が国民が、我々は万世一系の天皇が統治遊ばす国と頭から信じてゐるためである。」

「八紘一宇とはどんな意味か。」という質問に対して――
○「八紘一宇とは、他民族から見れば明らかに侵略であるが、客観的に見てもさうだ。」○「植民地等の自由権を無にして本国に屈服せしむることなり。」○「世界を一の国家として同じ君が治めることをいふ。それで真に平和が保たれれば、これにこしたことはない。」
「天皇陛下を、どんな意味で、我々は尊び奉るのであらうか。」という質問に対して――
○「一国の主権者を尊敬せずに国家は繁昌せぬから。」○「分りません。何時も一人で疑問をもつてゐますが未だ純な日本国民になつてゐません。」

右の例は、正統的な教説に対する異和感や反発心の現れたものを抽出したものであり、教科書そっくりの「模範解答」的なものが過半を占めていることは言うまでもない。しかし、日常の場面では右のような所感を洩らしただけでも「不逞」「不穏」の徒として検束されることが少なくなかったことを考えれば、記名式の調査でさえ批判的な意見が見られる事実は重要である。同様の内容の調査が日本人の青年に対しても行われているが、その回答の中には、正統的な教説への異和を表明したものはほとんどない。心情的には、朝鮮人と同様の疑いを抱いている場合ももちろんあっただろうが、身の危険を冒してまでもそう書きたいという鬱屈の度合いがやはり異なっていたのだろう。

調査者である木下重行は、このような調査結果に基づいて、次のような問題を指摘している。(52)

国体意識涵養の手段として、神社の参拝もよい、国民的な儀式への参加もよい。そして「皇国臣民の誓詞」を高唱するのもよい。此等実践的なものの価値は十分あらうが、然し青年は合理性を求めるのである。嘗つて青年層がマルキシズムに捕へられたのは、一見それが甚しく合理的に見えたことに重要な要因があつた。……青年指導に当つては、単に信念の問題として押しつけるが如き態度をとつてはならぬ。

木下は、儀礼的な行為を強制するだけでなく、国体に関する合理的な説明が必要と述べているわけである。だが、すでに述べたように、異民族に通じうる普遍性をある程度備えたものに国体論を改造しようとした井上哲次郎の試みは挫折していた。「皇国臣民の誓詞」にしても、そうした改造の試みが挫折したからこそ、教育勅語よりもさらなる抽象化と、極限的な簡約化を果たしたものとして理解できる。すなわち、一定の合理性をもった教説の編成が不可能だったからこそ、「皇国臣民の誓詞」朗読のように、内容による教化というよりは、身体的な次元での感化が重視されたと推定できるのである。そう考えれば、木下の提言は、植民地当局にとってのオールタナティブを示したものというよりは、朝鮮人の怒り・反発・異和感・無視・冷笑の前で、教育・教化政策が最終的に陥らざるをえなかった隘路を示したものとして位置づけることができる。

6 小括

三・一独立運動の衝撃、第一次世界大戦後の帝国主義的世界の再編成の動向は、従来の中途半端な統合の方式が、支配の対立物としての「民族」の理念のもとでの結集力を高めこそすれ、支配の安定をもたらすものではないことを明らかにした。一定の制度的な平等を図り、統合への圧力を高めることが不可避となっていたが、それを内地延長主義の方向で実現するのか、自治主義の方向で実現するのかということに関しては、複数の選択肢がありえた。前者が長期的な見通しのもとに単一民族国家の建前の実質化を図るものだったとすれば、後者は、多民族的状況という現実を理念のレベルで受けとめ、多民族国家への編成替えを目指したものだった。

井上哲次郎の教育勅語修正論、持地六三郎の朝鮮議会設置論は、後者の方針をとることの必要性を主張したものとして位置づけることができる。この二人の主張に、さらに教授用語の日本語化を批判した矢内原の主張が実現したとすれば、朝鮮人の民族的・文化的な独自性を一定程度保障しつつ、自治的な政治参加を認める体制が部分的に形成されたはずだからである。井上や持地の主張が的確な現状認識に基づき、説得力ある形で主張されているかぎりにおいて、即時独立を認めない以上は、こうした妥協的な措置をとらざるをえないほど、朝鮮人の反日感情は深く、朝鮮統治は不安定な状態にあったと判断することができる。また事実、「朝鮮人ノ反感」を買うという理由で第一次朝鮮教育令の教育勅語に関する規定が削除されたこと、「反抗的気運を抑制する」という目的で朝鮮地方議会設置が総督府レベルで決定されたことは、少なくとも井上や持地の提起した問題が体制の直面していた問題でもあったことを示している。

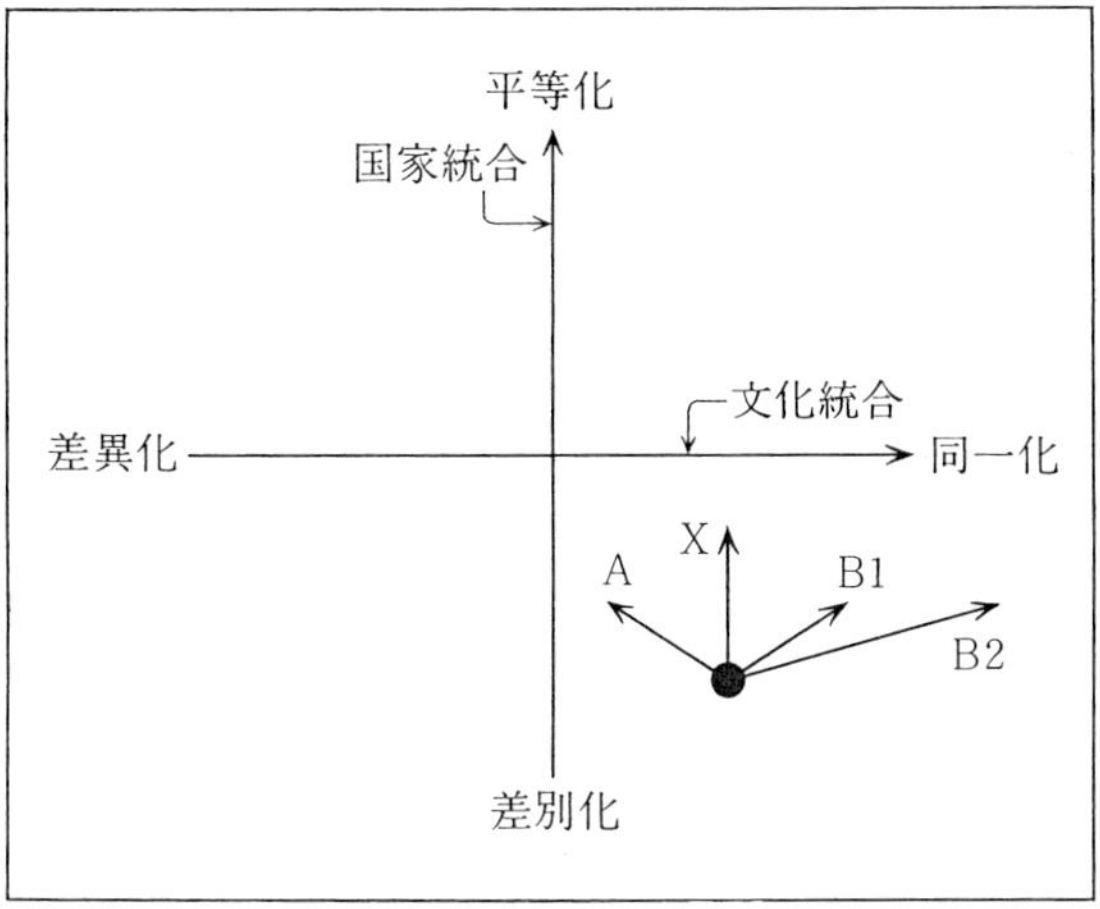

図4

井上や持地の改革案と、実際に台湾・朝鮮で実現された統治政策を、ここでもあえて図式的に整理すると、図4のようになる。一九一〇年代の台湾、一九二〇年代の朝鮮では、何らかの形で国家統合の次元における植民地主義に修正を加えることが必要になっていた(Xの方向での変化)。井上や持地の主張は、それぞれに曖昧さと不徹底さを残しながらも、全体としてみれば、Aの方向での改革の必要を説いたものと位置づけることができる。国家統合の次元で参政権を認めるという意味で平等化を果たしながら、文化的な同一化を強要しない、自治主義的な方向の選択肢である。しかし、実際に実現されたのはBの方向での変化だった。これは、教育を「安全弁」として普及する以上は、日本語教育により「国民的感情」を養成する必要を説いた隈本繁吉の提言していた選択肢である(一四九頁参照)。しかも実際には、朝鮮でも台湾と同様に、文化統合の次元における同一化の圧力は強められても、必ずしも国家統合の次元での平等化には結びつかなかった。B1はB2の方向へとかぎりなく横倒しされていったのである。すなわち、実際に実現された体制は、単一民族国家的な枠組みを撤回し、国民国家の枠組みを再定義したものではなく、従来の体制の延長線上で部分的な修正を施したものであると評価できる。一九〇〇年前後の台湾で形成された植民地統治体制は、骨格において、皇民化政策期にすら修正されなかったのである。従来の研究ではともすれば皇民化政策期の異常さを強調し、批判する傾向が強かった。これに対して本書では、皇民化政策以前と以後の連続的な側面に着目することで、むしろそうした異常が統治体制の根幹にかかわるものであり、植民地支配の常態、朝鮮人にとっての日常であったことを強調したことになる。批判の射程に収めるべきは、「民族抹殺」政策としての皇民化政策であるよりも、植民地支配そのものなのである。

ところで、図4においてBではなく、Aの方向での改革の必要性が強調されたのは、それだけ一九二〇年代の朝鮮統治の矛盾が深かったという事実に対応する。それにもかかわらず、井上や持地の提言は実現せず、多民族国家体制への転換はなされなかった。なぜこのような選択肢がとられたのか。総督府にとっては、日本人植民者の特権的な地位を維持するという原理が働いていたことはいうまでもない。しかし、総督府レベルで朝鮮議会設置が決定されながら、本国政府により否定された事実は、こうした原理だけからでは理解できない。

この問題に関して本章で提示した説明原理は、膨張の逆流現象と、防波堤ということである。本国の価値観、制度から逸脱した政策や認識が、逆に本国の統治システムの権威性に揺らぎをもたらすこと。本国政府はそれを恐れ、植民地統治の内部矛盾を植民地かぎりのことがらに封じ込めようとしたのではないか、というのが筆者の仮説的見解である。人の移動については、朝鮮人議員の帝国議会への参加、朝鮮人の流入を阻止する論理となる。こうした政策をとった本国政府が、一方では朝鮮総督府の頭ごしに徴兵制の採用を決め、周知のように、戦争の激化にともなって強制連行をはじめ朝鮮人労働者の計画的移入を図ることになるのだが、そうした政策も、本国の都合をすべてに優先させるという点では首尾一貫している。

結果として、朝鮮総督府のとった対応策は、満洲という新たな「外」への抑圧の転嫁、そして、教育・教化政策に過剰な期待をかけた皇民化政策の発動である。前者の政策に関しては、確かに朝鮮軍参謀の意図したとおり「不平の安全弁」として機能した側面はあろう。しかし、同時に、日本帝国主義による被抑圧者として、朝鮮人と中国人の連帯が広がる可能性があったことも無視することはできない。また、「世界の大勢」に逆行した満洲事変による国際的な孤立化は、日中一五年戦争からさらに第二次世界大戦を招来し、「日本カ将来闘フヘキ敵ハ米国ナリ」という、日露戦争時から朝鮮人の間に広まっていた「予言」を成就させる結果となった。[53] そのこともここで想起しておくべきことだろう。

後者の皇民化政策に関しては、一九四五年には衆議院議員選挙法の限定的な適用、四四年には四六年度からの義務教育制度実施を定めるが、これらは、総督府の頭ごしに徴兵令が決められてしまったことの後追い的な措置だった。このように、一面でお前たちは「日本人」とは異なるという論理を明確にしながら、他面で「皇国臣民」たれというのは無理な要求であり、総督府の期待したような効果は挙げえなかったと思われる。ただし、このようなダブル・バインドの要求は、朝鮮人をジレンマに満ちた精神状態に追い込みもしたことだろう。「未だ純な日本国民になつていません」というような朝鮮人青年の感想も、そうした精神状況の一端を示すものである。この点に関しては、間庭充幸の次のような文書が、ダブル・バインド的な精神状況のあり方を適切に要約していると考えられる。[54]

集団の内部に完全に取り込まれ、あるいはその中心が象徴する権威に同化しきった人間は抑圧を意識しない。逆に集団から完全に排斥され、異端者として追放されてしまった人間もまた抑圧を意識しない。包摂されながら排斥され、あるいは排斥されながら包摂されるとき、人はその両方の力を全身に受けてまさに身をさかれる葛藤の中で強い抑圧を意識する。

日本帝国主義の植民地統治の歴史は、外部の無風地帯から疾風吹きすさぶ境界地帯に、次第に大量の朝鮮人や台湾人をまきこんでいく過程であったと評することができる。

最後に、本章のまとめというより、第Ⅰ章から第Ⅳ章までのまとめをかねて、次のことを指摘しておきたい。

日本植民地帝国の植民地統治政策の特徴として、天皇という権威の中心、この中心に帰属意識を感じる主体としての「日本人」の同一性を守ろうとする原理が一貫して強く働いていることを指摘できる。膨張の逆流現象に対する制度的な防波堤はもちろんその現れであるが、こうした政策を批判したはずの持地六三郎とて例外ではない。一九二一年に執筆した「朝鮮参政権問題」と題する文章で、持地は次のように論じている。[55]

日本は従来一民族の国家(homogeneity)であつた。然るに、今日は支那民族(台湾)、朝鮮民族をも包有する国家と為つたのにも拘はらず、一民族一国家の伝統的制度政策を無理に押し進めんとする嫌ひがあるのではない乎。是等は、宜しく省察熟慮すべき点と思ふ。吾人は果して大和民族の優超を確信し、東西文明の融合の大使命を目的とし、亜細亜モンロー主義を遂行せんとするならば、必要とするは、同化(Assimilation)に非ずして、覇権(Domination)である。此後尚幾多の民族を抱擁するものと覚悟せねばならぬ。

ここで持地は、単一民族国家的な同一性に明確に見切りをつけるべきことを説く一方、「大和民族の優超」の信念に言及している。植民地経営にあたっては、政治制度や経済政策の次元のみならず、支配民族の威信、道徳的優越といった心理的要素が大きく作用する以上、「神より選ばれたる民」というイギリス人の信念を見習うべしというわけである。逆に、このような傲慢なまでの自信を欠くとき、同化主義から覇権主義への移行は困難であり、ホモジニアスな単一民族国家体制を保持することが優先されざるをえない、という主張としても読むことができる。

ところで、「大和民族の優超」たる所以として、持地のあげているのは「世界無比の神聖なる国体」と「武士的精神」という常套句である。武士道の問題はさしあたりおこう。はたして、天皇制が、支配民族としての「大和民族」の威信の源泉たりうるのか。天皇制は「大和民族」かぎりで通用する同一性の原理でもあったはずである。多民族国家体制への転換が、そうした同一性の原理としての天皇制の教説に一定の改編を伴わざるをえないことは、井上哲次郎の教育勅語修正論にも明らかである。持地の主張は一方で威信の源泉として天皇制を保持しながら、他方で修正を求めていることになる。持地がモデルとするイギリス人(イングランド人)の場合は、アイルランドにおいてはとにかく、インドやエジプトでは、白人でありキリスト教徒であることに傲慢なまでの自信の源泉を求めることができた。しかも、その自信の源泉の一つは、民主主義のメッカということにあり、そうであるがゆえに、さまざまな条件と落差を設けながらも、植民地に自治を認めていくことが必要でもあり、可能でもあった。

持地は、これと異なる、ジレンマに満ちた状態におかれていたのである。「日本人」としての同一性は、中華帝国という「地」のうえに辛うじて描かれた「図」だったからである。そうだとすれば、持地の意図とは反対に、「大和民族の優超」を守ろうとする立場から、多民族国家体制への転換を否定する意見が出てきてもおかしくはない。しかも、普通選挙法とだきあわせで治安維持法が施行されたように、民主主義の底も浅かった。

いまだ仮説の域にとどまるが、台湾版教育勅語構想や井上の教育勅語修正論が実現しなかった背景にも、こうした同一性を脅かされることへの危機意識を認めることができるだろう。教育勅語の理念が文字通り信奉されていたから修正できなかったというよりも、「日本人」としての同一性が危うい基盤のうえに成立していたからこそ、その修正は直ちに支配民族としての権威性の崩壊に連なる可能性を持ち、たとえどんなに植民地統治に矛盾が蓄積しても、明確な方向転換をなしえなかったのではないか、と考えられるのである。また、朝鮮議会設置の否定の背景にも、近代国家としての底の浅さ、天皇制の教説により情緒的な一体感を醸成することでその底の浅さを隠蔽し、帝国統合の危機を乗りきろうとしたという事情を見いだすことができる。そうした自縄自縛の状態が、満洲事変から一九四五年の崩壊へと日本帝国主義を導くことになるのだが。

第Ⅴ章　満洲国

――アジア主義の可能性と限界――

1　はじめに

一九三二年三月、「民族協和」と「王道主義」を標榜する、満洲国が成立した。「新国家」とは銘打ったものの、満洲国が、関東軍首脳・日本人官吏の操る傀儡国家であることは、すでに繰り返し論じられてきている。換言すれば、満洲国は、事実上、帝国日本の一部であり、台湾や朝鮮と同様の植民地であったということでもある。ただし、文化統合の問題に焦点づけて植民地統治思想を分析してきた本書の問題関心に即すると、台湾や朝鮮との連続面よりも、むしろ非連続面こそが注目に値する。満洲国では、なぜ、「皇道」＝天皇制とは異質なロジックである「王道」が掲げられ、建前上でも「同化」の必要を説いた議論がほとんど見られないのか。そもそもなぜ、事実上は排他的な領有を実現しながら、理念上は傀儡国家としての体裁を整えねばならなかったのだろうか。

予想される解答は、台湾や朝鮮を領有した当時と、満洲領有当時では、世界の大勢も大きく異なっているうえに、被支配民族のナショナリズムの成熟の程度も異なっていたということである。その通りであろう。ただし、その違いが現実にどの程度意味をもったのか、ということは、それ自体検討を要することである。世界の大勢についていえば、満洲領有は、周知のように、国際連盟による非難と帝国日本の国際的孤立化を決定的なものとした。しかし、少なくとも事変当時は、イギリスやアメリカ、ソ連すらも直接的干渉を意図せず、イギリス政府は、軍閥ではなく日本政府が満洲を統治することは、文明の利益という観点からも、イギリスの利益という観点からも、適当と考えていたとされる(1)。国際連盟による一定の歯止めが生じていたとはいえ、帝国主義列強相互の勢力圏の承認に基づく、共同の抑圧の体制自体が撤回されたわけではもちろんなかったのである。関東軍の軍事行動の侵略的な性格は明白だったが、台湾や朝鮮の領有も、現地住民の同意を経たものではない、という点では大同小異だった。台湾征服戦争、韓国保護国化、いずれも端的な武力を背景に実行されたものである。

このように、事実としては、満洲国支配も台湾や朝鮮の支配と連続的な側面をもっていた。しかし、理念としては新国家にふさわしい転換を図ろうとしていた。この落差から生じる諸矛盾を的確にとらえなければ、満洲国への理解が平板なものとなるのみならず、台湾・朝鮮史のイメージもまた単純化されてしまうであろう。満洲国は、「非公式の帝国《インフォーマル・エンパイア》」であり、台湾・朝鮮は「公式の帝国《フォーマル・エンパイア》」の一部であるという理念上の差異をふまえながら、同時に、共通した問題構造を見すえていく必要があるのである。たとえば、台湾や朝鮮には皇道＝天皇制の教義が適用されたが、たぶんに建前的なものであり、さまざまな矛盾が露呈していた。他方、中国の伝統的思想に典拠と淵源を持つ王道主義は、王道と皇道の弁別に関する議論が起こる中で、次第に理念としての位置づけを喪失していく。そうした事態の推移のうちに、台湾・朝鮮と共通の問題構造と、満洲国支配に独自な位相の双方が浮かび上がっている、と考えることができる。このような仮説的な見通しに基づきながら、本章では、王道主義という統治理念に焦点をあてて、そのイデオロギーとしての政治的射程と限界を明らかにしたい。

おそらくは、こうした問題設定そのものに対する異論もあろう。たとえば、古屋哲夫は、「王道主義」について、「儒教的徳目を取りあげただけで、そこから現実政治に対する批判や要求が生み出されたことはなかったよう思われる」と論じ、「民族協和」と並んで「満洲国の構造に影響を与えることのない外的装飾に終わった」と評価している。(2) これに対して、筆者は、王道主義がたしかにイデオロギー上の問題であり、そのかぎりで「外的装飾」に過ぎないにしても、その位置づけと解釈という形をとって「現実政治に対する批判や要求」が交錯し、「満洲国の構造」全体に関するせめぎ合いが表面化していると考える。

また、満洲国の統治理念のうちでも、民族協和ではなく王道主義に焦点をあてて分析する理由は、第一に、前者に比べて先行研究が手薄であること、第二に、前者が「協和」のように経書に由来する言葉と「民族」という近代的概念の折衷として作られた四字熟語であるのに対して、「王道」という言葉は、それ自体儒教の経書に由来する概念であることから、より詳細な系譜学的説明を必要としていると判断したことによる。

第一の点、民族協和イデオロギーの由来に関しては、平野健一郎の先駆的な研究がある。満洲事変以前の在満日本人の動向、特に満鉄(南満洲鉄道株式会社)社員を中心に一九二九年に結成された満洲青年連盟の主張に即して、平野は、次のように分析している。

民族協和思想は、中国ナショナリズムの波及に対抗しつつ、在満日本人が自らの生存権を確保するための心情論理であり、本国政府から見捨てられているとの孤立感、世界恐慌の波及による危機意識が、一九二九年段階での「日華協和」から三一年段階での「民族協和」への転換を促した。張学良の圧政のもとで、満洲在住諸民族は等しく生存権を蹂躙されていると訴えた民族協和の論理には、「日本帝国主義と自己を主観的に分離し、と同時に、満蒙在住諸民族との間に部分的な同一化」を行う、という契機が含まれている。満洲事変以後、関東軍は、民族協和の思想と、これを提唱していた満洲青年連盟の会員を建国工作に利用するが、すでにこの段階では在満日本人の生存権は関東軍の軍事力により保障されているために、民族協和の思想的な内実は変質してしまっている。(3)

平野が指摘しているように、民族協和は、中国ナショナリズム——日本人はそれを排日・排外主義と意識していた——に対抗して、いきなり火に油を注ぐ日本ナショナリズムをもち出すのではなく、ナショナリズムの論理それ自体を相対化しようとする契機をはらんでいた。「同化」が、日本ナショナリズムの同心円的な拡大を志向する攻撃的な言説だとすれば、民族協和は、さしあたり、防御のための言説なのである。王道主義も、この点では同様だった。それは元来、ナショナリズムが普遍化する以前の、中華帝国の正統性原理にかかわる理念であったからである。また、そうした性格ゆえに、『孟子』など経書の解釈史が、解釈を方向づける一種の磁場として機能しはじめることに留意すべきだろう。この磁場の圏外に強引に離脱することも可能だが、それはイデオロギーとしての有効性を放棄する、という代償をともなうことになる。王道主義が満洲国の統治理念に採用されたプロセスに関しては、すでに平野健一郎や山室信一の研究でも指摘されているのだが、こうした解釈の磁場の働きに即して王道主義の射程を見極めるという点では、いまだ不十分な論及であると考えられる。(4)

王道という言葉は孤立して存在するのではなく、対概念としての覇道をはじめとする、概念体系の一環として存在した。王道思想を体系的に説いたものと理解されてきた、『孟子』に即してその解釈をあらかじめ簡潔に述べておけば、まず民意を尊重した徳治の必要を説くものであり、力を原理とする覇道に対置される。君主の地位の正統性は天命の発現としての民意におかれ、民意を喪失した君主は天命が去ったとして易姓革命の対象となる。(5)

近代天皇制の教説、その源泉の一つである水戸学の国体論は、こうした革命の説を排除する中で形成されたものだった。元来中華帝国の辺境に過ぎなかった日本が、そこから離脱する過程で、儒教への理解もこうした国体論に適合的な内容に変質していくことになる。しかし、満洲国という形態を通じて中国を支配しようとした時、改めて儒教のイメージの落差、あるいは広く彼我の政治文化の相違ともいうべきものに直面せざるをえなかったのではないかと考えられる。このような問題を把握するためには、「戦前と同じく、日本も中国もなく「儒教圏」に埋没したまま」(6)の状態を脱して、ある程度儒教の内実に立ち入った議論が必要であろう。そのことはまた、「八紘一宇」「東亜新秩序」「東亜連盟」「東亜協同体」「大東亜共栄圏」のように、日中全面戦争以降にさかんに唱えられた、アジア主義イデオロギーの可能性と限界を見定めるための、基礎的な作業ともなるはずである。

以下、第二節では、建国工作の過程で王道主義を満洲国の統治理念として選択させた主体的な条件と客観的情勢を検討し、それが中国社会の深層に達せんとする、思いのほか深い射程を備えていたことを明らかにする。その際に、在野の中国評論家である橘樸《しらき》が関東軍のブレーンとして果たした役割に注目するが、本章の主眼は橘の思想そのものよりも、彼の思想と実際の政策との関係を把握することにある。第三節では、王道主義に込められていた多様な意味内容が顕在化し、それを彌縫しようとして、皇道＝天皇制の教説を導入することで、統治理念がさらに矛盾に満ちたものに変質していくプロセスを明らかにする。

2　王道主義の射程

一　「孫文以後」の思想状況

満洲事変とその後の軍事行動は、関東軍首脳の綿密な計画のもとに実行されたものであり、当初は満洲を名実ともに領有することが目指されていた。しかし、不拡大方針をとる本国政府・陸軍中央の介入もあって、九月二二日には領有論を放棄し、清朝最後の皇帝溥儀を担ぎ出して親日的な地方政権を樹立する方向に転じた。「宣統帝ヲ頭首トスル支那政権ヲ樹立シ、在満蒙各種民族ノ楽土タラシム」というわけである。(7) 一〇月二日には新政権樹立にとどまらず、各地の親日的地方政権の連合体を新国家とする方向に転換、四日には関東軍司令部声明として、「満蒙在住三千万民衆ノ為、共存共栄ノ楽土ヲ速ニ実現セン……之レ東洋永遠ノ平和ヲ確立スヘキ方策ニシテ、中外ニ施シテ悖ラサルノ皇道タリ」と宣言した。(8)

新国家樹立という方針への転換により、さしあたり日本国家との関係を断ち切ることが必要となった。しかし、四日のこの関東軍司令部声明では、それにふさわしい理念が明示されているとはいえない。「共存共栄ノ楽土」という表現には、民族協和思想に類似の要素を見いだすことができるにしても、臆面もなく皇道という言葉を用いているからである。この場合の「皇」が中国皇帝ではなく、天皇を意味することは、同じ声明で、「我皇国」による「救済」の必要を訴えていることからも、「中外ニ」云々という修飾語が付加されていることからも明らかである。しかし、皇道イデオロギーの喧伝は、領有論放棄という状況の推移に逆行するものであった。関東軍首脳としては、新国家の樹立という方針は定めたものの、それを正統化するために有効な理念を見出せないままに、さしあたり皇道を持ち出すよりほか思いつかなかったということだろう。

他方、一般の論調では、皇道ではなく、王道という概念を用いて事変を正当化する論が早くから見られた。『満洲日報』の九月二九日付け社説は、「元来支那人（漢人）の政治理想は王道にある」としたうえで、孫文の主導した辛亥革命は易姓革命の伝統を継承しながら「共和の名によりて王道政治を行はん」としたものであるにもかかわらず、革命後も「軍閥」による搾取は強まり、蔣介石や張学良など財閥と結託した「新軍閥」は「三民主義などを振り回すので」かえって「始末が悪い」と述べる。そして、「支那の良民達」は今回の事変を契機として「似而非なる王道であるところの国民政府の政治、殊に満洲に於て蔣介石氏の傀儡たる張学良氏の桎梏を脱して、真正な王道政治を仰ぎたい」と考えていると結んでいる[9]。要するに、蔣介石、張学良という路線は、孫文の本来の思想＝王道主義からの逸脱であり、今回の事変は辛亥革命と同様、そうした逸脱を正すための、一種の易姓革命だというわけである。王朝の交代としての易姓と、王朝体制そのものの廃止との違いをあえて無視し、「支那の良民」の「声なき声」を自分に都合のよいように解釈するなど、当然のごとく牽強付会の色が濃い。しかし、ここでは、正当化のための論の立て方として、孫文や三民主義の権威を認めたうえで、蔣介石・張学良を非難していることに着目しておきたい。

『満洲日報』には、事変直前の九月一二日から当日の一八日にかけて、佐藤胆斎「孫文の新精神と王道三民主義」が連載されてもいる。佐藤は、孫文の三民主義の講演の前提には「王道三民主義」と題する草稿があったのだと述べたうえで、孫文の民族主義は「外族と雖も我仁政を慕うて来帰するものは一視同仁の下にこれを包摂して徳化」するという孔子の発想を受け継ぐものであり、「地権平有り」「耕者田有り」という民生主義の主張も共産主義とは異なると説明し、このような王道精神に基づく三民主義が曲解されていると非難している。(10) 孫文の草稿云々については、何ら根拠が示されてなく、もちろん信用できない。そうした苦しい弁明をあえてしてまでも、孫文の名を借りて日本人が自らの思想・行動を正当化するような言説状況が生じていたことにこそ注目すべきであろう。「真正な王道政治」の必要を説く社説は、その延長線上に位置づくものであった。

『満洲日報』が孫文の三民主義の権威を前提とした議論を展開した背景には、いうまでもなく、一九二八年一二月に張学良が国民政府への帰順を表明し、易幟《えきし》(中華民国の青天白日旗を掲げること)を断行したことがあった。教育面でも易幟の影響は顕著だった。同年五月には、第一次全国教育会議で国民政府が、日本をはじめとした帝国主義列強による中国侵略の横暴を訴える「国恥教材」を小・中学校の教科書に編入することを定め、同年八月には毎週最低二時間「党義」の時間を設けて三民主義の教育を行うべきことを規定した。易幟以降、もともと教育権回収運動が活発に展開されていた東三省にもこうした方針が波及し、三民主義に関する書籍、国恥教材を盛り込んだ教科書が大量に流れ込んでいた。元満鉄地方部学務課長である保々隆矣《たかし》は、「排日教育」の理不尽を訴える目的で、事変の直前に『打倒日本』というセンセーショナルなタイトルの著書を刊行、中華民国の教科書の内容を編集・紹介している。(11) たとえば、『新三民主義課本』という教科書では、次のように三民主義中、民族主義の内容が説明されている。

民族主義を実行する方法に三つある。一は民族自決、二は民族の平等、三は一切被圧迫民族が結合して解放を求むることである。民族自決とは、中国民族が強権に反抗し、自ら解放を求め、民族優良の地位を恢復することである。一切の被圧迫民族と結合して解放を求めると言ふのは、世界における弱小民族を扶助し、共々に帝国主義の羈絆を離脱し、独立自由を獲得することである。

孫文『三民主義』(一九二四年)民族主義第四講、第六講の理念をそのまま敷衍した内容である。こうした教材のほかにも、特に子ども向けに工夫をこらし、帝国主義の侵略を肺病、「瘡毒」、寄生虫にたとえ、その根本的治療の可能な名医として孫文の名をあげた教材も見られる。あるいは、「朝鮮‐琉球‐台湾島　多くの地皆奪はれぬ彼の為」にはじまり、一九一五年五月七日(対華二一ヶ条要求受諾)にいたる著名な「国恥記念歌」、辛亥革命に連動した、羅福星らの抗日武装蜂起について語る「台湾の革命運動」、安重根による伊藤博文暗殺について述べる「朝鮮亡国の故事」など、多様な教材が含まれている(12)。

台湾や朝鮮の場合は、このように、反日本帝国主義を核とする、民族主義の理念と、被抑圧民族の連帯の思想は、羅福星や安重根などの思想的・実践的営為のうちに見いだされるにしても、その一般化には大きな困難が存在した。近代の思想としての民族主義の理念は、いまだ輸入された翻訳文化に属すると同時に、儒教的な思惟とのあいだの距離はなお大きかったからである。しかも、国家レベルでの教育制度を通じて、反帝国主義の理念の普及を図る以前に植民地当局により教育内容の決定権を奪われてしまっていた。右の教科書では、このような侵略の経緯と、抵抗のための思想・行動そのものを教材化している。孫文の思想が、反体制的主張にとどまらず、体制的な教説としての地位を獲得しているのである。

もっとも、これらの教科書の内容のうちには、中華帝国と朝貢関係を結んでいた沖縄や朝鮮を、そのまま中華民国の領土とみなすという、一種の飛躍も存在した。また、「台湾に居住する中国の遺民は凡そ三百四十万人」という表現では、台湾原住民の存在を無視したうえで、もっぱら「中国」との関係で台湾を問題としている(13)。総じて反帝国主義の理念に基づく被圧迫諸民族の連帯の思想と、中華民国という国民国家形成への志向をどのように調和させるのか、という点では曖昧さを残しているといえよう。すなわち、民族自決の方針を徹底させれば、多くの少数民族を含む中華民国の統合も危機に瀕するというジレンマが存在したのである。平野健一郎の研究によれば、孫文は、この問題に関して、少数民族の――「分離独立」ではなく――「自決」を認めたうえで、五族共和（満、漢、蒙、回、蔵）に基づく多民族国家の形成を志向し、一九二四年の国民党第一回全国代表大会では、中国のすべての民族集団の「自決」を認める宣言を発した。しかし、一九二五年の孫文死後、蔣介石は、少数民族の「分離独立」はもちろん、「自決」も中国統一への阻害要因であることを強調することになる[14]。五族共和を表していた五色旗が、一九二八年六月には青天白日旗へと改められていることも象徴的な事実である。

　このような問題をはらみながらも、孫文の思想が、正統的な教説としての権威を獲得していたことは、日本帝国主義にとっての大きな脅威であった。すなわち、反日教科書の教材は、いわば「孫文以後」の思想状況を象徴的に示しているのであり、先の『満洲日報』の論理にしても、これを前提として組み立てられているのである。

　民族自決と、被圧迫民族の連帯の思想は、絶えず現実には踏みにじられる一方、容易には反論しがたい理念としての地歩を獲得しつつあった。守勢にまわった日本帝国主義の側の対抗言説の一つが民族協和であり、「被圧迫民族」の一環として、日本人を位置づける民族協和思想である。孫文の五族共和の換骨奪胎とみなすこともできるこの民族協和思想は、しかし、日本人植民者が日本帝国主義とのつながりを断ち切ってみせる、という事実上はおよそ不可能な事態を演出しなければ、イデオロギーとしての有効性も限定的なものたらざるをえなかった。そこで、もう一つの対抗言説として、王道主義という言葉が浮上してくることになる。この点では、孫文もまた、日本人につけ込まれる余地のある文章を残していたといわざるをえない。一九二四年に神戸高等女学校で行った「大アジア主義」講演である。

　この著名な講演で、孫文は、東方の文化は「仁義道徳」「正義と公理」に基づく王道であり、西方の文化は「功利強権」「鉄砲大砲」の覇道であるとしたうえで、「今後諸君は世界文化の前途に対して、西洋覇道の鷹犬となるか、或は東洋王道の干城となるか」という問いかけをしている。[15]安井三吉は、この最後の「西洋覇道の鷹犬」云々という問いかけの部分が孫文の「自主規制」により講演の場では語られなかったという判断を示したうえで、たとえ講演の場では抑制的だったにせよ、孫文の真意は日本帝国主義批判にあったという見解を示している。[16]これに対して、高綱博文は、イギリスを当面の最大敵国としていた孫文が、日本と中国との不平等条約の撤廃を条件としたうえで、日本と中国、さらにソ連との提携を説いたものと解釈している。[17]

孫文の思想の理解として、いずれの解釈がより適切であるのか、という問題は本書の任を越えている。ここでは、日本人にも広く知られたこの講演の内容が、このような曖昧さを残していたことにこそ着目したい。王道という概念は、孫文の権威を逆用しながら、アジア主義の原理に基づく――ということは、さしあたり日本帝国主義による支配・被支配関係を二義的な問題とみなす――「連帯」の論理としての可能性を、一応はもっていたのである。そのことを確認したうえで、安井三吉が、孫文の「大アジア主義」講演の歴史的意義を確定するには、「その後の日中関係において、実際にどのように解釈され、扱われてきたか(あるいは利用されてきたか)」を検討すべきと指摘している[18]ことを受ける意味でも、満洲国における王道主義の行方を検討していくことにしたい。

二　満洲国建国の受胎工作

さて、一九三一年一〇月はじめの段階で、関東軍が臆面もなく皇道を標榜する一方、新聞の論調では、孫文の権威を借り、王道という言葉を利用していた。平行線をたどっていたこの両者のあいだを埋め、王道主義を統治理念として浮上させる役割を果たしたのは、従来の研究でも注目されてきた橘樸であろう。まず、王道主義とのかかわりについて論ずるに先立って、自由主義者・民主主義者をもって任じていた橘が、自ら「方向転換」したと述べ、関東軍首脳と提携した理由と、そこにはらまれる問題点を、橘樸研究の成果によりながら確認しておこう。従来の植民地統治の理念に一定の切断をもたらした要因は橘の思想をぬきにしては考えられないうえに、その主張するところの王道主義の内容には、事変以前の中国の政治動向に対する観察、孫文の思想への理解が深く関係しているからである。

かつて橘は、大陸在住ジャーナリストとして、新文化運動、五・四運動の展開、さらには国民国家形成の動きを共感をもって観察していた。たとえば、村落自治体を基礎としながら、商工業ギルドが接着剤として介在することで、広東省全域にわたる保衛団連合が結成されたことを、「他日支那民族が彼の民族国家を建設する過程の雛形」として重要視していた。[19] 孫文が『三民主義』民族主義第五講で主張していた、宗族から国族へという図式、すなわち、すでに存在する自治的社会集団の否定のうえにではなく、その連合体として国民国家を形成していこうとする考えの実現可能性をそこに見いだしたのである。

しかし、一九二七年四月の蔣介石の反共クーデターのもとで、民衆的な基盤をもった国民国家形成に対する悲観論に傾き、「支那の民衆と国家、この両者を結附けること程困難な問題が果して他にあるのであらうか」という問題をこそ強調することになる。[20] 野村浩一は、橘が「方向転換」して関東軍に協力した背景には、橘の目から見ての、孫文主義の挫折、もっとも共感をよせていた国民党左派の凋落という事態が大きな意味をもっていたことを指摘している。[21] こうした野村の見解は、今日の橘研究では通説的な地位を占めているといってよい。

もう一つの重要な要因は、橘が蔣介石を右派として非難する一方、中国共産党に対して、終始批判的な態度をとったことであろう。「大アジア主義」講演の頃には孫文が容共政策に傾いていたのに対して、橘は、西欧的なマルクス主義の理論、また階級闘争という方法は、中国社会の資本主義化の程度から考えて、中国の現実に非適合的であると考えていた。すなわち、山田辰雄の指摘するように、橘は「国民革命のなかで急進化していく孫文を評価しつつも、マルクス主義者との間に一線を引くことによって、孫文をより穏健で、調和的方向において理解しようとしていた」

のである。[22]したがって、中国革命のイニシアティブが次第に国民党から中国共産党に移動していくのにともなって、共産党に対抗しうる政治勢力を新たに創出することが必要との判断に傾いていくことになる。

橘の主観的な意図においては、野村浩一の指摘しているように、「国民革命の挫折」によって閉ざされた中国社会変革の道を、再度、東洋社会に見合った形での独自の政治形態の創出」として実現しようとする意思があったことは確かであろう。[23]国民党右派も共産党も、孫文思想の正統な継承者たりえない、という判断が、関東軍の武力を背景とした、国民革命の逆説的な継承という可能性にかけさせる要因となったのである。しかし、皮肉なことに、満洲事変が一九三六年の第二次国共合作の成立を促し、さらに、一九四〇年の毛沢東『新民主主義論』が孫文主義を奉ずることを定めることにより、「中国共産党の政策は実質的には孫文の思想に最も近い運動」であるという——橘からすれば——「奇観」を呈することになる。[24]日本帝国主義の敗北直後の一九四五年九月、橘が死の床で遺体を延安（中国共産党）に向けてほしいと述べたというのは著名な事実であるが、これは、終始中国共産党の役割を過小評価してきた彼の、文字通りの敗北宣言とみなすべきであろう。[25]

もう一点、橘の錯誤としてあらかじめ指摘しておくべきことは、たとえいかに理想的な構想だったとしても、自らの「夢」を他者のうえに一方的に実現しようとする姿勢に対して、疑いをもたなかったことである。小股憲明は、橘が、満洲国を基軸として、階級対立の止揚という意味での「祖国の改造」、さらに欧米帝国主義からの「アジア解放」の実現を志向していたことに着目している。ただし、アジアの解放と民族平等の原則は、「優秀民族」である「日本民族の指導性」という概念によって絶えず浸蝕され、結果として、反帝国主義的相貌において日本帝国主義の政策を合理化するイデオローグとしての役割を演じることになったと論じている。[26]橘が関東軍と提携しえた理由も、「日本民族の指導性」を認めていたことを前提として、はじめて理解できる。橘は、「優秀民族の側の専断及び民族的利己主義」から出るものではないかぎり「優秀民族の指導権」を認められると述べている。[27]しかし、日本人の「専断」および「民族的利己主義」をチェックする機構が事実として設けられなかったことはもとより、橘もこの点に関してあまりに楽観的であった。そのこともやはり、のちに自身で認めざるをえないことがらであった。

共産主義の否定と国体論の温存を前提としたうえでの「革新」への志向こそが、橘と関東軍首脳の接点であった。橘は、自らの「方向転換」を説明するにあたって、反資本主義・反政党政治のエートスをもった、青年将校たちの革新的志向が「全国農民大衆の熱烈な支持」という社会的な基盤をもっているとの判断に基づき、関東軍首脳を「或る地点までの頼もしい同行者」として選んだと述べている。[28] また、社会主義のよいところは取りいれるべきだと述べた片倉衷の発言を受けて、「此青年将校によれば、国体と経済組織を分離して把握する限り、後者は如何に変革されても差支へない」と述べていると解釈した。[29] 当時の関東軍首脳の頭には、国民革命の逆説的継承ということも、「アジア解放」ということも、ほとんど存在しなかったであろう。彼らにとっては、ソ連やアメリカとの戦争に備えて「高度国防国家」を形成すること、そして、本国の「国防国家」化を推進するための拠点ともなりモデルともなる国家を国外に形成することこそが重要であった。[30] ただし、経済組織の「革新」への志向、また、ソ連とアメリカを敵対的存在とみなす点において「或る地点」までの「同行者」たりうると判断される要素を備えていたのである。

関東軍首脳にしても、橘樸にしても、一方で共産党を否定しながら、他方で国体を聖域とみなしていた点で、治安維持法体制下の支配的なイデオロギーの枠内にあり、あくまでその枠のなかでの「革新」を志向していた。ただし、少なくとも当時の日本人のなかでは傑出していた橘の中国認識は、こうした枠組みそのものを相対化する可能性——最後までそれは可能性のレベルにとどまるにしても——を潜在させながら、満洲国の理念と構造を規定する一要因として機能することになるのである。

さて、橘と関東軍首脳との関わりのなかで、どのように王道主義という統治理念が浮上してきたのか。まず注目さ

れるのは、事変一〇周年を記念して行われた、「大陸政策十年の検討」と題する座談会での、次のような橘の発言である。(31)

（事変の――引用者注）跡始末に民族問題が来た。さうすると民族問題をどうするか。そこで事前に吾々の話合つたことが何程か役に立つた訳で、まあひとつ王道で行かうといふことになつた。さうすると、ざつくばらんの石原（莞爾――引用者注）中佐は、王道つて一体なんだい、胡麻化しやコケおどしは駄目だいといふのです。胡麻化しではない。王道といふものは、かうかういふもので、支那人は直ぐ納得するものだ。便利でいい。便利でいいばかりでなく、理論的にも相当な根拠のあるものだから、王道で行かう、かういふ訳だ。

この橘の回想は、大筋において信用できるものと筆者は考えている。ただし、そのことを証明するためにも、他の資料、回想とつきあわせていく必要がある。

まず「事前に吾々の話合つた」という時の「吾々」は誰を指すのか。この点については、同じ座談会で、石原莞爾ら関東軍首脳と「小山貞知君や野田蘭造君などは、僕よりずつと前に仲間であつた」と述べていることが参考となる。小山貞知（満鉄総務部嘱託、満洲青年連盟理事）と野田蘭造（満鉄交渉部資料課嘱託）はいずれも一九三一年八月の『満洲評論』の創刊に参加、小山は発行人、野田は橘と並ぶ編輯人として、名を連ねていた。また、片倉衷による「満洲事変機密政略日誌」では、一〇月九日の条に「野田蘭造　満鉄嘱託、策士……橘樸は支那社会研究家なり」と記している。(32)少なくともこの時点で橘と関東軍首脳との接触を確認できるわけである。

橘らが王道という言葉の利用を発案したという回想は、事変以後、同誌上で最初に王道に言及したのが野田蘭造の論文だった事実とも整合的である。一〇月三一日発行『満洲評論』に掲載された野田の論文は、満洲事変に対する国際連盟の非難が「欧州資本主義国家の利害」を基礎にしたものに過ぎないと批判したうえで、「王道革命」として正当化している。すなわち、軍閥の「暴圧」を排斥して「農村社会的自治」を回復しようとする、一般農民の意向を代行して、日本軍が「革命的天譴」をもたらしたのであり、「下層農民階級の信仰結社たる在理会や、匪賊と称せられつつも、尚ほ自ら人民の守護者を以て任ずる大刀会が活動を開始した」ことが、その証拠であると論じている。[33]

論理の骨格は、『満洲日報』の社説と変わらない。特に王道主義の革命思想としての性格を強調していること、関東軍が中国人農民の意向を代行していると述べていることが共通している。新しい点は、農村自衛団体に発する宗教的結社たる、大刀会の活動などに具体的に言及していることである。ただし、大刀会は、実際には「王道革命」を支持するどころか、東北抗日連軍結成以前の重要な武装勢力として、紅槍会などとともに関東軍を大いに脅かすことになる。[34] 実態とのあいだにこのようなほころびを見せながらも、中国人農民の意向を代行するという形で正当化するほかはなかったというのが実相であろう。台湾や朝鮮の場合と異なり、列強の事前承認はもとより、本国政府の同意さえも得ずに起こされた軍事行動だからである。政府レベルでの同意に基づく国際政治の次元とは、まったく異質な正当化の論理が必要とされていた。国際連盟を「欧州資本主義国家の利害」を反映した組織と批判する一方で、「農村社会的自治」を求める運動に正当性の根拠を求めている点に、そのことがよく現れている。

こうしたロジックに一定の説得力を持たせるためには、当然のことながら、実際に、農民の意向をある程度は代表していると思われる中国人要人を取り込む必要があった。先の座談会での発言も、満洲在住の諸民族を関東軍の側にいかに取り込むかという意味での、「民族問題」を論じた文脈で登場している。橘はいう。モンゴル族に関しては、張作霖・学良政権が「蒙古侵掠、牧地破壊」により恨みを買っていること、満洲族には「民族的地主的立場から来る政治的経済的不安」が、それぞれの弱みとして利用できる。朝鮮人は、奉天・吉林軍閥から「圧迫」されていたから、「居住・耕作の権利を保障してやれば満足する」という見通しがある。「ところが支那人をどうするか、これの方が問題が厄介だつた」。そこで、政争上の敗者であると同時に「単純な地主」でもある袁金鎧と于冲漢をつかまえる。

彼らは、「資本家的軍閥」である張学良の政策により経済的脅威を受けているはずだから、「その連中ならばこっちの味方になる」だろう。[35] そのためには、王道を利用するのが「便利でいい」と続くわけである。

橘の提起しているのは、それぞれの諸民族と張学良政権との対立関係、階級的利害意識、資本家的な工業志向と地主的な農業志向の対立を利用すべきということである。西村成雄が指摘しているように、張学良政権は、輸入代替工業政策を推進し、従来輸入に頼ってきた日用品を製造する企業の保護育成をはかり、一定の成果をあげていた。[36] そうした民族主義的な経済政策が、国民国家形成の重要な一翼として胎動しつつあったことを看過すべきではない。だが、都市部における資本主義化、これを基盤とした社会意識と、農村部における社会意識とのあいだには、なお少なからぬ落差があったと考えられる。橘は、軍事力の強化を中心とした、急激な資本主義化への動向が、階級対立の激化と従来の自治的組織の破壊に連なると考え、こうした観点から地主層の取り込みを図ろうとしていたのである。国民革命の挫折を観察していた橘は、中国ナショナリズムの動向に対する切り崩し工作が、必要であるとともに可能でもあると意識していたことだろう。その際、具体的に標的とされたのが、「奉天文治派」と称されていた要人、袁金鎧と于冲漢である。

袁金鎧は一八七〇年生まれ、科挙学校試において歳貢生の資格を持つ。江夏由樹の研究によれば、袁金鎧は、清末から民国期にかけて、奉天地方政界に在地有力者が抬頭した過程を象徴する人物である。清代には郡県制の理念のもとで、北京中央から派遣された官人が政務に当たっていたが、清末に「地方議会」としての諮議局が設置されると、在地有力者が行政機構に参与しはじめた。漢軍旗人として地主の家系に生まれた袁金鎧は、清末に郷村自衛団体である郷団を組織、奉天諮議局の議員に選出され、副議長を務めたことを契機として行政機構に進出した。辛亥革命の際には奉天都督と結んで革命派を弾圧、奉天保安公会の参議部総長として実権を握り、張作霖・学良政権の重要な支持基盤ともなっていた。[37]

于冲漢は一八七〇年生まれ、秀才の資格を持つ。東京外国語学校に留学し、日露戦争の際に日本軍の通訳として働いた点が袁とは異なるが、諮議局の議員から奉天保安公会の外交部長を経て奉天政界の中枢にいたる筋道は、ほぼ同様であった。地方社会に基盤を持つこの二人は、「保境安民主義」を掲げて東三省の自立を主張し、張学良の易幟に反対していた。そのために次第に政治的な影響力を喪失、事変勃発当時、袁金鎧は閑職にあり、于冲漢は病気療養中であった。このように、袁金鎧や于冲漢は、民間人の立場に発しながら、中央集権的体制の基盤を掘り崩し、地方分権的体制を築いていくプロセスの中核に位置した人物であった。

他方、関東軍としては、満洲全域をその支配下におくためにも、まず張学良の本拠たる奉天城と遼寧省(易幟後に奉天省から改称)を掌握せねばならず、そのためには、これらの要人を取り込むことが最低限必要だった。そこで、九月二四日には袁金鎧を委員長、于冲漢を副委員長とする地方維持委員会を発足させた。しかし、于冲漢は病気を理由に姿を表さず、袁金鎧は関東軍の意向に激しく抵抗することになる。

袁たちは、事変当時、関東軍に対してどのような態度をとっていたのか。関東軍の行動に批判的だった外務省ルートの情報として、奉天総領事発幣原外相あて電報を見ていこう。

一〇月三日付けの電報は、袁金鎧が奉天民会長に対して「地方紳士トシテノ発言及斡旋ハ辞セサルモ、日本軍ノ主張ヲ行フ意向ヲ有セス。万一強要セハ逃ケ出スノミ」という意向を表明し、地方維持委員会は「過渡的弁法」として参加しただけだと述べたことを伝えている。関東軍としては袁の名前で国民政府からの「独立」を宣言することを期待していたわけだが、これに対しては、袁は、「錦州ニ(張学良の——引用者注)政府アラハ事実上独立ハ出来サル可シ」と否定し、溥儀引き出し工作に関しても「宣統帝ノ復辟説ハ……何等ノ意義ヲ有セス」とその効用を否定している。(38) また、一〇月二二日付けの部外極秘の電報では、奉天総領事に対して直接袁が「腹蔵ナク」述べた意見として、銀行の再開にあたり日本人顧問の配置という「忍フヘカラサル条件」を押しつけられたことへの不満、たとえ溥儀を擁立したとしても「結局日本軍カ実力ヲ以テ、満洲ヲ第二ノ朝鮮ト為ストノ非難ヲ免レサル」という、侵略行為への批判的見解を報告している。[39]

袁金鎧の躊躇は『満洲日報』などでも大きく報じられていた。たとえば、一〇月六日付けの記事は袁のインタビュー記録を写真入りで伝え、「自治政府を組織する意向はないか」という問いに対し、袁が「そんな考へはもつてゐない。飽くまで地方維持委員会としてやつてゐる」と答えたことを、「成り行きまかせ」という批判的コメントとともに紹介している。[40]「袁金鎧氏の態度が余りに煮え切らぬので、省城以外の各県は其の帰趨に迷つて居る様な有様」[41]であることに業を煮やした関東軍が、局面打開のために利用したのが于冲漢である。

関東軍は、一一月一日には療養中だった于の引き出しを図り、三日には本庄繁関東軍司令官のもとに呼び寄せることに成功した。袁一人に責任をおおいかぶせていては埒が明かないと考えたのである。六日には地方維持委員会に国民政府および張学良政権との断交宣言への署名を命令、維持委員会では「国民ヨリ売国奴ノ譏リヲ免レストノ議論多ク、袁金鎧及于冲漢等有力者ハ板挟ミノ苦境」に陥った。同じ日、于冲漢は、内密の話として奉天総領事に「内政ニ干渉シテ満洲ヲ中央ヨリ独立セシムルカ如キハ、国際連盟等ニ対シテモ不利益ナルヤニ察セラルル」と訴えた。[42]しかし、この日の夜、袁や于を関東軍司令部に招致して最終的に署名を強制、それが物理的暴力による恫喝により遂行されたことは、「満洲事変機密政略日誌」に、袁金鎧は「身命の危険を感じ戦々兢々たり」として、やむをえない場合は軟禁の手配も整えていたと記されていることからも明らかである。[43]

「満洲国建国の受胎工作」[44]とも評されるこの一一月六日夜の出来事の意味は大きい。この時に袁金鎧や于冲漢の署名を得られなければ、関東軍は、傀儡国家の体裁さえ取りつくろうことができなかったのである。袁金鎧は、しきりに溥儀擁立の無意味を説き、また、自分が反対すれば溥儀も出てはこないだろうとも述べている。ともすれば、のちに満洲国皇帝の果たした看板としての役割を過大評価してしまいがちだが、二〇年前に廃された皇帝の利用価値は、常識的に考えてその程度のものだったのだろう。袁や于による抵抗の論理のなかに「国民」「売国奴」「内政干渉」という表現がみられることは、彼らが中国ナショナリズムへの単純な同調者ではないにしても、ナショナリズムの論理と感情の深く浸透した社会に生きていたことを示している。溥儀の擁立はそうした時代の趨勢に逆行するものであり、他方、張学良政権は、民族主義的政策により、「軍閥」という日本側からの非難を越えて、確固たる正統性を樹立しつつあった。張学良と政策上は対立していた袁金鎧も、そのことを前提として反論しているのである。

たとえ橘樸が、袁金鎧らの張学良への反発心を利用し、階級的な利害を刺激しようと考えても、まったく大義名分が立たない以上、袁や于としても協力のしようがなかった。大義名分の問題は、関東軍にとっては事変の「跡始末」として必要とされたに過ぎないにしても、無視するわけにもいかなかった。関東軍が皇道を標榜し、ともすれば「第二ノ朝鮮」とみなす態度をあらわにしがちだったとすれば、なおさら、それはスマートに覆い隠されねばならなかったのである。こうした状況で関東軍の側からなされた譲歩の一つが、王道主義の採用だったと考えられる。後述のように、王道の内実をどのように解釈するかという点では、人により同床異夢ともいえる開きがあった。しかし、さしあたり、満洲が「第二ノ朝鮮」でないことを明確に標榜すること、中国の伝統に即した善政を行うという決意宣言――それは張学良の政策は悪政であったという非難と表裏一体である――を明示すること、この二つのことが最大公約数的内容として、王道という言葉に託されたのである。

袁金鎧、于冲漢の懐柔工作と、王道という政治理念との結びつきは、次のような資料からうかがうことができる。一つは、奉天地方維持会顧問だった金井章次が一九四三年に書いた回想である。(45)

私は袁金鎧氏に王道を以て政治の衝に当るやうに勧めたものだ。かねて、満日紙の金崎賢三氏が、支那に於ける理想政治型として、王道文治論を説かれてをつたのに共鳴してをつた関係もあつた。

「関東軍がそれで差し支へないでせうか」

これが袁金鎧氏の私に対する反問であつた。

そこで、一緒に関東軍司令官本庄繁を訪れたところ、司令官が快諾、「それ以来、袁氏は安堵と共に非常な決意を以て東三省民の為め」に尽力することとなった、と述べている。

「満洲事変機密政略日誌」によれば、一〇月三〇日に金井は袁とはじめて対面し、一一月六日夜の関東軍司令部でのやりとりでは、「金井顧問布告文を発すべきを説得し遂に同意せしめ」と説得係を引き受けている。[46] 右の金井の回想がこの日のことと断定できる資料はない。また、かりにこの日のことだとしても、袁が安堵したという内容は、一一月七日以降も「袁は依然として優柔」という記述、[47] 二〇日には外国人ジャーナリストに窮状を訴えたかどで軟禁されるという経緯とくいちがいを見せている。そうした点で必ずしも信用できる回想ではない。しかし、張学良への断交宣言をめぐって袁に圧力をかけるプロセスで、王道という理念が浮かび上がってきたと推測する一つの手がかりにはなる。

金井の回想にかかわって、もう一つ注目すべきことは、本庄による王道主義の許諾を「東亜の新秩序建設」の源泉と述べていることである。すなわち、「東洋」の共通性をセールス・ポイントにしたアジア主義的な論理への転換の出発点として、王道主義の採用を意味づけているわけである。金井は、満洲青年連盟理事であり、満洲国のもう一つのスローガン民族協和思想の支持者でもあった。したがって、さしあたり日本的同一化の論理としての天皇制から切り離して支配の論理を構築すべきは自明のことであったと考えられる。また、こうしたコンテクストにおいて見たとき、「関東軍がそれで差し支へないでせうか」という袁の発言にこめられた意図も理解できる。

さて、王道主義の浮上過程にかかわる、もう一つの資料は于沖漢に関するものである。元奉天居留民会長森田福松が一一月二二日に記した資料では、三日に関東軍司令官を訪れた際に、于沖漢は次のように述べたとされている。[48]

東洋精神文化の真髄は王道主義であつて、何時迄経つても決して古びない。……従来東省の政治に於ても屢々之が実現につき意見を吐露せるも、常に顧みられざるのみならず、却つて疎んぜられて斥けらるるに至れり。然るに、会々《たまたま》覇道政治の悪魔滅びて、真に東省政治革命の時期が到来したのである。是は天也命也人為ならずである。

これに対しても、司令官は「全幅の賛意を表せられ」たと森田福松は記している。

森田は、この時、于冲漢が「学良政権及南京政府との関係を断絶する事が必要である」と述べたとも記している。しかし、すでに見たように、一一月六日の時点で于冲漢は、断交宣言への署名を強要されることへの苦痛を奉天総領事に訴えている。したがって、この記録も全面的には信用できない。「新聞掲載を禁ず」という関東軍による但し書きがあるので、特に世論向けの改竄が必要とされた事情もないのだが、于冲漢自身の発言というよりは、于冲漢にこのように述べてほしいという願望の混じった記録として読むべきである。そのうえで、第一に、東洋と西洋という対立図式を用いていること、第二に、王道と覇道という対立図式のもとで、張学良政権に後者を割り当てていること、第三に、王道政治の具体的内容としては、引用に続く部分で民心の収攬と民力培養の必要を一般的に説くにとどまっていることを確認しておきたい。

以上、資料的な限界が大きく、必ずしも確定的なことはいえないにしても、いわば日本的同一性の論理ではなく、東洋的同一性の論理としての王道の概念が、袁金鎧や于冲漢にとっても相対的には望ましいものだったこと、また、一一月六日夜にかけての「建国の受胎工作」の過程で、関東軍の側からの説得の手段の一つとして、王道主義という理念が浮上したことを推定できる。王道という言葉の出どころは必ずしも橘樸ではなく、金井章次だったり、于冲漢だったりする。しかし、事変直後の『満洲日報』の社説、一〇月三〇日には野田蘭造の論文が出ていることを考えれば、この点に関する詮索はあまり意味がない。誰がこの言葉に着目してもおかしくはない状況だったからである。橘の役回りは、王道革命といった言葉が巷間にあふれ出すなかで、袁金鎧らを取り込むためにも、これを統治理念として掲げることが必要不可欠である、と関東軍首脳に説得することにあったと考えられる。

三　大同思想と王道主義

それにしても、王道主義とは、いったいどのような意味で解されていたのか。反西洋、反張学良、というアンチのレベルを越えて、その実質的な内容、統治体制との関連となると、とたんに話は曖昧となる。次に、関東軍の構想と橘の思惑とのあいだに、この点でどのような開きがあったのかということを解明することにしよう。

まず国民政府との断絶宣言の発表された一一月七日に関東軍首脳の謀議に付された「満蒙自由国設立案大綱」(以下「大綱」と略す)を検討する。関東軍顧問松木俠の起草したこの国家構想では「王道」という言葉は用いていないが、関連した内容を見出すことはできる。[49]

一、満蒙独立国は民主政体たる可きものなり。

(敢えて民主政体の形式を固執する必要なきが、実際上民意に基く政治を布き得る制度を執ること肝要なり。故に元首――君主なりと大総統なりと将又委員長たるとに論なく――たるものは民意を代表するものたらざるべからず。之亦五千年来支那民衆の間に流れ来れる伝統思想にして、天子は天命を行ふもの、即ち今日の言を以てすれば、民意を代表するものたらざる可らず)。

ここで「民主政体」を志向すると述べている。しかし、別の部分で「民衆の政治意識が未だその領域に達せざる」という理由で議会制度は設けないとする一方、「帝国臣民より成る顧問府」が重要な法令に関して「指導監督」する権限をもつと論じる。すでに古屋哲夫が指摘しているように、この場合の「民主」は、「下層」から「上層」を制限・統制するような、内容的規定をともなっていない。[50] 実際、満洲国が建国されると、立法院は事実上設置されず、日本人官吏による「内面指導」の体制が布かれることにもなる。「時勢及民度」を思わせる「民衆の政治意識」云々という表現といい、統監政治期の朝鮮統治と相似的な体制を構想しているのであり、それを「民主政体」と呼ぶのは恣意的な用語法といえよう。事実としても、満洲国は、総務庁中心主義と呼ばれる、独裁的な中央集権主義をとることになる。(51)

王道主義との関わりという点で着目すべきことは、こうした制度的な保障を欠く民主主義が、「支那民衆の間に流れ来れる伝統思想」と等置されていることである。王道という言葉こそ用いていないものの、君主の地位の正統性を天命としての民意に求める考えは、たしかに儒教的な王道思想といえる。山室信一は、「大綱」での伝統思想への言及が、孫文『三民主義』の中の民権主義の項を念頭においたものではないかと推定し、「反三民主義を標榜しつつもその主張に対抗しうる民主的要因を何らかの形で取り込まないかぎり、「満洲国」としては中華民国に対峙できないというアンヴィバレントな状況」をそこに見出している。(52)

筆者は、一九三一年一一月初頭の時点では、反三民主義の姿勢が明確にされていたとは考えていないが、この「大綱」にも、「孫文以後」の思想状況が明確に刻印されているという指摘は的確なものと考える。事変当時は、民意を体した革命思想としての側面が強調されていたにもかかわらず、「大綱」ではこの点に関しては無視していること、その点で、「民主政体」ばかりでなく「伝統思想」に対しても、恣意的な解釈をしていることに注意しておこう。満洲国建国以後は、王道という言葉をめぐる解釈の磁場が、その恣意性を明るみに出し、王道主義を後景に斥ける力として働きはじめることになるであろう。

さて、同じように孫文を明確に意識しながら、一定の体系性をもった政治理念として、王道主義の理論化を試みたのが橘樸である。

まず注目すべきことは、王道主義を「便利でいい」ばかりではなく「理論的にも相当な根拠のある」ものとして関東軍首脳にすすめたはずの橘が、事変以前に書いた文章ではその内容に慎重な批判的検討を加えていることである。たとえば、孫文の「大アジア主義」講演について、一九二五年に次のように書いている。「王道とは何ぞや……孫氏は無造作に、其の内容を一括して「仁義道徳」と云ふが、唯々之だけでは雲を攫む様な事でさつぱり要領を得ない」と不満を述べ、それはたしかに「支那の思想乃至支那の社会生活と切離すことの出来ない一つの文化現象」ではあるが、西洋の「デモクラシー」のような展開を示さなければ「到底近代支那人の思想と結び付く事が出来来ぬ」と結論する。(53) 同じ年に書いた「日本に於ける王道思想」では、王道による徳治はたしかに理想だとしても、天(上帝)に対する信仰が共有されていないところでは、実行に対する保証がなく、しばしば有名無実化されてきたことを問題視している。しかし、王道主義が、地方分権的組織を通じて直接に民衆の福利を図るということならば、「連省自治なり或は故孫文の考へてゐる様な県自治を実現する」ことで王道の精神を生かすことも可能であると述べ、世界の大勢が「中央集権主義の下り坂」を示す中で、フランスのサンジカリストやイギリスのギルド社会主義者の説く「産業的地方分権制」がモデルになるだろうと論じている。(54)

橘は、近代的な民主主義のシステムの相対的な優越性をよく知悉していた。そして、この場合は、王道という古典的な概念が、封建制のイメージに根拠をもつ、分権的な政治システムと結びつくかぎりにおいて、近代に再生しうる理念たりうると述べているのである。

事変以後に橘が王道主義に言及した最初の文章は、三一年一一月三〇日の自治指導部での講演に基づく、「王道の実践としての自治」である。自治指導部とは一一月一〇日に各県レベルの自治の指導を目的として成立した組織であり、于冲漢が部長、橘樸や野田蘭造が顧問に就任していた。この組織の名称が象徴的に示しているように、事変以後の主張でも、地方分権化へのこだわりという点には変化はない。むしろ日本帝国主義の支配下に組み込まれることにより、これまで中国の主権を脅かし、中央集権的な体制の構築を不可避としてきた関東軍の武力が、今度は地方分権を保護するものとして機能しうるという、客観的には皮肉な事態が、橘には絶好の好機として意識されたことだろう。事変以後には、『礼記』礼運篇における「大同世界」の記述が、新たに王道の理想として掲げられることになる。[55]

大道の行はるるや天下を公となす。賢を選び、能を挙げ、信を講じ、睦を修む。故に人は独り其の親のみを親とせず、独り其の子のみを子とせず、老をして終はる所あり、壮をして用ゐる所あり、幼をして長ずる所あり、鰥寡孤独廃疾のものをして養ふ所あらしむ。……盗窃乱賊起らず、故に外は戸を閉ぢず、これを大同と謂ふ。

こうした大同世界をユートピア的なビジョンとして掲げたうえで、これを実現するための方法論として、『孟子』をあげ、「百畝の田、五畝の宅に加ふるに教育、備荒貯蓄を与へ、二重三重に国民の生活を保障する」経済政策が重要であると橘は述べる。

同年一二月には、自治指導部の関係者を中心に思想運動団体として建国社を結成、翌年二月に公表された野田蘭造起草の宣言文では、「王道とは、儒教の所謂大同社会思想の実現を、政道の倫理化と、財富の社会化とによる民生保障によつて必然せしめんとする、経国の大道を謂ふ」と定式化する。[56] 橘が建国社の中心人物であり、この定義を肯定的に引用していることから、儒教の徳治主義の発想、私有財産制度の否定あるいは制限(財富の社会化)という社会主義的発想に加えて、大同世界のイメージに王道主義の内実を託したことは明らかである。そのことは、どのような意味をもっていたのか。

『礼記』礼運篇の説く大同世界のイメージは、道家的または墨家的要素の影響があるものとして、儒教の内部では古来から低く評価されてきた。「幼をして長ずる所あり」という章句一つをとっても、長幼の順という「礼」の秩序を重視する儒教の発想との異質さは明らかである。他方、「天下を公となす」発想は、太平天国のような農民反乱において、世直しのビジョンを導く役割を果たしてきていた。こうしたいわれをもつ礼運篇を近代になって大きく取りあげたのは、戊戌変法のリーダーたる康有為である。

キリスト教への対抗を意図して、経学の伝統のラディカルな否定の上に「孔子教」の国教化を試みた康有為は、大同思想を中国における平等主義の伝統を示すものとして取りあげたのである。後藤延子の研究によれば、康有為は、『礼運注』において、礼運篇の内容を「貴賤の分、貧富の等、人種の殊、男女の異」という、さまざまな社会的差別の撤廃の必要を説いたものと解釈し、社会組織としては「従来の家庭の一切の機能を、公政府に全面的に肩代わりさせる」ことをはじめとして、ゆりかごから墓場まで公共事業として社会化させるという構想を抱いていた(57)。孫文や毛沢東も、大同世界を革命の終局の目的とする世界として取りあげており、大同思想が「孫文にかぎらず中国の共和思想の根幹をなしている」という評価もされている(58)。

橘は、大同思想のこのような意味をよく知悉したうえで、大同世界こそが王道の理想であるという形で王道主義と結びつけ、地方分権的な自治国家という体制構想の基礎づけに利用しようとしたのである。一九四二年――当時は汪兆銘の傀儡政権が三民主義を奉じていた――に手の内を明かすようにして、橘は次のように述べている(59)。

支那民族の伝統の一つたる大同社会の思想は、早くから屢々空想として拒斥され来つたけれども、拒斥するものは古いところでは地主的な儒教正統派、近代ではゲゼルシャフト的な西洋思想の系統を引いた人々であり、これに対して大同思想は孟子の王道及び井田思想から、中世(西暦三―八世紀)に於ける歴代中央政権の均田政策を経て、遙かに太平天国運動に連なり、更に孫文により継受されたもので、随つてそれは支那民族中でも勤労農民の間を流れて来た思想に外ならぬのである。

橘の大同思想への着眼が、孫文の思想に由来するものであることは明らかである。ただし、王道と大同とを連関づける点も孫文の思想に基づくものであるのかどうかは明確ではない。『三民主義』民権主義第一講で、孫文は、易姓革命を説いた『孟子』の思想と並んで、「大道の行はるるや天下を公となす」という礼運篇の文言を、中国における民権主義の伝統を示すものとしてあげている。しかし、ここで王道という言葉を用いているわけではない。この両者の連関は、おそらく、孫文の読みに基づいて、橘が自ら考案したものと考えられる。

それでは、橘の王道主義は、具体的にはどのような体制構想と結びついていたのか。一九三一年一二月に起草した「満洲新国家建国大綱私案」では、国民議会の設置、農業社会に基盤をおいた自治制度の完全な保障（家族・部落・ギルド・農会などの各種互助団体、町村、県、省、国各レベルの自治、各種協同組合）が必要だと主張し、国民議会への参加者の民族別の割合に関しては、「民族国体《ママ》（団体の誤植か——引用者注）として対等権を享有すべしとの理論」と「個人的デモクラシイの要求」と「建国に功績のある日本民族の立場」の三要素を考慮して、漢（7）、満（3）、鮮（2）、回（2）、蒙（2）、日（7）、白（1）の割合にすべきであり、省以下のレベルでは人口を勘案して定めるべきだと述べている。(60) こうした制度構想に基づき、「大綱」の構想を批判し、「専制政治の方がよいと信ずるならば、率直に所信を披瀝すべきではないか」と、言葉だけの「民主政体」の欺瞞をついてもいる。(61)

当時の満洲における圧倒的多数が漢民族であり、人口比からみれば日本人はごくわずかであったことを考えれば、国民議会の民族別割合は均衡を失している。平野健一郎は、この点について、漢民族と日本人が対抗関係になっても、満洲族と朝鮮族が日本と結べば、悪くても一二対一二の拮抗を保てるというような計算があったのではないかと解釈し、「多民族国家における民族間の軋轢を防止して、政治統合を図る工夫」を見いだしている。(62)

国民議会構想は、事実として日本人の指導権を確保しながら、民族協和の建前をいくらかなりとも実質化していくための苦心の作であった。日本人の優越的な地位を認めていることの問題性は明らかであるが、「大綱」の内容と比べて、あるいは、従来の植民地統治方式と比較したとき、日本帝国主義の側からの大幅な譲歩という側面が含まれていることも確かである。そこには、従来の朝鮮・台湾統治に対する明確な批判意識が存在した。

橘は、一九三三年に書いた文章で、台湾・朝鮮に政治的経済的文化的に「自治区域たることの完全なる保障」を与えるべきであり、そうした政策をともなわないかぎり、アジアの諸民族は日本を「英米仏等と全然同質な帝国主義国家」として理解し「決して日本を信用しない」と述べている。(63) この主張も、独立ではなく自治付与の主張にとどまってはいる。しかし、一九二〇年代のデモクラシーの風潮の中でさえ朝鮮議会設置論が孤立的主張であり、台湾議会設置運動も三〇年代初頭には完全に逼塞させられていたことを想起すべきである。被圧迫民族との連帯を説いた孫文さえも、一九二五年の戴季陶への談話で「台湾、朝鮮両民族に、少なくとも自治を実現させるべきである」と語るにとどまっていた。(64) 現実的判断に立脚するかぎり、即時独立を説く主張は、逆に日本帝国主義の針路を修正させる力をもちえないという状況認識が働いていたと考えられる。

橘の国家構想は、井上哲次郎も着目していた王道主義の理念、持地六三郎の提唱した朝鮮議会設置の両方の要素を同時に実現した、多民族国家体制の構築を提唱したものと位置づけることができる。それはたまたま橘という存在を通して提起されることになったが、前章で見たように、朝鮮統治の矛盾が深まり、従来の統治方針が臨界点に達していた以上、それは出されるべくして出されたプランであったとみなすことができる。

実際には、橘の国家構想は、国民議会の設置という基本的なところで否定された。ただし、まったくの机上のプランのレベルにとどまったというわけでもない。たとえば、片桐裕子が指摘しているように、関東軍と一体となって満洲国の経済政策を立案した満鉄経済調査会で、橘の理論に大きな影響を受けた大上末広が、郷村協同組合の設置――その目的は農業流通過程に介入することで地主制を維持しながら中農以下を保護することにあった――を図ろうとしたという事実がある。(65) 王道という言葉も、多様な解釈の余地を残しながら、統治理念としての地位を占める。この点では、従来の植民地統治の体制に対して明確な切断が行われたのである。協同組合の政策は、国防国家化のための産業開発志向が支配的となるなかで十分な展開を見せず、王道主義は皇道との関係が問題となり、三〇年代後半には理念としての地位を追われることになる。しかし、それ以前の段階では、橘の構想と満洲国支配の現実とのあいだに、一定の接点が存在したということができる。橘の理論の後退の過程に関しては次節で検討することとし、次にこうした接点の一例として、宗教教化団体の問題を取りあげることにしよう。

四　満洲国の農村支配と宗教教化団体

王道主義の理念は満洲国の農村支配とどのように結びつき、そのイデオロギー機能を発揮するための現実的基盤をどのように形成しえていたのだろうか。

事変当初の都市部での大規模な軍事行動が終わると、関東軍は、農村部でゲリラ戦という新たな戦争をはじめることとなった。民衆とゲリラとの区別は困難であり、一九三二年九月の平頂山事件のように、「匪族」に通じたという理由で多数の中国人民衆を虐殺する事件も起こった。こうした事態があらゆるイデオロギー工作を無に帰させるのはいうまでもない。橘もこうした事態を認識し、袁金鎧や于沖漢を引き出したのは「支配階級の信頼を獲得したるのち、この信頼を通じて全国民に接近しようと企図した」ものだったのだが、実際には、「自衛の為に武器を貯へている無辜の地主・富農」が日本軍の銃火の洗礼を受けて「一方では不信から憎悪へ、他方では恐怖から怨恨へと進み」つつあるという問題を指摘している(66)。

イデオロギーとしての王道主義を広めるための最大の障害は、軍事行動そのものだった。他方では軍事行動を効果的に進めるためにも、イデオロギー工作を通じて民衆とゲリラの分断をはかる必要があった。こうした工作を担当した組織が、一九三二年七月に成立した協和会である。協和会は、日本人集団による中央集権的政治と、孤立分散する農村の秩序を媒介する組織として、体制イデオロギーを浸透させることを目的としていた。ただし、当初は一国一党制のもとでの前衛的組織とする意図が含まれていたが、実際には宣伝活動のための関東軍の外郭団体としての性格が強くなり、三七年以降は大衆化路線が明確になる。[67] 風間秀人の研究によれば、このような組織変革にもかかわらず、協和会は上からの官製団体たる性格をぬけきれず、発足当初はもとより一九四五年の崩壊にいたるまで、農村部に対しては実効的な支配力を及ぼせなかったとされる。[68]

協和会の活動がこのような限界をもっていただけに、農村社会にはりめぐらされた在来の組織をいかに体制内化するかということが重要な意味をもっていたと考えられる。ロイド・E・イーストマン(Lloyd E. Eastman)は、中国の「陰」の社会組織として、教門と呼ばれる宗教結社(白蓮教、義和団など)、会党と呼ばれる秘密団体(天地会、哥老会など)、両方の性格をあわせもつ自衛結社(紅槍会など)の存在を指摘し、辛亥革命以降、地域エリートが、政治的な真空状態のもとで村の政治・経済活動での実権を獲得するためには結社の非合法部分の「腕力」が効果的であることを発見して、結社に参加しはじめたと述べている。[69]

これらの結社をどのように処遇するかということは、日本人にとって無視しえないことがらであった。「大綱」は、「支那には社会的欠陥の為に派生したる所謂腫物あり。青幇《ちんぱん》、紅卍字会、大刀会等の結社是なり」として、淘汰すべきとの見解を示している。[70] これに対して、橘は、「上層の紅卍字会、居士仏団、中層の道徳会、下層の在理会」などを利用し、「適切且つ卑近な宗教的方便を発動する」ことで、農村の長老を「我々の望む方向」に導くことが必要だと述べている。[71]「大綱」の着眼しているのは、青幇のような秘密結社、紅槍会のような自衛結社であり、橘がここで論じているのは、宗教結社としての性格の強い団体であるという違いはあるが、かたや淘汰、かたや利用を標榜しているわけである。結果としては、紅槍会や大刀会は抗日運動に向かい、青幇およびその分派である在家裡は秘密結社のままにとどまり、万国道徳会や紅卍字会は、満洲国の支配下で「宗教教化団体」として発展を遂げることになる。

万国道徳会、紅卍字会は、いずれも戦乱の絶えなかった一九一〇年代末に山東省の済南で成立、儒教・道教・仏教・キリスト教・イスラム教の五教一致を説き、キリスト教の侵入、儒教排撃の風潮、科学思想の普及などにより混乱しつつあった宗教的・道徳的秩序の再建を志向していた。紅卍字会については、事変以前から、大本教の出口王仁三郎や内田良平とのつながりがあった点が興味深い。[72]ただし、橘の主張した王道主義との連関がより明瞭なのは万国道徳会である。

万国道徳会の発会当初の趣旨は、「道徳を提倡して戦殺を消弭《しょうび》し、人心を正し、世道を挽回し、全世界を安泰ならしめ、終に大同に帰せしむるを以て宗旨となす」ことであり、第二代の会長は康有為であった。同会は、『礼記』礼運篇の内容にしたがった「大同実現表」なるものを考案、「賢を選び能に与し、天下を公となす」については「○各会会長及び職員は賢能を公選すること」、「独り其の子を子とせず」については「○妊婦収容所を設置す。○産児院を設置す。○寄児院を設置す」というように、個々の記述に対応する実践項目を定めていた。[73]満洲国が成立すると、一九三三年に中華民国総会から「新京」(現在の長春)総会が独立、三六年には満洲帝国道徳会として再出発を遂げた。この体制内化のプロセスで「直接本会の指導者として或は又側面的援助者として尽力」した人物として挙げられているのが、「袁金鎧(前尚書府大臣)憑涵清(前司法部大臣)張海鵬(前侍従武官長)張景恵(現国務総理)」などの重要人物たちである。事変当時の東北地域における分会・支会数は四四であったが、一九四一年現在で満洲帝国道徳会の分会・支会数は五四四、会員は五万七九二〇人と、会勢は顕著に伸びていることになる。[74]

道徳会の歴史と現状を調査した小竹一郎(文教部礼教科科員)は、満洲帝国道徳会発足に際して「国策に即応して国民教化に尽瘁すべきことを明示するに至った」理由として、「王道を以て国政の要道とし、道義国家建設を理想とする」という国是と会旨の「契合」をあげている。[75]これは決して偶然の一致ではないだろう。「国是」の方を宗教教化団体の教義と整合的に設定することで「国民教化」への動員を策した橘の戦略をそこに認めるべきである。大同思想と結びつけて解釈された王道主義は、こうした提携を可能にするための条件として機能したのである。

橘樸と万国道徳会とのつながりは、一九三三年に道徳会の副会長に就任した袁金鎧を中間に置いてみることで、さらに明瞭になる。橘と袁金鎧の交遊関係は事変前から存在し、一九二五年に袁は自著『中庸講義』を橘に寄贈している。その内容は、「鬼神の徳たるはそれ盛んなるかな」という『中庸』の著名な章句をとらえて、「人事の行為は胥《み》な鬼神の監察を受く。……六経の書も未だ嘗て鬼神なきことを云はざるに、後儒は敢て鬼神あることを昌言せず」と鬼神の実在を強調するものであった。(76) ちなみに、道徳会の聖典である『誠明録』でも、「天地」に次いで「鬼神」の項目を設けたうえで、「常に修養に励めば妖怪は降り、鬼は除かるるなり」と述べ、やはり鬼神の実在性を強調しつつ、現世的な応報思想を説いている。(77) 朱子の『中庸章句』では陰陽・屈伸という自然哲学的概念を用いて、鬼神に関する合理的な解釈を提示している。これに対して、袁の著書や道徳会の聖典はより直截に「監察」者としての鬼神の存在を認めているわけである。加地伸行の理論を援用するならば、儒教が宗教性と礼教性を出発点としながら、次第に両者を分離しつつ宇宙論や形而上学としての側面も備えていったのに対して、ここでは改めてその宗教性を回復しようとする議論がなされていると評することもできる。(78)

橘はこの袁の著書を「中庸の宗教的意義を認識した極めて少ない文献中の一つ」と評価している。(79) この評価は、中国社会の思想状況に関する次のような見解を背景としたものとして理解すべきだろう。(80)

日本人は無闇と儒教を買被り、論語一巻で日支民族の思想的融和が出来るなどと夢想するものさへあるが、これ程馬鹿々々しい見当違ひはないと思ふ。一口に謂へば儒教は治者の利益に立脚して組立てられた教義であり、道教はこれと正反対に被治者の思想及び感情を代表するものである。従つて、支那民族全体の思想なり感情なりが、二大教義の何れにヨリ多く表はれて居るかと云ふと、申す迄も無く道教である。論語の代りに、老子を日支親善の道具に使つた方が早手廻しなのである。

袁金鎧の『中庸講義』は、いわばこうした被治者の思想を経書の解釈という次元に突出させたものと見ることができる。もちろん、奉天政界の中枢に位置した袁金鎧を、単純に被治者の範疇に含めてよいのかという問題はある。ただし、儒教を正統的教説とする中華帝国の官僚層（進士、挙人）としてこの場合の治者を解した場合、在地有力者から成り上がった袁は、出自において被治者であったということはできる。

橘が、いかに袁金鎧を味方に取り込むかを考えていた時、宗教性を強調した儒教理解ということが当然思い浮かんでいたことだろう。さらに、その延長線上には、こうした信条を共有する万国道徳会の組織も射程に入っていたはずである。事変当初の抵抗にもかかわらず、袁金鎧は、満洲国が成立すると、参議という要職につく。また、一九三三年には『満洲評論』に「王道梗概憶説」という文章を掲載し、「中庸の道理を以て王道を講明せん」と述べ、「王道を行ふものは必ず孔子を奉じて師となし、誠心誠意悦服」すべきだとする一方、「老子全部の道徳経皆聖人天下を治むるの大道」をいうというように、道家的な思想をもふくみこんで王道を解釈している。[81]袁金鎧が満洲国政府の要職につき、万国道徳会が満洲帝国道徳会として改組されながら、会勢を伸ばしていたかぎりにおいて、橘の戦略は机上のプランにとどまらず、一定の「成功」を収めていたともいえる。

もっとも、このような戦略が軍首脳により理解され、支持されていたとは必ずしもいえない。たとえば、陸軍省の調査（一九三二年一月）では、「王道普及せらるるに於ては満蒙は三民主義及共産主義の侵入を困難ならしめ」るだろうと述べている。[82]ここでは、王道主義が三民主義および共産主義と対抗的なスローガンとしてのみ理解されている。大同世界のビジョンを通じて、孫文の思想や社会主義と類縁性をもった方向で解釈される余地などまったく想定していない。こうした同床異夢の構図のもとで、一九三二年三月の建国宣言では、「政ハ道ニ本ツキ、道ハ天ニ本ツク。新国家建設ノ旨ハ一ニ以テ順天安民ヲ主ト為ス。……王道主義ヲ実行シ、必ス境内一切ノ民族ヲシテ熙々皡々トシテ春台ニ登ルカ如クナラシメ」んと謳われ、元号も「大同」と定められることになるのである。[83]

3　王道主義の隘路

王道主義が満洲国の統治過程にせり上がっていく過程には、一九一〇年代台湾の状況、すなわち、郷紳層とのあいだに「協力メカニズム」を機能させるために、現地の文化の「仮他主義」的な利用(台湾版教育勅語構想や呉鳳伝説の改編)を図った方策と相似的な事態を見いだすことができる。前節では言及しなかったが、一九三三年に保甲制度が設けられていることも、相似的な事実である。この保甲制が有効に機能するためにも、保甲民が一致団結するのではなく、保長、甲長のような役職にある地主層の協力をとりつける必要があった。王道主義という統治理念は、このような目的のために、袁金鎧や于冲漢のような要人、さらに万国道徳会のような宗教教化団体を体制内化し、地主層を基点として農村部へと支配を浸透させていくために適合的な理念として選択されたものと考えられる。

一九一〇年代の台湾と一九三〇年代の満洲の違いが明瞭に現れていることがあるとすれば、いわば「孫文以後」の思想状況への対応を迫られていたこと、そのためにも、橘のようなある意味で傑出したイデオローグを必要としていたことである。王道という言葉にしても、大同思想への着眼にしても、民族協和(あるいは五族協和)にしても、中国人のあいだに権威性を確立していた孫文の思想、さらに中国ナショナリズムの原理を前提としながら、これへの対抗的な言説として必要とされたものだった。橘の主観的な目論見の次元では、孫文の思想にいかに対抗するかということよりも、関東軍の武力という逆説的な手段を用いながら、いかに継承するかということが大きな比重を占めていたとも考えられる。またそれだからこそ、満洲国建国以後の施策は橘の戦略の具体化としてよりも、基本的には、そこからの逸脱として推移することになる。

本節では、この逸脱のプロセスにおける異質な理念のせめぎ合いと重層化の様相を究明することにしたい。重層化のプロセスは、大きく二段階に分けられる。

第一段階は、「礼教国家」として王道主義と儒教の連関を明確化したことである。釈奠《せきてん》の復活、『論語』『孟子』のような経書の教科書としての利用などが、具体的な現れである。日本帝国主義による植民地支配において儒教を利用する例は、台湾や朝鮮でも見られた。しかし、統治理念の根幹は、建前上天皇制の教説におかれ、教育勅語が形式的に掲げられていた。これに対して、満洲国では、少なくとも名目上は「国家元首」である溥儀が、一九三三年から新京文廟で三跪九叩の礼に従って釈奠を挙行したことにも象徴されるように、「国教」に等しい地位を与えられたのである。こうした政策が、儒教により「日支民族の思想的融和」を図ろうとするのは、「馬鹿馬鹿しい見当違ひ」であると述べた橘の意図とズレているのはいうまでもない。

第二段階は天皇制イデオロギーの導入である。一九三五年には、溥儀の第一回訪日を契機として「日満一徳一心」をうたう回鑾訓民詔書《かいらんくんみん》が発布され、一九四〇年には「国本」を「惟神の道《かむながら》」に求める国本奠定詔書《こくほんてんてい》の発布、天照大神を祀る建国神廟の創建が行われた。第一段階の変化はたぶんになし崩し的なものだったが、第二段階の変化は、「国教の変更を意味する大事件」だった(84)。一九四〇年になると、文教行政の最高責任者田村敏雄が、「満洲教育精神の実現を積極的に阻害するものは、支那古来の王道思想・東洋的デモクラシーである」と述べ、王道主義を公然と批判するようにもなる(85)。

満洲国を操った関東軍首脳・日本人官僚は王道主義を理念とし、さらに儒教の利用を試みながら、なぜある時点でそれを排除して天皇制イデオロギーを導入したのだろうか。前節で述べたように、王道主義が思いのほか深い射程と現実的基盤を持っていた以上、傀儡国家の本質が顕在化したという以上の説明が必要だろう。以下、王道主義の内容の変質過程に即して、この問題を追求することにしたい。

一　朱子学的王道主義の抬頭

満洲国政府は、一九三二年四月、国務院令第二号「各学校課程ニ四書孝経ヲ講授セシムルノ件」を発し、国民党の党義、三民主義に関する教科書を全廃、四書孝経を教授すべきことを指示した。これは、当時広く普及していた「排日教科書」に代わる教科書の編纂が間に合わないための応急措置だったかもしれない。しかし、結果としては、王道主義を儒教、特に朱子学との関わりで具体化する方向へ歩み出した指令としての意味を持つ。いうまでもなく、数多くの経書のうちで四書を特立させて重視したのは朱子学だからである。

こうした路線をさらに明確化したのは、同年一〇月に文教部から刊行された『建国普及精神之資料第一集』である。このパンフレットは、夏に「新京」(現在の長春)で開催された全国教員講習会の記録であり、冒頭には鄭孝胥《ていこうしょ》の「王道救世之要義」がのせられている。鄭は挙人の資格を持つ儒者であり、国務総理という立場からいっても、政府お墨付きの解釈を示したものと考えてよい。この論説で鄭は、「天下仁に帰す、即ち王道の極則なり」と王道の目的を定義し、その実現の方法として『論語』の「克己復礼(己に克ち礼に復す)」という文言を引用する。修身斉家治国平天下の思想を説いた『大学』を「王道具体之学」として称揚し、「内聖」という道徳的秩序を「外王」という政治的秩序に及ぼすべきであると説いてもいる(86)。道徳と政治との相互浸透、個人的な修養の論理と社会的な政治制度の論理を連続的にとらえる発想は、まさに朱子学のオーソドックスにしたがった王道主義といえる。

いわば正統的な教説を確認したこうした内容に加えて、満洲国の現実に直接関わる議論としては、「果たして王道を行へば、必ず先づ愛国の思想を蕩滌して、而して博愛を以て主となし、必ず先づ軍国の教育を革除して、而して礼儀を以て先となす」と述べている。「愛国」「軍国」を否定して、「博愛」「礼儀」を称揚しているわけである。確かに

「愛国」や「軍国」は近代の産物であり、およそ儒教とは無縁な概念であった。関東軍の軍事力に支えられた国家の国務総理がこのように述べるのは一見奇異ではある。しかし、さしあたり、儒教の普遍主義的性格を利用しながら、蔣介石・張学良政権による、軍事化を中心とした資本主義化、中国ナショナリズムの高揚に水をさすための議論と考えれば、理解できないことはない。

このような鄭孝胥による解釈は、王道主義の儒教的性格を払拭しようとした橘の解釈と当然対立することになる。その対立は、大きく二つの局面で顕在化した。一つは自治主義の位置づけに関してであり、一つは帝制の是非に関することである。ともに満洲国の国家体制をめぐる基本的な方向性が、王道という言葉の解釈として争われたものといえる。

一点目は、一九三二年七月の協和会の綱領起草に際して争われた。橘によれば、自治社会の建設が会の基本的使命であるという条文を入れた綱領案を「溥儀氏及び会長たる鄭孝胥に提出したところが、両氏共断固としてこれに反対した」のである。(87) たしかに協和会の綱領では「王道の実践を重んじ」に続けて「礼教を重んじて天命を楽しむ」という文言が掲げられ、自治という言葉はみられない。ここで「礼教」という儒教的なタームが、鄭孝胥の王道概念の路線に位置づくものであることはいうまでもない。「王道自治」という言葉も発明した橘にとっては、王道主義は分権的自治国家の構想と結びついてこそ意味のあるものであり、王道に関する鄭の解釈のうちに「自治思想の片影すら認めることの出来ない」ことは脅威であった。

橘は、責任を溥儀と鄭に帰しているが、自治主義の排除の背景には、関東軍の意向があっただろう。この時期、袁金鎧や于冲漢のような土着派から、鄭孝胥のような溥儀側近の外来派、あるいは張海鵬・張景恵のような満洲族旗人へと、権力基盤の中心が早くも移行しはじめていた。平野健一郎は、外来派や満洲族旗人のような帝制推進派が重視されるようになった要因として、中央集権的な統治システムとの適合性、溥儀の利用により対内的・対外的に正統性を主張する「多少の根拠」を見いだしたこと、外来派や満洲族旗人が社会的に弱勢で、地主勢力以上に操縦しやすかったということを指摘している[88]。橘も、こうした権力基盤の変動に気づかなかったはずはない。だが、王道の解釈に関して、自分以上の権威者がいなければ、それを楔として自らの国家構想に一定の現実的影響力を持たせることができると考えていたのではないか。その橘の前に立ちはだかったのが、「大儒」たる鄭孝胥であった。

一九三四年の時点で、橘は、「私は実のところ、一昨年の夏以来、満洲国に関するあらゆる政治的経済的社会的現象について、只の一つも愉快な消息に接したことはなかつた」と述べながら、後藤春吉からの私信で鄭孝胥が「王道之成効、必養成自治」と書いていることを知ると、「歓喜は実に無限……鄭先生に対して非礼を謝する」ことにしたいと記している[89]。橘がいかにこの問題を重要視していたかがわかる。ところで、鄭孝胥の文章は、正確には次のようなものであった(原文は白話文[90])。

満洲の国土は大きいから、必ず君主立憲を行うべきである。しかし、王道政治にとって最高の原則は地方自治を養成するにある。地方自治を穏固たらしむれば、次第に政府の権限を減少して、寛大和平に到ることができる。

君主立憲を説いた最初の一文(後藤の私信には、この部分は記されていなかったのではないかと推定できる)を別とすれば、国家領域の縮小を目指した橘の議論と重なる。次第に日本人官吏を中心とした満洲国の官僚機構が整備されていく中で、関東軍とたぶんに同床異夢の協力関係を築いていた橘や鄭にして見れば、王道という理念の解釈の次元でいかにイニシアティブを握るかということが重要な意味をもっていたと考えられる。また、そう考えなくては、橘のこの喜びようを理解できない。

王道の解釈をめぐるもう一つの対立軸は、帝制との関係をめぐるものだった。「満洲国」を「満洲帝国」へと改組する帝制実施が目前に迫った一九三四年二月の時点で、橘は、「帝制と王道思想——鄭総理の王道思想批判——」という文章を書いている。まず冒頭で帝制推進派の意見として、「王道国家を標榜しながら、執政政治の如き臨時組織や、共和制乃至委員制の如き腰懸制度を考慮するのは、甚しき矛盾」という見解に言及し、「かくの如きは全然王道政治の何たるかに理解を欠《ママ》ぐもの」と批判、『礼記』などによりながら王道と世襲君主制とのあいだには何の関係もないと断定している。(91) 自治主義に関する見解にしてもそうだが、橘の議論は苦しかった。大同思想は広い通用力を持ったものだとしても、これと王道を結びつける解釈は、必ずしも一般的なものではなかったと考えられるからである。地方分権の説は、周代の封建制を根拠としているわけだが、もちろんそこにも君主は存在した。大同思想は、これに対して、君主制を否定し共和制を支持する議論であった。したがって、王道の理想は大同であるとの定式化には、やはり飛躍が存在したのである。

右の橘の文章は、「鄭総理の王道思想」という副題をもつが、橘も引照している鄭孝胥の「王道救世之要義」には帝制と王道思想を直接的に関連づけた議論は見られない。立場上そうした見解を公にすることはひかえたということであろう。しかし、橘の批判するような論調は確かに存在した。たとえば、中国経済史学者である田崎仁義は、一九三三年に出版した著書で「「王道主義を建国理想とす」と号しながら、元首を「天子」と呼ばず「王」とも号せずして、執政と称するは甚だ解し難き点」として、王道主義を標榜して建国した以上、王たる君主を主権者としなければならぬと論じている。(92) 田崎はのちに協和会中央本部で講演した際に、三一年の暮れに皇道と王道の研究をする皇王学会を組織し、この時「鄭国務総理などにも此の意を通じまして、間接ながら声援指導もして下さつて居た。……先づ顧問と云ふ様な形に吾々は考へてゐた」ことを明らかにしている。(93) このような人脈の存在から考えても、右の田崎の論文は、鄭孝胥の意向を代弁したものとみなすことができる。

満洲国政府、あるいは関東軍首脳としては、王道主義を広めていくにあたり、朱子学的解釈に従うのか、それとも康有為、万国道徳会の教説に連なる橘の解釈に従うのか、という決断を迫られていた。そして、この点に関しては、明確な意思決定がなされないまま、中央集権化のための帝制実施という政治的な要請もあって、なし崩し的に前者の方向に向かって行ったように思われる。一九三四年の即位詔書では、「天意ノ愛民ニ原ツキ」「朕藐躬《み》ヲ以テ乃チ天眷ヲ承ケ」と儒教的な表現が用いられ、元号も「大同」から「康徳」に改められることになる。

この帝制実施によって、橘と鄭の対立が解消したわけではなかった。鄭が国務総理の地位を更迭された一九三五年のこと、鄭は、新京市政府の主催する夏季大学での講義の内容を『王道講義』として著し、橘は大同学院での講義を「王道概説」としてまとめた。(94) その内容は、明らかにそれぞれの議論を意識したものとなっている。

両者の対立点を、『礼記』礼運篇の解釈に即して確認しておこう。実は、礼運篇の記述は、「天下を公となす」大同社会というユートピアから、地位の世襲や私有財産制度が生じて「礼」が必要となる小康社会への転換として描かれている。問題はこの転換をどう評価するかである。橘は、康有為の所説に示唆を受けながら、これを逆転して、自治社会から小康社会、さらに大同社会へという変革の見取り図を描いていた。これに対して、鄭は、小康社会の発生を「勢いの必ず至る所なり」と表現し、その不可避性を強調している。「独り其の親のみを親とせず」という節の解釈にしても、橘は「墨耀の兼愛思想を継承するものであり、孟軻がその一代の勢力を傾注して駁撃したところ」と述べ、儒教オーソドックスとの違いを強調している。鄭は、何とか儒教の枠組みの内部で解釈しようとして、『孟子』梁恵王篇の「吾が老を老として、以て人の老に及ぼし」という章句や、鄭玄注『礼記正義』の「孝慈の道広し」という表現を引用している。これらは、自分の親への心持ちを他人の親にも及ぼすべきだと説いたものであり、礼の秩序を前提としたうえでの博愛を説いたものである。「墨子の兼愛、父を無みするの比に非ざるなり」という表現で、墨子の兼愛思想を明確に否定してもいる。

こうした一見スコラスティックな議論も、現実政治と無関係だったわけではない。橘が大同学院という満洲国の官吏を養成するための中枢的な機関で国家の統治理念について講義をしていること自体、いまだ影響力を行使しうる回路を保持していたことを示しているともいえる。また、一九三六年に満洲帝国道徳会が発足するにあたり、その目的規程から「大同」という言葉が削除され、単に「本会は性命を研究し道徳を実行するを以て目的となす」と定められた(95)。教義から大同という言葉が消えたわけではないが、こうした変化自体が、大同思想の政治性を示している。

なぜこのような方向性が選択されたのか。民心収攬のためのイデオロギーとしては、橘の解釈の方が有効なはずである。その理由は、儒教的解釈が秩序の原理であるのに対して、橘の解釈が、変革のビジョンとしての意味をもっていたことに求められるだろう。大同思想は、太平天国、戊戌変法、辛亥革命、という近代中国の政治過程にも密着した、変革の思想だった。しかも、建国以降は明確に排除された孫文の思想に連なるものでもある。事変当時の混乱期はとにかく、ある程度国家体制の外見が整った段階では、秩序の原理こそが必要とされたのだと考えられる。治者の教説としての朱子学と、被治者の思想としての道教という二重構造は中国社会の常態であり、王道主義という看板そのものを降ろさないでいるかぎり、道徳会の教説との距離も表面化しにくい、という計算も働いていたかもしれない。いずれにしても、鄭と橘の対立に関しては、さしあたり前者に軍配があがったのである。

二　易姓革命思想と日本の国体

王道という言葉を統治理念にせりあげる過程で中心的な役割を果たしたのは橘であった。そこには少なくともこの言葉を用いるにあたっての明確な戦略的意思が存在した。しかし、当事者の意思を離れてこの言葉が使われはじめたとき、そこに新たな問題が生じてくることになる。朱子学のオーソドックスな解釈に従う時、ナショナリズムへのアンチテーゼではありえても愛国心の養成には非適合的なこと、さらに易姓革命の思想を含むことで反満抗日運動を正当化する論理に転嫁する恐れがあるということである。儒教はたしかに秩序の学ではあったが、「天」という超越的な権威に正統性の根拠を求めていた点で、反秩序の原理も内包していたのである。皮肉なことに、橘の王道主義が振り落とされる過程は、王道主義そのものの問題点が顕在化していく過程でもあった。

すでに一九三三年の段階でこうした問題点を指摘し、王道主義という看板を正面から批判する論議も存在した。教育思想家である千葉命吉の『満洲王道思想批判』である。千葉は、満洲国を訪問して鄭孝胥や袁金鎧と議論を交わしたうえで、「王道の徳治・革命・民主の三思想は相互に密接に連関し不可分のもの」であるから、次のような問題が存在すると述べる(96)。

ソヴエートの赤化運動と之れに対する鮮人等の共鳴が一方にあり、東北軍閥の遺物たる兵匪が他方にあつて、階級的両極端を形成してゐるが、今満洲は、王道をとることによつて果たしてそれ等の活動を精神的思想的に鎮静せしむることが出来るかといふに、先づ思想上に困難点が存在してゐる。それは教育の普及と王道思想の理解さるることによつて、今後の満洲人には、王道は、逆待乃至失権から来る所の不平者に革命運動をなさしむる動機を与へるからである。

一九三三年段階では、初期の抗日義勇軍の多くは鎮圧されていたが、中華ソヴィエト共和国臨時政府が国民政府に内戦停止を呼びかけ、地主層を敵対視していた従来の政策を改め、東北人民革命軍を組織しはじめていた(97)。また、朝鮮人は間島地方を拠点として、中国共産党の指導のもとでの抗日武装闘争路線を明確化していた。千葉は、王道主義の標榜は、こうした事態によく対応しえないばかりでなく、むしろ敵対者を利するものではないかと述べているのである。

儒教が易姓革命の思想を含みこみながらも治者のための教説でありえたのは、そもそも教説の対象が支配者層に限定されていたからという要素が大きい。易姓革命も有徳であるべき治者の心構えの問題へと回収されえたのである。これに対して、国民教育の内容として儒教を取りあげた場合には、被治者に向かって暴政を取り除く権利のあることを説くことにもなる。満洲国政府は、三四年から三五年にかけて、四書および孝経に朱子集註の一部を添えて教科書として出版するが、この時には、台湾領有当初のように、『孟子』だけをぬかすという姑息な手段を用いてはいない。しかし、そこには、こうした問題が潜在したと考えるべきである。

易姓革命の思想をどのように位置づけるかという問題は、帝制の実施に際しても浮かび上がった。鄭孝胥の名前で出された帝制実施総理声明(一九三四年一月)に明らかなように、帝制を正統化するロジックは「王道ヲ頌唱謳歌スル万民ハ、至情ヲ尽シテ執政ノ天命ニ順ヒテ帝位ニ即カレンコトヲ請願シテ已マス」というものであった。あくまでロジックのうえでのことだとしても、民意の帰趨に帝制の根拠を求める考えは、天皇制のロジックに慣れ親しんだ日本人に強い異和感をもたらすものだったのだろう。ある日本人官僚は「民意で推挙したものは民意で打倒される恐れがある」と考えて「民意を排撃しての天意」ということを主張した。これに対して、橘は、「支那民族の思想に暗い」日本人の「錯誤」を次のように指摘する。(98)

> 王道思想では「民意は即ち天意」であるが故に、確かに「民意で推挙したものは民意で打倒される」と主張するのである。随つて王道思想は、傅儀《マヽ》氏によりて開創される王朝の永久性を決して保証するものではない。支那で有史以来歴代の君主中その血統の永久性を主張したものは、僅かに秦の始皇一人であつたと云ふ事実に徴しても、如何に前記の如き政治的信条が支那民族の脳裏に深く浸潤しているかを推測し得ると思ふ。

橘は、易姓革命の思想は儒教の専売特許ではなく、それだけ中国社会に深く根ざしたものと考えていた。しかし、この日本人官僚は、君主の王統の連続性に支配の正統性を見いだす考えが「脳裏に深く浸潤」した者として、中国人にとって王道を解釈する独自の磁場が存在することを軽視しているのである。

もっとも橘も国体論の呪縛から自由だったわけではない。一九二五年に書いた論文で、田崎仁義の所説を踏襲しながら、儒教における天と君主の関係を、天皇と将軍の関係になぞらえ、天の観念がすべての権威の源泉であるのと同様、天皇は「絶対無責任」「永久不変」であると述べている。(99) とはいえ、橘はそれを日本社会の歴史的所産とみなし、いわばワン・オブ・ゼムの原理として相対化していた。帝国主義的な異民族支配の原理としては機能しえないと考えていたのである。そうした発想は決して国体論そのものを否定したものではないにもかかわらず、国体論を絶対化する立場からは危惧されるべき事態として映じたことだろう。

このような王道主義の革命思想としての側面、それが王道主義後退の内在的要因だとすれば、外部的な状況も変化していた。一九三三年には国際連盟脱退により、満洲国の傀儡性を対外的にカムフラージュする必要性も薄れることになった。しかも、翌三四年には、国民政府が新生活運動を開始、国家的行事としての釈奠を復活、礼・義・廉・恥のような儒教的徳目を強調するようになる。こうした事態の推移は、王道主義が、国民政府の体現する中国ナショナリズムへの対抗理念としての有効性を減少させたことを意味していた。

満洲帝国皇帝が「朕　日本天皇陛下ト精神一体ノ如シ」と宣言する回鑾訓民詔書の発布は、このような内部的・外部的要因が王道主義という統治理念に変質を迫り、それを後景に斥ける力として働いたために起こった現象として理解できる。つまり、易姓革命の思想を否定し、儒教の内容を「忠孝の教え」に抽象化させる国体論を輸入することで王道主義の欠陥を補正することができると考えられたのである。そして、山室信一が指摘しているように、本国から派遣された日本人官吏が、日本の体制に相似的な体制への立て直しを主導することになった[(100)]。彼らにとっては、満洲国に独自な支配方式の追求ということよりも、植民地帝国日本全体の構造の整備と理念の斉一性こそが重要な意味をもっていた。この点で、見逃すことのできないのは植民地との関係である。

回鑾訓民詔書における天皇崇拝の論理の移植は、満洲国から植民地、さらに本国へと、満洲国独自の理念が還流し、国体論を相対化するロジックとして機能することを阻止する意味をもっていたと考えられる。台湾・朝鮮への教育勅語の適用が、台湾・朝鮮支配それ自体の必要性から割り出されたというよりも、「中外ニ施シテ悖ラス」という勅語の権威を傷つけない、という配慮に支えられたものであることはすでに指摘した。満洲国における王道主義の理念は、こうした帝国の原則に反した事態なのである。また実際、植民地の民衆がこれを盾にとって、総督政治を批判する例もみられた。たとえば、台湾議会設置運動のリーダーの一人だった蔡培火は、一九三五年元旦に満洲国の状況に言及して次のように書いている。「満洲国の構成要素には、明らかに日系の勢力が大きな部分」を占めるが、朝鮮・台湾において日本人が「主導的地位」にあるのと比較すれば、大きな相違がある。こうした状況で望ましい国家体制を形成できるか否かは日本人にとっての「一大試験」であり、試験に落第すれば「東洋民族の間に、至強至烈の惨禍」が発生し、合格すれば「東洋文化の精髄たる王道哲学がその実証を与へられ」たことになる。しかし、日本人植民者の反発で地方自治制さえ実現されない台湾政治の現状を考えると、危惧にたえないといわざるをえない。(101)

すでに抗日運動が組織としては壊滅させられた状態で書かれた文章でもあり、はじめから満洲国の存在を既成事実として認めたうえでの改良主義的な主張ではある。それにしても、満洲国における民族協和、王道主義の理念が、台湾人にとって相対的に望ましい状態と意識されていたことは確かであろう。この文章を収めた著書の題名が『東亜の子かく思ふ』であることも、台湾人にとっては、アジア主義的な論理が総督政治批判のために逆手に取りうるものであったことを示している。

逆に、台湾・朝鮮の支配者の側では、満洲国の統治理念が、オールタナティブな植民地統治のあり方を示しているものと理解されることは大きな脅威であった。たとえば、台湾では一九三六年に教化資料のパンフレットとして『皇道日本と王道及覇道』が刊行されている。そこでは、王道なる理念を満洲国が採用していることは「一歩を過れば、将来殆ど取り返しの付かぬ重大事」であり、「王道を指導誘掖して、全世界人類の暗夜の光たらしむべき皇道」というように、両者の関係を明確にしなければならないと主張している。(102)

王道主義の提唱者である橘が、台湾・朝鮮への自治付与を主張していたことを想起すれば、これも過剰反応とはいえない。アジア主義的論理が、本来誘発すべき問題への対応策の一つといえよう。やや後年の資料ではあるが、第Ⅳ

章(二二五頁)でも引用した「極秘　内鮮一体ノ理念及其ノ実現ノ方策要綱」では、民族協和思想を問題とし、「民族協和ハ満洲帝国建国ノ理念ナリト雖モ、朝鮮人ガ日本ニ在リテハ内鮮一体ノ方向ニ進ミツアル時、満洲ニ在リテハ民族協和ノ一単位トシテ取扱ハルル如キコトアラバ、首尾相一致セズシテ徒ラニ民族主義的雑音ヲ生スル虞少カラズ」と述べ、「内外地、満洲、支那ヲ通ジ一貫セル帝国不動ノ指導目標」が必要だと主張している。(103)

すでに「朝鮮人」という言葉すら使われず「半島人」という呼称が使われるようになっていた一九四〇年代には、朝鮮人はそもそも「民族」として存在しないはずであり、民族協和は、こうした建前に反するものだったのである。王道主義や民族協和が、中国ナショナリズムへの対抗理念として導き出されたものである以上、右のように日本ナショナリズムの論理と齟齬が生じてくるのは当然のことであった。しかも、「公式の帝国」か否かという区分を越えて、人は移動し、情報も移動する。したがって、帝国日本全体として、こうした齟齬に何らかの決着を付ける必要があった。その最も安易な手段が満洲国の統治理念に天皇制の教説を接合し、名実ともに植民地としていくことであったのである。

一九三六年九月、関東軍司令官植田謙吉の名前で出された「満洲国の根本理念と協和会の本質」は、「満洲国皇帝は天意即ち　天皇の大御心に基き帝位に即きたるもの」であるとして天命＝民意論を否定、また「王道政治は哲人政治なり、支那旧来の王道思想に非ずして天皇の大御心を顕現すべき意義を有す」と、王道主義に関するまったく新しい「解釈」を提示している。(104)この文書は石原莞爾ら満洲国建国に携わった面々からの反発を招き、極秘裡に関係者に内示されるにとどまった。しかし、一九三七年三月に制定した帝位継承法では、「日本天皇陛下ノ保佑」のもとで「永ク君民一体ノ美ヲ懋《さかん》ニシ」と前文で述べ、「万世一系」の原理との相似性を明確にしている。さらに、同年一二月に治外法権を撤廃、これにより日本人の特権が、満鉄附属地から満洲国全体に広がり、法制度上でも「満洲国の日本化」が進行した。(105)

同年五月に公布した国民学校令では、このような国家構造の転換と連動して教育制度を大幅に改編するとともに、教育課程を改正した。六・三・三制を布いていた民国期以来の教育制度を改め、従来の初級中学校・高級中学校(いずれも三年制)を四年制の国民高等学校に改組、初等学校では、従来の初級小学校(四年制)を国民学校、高級小学校(二年制)を国民優級学校と改称し、国民科という新たな科目を設置し、大胆な教科統合を実施した。また、四書孝経の教授を廃止し、国民高等学校では、三割近くの時間を実業科目にあてることになった[106]。国民学校令の案文の最終的調整のために、三七年四月に開かれた学制調査委員会の席上、文教部総務司長皆川豊治は「帝位継承ニシテ満洲国ノ国是ニ合セザルモノ、或ハ禅譲放伐ノ思想ハ排除スベキハ勿論デアル」と経学を廃止した理由を説明している[107]。この時期を境として、王道主義という看板を、体制の側で桎梏として意識する状況が急速に一般化したと考えられる。

三 「現人神」としての天皇

一九四〇年七月、建国神廟の創建に伴って発布された国本奠定詔書の理念は、当時の中等学校用教科書で次のように敷衍されている[108]。

わが国建国の事実、並びに、建国後、生成発展の事実は、悉く大日本帝国の大祖神たる天照大神の御神徳、また、現人神に在します今上天皇陛下の御保佑に基づくものであつて……惟神の道こそ、わが国教学の根本であること、これが、実に、皇帝陛下の堅き御信念と拝察せられるのであります。

ここでは天皇が「現人神」として語られていることに注目すべきである。現人神という言葉自体は、国本奠定詔書の本文には見られず、教材化の段階でつけ加えられたものである。しかし、「天照大神ノ神庥　天皇陛下ノ保佑」という詔書の文言は、やはり天照大神という神格との関わりで「神」としての天皇イメージを明確にしたものである。

たとえ皇帝である溥儀の「御信念」として語られたこととはいえ、それは回鑾訓民詔書の内容と比較しても飛躍した内容となっている。なぜこのような「飛躍」がなされたのか。同時代の本国における天皇イメージの変化と合わせて考察する必要があるだろう。

当時本国で天皇制イデオロギーの再編に重要な役割を果たしたのは、一九三五年の天皇機関説事件を契機に設立された、教学刷新評議会である。久木幸男は、評議会の答申が「家族国家観のもとでの総家父長に代わる、現人神＝天皇のイメージを提示したもの」であると述べ、「前者が完全に否定されたのではないが、信仰対象としての天皇が前面に出ている」ことを指摘している(109)。注目すべきことは、皇国史観の大御所である平泉澄をはじめ、筧克彦、作田荘一、西晋一郎ら教学刷新評議会で「活躍」した「日本精神派」イデオローグたちが、ちょうど橘が活動の拠点を本国に移すのと入れ替わるようにして、関東軍首脳と接近していることである。

建国神廟の創建が最初に論議されたのが一九三七年初頭、同じ時期に平泉澄らが建国大学の創立委員に任命されている(110)。建国神廟については、祭神として、清の太祖、孔子、明治天皇、天御中主神、天照大神など多種多様な案が出て容易にまとまらず、さらに盧溝橋事件を契機とする日中全面戦争の勃発により一時中断、この時期、作田は建国大学の副総長に就任、平泉は、皇帝に満洲国史を「御進講」している(111)。彼らが国本奠定詔書の作成に直接関与したことを証する資料はない。しかし、これらの事実に着目すれば、現人神としての天皇イメージは、同時代の本国における天皇イメージの再編にも影響されつつ、むしろそれをより先鋭に実現したもの、と評価することができる。

満洲事変当時の王道楽土、民族協和の宣言から、現人神としての天皇への変化が、あまりにも大きな飛躍であることは当事者によってもよく自覚されていた。たとえば、教科書編纂。『満洲国史・各論』における戦後の回想では、「王道楽土、道義世界の建設、八紘一宇、のごとき言葉が次々に使用され、編纂上の立場としては単なる文字の羅列のみでは空しさと無意味を感ずることを避けることはできなかった」と率直に述べている。[112] また、一九四二年の民生庁長会議では、吉林省の民生庁長が、国本奠定詔書や「大東亜戦争ニ関スル詔書」(一九四一年)の統一的解釈がないために「非常に現地ではまごついて居る」ことを指摘、具体的に、「天」という言葉の解釈が「或る学校では天照大神の解釈、或は単なる今迄の支那の天地の天と云ふ解釈」であると述べ、民生部で標準になる解釈を作ってほしいと要望している。[113] これに対して、木田教育司長は総務庁で統一的解釈を作る予定になっていると答えているが、最終的に完成にはいたらなかったようである。

王道主義という看板を取り下げたとしても、中国人の民間信仰に深く根ざした「今迄の支那の天地の天」という観念までひっくり返すことが可能なのか。標準的な解釈の作成が困難だったのは、おそらく、こうした問題に関する見解の統一が容易ではなかったためだろう。むろん、天皇信仰への開き直りで首尾一貫することも可能である。たとえば、祭祀府祭務処長だった八束清貫は、詔書における「天」の意は「従来の支那に於ける天の意味を遙かに超越した最も具体的に天照大神の御神意によらせ給ふといふこと」といい切っている。[114] 他方、興亜院嘱託山下信庸の起草した「王道思想に纏わる若干の基本問題」では、日本の古典によって粉飾された王道思想、皇道の優位性の安易な主張が、中国人により「日本人の度し難き征服欲の発現」であり、「王道を口に説きつつ、覇道を行ふもの」とみなされていることを指摘、共産主義者による民心獲得工作が進捗している状況に対抗するためにも、「どこ迄も支那民衆の心に訴へ、此を納得せしむる」原理に基づいた思想対策の必要を主張している。[115]

民衆への体制イデオロギーの浸透を担当していたはずの協和会は、どのように対応しようとしていたのか。

一九三七年の大衆運動団体への改組以来、協和会は青年運動の組織化を推進し、一九四二年からは国策に即応したモデル的村落として自興村を設置、その中堅となる青年を育成する青年自興運動に精力を注いでいた。一九四三年に協和会中央本部が田崎仁義を招いて開催した懇談会において、青年自興運動の指導にあたっていた青山忠雄は、青年たちと理屈ばったものを勉強すると、王道と皇道は異なるという学問が邪魔になってくるから、「満洲に関する限りは一体になるやうに、日本内地に於ける学問の方を正して頂き度い」と述べている。田崎仁義は、これに対して、両者の区別を無視すれば、「皇道の唯一絶対性を認めぬ結果になり、是は皇道に対して誠に以て相済まないことになります」と一蹴する。田崎の議論の前提になっているのは、皇道とは「一源の血統より発生分岐せる多数の同一血族者」のあいだでだけ成り立つものであり、それゆえにこそ「唯一絶対」であるという血族ナショナリズムのロジックであった。[116]帝国主義的支配のためには皇道の普遍性という論理が要請される一方、ナショナリズムの論理からは「唯一絶対性」が必要だったのである。青山と田崎の議論のすれ違いは、帝国主義とナショナリズムの矛盾を示すものでもあった。

同じ懇談会の席上、協和会中央本部囑託である二上与吉は宗教教化団体のことを取りあげている。満洲国の支配体制において、この時期宗教教化団体にかけられた期待はさらに大きくなっていた。一九四一年には、民生部訓令により「国民教化団体指導ニ関スル件」を規定、宗教教化団体の整備・教化を目的として資金面で各団体を援助するとともに、政府との連絡に当たる国民教化委員を置き、「政府、協和会等関係機関ト連絡ノ上、各団体ヲシテ夫々ノ特性ニ応ジ国民教化機能ヲ発揮セシムル」こととなった。[117]二上の質問は、「紅卍字、道徳会と云ふものの勢力は非常にあるのですが、……御存知の通り紅卍字会や道教の系統は、マホメツト、イエスキリスト等をみんな有つてやつてゐるのであります。さういふ形態を有つてゐるものに惟神の道をどう云ふ風に持つてゆくか」というものだった。田崎は、「多数の国民をして直ちに惟神の道とはどんなことであるかと云ふ様なことを通俗的にでさへ理解せしむることは到底容易なことではない」から、簡単な「行事作法」の型を作ってこれを広めていくのがよい、とほとんど答えにならない返答をしている。[118]

道教系の宗教教化団体の教義はシンクレティズムを特徴としているだけに、さしあたり天照大神を包摂することも可能だった。たとえば、「道院は日本神道を除いてゐるが、かくては、世界の諸宗教の本源なりと称することは出来まい」という日本人の質問に対して、紅卍字会の幹部が「至聖先天老祖は御国で申せば天照大神です」と答えている例も見出すことはできる。[119] しかし、これは天照大神と至聖先天老祖が最高神という点で共通していることを示すに過ぎず、天照大神を頂点とする天皇制宗教のコスモロジーに、中国人の民間信仰のコスモロジーが包摂されたことを意味するものではない。しかも、この時期の教義の内容を見ても、「惟神の道」や天照大神は取り入れられず、依然として王道が標榜されている。国本奠定詔書の内容は、いわば宙吊りにされているのである。そのことは一面国家神道における教義の欠落という事態に由来すると同時に、他面において、宗教教化団体に集う農民が、宗教のような内面にかかわる次元では、決して日本帝国主義による支配を受容しなかったことによるものと思われる。藤井忠俊の表現をかりれば、「中国にも、その人民がその地に存在する理由と生態《いきざま》、歴史社会大系」が存在するのであり、戦争・植民地支配という「二つの生態系のからみ合い」のなかで、中国人が「必死に自分の生態系の連続性を守ろうとする」姿をそこに見いだすことも可能だろう。[120]

こうして満洲国の民衆掌握ルートである学校教育、青年運動、宗教教化団体、そのいずれの局面においても、「現人神」としての天皇信仰への居直りはイデオロギーの内部矛盾を深刻化させ、支配の基盤を自ら掘り崩していく役割を果たしたのである。

4 小括

満洲事変当時、関東軍首脳は、王道という言葉を統治理念として採用するにあたって、それをさしたる譲歩とは意かったのである。

識していなかったかもしれない。袁金鎧らの要人が協力を頑強に拒むなかで、それが一つの誘い水として機能するならば、むしろ願ってもないことだったろう。しかし、結果的に見れば、植民地帝国日本の従来の統治理念に対して切断を持ち込んだこの選択は、やはり小さからぬ譲歩であった。満洲国の統治機構が一定の整備を見せて、国家としての存在が既成事実化し、事実上の植民地化が進めば進むほど、理念における異質性がクローズ・アップせざるをえなかったのである。

本章では、橘の構想を中心にして、なぜそうした切断が必要とされたのかを明らかにしたうえで、それが再び帝国全体のイデオロギー構造の内に組み込まれていく過程を明らかにした。そのプロセスは、従来の理念の上に新しい理念が折り重なるなかで、全体として内部矛盾を深めていった三層の重層構造として把握できる。

最底辺には、儒教や道教の混淆する民間信仰の世界に引きつけて解釈された王道主義が存在する。これは『礼記』礼運篇に描かれた大同世界を王道の理想とする立場であり、橘樸が分権的自治国家という国家構想の論拠として主張したものだった。橘は、袁金鎧のように在地有力者の立場に発する要人、さらに万国道徳会のような宗教教化団体に集う長老層をイデオロギー上の受容基盤として射程に入れながら、農村部の社会意識に即した変革のビジョンとして、大同思想の利用を図ろうとしていたのである。このような橘の構想はまた、発想の源泉の多くを孫文の思想から得てもおり、そのかぎりで「孫文以後」の思想状況への対応措置としての意味をもっていた。

中層に位置するのは、儒教オーソドックスとしての朱子学の解釈に従う王道主義であり、この立場を代表したのが鄭孝胥である。内容的には修身斉家治国平天下の徳治主義を特徴としており、帝制という統治形態にも適合的な理念のはずであった。しかし、張学良体制へのアンチとして「王道革命」が主張された事変当初は別として、満洲国の支配体制がある程度形を整えた段階では、徳治主義と表裏一体に存在する易姓革命の思想が、反満抗日運動を正当化する論理であるという問題が表面化することになった。

最上層（あるいは上空？）には、天皇制イデオロギーが移植されようとした。内容としては家族国家という言説にとどまらず、天照大神の子孫である天皇を「現人神」とする信仰が喧伝され、帝位継承法の制定に見られるように、満洲国の正統性原理をこれに相似したものに近づけようという試みもなされた。しかし、従来の統治理念たる王道との関係をどのように説明するかが問題となるなかで、民衆獲得工作のためには両者の一致を説く議論が要請される一方、そのことは「血族的感覚」に基づく皇道の「唯一絶対性」に反するというジレンマが生じてくることになる。

満洲国のイデオロギー構造の変化は、こうした三層の階層構造における中心点の上昇として現れた。その過程は、王道という言葉をめぐる解釈の磁場を強引に離脱することで、イデオロギーとしての有効性を減殺していくプロセスでもあった。それにもかかわらず、こうした過程が進行した理由は、満洲国と国民政府、満洲国と本国および植民地という水平的な関係のうちに求められる。

第一の点では、王道主義は中国ナショナリズムへのアンチテーゼとして採用されたものであるにもかかわらず、国民政府が新生活運動を展開して儒教の利用を図ることで、対抗理念としての有効性が薄れたという事情が存在する。日中戦争のさなか一九四〇年に汪兆銘を首班とする傀儡政権が南京に成立すると、ふたたび孫文の「大アジア主義」講演、三民主義の利用が試みられ、「東亜新秩序」の原理とされる。しかし、孫文の権威に依存すればするほど、「功利強権」の思想に基づき中国全土を侵略する「覇道」国家としての日本帝国主義の性格が露呈するというジレンマを決して抜け出せることはなかったように思われる。(121)

第二の点に関しては、石原莞爾や橘は、当初満洲国という「外」を基軸として本国という「内」の改造へという戦略を構想していたことを想起すべきである。たしかに、さまざまな領域において、満洲国における先導的な試行が本国の社会体制の「革新」のモデルとなった例は見られた。本国に先駆けて国民学校という名称が掲げられ、大胆な教科統合がなされたことなどもその一例である。(122)しかし、こうした力が作用していたからこそ、「内」の原理を「外」

に及ぼすことで、「革新」の内容を骨抜きにさせるような反作用の力も強く働いたのではないかと考えられる。

三谷太一郎は、一九三七年の帝国議会で、満洲の政治思想は「黄海を横断つて《マヽ》日本の内地に既に上陸を致した」と述べた浜田国松議員の発言などを引きながら、協和会が大政翼賛会のモデルとしての意味をもったこと、ただし、一国一党制の理念は「一君万民の我が国体の本義を紊るもの」という理由で骨抜きにされ、「日満イデオロギー・ブロックを貫通する国体論」のもとで、大政翼賛会も協和会も政府の行政補助機関に終わったと述べている[123]。王道主義に関しても、事態は同様である。一九三九年に石原莞爾を中心に「王道に基き新時代の綱領を確立す」という目標を掲げた東亜連盟が結成されると、本国でも王道と皇道の弁別に関する議論が再燃した。東亜連盟の会員でもあった橘樸は、広義の王道と狭義の王道を区別し、皇道は狭義王道の一形態という議論を展開するが、皇道を特殊なものとして相対化するこうした主張は一般的なものとはなりえず、本国でも満洲国でも皇道が「唯一絶対」でありながらしかも「普遍的」である、という矛盾に満ちた言説が支配的地位を占めることになる[124]。さらに、反作用としての「内」から「外」への潮流を強化した要因として、王道主義や民族協和の理念が、台湾・朝鮮の支配にとって不都合なものであったという事情も見過ごすことはできない。結局、台湾・朝鮮の統治体制の変革と結びつかないかぎり、満洲国も帝国日本の同質化の論理に巻き込まれざるをえなかったと考えることができる。

台湾・朝鮮の植民地統治方式と明確に一線を画し、満洲国を文字どおり多民族国家たらしめようとした橘の構想は、そもそも関東軍の武力に頼っての変革構想だった点において、傲慢と見通しの甘さをはらんでいた。さらに、そうした行動を促した思想内在的な要因として、中国共産党への過小評価と、日本人の「民族的利己主義と専断」に対する警戒心の薄さがあった。

一九三九年のこと、四〇年ぶりくらいに本国に活動拠点を移した橘は、自らを「昭和の浦島太郎」と呼んでいる。

華北占領地を視察して「神魂を震撼せしめた疑問」を抱いた橘は、玉手箱を開けてしまった浦島太郎のように、「日本民族の道徳水準の驚くべき変化を見のがして居た」ことを発見し、政治・経済・文化すべての面で本国の社会に失望したのである。[125] こうした失望感の中で、他民族を指導すべき「大和民族の優秀性」という観念が大きな錯誤だったことも認めざるをえなかった。「大陸政策の座談会」の終わり近く、橘は次のように語っている。[126]

台湾の統治では、児玉源太郎なり後藤新平なり、ああいふやうな政治家的な民族観を持つてをつた。それが朝鮮に来ると認識が鈍り、満洲に来ると益々鈍つて来た。何故そのやうに鈍つて来たかと言ふと、その最大の原因は日本民族の堕落である。そして日本人の堕落には確かに一定の方向があると僕は思ふ。其の方向とは何であるか。そこを反省し、突きとめる必要があると思ふ。……日本の改造、これが基なんだ。日本の改造も、孫文式に民族全体のかまどの隅に至るまでも民族主義化してしまふやうな支那の統治を許すこと、それを許し得るやうな日本にならなければ駄目なんだ。

ここにいたってようやく、橘は自らの「アジア解放」の構想を阻んだ壁のありように直面したといえる。こうした発言は、日本ナショナリズムを相対化しつつ、中国の社会と思想の動きを内在的に理解しようとした橘にしてはじめて可能になったものといえよう。満洲国における経験を経て、反共と国体護持という、当時の日本人の思想を規定していた大枠を問うぎりぎりの地点まで、橘は達していたように思われる。とはいえ、日本人の「堕落」の根源を突きとめたようには思えない。たとえば、上の座談会と同じ年に書いた文章では、皇道の内容を、教育勅語における一君万民、忠孝一致に求め、「広義王道の究極的要請たる政治の道徳性が、これほど強く保障された例を、何処にも求めることは出来ない」と述べているからである。[127] 民衆の意思を常に体現するはずの天皇という天皇制への自己投影的な思いこみと、「民族的利己主義」の問題は橘においてついに別次元の事柄として意識されていたように思われる。しかし、本書でこれまでに論じてきたように、天皇のイメージが侵略の「獲物」を分け与える存在として民衆に浸透し、さらに、天皇制の教説が弱肉強食の原理のもとでの「民族的」利益の獲得を正当化する原理として機能したことを想起するならば、橘の議論も客観的には自己矛盾に陥っていたというほかはないであろう。

第VI章　華北占領地

——日本語共栄圏構想の崩壊過程——

1　はじめに

一九三七年に日中全面戦争が勃発すると、日本帝国主義は中国大陸の各地を占領し、三七年の末から三八年はじめにかけて、内蒙古では「蒙彊連合委員会」、華北では「臨時政府」、華中では「維新政府」という傀儡政権を、それぞれ関東軍、北支那方面軍、中支那派遣軍のイニシアティブのもとに組織した。日本政府は、一九三八年一月には「爾後国民政府ヲ相手トセズ」という声明を発表して戦争の長期化を決定的なものとし、同年一二月には今度は国民政府内部の講和派を標的にして「日満支三国ハ東亜新秩序ノ建設ヲ共同ノ目的トシテ結合」しようという声明を発した。一九四〇年になると、「東亜新秩序」構想は、さらに東南アジア諸地域の占領をも射程に入れた「大東亜共栄圏」へと展開、松岡洋右外相は『東京朝日新聞』八月二日付け夕刊で次のように述べている。(1)

私は年来皇道を世界に宣布することが皇国の使命であると主張して来た者でありますが、国際関係より皇道を見ますれば、それは要するに各国民、各民族をして各その処を得せしむることに帰着すると信ずるのであります。即ち我国現前の外交方針としてはこの皇道の大精神に則り、先づ日満支をその一環とする大東亜共栄圏の確立を図るにあらねばなりませぬ。

安部博純の研究によれば、この松岡の発言が、「大東亜共栄圏」という用語を公式の場で用いた最初の例である。ただし、陸軍省軍務局の内部では、すでに一九三八年段階から「東亜共栄圏」という言葉が用いられ、日本の外郭に満洲、華北、内蒙古という「自存圏」、上記以外の中国大陸、ビルマ、オランダ領インドネシアなどの「防衛圏」、インドなどの「経済圏」が位置づく国防プランが構想されていたとのことである。安部はまた、「国防国策案」で展開されたこの「東亜共栄圏」構想が、ヨーロッパ大陸における大戦の動向――ドイツの電撃作戦によるフランス、オランダの降伏とイギリスの守勢――のもとで現実的なプランとして浮上、「綜合国策十年計画」を経て、第二次近衛内閣の「基本国策要綱」に取りいれられ、松岡演説にいたるという経緯を明らかにしている。(2) 結果として、「東亜新秩序」と「大東亜共栄圏」とは、皇道という「特殊日本的な原理」による「道義性」の粉飾という点では共通しているにしても、後者には、パワー・ポリティクス的な現実主義、ナチス流の地政学、「生存圏」思想との結びつきの見られる点が新しいと分析している。(3)

安部の研究は、「大東亜共栄圏」というイデオロギーの由来を説得的に示している。イデオロギー的理念が一般にそうであるように、「大東亜共栄圏」の内容も使用者により解釈の開きが見られるにしても、皇道というナショナリズムの原理を同心円的に拡大する志向と、日本本国を中心とした階層的秩序を「各その処を得せしむる」という概念で説明する点は、最大公約数的な内容とみなすことができよう。

問題は、いかなる論理でそれを批判するかということである。安部は、「侵略を美化し隠蔽するイデオロギー」であること、また「自民族の特殊原理を普遍的原理と強弁」したことに求め、「大東亜共栄圏」の「大」の字は絶えざる領土の拡大を求め「皇道主義的ファシズムにおける支配圏構想の「無限抱擁」的拡大」を目指すものだったという説明もしている。現実の侵略を隠蔽するものであったことは確かだとしても、それだけでは「理念は美しかった」という弁明によく抗しえないであろう。また、安部は特殊日本的な原理を普遍的原理と「強弁」したと述べているが、そのことから生じる諸矛盾を摘出できなければ、それが「強弁」であったということも論証できないのではないかと筆者は考える。同心円的な拡大を意図したということだけではなく、それがいかに挫折したのかということを占領地支配の状況を関連させて分析する必要があるのである。

本章では、華北占領地支配を取りあげ、主として日本語普及政策に焦点をあてて、このような問題を解明することにしたい。日本語普及政策に焦点化するのは、「東亜新秩序」のようなイデオロギーをめぐる問題構造が基本的には満洲国の王道主義をめぐる問題の繰り返しの域を出ていないという判断に由来する。またそれだけに、「大東亜の共通語」としての日本語に重要な役割が付与されたと考えたことによる。本国や植民地では日本語は「国語」であり、満洲国では一九三七年に「国語」の一つという地位を占め、華北占領地では「外国語」にとどまった。それぞれの地域の状況に応じた位置づけの相違を伴いながらも、一九三〇年代以降の流行語でいえば、「日本精神」に感化するための手段として重視された。「大東亜共栄圏」構想にナショナリズムの同心円的な拡大という性格を付与し、一定の文化的な統合を創出するための、現実的な基盤という役割を担ったのである。占領地における言語政策に関してはすでに研究が蓄積されてきているが、本章では、一方で占領政策のリアルな実相との距離を見定めながら、他方で日本語普及の内容と方法に踏み込んで論ずることにしたい[4]。

大陸の占領地のうちでも華北を選択したのは、経済政策の次元で華北のみが日本本国と満洲国に共通する「円ブロック」に組み込まれたことにも象徴されるように、他の諸地域との連関が比較的明瞭に現れていると考えたことによる。本書では、これまで台湾統治と朝鮮統治の比較を行ってきたが、植民地・占領地それぞれの地域でどのような統治形態がとられたのか、という独自性の側面と、諸地域間をつなぐ有機的な連関の側面の双方を視野に入れることで、日本帝国主義による植民地・占領地支配を総体として把握する必要のあることはいうまでもない。不十分ながらも、こうした分析の必要性と可能性を示すためにさしあたり華北占領地に対象を限定することにした。近年になって『北京の日の丸』(一九九一年)のような中国人の占領体験談や、文学者中薗英助による批判的な回顧録など、華北占領地支配に関する貴重な証言も蓄積されつつある[5]。ただし、占領地支配の実相に関しては、今後の解明に待つところが大きいことはいうまでもない。

日中全面戦争期には「挙国一致」の総力戦体制の構築が必須となるなかで、総督府に巨大な権限を移譲した植民地支配とは異なり、本国の官民がさまざまなルートで占領政策に関与したことが特徴的である。占領政策に抵抗する中国ナショナリズムがさらに強固なものになったこともその必要性を明確にした。占領地文化工作の一環としての教育・教化政策に関してもこうした傾向は顕著である。実権を握っていた北支那方面軍、その「指導」のもとにある臨時政府ばかりではなく、一九三八年一二月に対中国政策の立案機関として内閣に設置された興亜院、さらに、本来ならば純然たる国内官庁であるはずの文部省などが政策立案に参与することになる。総じていえば、本国におけるこのような「後方支援」の体制は、政策に統一性と有効性をもたらすよりも、分裂と混乱を増幅したと思われる。しかも、本国で日本語普及政策のための組織が整備されたころには、戦局が守勢に転じ、たぶんにプランのレベルにとどまったことも少なくない。しかし、「戦後」との関連を考察するためにも、本国の官民の動きにも光をあてることにしたい。

以下、第二節では、華北占領地における文化工作の進捗状況を中央レベルと、地方農村部レベルにわけて概括的に述べる。経済史や軍事史の分野ではともかく、政治史的に華北占領地支配を論じたものはきわめて少ないので、ここでは必ずしも日本語普及政策に限定することなく、占領政策の中で文化工作の占めた位置を明らかにしたい。第三節では、一九三九年段階から日本語普及政策に関与しはじめた興亜院と文部省の動向に即して、本国と現地をつなぐ体制をどのように整備したのか、そこでどのような提携と競合の構図が浮上してきたのか、という問題について論ずる。第四節では、日本語普及の目的をめぐる確執が、日本語教授法における翻訳の是非という形式をとって表面化していくプロセスを、台湾や満洲国の状況との差異を含めて分析することにする。それぞれやや次元の異なるこうした問題の検討を通じて、日本語共栄圏構想の崩壊過程とその要因を明確化するのが本章の課題である。

2　華北占領地における文化工作

一　占領初期の文化工作

一九三七年七月の盧溝橋事件を契機とする中国全土への侵略戦争の拡大は、満洲事変のように緻密な計画に基づくものではなく、たぶんになし崩し的に行われたものであった。しかし、他面において、一九二〇年代末以来の現地解決方式の定着、華北分治工作の進展と、これに対する抗日民族統一戦線の形成の趨勢のもとで、起こるべくして生じた事態であったとも評しうる。

一九三三年五月の塘沽《タンクー》停戦協定で満洲事変以来の軍事行動が一段落すると、関東軍と提携した支那駐屯軍は、反満抗日運動の拠点の排除、資源の確保などをねらいとして、華北分治工作を推進した。三五年六月には、河北省からの国民政府勢力の撤退、「排日」運動の取り締まりを定めた梅津・何応欽協定を締結、同年一一月には塘沽停戦協定で定められた河北省の非武装地帯に「冀東《きとう》防共自治委員会」(一二月には「冀東防共自治政府」と改称)を組織した。これらは、国民政府が「安内攘外」の方針を基調として、中国共産党との戦闘を優先させていたことにつけ込んだ措置であった。しかし、国民政府は、抗日民族統一戦線の結成を呼びかけた八・一救国宣言、華北分治工作への怒りを表明した学生らの大規模なデモ活動などにより次第に追いつめられ、三六年の西安事件を契機として第二次国共合作が成立した。いわば日本軍の侵略行為が抗日民族統一戦線への結集力を高め、その脅威がさらなる侵略の拡大を呼ぶという循環が成立していたのである。しかも、一九二〇年代の満蒙分離論以来、政府間の交渉ではなく出先軍部同士の交渉に基づく現地解決主義に追随してきた陸軍中央は、出先軍部による局地的軍事行動と傀儡政権の育成という政治的謀略を阻止する能力を喪失していた。結果として、中央レベルでの明確な意思決定のなされないまま、盧溝橋付近の偶発的ともいえる小事件を契機として、日中全面戦争という大事件が展開されることになったのである。(6)

盧溝橋事件から二カ月を経た一九三七年九月、「作戦後方地域」である占領地の政務指導を担当する部局として、北支那方面軍特務部が組織され、喜多誠一少将が特務部長に就任した。特務部の指導のもとに同年一二月には臨時政府が成立、北京(北平から改称)や天津の地方維持会や冀東防共自治政府など傀儡的な組織の権限を漸次接収して、主に河北省、山東省、山西省、河南省の日本軍占領地を行政区域とした。臨時政府の成立と同じ一二月、新政府機構と方面軍特務部、各軍団特務機関を媒介する民衆教化団体として、新民会が組織された。(7) 新民会の名称は『大学』からとられたものであり、一〇月の方面軍首脳部の会議で「指導精神は王道と道教をとり入れた新(親)民精神とする」と定められていた。(8) 新民会の組織が満洲国の協和会をモデルとしたものであったことと同様に、満洲国の影響を見いだすことのできる部分である。ただし、それだけに、すでに既成事実化した満洲国の経験を二番煎じ的に踏襲したという性格が強い。

方面軍特務部と臨時政府との関係は、関東軍首脳と満洲国政府との関係と同様、軍部の意向を体した日本人官吏が顧問などの肩書きで傀儡政権の「内面指導」に当たるというものだった。ただし、満洲国の場合は、満鉄という豊富な人材の供給源が存在したこともあって、当初は本国政府から出向した日本人官吏も少なく、一定の独自性をもった政策立案が可能だった。これに対して、華北占領地の統治体制は、最初から本国政府と太いパイプをもって形成されたことに特徴がある。

教育政策に関しては、一九三八年二月に、陸軍省からの事務嘱託に基づいて、文部省から藤本万治(教学局指導部長)と横山俊平(督学官)が、それぞれ教育部直轄編審会の総編纂、副編纂として出向した。藤本らの任務は、八月の新学年の始まりを目指して、「排日教科書」を改訂し、新教科書を編纂すること、新教育方針を明示すること、新教育課程を立案することだった。

帰国後の藤本の文部省での報告によれば、教育政策が立案・実施される経緯は次のようなものである。[9] 教育方針の作成にあたっては、「満洲国の最近の改正法規（国民学校令のこと――引用者注）等を参考にする一方、内閣から示されております対支の政策をよく吟味して、その中に国策を折り込むことに苦心して」原案を作成、これが三八年四月に湯爾和教育部総長の名で「新政府ノ教育方針」として公示されることになった。また、新教育課程立案にあたっては、「北京の中小学側」からなる委員会で審議した案を「私共の方で十分検討して教育方針に合するやうに練り直し」て提出、最終的に喜多特務部長により裁可された。従来の三民主義に関する教科目を修身に改めたこと、日本語を初級小学校三年から週六〇分、中学校で週三時間、新たに必須科目――小学校では「地方状況ヲ斟酌シテ主管教育行政機関ノ許可ヲ経テ授業ヲ免スルコトヲ得」という但し書きがつけられてはいた――として課すことにしたことなどが、主要な改正点だった。[10] このほかに、学制改革案も提出したが、費用の理由で特務部に拒絶されて廃案になった。藤本は三八年九月に帰国、その途中満洲国に立ち寄り、民生部教育司の教科書編審官に対して「将来日満支三国の教科書の上からの協力の必要」を説いている。藤本らと入れかわりで、大岡保三（図書監修官）と熊木捨治（督学官）が臨時政府に着任、これ以降も一貫して、文部省の図書監修官と督学官が、華北占領地の教育政策に参与することになる。

藤本の証言は、臨時政府の傀儡的な性格を率直に語ったものであり、内政干渉の内実を語った談話が『文部時報』に掲載されていること自体、驚くべきことではある。すでに国際協調路線の破綻が明確になり、満洲国も「日満一徳一心」を標榜しはじめる中で、傀儡性の粉飾にもさして関心を向けない、弛緩した空気を見いだすことができる。いずれにしても、この時の陸軍と文部省との関わり、さらに満洲国政府とのつながりは、のちに文部省が国語対策協議会を開催して、占領地向け日本語教科書編纂事業に乗り出す際の伏線としての意味をもつことになる。従来、植民地の教育行政から排除されてきた文部省は、対外的な教育政策に乗り出す端緒をようやくつかんだのである。もっとも、同じ時期外務省が中心になって組織していた「対支文化工作委員会」からは文部省は排除されている。一九三八年二月、外務省、陸軍省、海軍省、大蔵省の代表者からなる「対支文化工作委員会」の組織が企画された。この時、文部省は「教育文化ノ主管官庁ナルモ、対支事業ニ付テハ経験ナク、其ノ意見ハ益スルトコロ寡カルヘク」という理由で排除されていた。従来「対支文化事業」を所管してきた外務省としては自らの経験に自信もあり、「内地ノ文物ヲ支那ニ押付クルカ如キ事例ノ生スルコトハ絶対反対」という方針でもあった。(11) 同年一二月には、内閣に興亜院が成立、首相が総裁、外務・陸軍・海軍・大蔵四相が副総裁に就任、占領地の中国人に対する文化工作は興亜院の所管となる。興亜院の設置により中国は外国であるという前提は建前化され、外務省による規制は後景に退くことになる。文部省による日本語普及政策への関与は、これ以降具体化することになるのである。

なお、一九三九年三月には各占領地に興亜院の連絡部が組織され、華北では喜多少将が特務部長から横すべりして連絡部長に就任した。ただし、興亜院が、中央官庁の寄り合い所帯だったこともあって、方面軍司令部は政務指導に関する権限を一部留保、興亜院連絡部は手足となる独自の機関をもたず、主に臨時政府や、省公署・県公署など臨時政府管下の行政系統の「内面指導」に当たることになる。(12)

さて、華北占領地では、大規模な作戦行動の続いていた一九三八年段階では、教育政策がそれほど重要視されていたとは考えられない。しかし、さしあたり、思想上明確に敵対的な要素を排除する作業は、緊急の課題として遂行された。その一つは、満洲の状況にも通じる「排日教科書」の問題であり、もう一つは、華北占領地であるがゆえにこそ浮かび上がった大学の存在である。

まず第一の「排日教科書」改訂事業について。満洲事変以後、日本帝国主義の満洲侵略の行為自体が、抗日の気運を結集するための「教材」になっていた。たとえば、満洲国の建国記念祝賀式典の次のような模様が、「悲惨壮烈なる事実」として、初級小学校用の国語の教科書に掲載されている。(13)

司会者の人は声高く「満洲国万歳、大日本万歳」と叫んだ。会場に居る日本人や、列席の奸賊共もこれに和して声高く叫んだ。然るに独り彼の三百余名の小学生は一声も出さなかつた。そこで司会者は大変怒つて、軍警に「余が第二回目に歓呼するとき彼等が若し声に応じなかつたら、お前等は銃で打て」と命令した。司会者は再び万歳を歓呼した。三百余名の小学生もそれに応じた。けれ共、彼等の歓呼は「中華民国万歳。中華民国万歳」であつた。

この教材は、さらに小学生たちが軍警により射殺される場面へと続く。

当時の日本人の多くは、こうした教材についてあからさまな反感を抱いていた。たとえば、「満洲国成立に関し峻烈を極めた捏造的教材を多分に織込み、何も知らぬ純情なる児童に排日の感情を唆つてゐる」という具合である。(14)それはまた、しばしば、反日教科書をなくせば反日意識の成長は見られないはずだ、という安易な発想と結びついていた。たしかに、教科書の文体自体は、文部省の国定教科書における数々の「美談」を思わせるようなものである。しかし、これらの教科書が子どもたちにむりやり反日意識を植えつけているとの考えは、皮相の見解であり、教育、教科書の役割に対する過大評価というべきだろう。日本軍の侵略による中国人の生活基盤の破壊が、満洲事変以降、老若男女を問わず、中国人にとって文字通り「国民的経験」として成立しつつあったことを見過ごすべきではない。当時さかんに歌われていた「松花江上」の歌詞——「九・一八　九・一八　あの怒りの日から　故郷を追われ　みどりの山河を離れ　流浪　流浪　……いつの日か　スンガリー愛する故郷へ　ああ父よ　ああ母よ　同胞よ　抱き合うはいつ」——を思い浮かべてもよい。(15)民衆レベルのナショナリズムに支えられて、第二次国共合作も可能となり、反日教科書も普及していったと考えるべきである。

他方、日本人の側では、たとえ根本的な対応策とはなりえないと意識された場合でも、これらの教科書を抹殺することが最低限必要なことと考えられていた。そして、反日教科書が中国ナショナリズムの浸透に対応する広がりを獲得していた以上、「排日教科書改訂事業」でも満洲から華北占領地へという連携が図られることになる。その際に、藤本らの作業の直接の前提になったのは、冀東防共自治政府による改訂事業だった。冀東政府は、奉天省教育庁による斡旋を経て、「満洲文化普及会大出正篤《おおいでまさあつ》氏並に東方文化会飯河道雄氏」に改訂事業を依頼、三六年三月の第二学期開始、同年八月の新学年開始にあわせて、数百万部に及ぶ改訂教科書を刊行した[16]。盧溝橋事件以後、北京に地方維持会が成立すると、日本側にとって「幸いなことにも当時冀東政府のもとに教科書編纂所があつて、排日教科書と異なつたものを別に発行して居たのであるが、この機関をそのまま北京に移し」て作業を進め、この組織がさらに臨時政府に移管されることになる[17]。印刷にあたっては、「奉天」(現在の瀋陽)や東京の印刷所がフル稼働し、「出先軍部及新民会、宣撫班」の「絶大ナル協力」のもとに配給された[18]。

冀東政府における改訂事業の担当者として名前の出てくる、大出正篤(一八八六―一九四九)と飯河道雄(一八八二―一九三七?)は、ともに東京高等師範学校卒業生であり、満鉄による中国人教育の中核に位置した人物である。満洲事変以後は、満洲国の政府機構には入らず、出版社を起こして自ら編纂した日本語教科書の編纂・刊行に精力を注いでいた点も共通している。大出の日本語教育に関する方法論については後述することとして、ここで注目しておきたいのは、関東庁、満鉄合同の教科書編集機関として南満洲教育会教科書編輯部が一九二二年に成立した際に、大出が主事に就任し、二九年まで同職にあったことである[19]。当時満鉄附属地の学校では、中国語や中国史などの教科目には上海で刊行された教科書を用いていたが、一九二八年以降、「排日教科書」が出回りはじめるとこうした方針を修正、南満洲教育会教科書編輯部が「不適当教材を削除したものを原本として写真版印刷」にして、同じ書名で刊行していた[20]。一種の「海賊版」である。大出は、こうした活動の指揮をとっていたのであり、その際のノウ・ハウが冀東政府の教科書改訂事業にも利用されたと考えられる。

日本軍・日本人の観点から見て望ましくない教材を削除した教科書を作成することは、教科書編纂に関する一定のノウ・ハウの蓄積さえあればさして難しいことではない。また、短期間の内に大量の改訂教科書の発行を可能にするような技術も人材も備えてはいた。しかし、削除した後に新しくどんな教材を盛り込むのか、という問題はそれほど単純ではなかった。冀東政府の改訂事業の際には、「東亜民族大同提携に関する教材」「東洋道徳の鼓吹に関する教材」「日本文化、日本事情等を紹介すべき教材」「防共自治資料に関する教材」を新たに入れることとされた。[21]王道ではなく「東洋道徳」という言葉を用いているのは、満洲国で王道主義の革命思想としての側面が問題視されていたことを、大出らが知悉していたための配慮ではないかと考えられる。「防共」は、冀東政府の重要な役割の一つであり、華北分治工作とは、中国共産党とモンゴル人民共和国とソ連の提携に楔を打ち込むことを目指したものでもあった。[22]反共主義が、中国人のあいだにも一定の受容基盤を持っていたと考えられることを別とすれば、新しい教材の方針はたぶんに場当たり的な対応の域を出ていない。

華北占領に際してもう一つ緊急の課題としての地位を占めたのが、高等教育機関への対策である。

満洲にも張学良の育成した東北大学などが存在した。しかし、北京には、北平大学と北京大学のような国立大学のほか、燕京大学・輔仁大学のようなミッション系の大学も存在し、抗日運動の拠点として質・量ともに無視しえない勢力を構成していた。これらの大学の教員や学生の多くは盧溝橋事件以後に南遷していたのだが、軍部は、北平大学と北京大学の施設・人員の一部を利用して新たに「北京大学」を創設、その構内に臨時政府の官吏養成機関として新民学院を設けた。他方、アジア太平洋戦争の勃発までは、ミッション系大学には治外法権的立場を認めざるをえず、軍部の干渉も限定的なものにとどまった。したがって、これらの大学が国公立大学南遷後の高等教育の空白を埋め、抗日運動の拠点としても機能することになる。[23]

占領当時の高等教育をめぐる様相は、「北京のY・M・C・Aに於ける唯一人日本人メムバーであり、在北京外国人とは最も接触多い日本人某氏」による、次のような発言からうかがうことができる。[24]

現在北京に残つてゐる青年の素質は先づ第二流以下、それが燕京大学、輔仁大学、鉄路学校、新民学院と云ふ順序で学校を選ぶ。就中新民学院には気概のあるものは入学を好まぬとの世評である。燕京大学は清華大学に代つて北京第一の学校となつたが、今以て排日反日の一拠点であり、掲示板には常にロイテルニュースを張り、常に日本の悪口を載せた新聞記事を掲示してあつた。

日本帝国主義は、北京占領によってはじめて近代的な高等教育機関を本格的に整備した都市を支配下におさめたことになる。台湾・朝鮮では、初等教育と実業教育を重視、中等・高等教育機関の発達を抑制するという政策をとることが、ある段階までは可能だった。しかし、華北占領地ではそうした政策をとる余地は存在しなかった。したがって、大学の存在を前提としながら、その中身を変えるために、本国の学者と学問が動員されることになる。

当時、外務省(一九三八年一二月以降は興亜院)の要請を受けて中国大陸の占領地を視察して、報告書を書き上げた学者は膨大な数にのぼる。すでに一九三七年一二月の段階で東京帝国大学法学部助教授矢部貞治、安井郁、同文学部助教授海後宗臣、京都帝国大学法学部教授作田荘一などが北京を視察している。一九三八年八月には、外務省の指導のもとに日中の学者を糾合して東亜文化協議会を北京で開催、留学生やスタッフの交換などを定めた。協議会の会長は欠員、副会長には当時の東京帝国大学総長平賀譲が就任している。こうした「協力関係」のなかで、中国哲学者宇野哲人や国文学者藤村作のように、改組後の北京大学や北京師範学院の名誉教授として赴任するものもあった。[25]

また、外務省による「対支文化事業」の一環として一九三六年一二月に設立された北京近代科学図書館では、事変以後に『館刊』という機関誌を刊行、夏目漱石や島崎藤村などの文学作品、三枝博音「三浦梅園の示唆」、谷川徹三

「日本語と日本精神」、家永三郎「日本思想史上に於ける否定の論理の発達」などの論文を中国語に翻訳して紹介している[26]。これらの文学作品や論文は、日本の占領地支配を念頭において書かれたものではなく、内容自体が占領政策に貢献することが意図されていたとは考えにくい。むしろ、事変以前からの、中国人による日本の文学・学問の翻訳の訳業の延長線上に位置づく事実ではある。しかしまた、それだからこそ、一部の中国人エリートを引きつけてやまぬ、「日本文化」の内実を補塡するものとして利用価値が見いだされたのだとも考えられる。事変前から北京大学で日本文学を担当していた銭稲孫がこの『館刊』にしばしば寄稿したこと、あるいは魯迅の弟周作人が改組後の北京大学文学院長、さらに「華北政務委員会」(一九四〇年三月南京に汪兆銘政府が成立したことにともなって臨時政府から改称)の教育総署督弁に就任した事実は、――「協力」にいたる具体的な経緯には紆余曲折があるにしても――こうした工作が一定の受容基盤を見いだしえたことを物語っている[27]。

他方、占領政策に直接適応することを目指した文学者やアカデミシャンの思想と活動は、矛盾に満ちたものたらざるをえなかった。文学者の動向に関しては他の研究を参照してもらいたい[28]。ここでは、アカデミズムの対応の一例として、近衛体制のブレーンにより提唱された「東亜協同体」論を、哲学者三木清の所説によってみておこう。

「東亜新秩序」に関する近衛声明の出された一九三八年一一月、三木は『改造』で東亜協同体論を展開した。哲学者らしく、全体と部分との弁証法というロジックを駆使して、東亜協同体を東洋の文化的な伝統に基づく全体主義の立場として説明、それは、日本、中国という部分の独自性を否定しない一方、それ自体のうちに世界に開かれた普遍性をはらむものであり、民族主義もこのような東亜協同体の原理に反しないかぎりにおいて認められると述べる[29]。民族主義への対抗言説としては民族協和思想、東洋の文化的伝統という点では王道主義の論と通底している点がある。ただし、橘樸の論のように中国人の社会・思想動向に対する具体的な観察と理解をともなっていないだけに、世界主義、アジア主義、民族主義相互の現実政治上における矛盾を、観念的に「解決」した抽象論としての性格が強い。

本国のジャーナリズムでは大騒ぎされた東亜協同体論も、ほとんど中国人の心をつなぎとめられなかったと考えられる。当時、東亜研究所が「抗日政権の東亜新秩序批判」に関する中国側の論説を収拾・翻訳したもののうちで、国民党左派に属する江公懐「日本製大亜細亜主義を論ず」は、三木の東亜協同体論をはじめとして、当時のアジア主義的イデオロギーを明確に批判の俎上にのせている。

江はいう。孫中山は確かに大アジア主義を唱えたが、日本の資本家層は「アジア人種であるけれども、但し欧米白色資本家群と同様に利潤を追求する動物」であり、アジア諸民族の資本主義が発達しないのも、日本資本主義の発展の犠牲とされているからである。大日本主義は、田中義一の上奏文――偽書との疑いもあるが、当時の中国人には日本の世界征服の野望を示したものとして広く知られていた――のように、「一変して日本大アジア主義となり、再変して日本大世界主義となり、三変して日本大宇宙主義」となるのであり、三木清の論も同様である。[30]

最近日本の統治者階級の著者三木清は、改造十二月号に東亜思想の根拠なる一文を発表した。この文は事実上、田中義一の上奏文に脚注を加へたものである。彼は自分の国の狭隘な愛国主義を排斥せずに、極めて三民主義中の民族主義を排斥してゐる。彼は自分の国の帝国主義を攻撃せずして、白色帝国主義を攻撃してゐる。

三木清も、中国人の民族主義を制限する以上、日本人の民族主義も制限する必要があると述べ、「日本の文化もこの新秩序に相応する革新を遂げなければならぬ」ということを述べてはいる。しかし、具体的に従来の帝国主義的な政策、あるいは民族主義の原理をどのように「革新」すべきかということは具体的に何も述べていない。橘樸の場合は、欧米帝国主義からの解放を訴える前提として、台湾・朝鮮に自治を認めることの必要を説いていた。江公懐の論は、その程度の首尾一貫性すら三木の主張に認められないことを鋭くついているのである。また、東洋―西洋、黄色人種―白色人種という区別ではなく、帝国主義体制下における支配―被支配関係こそが本質的な意味をもつと述べているのである。

「東亜新秩序」「大東亜共栄圏」という言葉に、一定の現実的な意味があるとすれば、アンチ欧米帝国主義ということだった。しかし、日本もまたまぎれもない帝国主義国であるという矛盾が、常にその主張には内在していた。特に満洲事変以降の膨張過程は台湾・朝鮮・満洲国の工業化を促進するとともに、諸地域の政治的な従属を強化し、台湾・朝鮮への自治付与を説く余地すらをもなくしていた。そのことが東亜協同体論の前提的な制約となっていたと考えられる。結局、近代主義批判、民族主義批判、資本主義批判という本国では目新しさをもった主張も、対外的には現状追随的性格を脱することができず、アカデミズムのレベルでの対応も、江のいうように、事実として進行する文化工作の「脚注」にとどまったというべきだろう。

占領初期の文化工作のうちで、もう一つ重要な柱とされたのが日本語普及政策である。ところが、方面軍特務部、外務省、さらに興亜院や文部省が、日本語の普及にどのような効果を期待していたのか、ということは実はかなり曖昧である。官吏として、あるいは日本企業の雇用者として採用する際に日本語能力の有無を基準としたことは予想できる。しかし、たとえ外国語としての位置づけではあれ、小学校レベルから普通教育の必須科目として日本語を課したことは、必ずしも実用的な目的に限定されない意味づけを行っていたことを示している。だからといって、その意図が明示されたわけでもなく、成人を対象とした実用的日本語教育と、普通教育の一環としての日本語教育を連続的なものとみなしたうえで、とにかく日本語を普及させようという姿勢が支配的だったようである。

一九三八年当時、外務省は、占領地各地の在外公館から日本語教育に関する報告・意見を収拾している。その中で、北京では、政府機関などに日本語習得者が優先的に採用されるために「事変前ニ於テハ社会的経済的ニ恵マレサルモノカ一躍重要ナル人物ト化シ活動中ナリ」と報告したうえで、「日本語教育ノ普及ハ今後益々重要ナル事業」という見解を明らかにしている。天津の領事館は同様の状況を前提としつつ、次のように報告している。(31)

今後政治経済文化ノ各方面ニ亘リ、日支人間ノ提携ヲ強化セシムル為メニハ、支那大衆ヲシテ日本語ヲ習得セシムルト共ニ、日本語ヲ通シテ日本ノ文化思想ノ真髄ヲ諒得セシムルコト肝要ニシテ、事変直接ノ宣撫工作トシテモ有効適切ト認メラレ、本事業ヲ善導拡充スルコト必要ナリ。

中国人の一部は、実利的理由で日本語を学ぼうとはしていても、必ずしも「日本文化思想ノ真髄ヲ諒得」することを目指してはいなかったであろう。先にも引用した江公懐の論では、「日本は一体如何なる独特の文化あつて世界に誇耀することが出来るのであらうか」と述べ、たしかに「西洋物質技術」の吸収には能力を示したとしても、「日本文化の貧困」は覆いがたいと論じ、北一輝が「日本改造法案大綱」において、膨張のためには「我等のこの非常に不便な日本語」を諸民族に学ばせるのではなく、世界語をもって日本語に変えるべきだと説いていることを例証として挙げている。(32) 自分の言語にすらそれほどの自信を持てない存在が、どうして中国、ひいては世界の文化を指導できるのだろうか、というわけである。

文学の内容と形式は、実は「日本文学」という概念の成立があやういほど、個々の作者、個々の作品によって相違している。共通条件は、つきつめれば、日本語によって書かれた作品ということにもなりかねない。ところで、その日本語はどのような意味で「日本文化」を担っているといえるのか。「あはれ」や「をかし」というような「やまとことば」のなかに、あるいは教育勅語や各種の詔書類に用いられた漢文訓読調の文章のなかに、何がしかの「伝統」を見いだすことは可能である。しかし、すでにそのなかに和文志向と漢文志向という、多義的要素がはらまれている。しかも、江公懐の着目した北一輝の論のように、「漢字廃止、言文一致、ローマ字採用等ノ議論百出」している日本の言語文字は「甚ダシク劣悪」という判断に基づき、朝鮮支配や今後のさらなる膨張のために、第二国語にエスペラントを採用し、ゆくゆくは第一国語にすべきだという議論さえもあった。(33)

以上とは違った文脈で、普通教育における必須科目として日語科を設置することに批判的な見解もあった。海後宗臣は、小学校の就学率が事変前でも三割に満たなかったこと、したがって、「八割の不就学者が居るのであるから、子供は街頭で日中よく遊んで居る」という事態に驚き、占領政策の一環として学校教育を普及するためにも、「近代式とは異つて更に効果のある教導施設」を構想しなければいけないと考える。[34] そこで、従来の民衆娯楽機関や産業指導機関と一体となり、「民衆ノ仕事ト相即不離」に構成された「職能」教育機関として小学校を再編成すべきことを主張し、「日本語教授ハ随意科」にすべきだと述べている。[35] 普通教育を軽視、職業教育を重視すべきとの意見は、植民地政策という文脈では通俗的な見解であるが、そのことの論理的な帰結として、民衆の生活に役立たない日本語教育の有効性に疑問を提示している点は、政策動向への一定の批判としての意味をもっていた。

このように、日本語それ自体にまつわる一種の混乱と、都市の一部の成人を別として、日本語が中国人の実生活・実益から乖離しているという事実が存在したが、こうした障害を越えて——あるいは無視して——各学校で日本語教育が実施されることになる。そのことが、日本への屈服を象徴的に示すものであり、中国人にとっての屈辱であったことはいうまでもない。戦後の回想であるが、「山口(喜一郎 ——引用者注)の弟子日野と四宮がある時、銭(稲孫 ——引用者注)に日本語普及のじゃまになるから殺すぞといって、おどかしたという。銭は初等学校に日本語教授を行うことには終始反対していたのであった」という証言もある。[36] この証言が字義通りの事実ではないとしても、日本側では、小学生レベルの方が言語教育の効果があがるうえに、しかも思想上の感化も与えやすいという目論見があり、中国側では、それだからこそ、せめて小学校における日本語教育は避けたいという判断があったとしても不思議ではない。

一般に少年層に比べて青年層が強い抗日意識を持っていたことは、重慶で発行されていた『教育雑誌』の「北平学校的近況」という記事が、「小学生はだんだんと奴隷化教育の毒素に取り込まれている」のに対して、中学生は「小学生のように容易に奴隷化されず」強烈な反抗精神を持っていると伝えていることからも想像できる。[37] また、やや後年の日本側の資料ではあるが、「某中学校ノ一生徒」の語る「大東亜戦争勃発以前ノ日語時間ノ様子」として次のような教室の様子も伝えられている(38)。

私達ハ日語ノ時間ニナルト、故意ニ騒ギ出シ、一人ガガタガタト鉛筆ヲ削リ出スト、此レヲキツカケトシテ全生徒ガ之ニ和シタ。其レガ為担任ノ満洲国人ハ、校長ニ話スト言ツテ其儘退場シテ行ツタ。然シ其後、戦争勃発後ニ来タ日系教官ハ恐ロシカツタ。騒ゲバ、ヂツト睨ンダ儘一語モ語ラズ、時間ノ終ルヲ俟ツテ退出シテ行ツタ。

このように、日本語の時間が特に中学生レベルの子どもたちの強い反発を買っていたことは、日本語教育そのものの形骸化を促す要因となったと考えられる。そのことを確認したうえで、以下において、農村部ではまた別な形式で日本語教育が形骸化した姿を見ていくことにしよう。

二　農村部における文化工作

華北占領地における日本軍の支配地域は「点と線」に過ぎず、鉄道沿線の後背に広がる広大な農村は事実上支配の圏外におかれていた。しかも、「長征」の中で農村に深く根をおろした中国共産党が辺区(根拠地)を形成し、日本軍の支配の及ばない政治的に自律した空間を形成していた。こうした状況で、農村部における文化工作がどのように進められたのか。ここでは、河北省保定道地区正定県の事例に即して具体的なイメージの把握に努めよう。

まず、当時の日本軍の占領地支配の中で正定県がどのような位置を占めていたのか、ということへの見通しをつけておこう。興亜院華北連絡部は、河北省保定道一市三七県における、日本語教育の実施状況を一九四〇年一月に調査している。この調査では、日本語教員の配属状況により各県を四ランクに分け、「比較的優秀なる教員」を持つ第一ランクは石門市、「三ケ月乃至六ケ月間位日本語を学習せる教員、或は事務煩雑なる県通訳」が教える第二ランクが一〇県、「県の警備に繁忙なる皇軍警備隊」が出張して教える第三ランクが九県、全く教えない第四ランクが残りの一八県としている。[39] 京漢線沿線に位置した正定県はこの第二ランクに属する。すなわち、鉄道網の結節点にあたる石門市のような地方都市に次いで、「治安」のよい地域ということになる。

日本軍(第百十師団)は一九三七年一〇月に正定県城に入城、治安維持会を組織して宣撫活動を展開した。一九三八年二月に県政府を発足、同年六月には新民会正定県指導部を開設し、石門特務機関から派遣された県連絡員が軍部とのパイプ役となった。他方、中国共産党の活動も顕著であり、県西北部の郷村を中心に、晋察冀辺区傘下の正定県政府が民衆の組織化を進めていた。これに対して、日本軍側では、「県城に駐屯警備している日本軍が、さらに郷村の各要域にまで分散配置を実行するようになれば問題は解決されるが、これは兵力上無理な要求」という状況のもとで、「敵側が行なっている政治、経済、文化工作より優れた施策をもって、ジリ押しに彼我勢力の中間にある郷村を一つ一つ新政権側に獲得していくより外に手段はない」と意識していた。[40] しだいに持久戦的な様相が明確になる中で、「思想戦」の一環としての文化工作の重要性が浮かび上がってきていたのである。

それでは、正定県の学校教育の状況は、どのようなものだったのだろうか。

中等学校については、省立中学校・省立師範学校・県立簡易師範学校・県立女子簡易師範学校の四校はすべて閉鎖されて、中等学校の教員は正定県教員連合組織を組織して共産党の一翼として活動していた。[41] 初等学校に関しては、事変前の就学率約三三%――就学概念の規程が明確でないのでこれは目安に過ぎない――が、事変後は約一二%へと転落、県内唯一の高級小学校である県立中心小学校、城内の普通初級小学校七校と天主堂経営の私立首善小学校が開校しているほか、城外の学校はほとんど閉校していた。調査者は、「皇軍の威令領域の郷村に開校しているところ少なく、かえって所謂干渉地区又は匪区に活発な活動をしている小学校が多」いと述べ、「今日のところは教育方面にまで手が伸ばせない」状態であると報告している。[42]

たしかに、晋察冀辺区ではこれと対照的に、被占領期全体を通じて就学率を徐々に向上させ、入学年齢制限撤廃、女子への門戸拡大、授業料撤廃など就学の障害となる事項を取りのぞく措置により、最終的には男女平均で約六二％に上昇させた。(43) 西村成雄が指摘しているように、一九四一・四二年には日本軍の大規模な「掃討」戦により政治的・軍事的な危機に陥る中で、公的地方政権としての正統性を樹立するために、経済資源の再配分、民主化が推進されたのである。(44) また、正定天主堂経営の学校に関して、調査者は「設備の点で本県の他の凡ゆる小学校と比ぶ可くもなく秀れてをり、而も城外郷村の子弟が好んで入学」すると述べ、教会附属の養老院、孤児院、不具養育院《ママ》などが収容者を生産的な労働に動員し、教会の自給自足的な体制を可能にしていることなどを「我々の対支建設工作に参考とす可きもの」と評価している。(45) ミッション系学校は中国の政治動向からの独立を標榜しており、事変前にはそのことが中国の教育権を犯すものとして非難の対象ともなっていた。しかし、ミッション系大学がそうであったように、事変後には逆に日本軍の支配からの一定の自立を図ることが可能となり、事変前にもまして人気を集めることになったのだと考えられる。

このように、日本側では、中国共産党に対しても、欧米帝国主義の扶植したキリスト教勢力に対しても、文化工作の立ち遅れを意識せざるをえない状況におかれていた。しかし、教育にかける費用も人材もきわめてかぎられていた以上、せいぜいできることはといえば、改訂した教科書を使用させ、日本語教育を実施させることくらいであった。実際、開校していた城内の小学校では日本語教育が行われている。

興亜院華北連絡部の調査によれば、教科書としては、県立中心小学校では、藤本万治が中心になって編纂した『正則日本語読本』を使用していた。これは、南満洲教育会教科書編輯部の作成した『初等日本語読本』を一部改訂したものである。城内の普通初級小学校では、藤本の後を継いだ大岡保三らの編纂した『小学日本語読本』、首善小学校では飯河道雄著『新体日本語読本』、新民会の主催する新民日語夜学校では大出正篤著『新撰日本語読本』を用いていた。臨時政府教育部の編纂した教科書のほかに、大出や飯河により満洲で作成された教科書を転用することで急場をしのいでいたことがわかる。

教員については、もちろん教科書のような単純な転用は困難だった。文化工作に当たる日本人の数も、日本語の話せる中国人の数も限られていたのである。県立中心小学校の中国人教員は、北京教育部立師資講肆館《ししこうしかん》の出身者。師資講肆館は一九三八年二月に教員「再教育」のために半年間の講習を行う施設として設けられたものであった。初級小学校七校をかけ持ちしていた中国人教員は、唐山日語教員養成所出身。同養成所は、三七年一二月に冀東政府により設立されたもので、県市公署の官吏や教員に一年間の日本語教育を行うための施設だった。このように、正規の学校の日本語教員が短期間の講習を受けた中国人であるのに対して、日本人や、日本語が堪能と思われる南満中学堂(満鉄附属地の中等学校)卒業の中国人は、新民日語夜学校に配置されている。したがって、学校教育レベルでは「日語教育は唯名のみに過ぎず。省よりの命令に依り言い訳程度に行ひ居る状態なり。斯く日本語教育の振はざるは県教育費の少なき為と、日本語人材の少なき二つの原因に帰すべし」と報告されている(46)。北京のような都市部では、在留日本人や日本に留学経験のある中国人を登用することで不足を補うこともさしあたりは可能だったが、正定県のような農村部ではそれもおぼつかなかったのである。

このように、比較的「治安」のよいとされる農村でも、日本語教育はもとより、そもそも学校教育に十分な手が回りかねる状況だった。さまざまな次元で人手が払底しはじめるなかで、子どもを対象とした文化工作よりは、青年・成人を対象とした即効性のある工作こそが、当然のごとくまず優先されていたのである。新民会の活動の中でも、新民青年訓練所の設立と普及が重要な位置を占めていた。

そもそも、外務省の在外公館が日本語の普及により「日本文化思想ノ真髄ヲ諒得」せしめるべきだと報告し、文部官僚が中心となって日本語を必須科目としたのと同様の趣旨で、軍部が日本語の普及にどれほどの期待を抱いていたのか、ということ自体を疑ってみる必要がありそうである。北支那方面軍参謀本部が一九四〇年五月に起草した「極秘　華北ニ於ケル思想戦指導要綱」では、文化工作の計画を次のように展開している。(47)

第一章　中国人ニ対スル指導
第一節　宣伝
第二節　教化工作（第一項　学校教育ノ刷新　第二項　社会教育ノ拡充　第三項　青少年訓練ノ徹底　第四項　東方文化及道徳ノ振興　第五項　宗教指導）
第三節　民衆組織工作（第一項　指導方針　第二項　指導上ノ注意　第三項　合作社指導要領　第四項　保甲制度指導要領）
第四節　模範地区指導工作
第五節　新民会ノ指導要領
第二章　日本人ニ対スル指導（小項目略――引用者注）
第三章　外国人ニ対スル指導
第四章　思想策動ノ破摧
第一節　監察及情報蒐集
第二節　思想策動ノ根源覆滅（第一項　敵就中共産軍匪ノ掃蕩　第二項　共産抗日団体ノ組織破壊）
第三節　思想策動ノ取締（第一項　結社、集会及多衆運動ノ取締　第二項　言論、著作及印行ノ取締　第三項　演劇及映画ノ取締）
第五章　対敵工作

この要綱では、主に新民会や宣撫班の担当していた宣伝、民衆獲得工作（第一章）から、各軍団特務機関の担当していた直接的な思想対策（第四章、第五章）までを網羅し、文化工作の全体像を提示している。第五章「対敵工作」の内容としては、「国共合作ノ矛盾ニ乗シ、宣伝謀略等ノ各種ノ手段ヲ尽シテ両党派ノ摩擦相克ヲ扇動激化」せしめることや、「日華抗争ヲ継続スルモ中国ハ戦勝ノ見込絶無ニシテ、却ツテ国家及国民ヲ窮乏破局ニ陥ラシムルニ過キサルコトヲ強調」して、蒋介石政府から民心を離反させるべきことを説いている。とにかく敵を倒す、あるいは敵の一部を味方に引き込むためには手段を選ばないという、マキャベリスティックな発想を見ることができる。したがって、必ずしも、手段それ自体の性格や、手段相互の整合性は問題としていず、ナショナリズムに関連性のある手段にこだわっていないことが特徴的である。

要綱でも、「民衆ニ日本及日本人ヲ理解セシムル為日語ノ普及ヲ図」るべきと述べ、「児童教育ヲシテ其ノ新鮮ナル脳裏ニ親日的情操ヲ培養」すべきと述べてはいる。しかし、これらが考えうるかぎりの手段の一つとして着目されたものであるのは確かにしても、どの程度重要視されていたのかということはわからない。あるいは、次第に成人から子どもへ、短期的対応から長期的な観点に立つ対応策へと重点の移動を図ろうという目論見があったのかもしれないが、正定県の事例からも、教育関係の事項の優先順位はさして高くなかったと考えられる。しかも、ここで用いた資料はほとんど一九四〇年頃に調査されたものであるが、これ以降も、学校教育への対策や日本語普及政策は、農村部では優先順位の低いままにとどまったのではないかと推定できる。満洲国では建国五年目にして実施された学制改革が、華北占領地ではついに実現されなかったことなどが推定の根拠である。

なぜこのような相違が生まれたのか。石島紀之は、華北占領地では、満洲国のように傀儡軍を育成して分散配置を肩代わりさせる方策が効果的に機能しなかったと述べ、その理由として、「占領地支配政策は一貫性がなく、また政府と軍、および軍内部での対応もばらばらだった」こと、国共の連携のために日本軍の半分以上が国民政府軍に対峙して華中と華南に釘付けにされていたこと、延安という「聖域」や国際的な援助が存在したことなどを指摘している。[48]

右のような状況を見てくるとき、小学校における週六〇分の日本語科の設置ということでさえ、農村部の現実からは乖離した、机上のプランとしての性格が強かったことがわかる。一九三九年以降、主に日本語教科書の編纂と日本語教員の派遣という手段を通じて、興亜院中央と文部省が関与しはじめると、日本語普及政策を支える思想、内容、方法論において、いよいよ現地の状況とはギャップのある方向に舵が取られるようになる。石島の指摘するように、占領地支配政策における一貫性のなさは、教育・教化政策という局面においても顕著なものとなるのである。

3　日本語普及政策をめぐる提携と競合

一　文部省による日本語教科書編纂

文部省は、一九三九年三月、第七四回帝国議会において日本語教科書編纂のための臨時予算約二万円を計上した。同年六月には国語対策協議会を開催、主な出席者は、興亜院、陸軍省など関係諸官庁の代表、朝鮮、台湾、関東州、南洋群島、満洲国、興亜院各連絡部（華北、華中、蒙彊、廈門）で日本語教科書編纂に携わる行政官および各地域の指導的な実践家、言語政策に関して文部省のアドバイザー的な役割を果たしていた学者たち（藤村作、小倉進平、久松潜一、神保格、島津久基）であった。

従来、台湾総督府と朝鮮総督府、あるいは満洲国政府と臨時政府というように、植民地統治機関相互のあいだで個別に情報交換がなされ、あるいは人の移動が見られることはあった。しかし、基本的には各植民地ごとの分割統治方式がとられており、本国政府は、総督府の政策を認可するか否かという消極的な役まわりを果たすことが多かった。ましてや教育の内容・方法に関しては、——教育勅語の権威をそこなわないかぎりは——それぞれの地域の裁量に任されていたと評することができる。したがって、本国の官庁が中心になって、植民地・占領地統治機関の関係者を組織した会議の開催は、たしかに画期的な出来事ではあった。

国語対策協議会の冒頭、当時の文部大臣荒木貞夫は、次のように述べている。(49)

抑モ我ガ国語ハ国民ノ間ニ貫流スル精神的血液デアリマシテ、我ガ国民ハコノ精神的血液ニヨツテ鞏ク結バレテヰルノデアリマス。今ヤ我ガ国ハ、八紘一宇ノ大理想ニ基ヅキ、東亜新秩序ヨリ進ンデ世界平和招来ノ基礎ヲ樹テントスル時、コノ精神的血液ガ東亜諸民族ノ間ニ我ガ国語ヲ通ジテ流レマスナラバ、此ノ大業貫徹ニ相互協同ノ実ヲ挙ゲ得ルノデ、此目的達成ノ為ノ重要ナル施策タルコトハ言ヲ俟タヌ所デアリマス。

文字通り「挨拶」とみなすべき内容ではあるが、日本語は日本人の「精神的血液」であるというナショナリズムの観念を中核におき、その同心円的な拡大を志向している点を確認しておくべきだろう。北支那方面軍の「対敵工作」の内容は、こうした大仰なナショナリズムとは無縁な次元で「謀略」の必要を説いていた。すでにそこには少なからぬギャップが存在している。ちなみに、国語対策協議会の開催と同じ一九三九年六月、興亜院文化部第三課の起草した「㊙日本語普及方策要領」でも、同様の趣旨の内容を次のように述べている。(50)

興亜工作ノ根本ハ、皇道精神ヲ中核トシ生命ヲ帰一スル教育ニシテ、内ニハ大陸民族ヲ指導シウル純正日本人ノ錬成ト、外ニハ青少年ノ教育ト一般民衆教化ニ俟ツヘシ。其ノ武器ハ日本語ナリ。

日本語普及ヲ広ク徹底シ亜細亜語タラシムルト共ニ、世界語タラシメンコトヲ期ス。

日本語が「武器」としてどの程度有効であるのか、あるいは「精神的血液」であるとして、「輸血」が本当に可能なのか、という問題へのためらいは、これらの文言からはうかがえない。そのかぎりでは、手段と目的との整合性が考慮されていない非現実的な政策提言なのだが、一種の「国民的使命感」に裏打ちされたナショナリズムが侵略戦争を続行させるエネルギーともなっていた以上、これらの文言も、本国では一定の現実的な意味を備えていたと見ることもできるのである。

さて、文部省は、どのような意図で国語対策協議会を開催したのか。議題は、「各地ニ於ケル日本語教育ノ状況・実績及ビ日本語教育ニ関スル方策ノ件」と「日本語教科書編纂ニ対スル希望並ニ意見ニ関スル件」であり、初日と二日目は各地域の日本語教育状況報告と今後の方策への提言が行われ、三日目は文部省の「標準」日本語教科書編纂のプランに対する意見交換が行われた。

この協議会の標的はまず第一に興亜院であり、対外的言語政策のイニシアティブを文部省が握ることを認めさせるための、デモンストレーションであったと考えられる。理由は、第一に、興亜院事務官小関紹夫が、「支那ニ対シマスル日本語ノ普及ニ就テハ私ノ方デ大体所管致シテ居リ、其事ニ就テハ只今立案中」(51)としか発言していないこと、第二に、「㊙日本語普及方策要領」(52)でも「文部省ニ於テ編纂セントスル教科書ト興亜院連絡部、新政府等ニ於テ発行スル教科書トノ関係ヲ明ニスルコト」としてやはり立案中の記述となっていること、第三に、協議会終了後、興亜院が教科書編纂事業を文部省に委嘱していることである。

興亜院との関係という点では、文部省は、期待通りの成果を収めることができたわけである。ただし、他方で、国語対策協議会は、現地の教科書編纂官や実践家とのあいだの齟齬をも顕在化させている。問題は、文部省が自ら編纂する教科書を「外地」における教科書の「標準」たらしめようとする意図にかかわっていた。井上赳図書監修官は、この点を次のように説明している(53)。

日本語教科書ノ編纂ハ、日本精神、日本文化ノ宣揚ト密接不離ナル関係アルハ言ヲ俟タザルヲ以テ、国定教科書編纂ノ精神ト一如タラザルベカラズ、コレ本省ガ進ンデソノ編纂ニ当ラントスル所以ニシテ、コレヲ以テ外地ニ於ケル種々ナル教科書ニ対シテ一ノ標準ヲ示サントスルモノナリ。

文部省の編纂する教科書は直接的には大陸の占領地での使用を想定したものであり、台湾・朝鮮の代表はこうした発言を受け流すこともできた。また、華北占領地代表は、文部省から臨時政府に出向していた大岡保三であるから、異を唱えるはずもなかった。しかし、満洲国政府やその他の占領地の代表にとって、「標準」教科書の作成は、本国政府による画一的な統制として受けとめられた。

たとえば、蒙古学院教授宮島英男は、「文部省ノ御方ガ十人ナリ二十人ナリ蒙古ノ奥地へ行ツテ、二年三年羊ノ肉バカリ食ツテ」みなければ、その編纂する教科書は「絶対蒙古ニ於テハ採用ハ出来ナイ」と断言している。宮島によれば、モンゴルの教科書には「羊ノ餌ニナラヌヤウナ」立派な装丁であることや、ラマ教の活仏を題材にすること、あるいはモンゴル語と日本語の文法的な類縁性を利用することが必要なのであり、「標準」教科書ではおよそ実現しがたい条件を備えなければいけないのであった(54)。宮島は、モンゴル民族の文化的な異質性を根拠として、ナショナリズムの同心円的な拡大としての日本語普及政策構想に異を唱え、その実現可能性と有効性に疑問を呈しているわけである。

満洲国代表である民生部編審官一谷清昭もまた、満洲国の諸民族の言語系統、生活環境がそれぞれ異なることを指摘したうえで「文部省ノ方ガ此処ニ居ラレテ、外地ノ人間達ガ、殊ニ他民族ガ読ム教材ヲ此処デ与ヘヨウト云フコトハ、或ハ盲ノ内容ノモノガ出テクルカト云フ心配ガアル」と述べ、日本語教科書編纂に関しては外地のものに任せてほしいという意見を表明している。教科書編纂の技術上の問題としても、「外地ニ於ケル仮名遣ハ絶対ニ表音ニ依ラナケレバナラナイ」と述べ、「民族ノ差異ニ応ジ文形、教材等ノ配列ヲ考慮」すべきことを主張している(55)。

満洲国では、一九三二年七月の全国教育庁長会議で中学校の英語の時間の半分の週三時間を日本語にあてることを定め、一九三四年からは初級小学校第三学年から日本語を週二時間課すことにした。[56] この時期は政府公報など公的出版物も中国語が基本であった。一九三七年公布の国民学校令では日本語と中国語とモンゴル語を「国語」と規定し、民生部訓令第二六号「初等教育ニ於ケル国民科ノ教授ニ関スル件」で地方の実情によっては朝鮮語やロシア語を教授用語として用いてもさしつかえないと定めた。国民学校国民科では教授用語により毎週教授時数を分け、「日語ニ依ルモノ」が週六―八時間、「満語(中国語のこと――引用者注)又ハ蒙古語ニ依ルモノ」が週七―九時間とされた。国民高等学校では「国語」のうち日本語が週六時間程度、中国語またはモンゴル語が三時間程度と時間数が逆転していた。[57] 教科書は、国民科や日本語の教科書を別とすれば、中国語やモンゴル語で書かれており、漢文の教科書にハングルの訳文の付けられている例も見られる。[58] 日本語が唯一の教授用語とされた台湾や朝鮮との違いは明らかである。

一谷清昭としては、このような複国語制のもとでの教科書編纂の苦労が、文部省にはわからないであろうという思いがあったのであろう。しかし、宮島のように個人の資格においてならばともかく、満洲国代表が「盲ノ内容」になるかもしれないと述べたことは物議をかもしたらしく、休憩の後にやはり満洲国代表の福井優が、「誤解或ハ不明瞭曖昧ニ受取ラレタ点」があると述べ、文部省の作成したものをそのまま採用するのは無理であっても、「全面的ニ文部省ヲ御信頼申上ゲル」以上、内容的には是非参考にしたい、といかにもとってつけたような釈明をしている。[59]

文部省による「標準」日本語教科書編纂構想をめぐる、このような議論のうちには、たぶんに官僚的なセクショナリズム、縄張り争い的な側面がふくまれている。しかし、植民地帝国日本の支配下に組み込まれた諸民族の文化的な多様性が、単純な同心円的拡大の構想を阻む原理として浮上してきていることも確かであり、日本語普及政策をめぐる競合的な関係が生じているのである。

国語対策協議会で顕在化したもう一つの問題は、「武器」としての日本語をどのように「整理統一」するかということであった。日本人の目から見ても煩雑なことが明らかだった仮名遣いに関しては、一谷清昭が、表音的であるべきことを主張し、大岡保三も、「仮名遣ニ於キマシテハ、外地ノ読本ト致シマシテハ、余リ「イデオロギー」ニ捉ハレテ実際ニ遠イモノニナルト云フコトハ、如何カト存ズルノデアリマス」と述べ、朝鮮総督府の普通学校仮名遣法(一九二二年制定)と同様、「は」「を」のような特殊な助詞を除いて表音制を原則とする、臨時国語調査会の改訂仮名遣い案の採用を説いている(60)。このほかにも、「先生」の表音的表記は「センセー」なのか、「センセイ」なのか、アクセントの符号を付けたとしても、さまざまな地域から集まった日本人教員が正式なアクセントでしゃべれるのか、「夕御飯」と「御夕飯」とどちらが「標準語」としてふさわしいのか、といった問題が提起されている(61)。一つ一つは些細ともいえる問題だが、異民族に対する日本語教育の中で、「日本人」ならば標準的な「日本語」を読み、書き、話せるはずだという自明の前提がゆらぎ、そもそも標準的「日本語」という観念自体あやふやなものであることが発言のはしばしから露呈している。

曖昧さと煩雑さを克服するための一つの原理が、音声言語を中心として日本語の発音・語彙・表記法などの効率化を図ることであり、カナモジあるいはローマ字の採用、漢字・漢語の制限、表音的な仮名遣いの採用などが具体的な内容となる。しかし、「国語愛護」を旗印として、歴史的な仮名遣いの保全を説く議論も、根強い影響力をもっていた。「歴史的」とはいっても、定家流、契沖流などさまざまな形で存在した仮名遣いのうち、主に後者に依拠して明治期に「創られた伝統」というべきである。しかし、そうした「創られた伝統」のもっとも総合的な表現としての国体論と結びつくことで、容易には改編しがたい権威性を獲得してもいた。たとえば、「国語愛護」論の代表的なイデオローグたる山田孝雄は、文字の改革は「伝統の破壊」であるとして、臨時国語調査会の仮名遣い案に対して、「国体重きか、仮名遣い案重きか」という批判を展開している(62)。

河原宏は、言語における伝統主義と改良主義としてこうした問題を取りあげ、二・二六事件後に文部大臣に就任した平生釟三郎が、カナモジ会の理事であるにもかかわらず、伝統主義者の先制攻撃のもとで、改良主義的な主張を実施できなかったこと、難解な漢語の温床だった陸軍が一九四〇年に改良主義を採用し、「転把」を「ハンドル」とするような改革を行ったことなどを指摘し、そこに「近代日本、あるいは天皇制ファシズムに内在する矛盾」を見いだしている。(63) この場合の矛盾は、帝国主義的な膨張がナショナリズムの基盤の一つである言語の改編を促しながら、容易にはそれを実行できない矛盾でもあったといえよう。

日本語教科書の位置づけをどうするのか、仮名遣いをどうするのか、こうした問題を積み残しつつ、文部省による日本語教科書編纂事業は進捗することになる。

国語対策協議会の開催と前後して、当時東京女子大学教授だった国文学者西尾実と、米国大使館日本語教官だった長沼直兄《なおえ》が日本語教科書編纂のための嘱託として、また、陸軍士官学校教授であった釘本久春が図書監修官として、文部省入りした。(64) さらに、一九三九年一二月には文部大臣の諮問機関として日本語教科用図書調査会を設置し、翌四〇年一一月に文部省図書局に国語課を設け、課長には、華北から帰任した大岡保三が就任した。国語課の管掌事項は、「国語ノ調査ニ関スルコト」「日本語教科用図書ノ編輯ニ関スルコト」「国語審議会ニ関スルコト」である。

国語審議会との事務分担に関して、大岡は、国語審議会では一般的重要問題について審議するのに対して、国語課では教科書に即して仮名遣いを決定、「さし当り外人向の日本語教科書にこれが採用されるのであるが、国内の教科書にも改訂の機会にそれが採用される」と説明している。(65) 大岡は、さらに「外地」に日本語を進出させるためには日本語の「統一」を図るのが「焦眉の急務」とも述べている。国語対策協議会では、さしあたり、「外」の問題と「内」の問題とを切り離すべしとしていたわけだが、国語課長としての発言は、「外」の必要に由来する改革を「内」にも及ぼすとの意向を述べたものとして注目できる。

文部省国語課で執筆した『ハナシコトバ』(全三巻)の原案は一九四〇年五月に日本語教科用図書調査会を通過、翌四一年二月に東亜同文会から発行された。文部省による日本語教科書編纂事業がこのように進捗する一方、この時期には、興亜院や、日語文化協会・青年文化協会など各種の民間団体によって日本語教員養成講習会が個別的に行われていた。一九四一年八月には、これらの日本語普及関係事業の一元的統制を図るための組織として、日本語教育振興会が文部省と興亜院の共管団体として設立された。会長には文部大臣、副会長には文部次官と興亜院文化部長が就任、約二〇名の理事と一五〇名近くの顧問・評議員が任命され、多くの学者や外地関係諸団体の代表が名を連ねた。総力戦にふさわしい「挙国一致」的な組織という外観を呈したわけである。だが、一九四四年までの常任理事会の議事録に見るかぎり、理事会が開かれたのは二回、評議員会は開催を確認できない。他方、興亜院事務官と文部官僚から構成される常任理事会は、文部省の会議室で隔週開催されている。すなわち、日本語教育振興会は、興亜院の要求を容れながら、大岡、釘本、西尾、長沼など文部省の人物が実質的な担い手となって、日本語普及政策を推進するための組織であったということができる(66)。

日本語教育振興会は、中国向けには『日本語読本』(全五巻)、日本文化読本シリーズとして『大学の学生生活』『さくら』などを刊行、東南アジアの占領地向けにも『初等日本語教本』(全三巻)、『成人用速成日本語教本』(上・下)などを編纂した。仮名遣いに関しては、『ハナシコトバ』というもっとも初歩の教科書では、これは正書法ではなく「発音符号」であるという但し書きを指導書に付したうえで、徹底した表音的仮名遣いを用いている。他方、『日本語読本』では「醇正な日本語を普及し、国の内外を通じて日本語の統一を期するため」という理由で、歴史的仮名遣いを用いている(67)。

内容的には、『ハナシコトバ』はもとより、『日本語読本』でも、天皇制の教説を展開したものはなく、「東亜共栄圏」といった言葉も全巻を通じて二度使われている程度、総じてイデオロギー色は薄い。しかし、日本語教育の専門家として学習指導書の編纂に関与した長沼直兄が、『日本語読本』について「釘本さんがおやりになって五巻できまうな感想が寄せられている。

した。これもやはり国語読本的色彩の強いものでしたね[68]」と批判的に述べているように、日本の年中行事や童話に取材した教材が多く、登場人物もほとんど日本人、たしかに「国語読本的色彩の強い」ものだった。現地からは次のような感想が寄せられている。[69]

上海―『ハナシコトバ』の内容誠に適切にして、注文殺到する実情なり。是非増刷を希望す。

南京―ハナシコトバの学習指導書を読みこなす華人は余り多くなからん。又後の方にある華文は北京官話にして、南京付近では了解し難き所なり。

蘇州―日本語読本は支那人が使用するには聊か難渋なり。……日本語読本改訂の場合支那語の注釈を付する様に考慮せられたし。内容はあまり日本的なものばかりに過ぎはせぬか。

一九四三年の華中の例であるが、中国人教員による使用に適合的でないこと、内容における日本色の強さなどの問題は、華北でも共通していたのではないかと考えられる。

一九四二年七月、満洲国民生部が「建国十周年」を記念して、「日満支」の教育関係者を集めて開催した東亜教育大会では、文部省による日本語普及政策への関与のあり方が改めて問題とされた。言語教育部会の報告が終了したのち、台湾の国民学校長が、文部省における日本語教科書編纂事業に「外地に於ける優秀なる経験者」を参加させるべきだとの動議を突然提出、その理由として「一昨年以来、外地向け日本語に関して、文部省に於て会議あり、且つ読本を発行せられたるも、国内事情に左右されて、微温的なるを免れ得ない。簡易平明にして、極めて語学的にして、且日常的なる教科書の発行を望む」ということを挙げた[70]。台湾の一校長の動議という形をとってはいるが、民生部編審官寺田喜治郎がすかさず賛意を表して、「一同拍手」による賛成へという流れから見て、満洲国民生部の意向が関与していると考えてよいだろう。しかし、拍手のすぐあと文部省国語調査官広田榮太郎が、日本語教育振興会の事業を説明し、本国の事情と切り離した教科書を作るつもりはないと述べ、結局、「今後民生部は全責任を以て文部省の

方と連絡致したい」というところに落ち着くことになる。(71)

会議の経緯自体は、たぶんに、国語対策協議会における屈辱への意趣返しという様相を呈している。ただし、満洲国側の意向が「外地」と「内地」を切り離して改良主義を断行することにあったことは確かである。他方、「内外一如」を標榜していた文部省は、「外」からの改良主義の要求と、「内」における「国語愛護」の主張のはざまで、ほとんど身動きがとれなくなっていたのではないかと思われる。このようなジレンマに満ちた状態は、日本語教育の実践現場における混乱を呼び起こすことになる。

二　興亜院による日本語教員養成

本国政府による日本語普及政策への関与のうちでも、日本語教科書編纂は文部省が主導していたのに対して、日本語教員の養成と派遣は興亜院がイニシアティブを握っていた。本はさしあたりただ送ればよいのに対して、人に関しては現地での管理が重要な位置を占めるということも影響していたであろう。「㊙日本語普及方策要領」では「将来ノ計画」として「興亜院文化部及ヒ現地ニ於ケル連絡部ノ主管スル(興亜文化研究所(仮称))ニ日本語普及対策本部ヲ設ク」とした上で、次のように記している。(72)

連絡部ニ於ケル日本語普及部ニ於テハ左ノ事項ヲ行フ

イ、内地ヨリ派遣ノ日語教師ノ現地訓練及配属教師ノ再教育　民間日語教員ノ養成及再教育

ロ、日語普及状況調査報告

ハ、各学校ニ於ケル日語指導及日語学校ノ指導、監督

ニ、諸団体トノ協力、指導、援助

ホ、一般民衆、青少年ヲ対象トセル新聞、雑誌等ノ指導統制

華北占領地では、こうした方針を実施する機関として、一九四〇年九月に華北日本語教育研究所が設けられた。設立主体は興亜院華北連絡部文化局内華北日本語普及協会、理事長には興亜院華北連絡部文化局長が就任している。一九四一年度に同研究所が行った事業としては、本国から派遣された教員の現地錬成、文部省編纂『ハナシコトバ』や華北政務委員会編纂日本語教科書の調査・研究、『華北日本語』(一九四二年二月創刊)の刊行、時枝誠記や長沼直兄を招いての座談会の開催などを挙げることができる。(73) なかで特に重要な位置を占めていたのは、本国から派遣された日本語教員の指導である。

占領地では、従来から各軍団特務機関の採用した日本人教員は、何らの任用根拠もないまま「招かれざる客」として中国側学校に入り込んで活動していた。(74) 興亜院中央は、一九四〇年九月からこうした教員の現地採用を禁止、組織的に日本人教員の派遣を始めた。興亜院文化部長松村進は、一九四〇年の第七五回帝国議会で「支那ノ教育行政ノ中心ニハ相当抵抗ガアリマシタノデスガ、……主要都市ノ各小学校詰リ教育機関ニ出来ルダケ優レタ日本人ノ教育者ヲ入レルトイフコトデゴザイマス、ソレハ一ツノ督学官ノ役目モ勤メマス」と説明している。(75)

彼らは、派遣前に約二週間にわたる合宿団体訓練である支那派遣教員錬成に参加、さらに一カ月近くの現地錬成を経たのちに各学校に配属された。大学レベルの教員を別とすれば、占領地における日本人教員は同時に日本語教員でもあった。しかしまた、松村の証言にも見られるように、督学官としての役割も兼ねていた。こうした役割の二重性のうちで、興亜院の意図としても実際の姿としても督学官としての側面が優越していたであろうことは、支那派遣教員錬成のプログラムで、「日本語教授法」の占める割合が全二一四時間中の二二時間に過ぎず、その他は「東亜新秩序建設論」「支那事情」「軍事訓練」のような項目で占められていたことからもわかる。(76) また、大出正篤は、新しく大陸に来た教員たちには「国士型」の教員が多いとして、「自分は単なる日本語の教師ではない。日本民族を代表して

大陸民族を指導すべき重任があるのだと壮語して、日語教室を留守にして、政治的方面や事務的方面に奔走」する姿を批判的に論じている(77)。

日本語教育という手段にこだわる大出正篤にしてみれば、「国士型」の教員たちの行動は、あるべき占領政策からの逸脱であった。しかし、北支那方面軍参謀本部と興亜院華北連絡部の制定した「支那側学校ニ派遣セラレタル日本人教員規範」(一九四〇年一一月)では、まず学校を拠点として「歪曲セラレタ思想ヲ中正ニ帰セシメ」ることの必要を説き、むしろ担当学科の指導にとどまらず、教育の全分野、さらに学校の外に「徳化」を及ぼすべきだと述べ、日本語普及に関しては、九項目の最後に申し訳程度に言及しているに過ぎない(78)。

このような日本人教員たちは、どのように配置されていたのか。一九四〇年の時点で開校しているはずの初等学校数は約一万七〇〇〇校、そこに配属された日本人教員数は五五名、中等学校数は約二〇〇校、日本人教員は一二五名、その他高等教育機関などに派遣された日本人が一三〇名程度である(79)。高等教育機関に偏り、中等学校でかろうじて一校につき一名いる程度、小学校では学校数に比してほんのわずかであることがわかる。一九四三年の時点では各級学校でそれぞれ日本人教員数が二倍近くに増加している(80)。しかし、学校数と比較してさほど大きな変化ということはできない。そこには、第一に華北の農村の広大さと学校数の多さ、第二に初等学校から高等学校までがすでに存在する中で、「思想問題」が生じやすい青年への対応を優先せざるをえなかったという事情、第三に、教員として確保できる日本人が絶対数として不足していたという事情を見いだすことができる。

第一から第三までの条件は、程度の差はあれ、満洲国にもあてはまることだった。満洲国の場合は、一九三九年の時点で初等学校に七三一名、中等学校に六六八名の教員を配属していた(81)。華北の場合よりもややましという程度の状況である。満洲国の教員は、関東州や台湾、朝鮮、本国からの引き抜きにより確保されたものであるが、そのことがまた本国から台湾や朝鮮への教員の流出を促し、文部省の調査によれば、一九三九年度に外地に流出した教員だけでも約三〇〇〇名を数えた。[82] こうした事態に対処するために、一九四一年四月には「教育職員ノ外地及ビ外国ヘノ派遣ニ関スル件」を閣議決定、教員の選考方法などに関しては現状を追認しつつ、大幅な流出を制限するための措置がとられた。「内地でも教員不足の場合であるから、外地側が勝手に引き抜きに来ない」体制づくりが進められたのである。[83] こうした規制のもとで占領地では日本人教員の数は頭打ちとなり、慢性的な供給不足が生じることになる。

日本人教員の供給不足という事態は、日本語普及政策の基盤を掘り崩すものだった。興亜院華北連絡部としても、だからといって、日本語普及政策を放棄していたわけではない。中国人の日本語教員を養成しようとする政策努力が一九四〇年頃から四二年頃にかけて集中的に行われた。

中国人日本語教員を養成するための一つの方策は、中央日本語学院を設立したことである。この学校は、初等・中等学校の教員養成にあたる専攻科師範部(修業年限一年)、各種企業および行政機関に必要な日本語要員の養成にあたる専攻科経済部(修業年限一年)、四カ月を一期とする速成科から構成された。[84] 一九四一年九月には開封中央日本語学院も設立された。もう一つは、中国人日本語教員講習会の開催である。これは、一九四〇年から興亜院華北連絡部の計画に基づき、華北政務委員会の命令という形式で毎年各省・市で実施された。たとえば、山西省における「第一回中小学日語教員日語講習会」は一九四〇年三月に一カ月にわたり講習生六六人を対象に開催された。その費用四〇〇〇円は興亜院補助金と省公署支出金から支出された。[85]

学校の設立にしても講習会の開催にしても費用のかかる事業であり、興亜院が日本語普及体制の整備を、一定の熱意を持って進めていたことをうかがわせる事実ではある。しかし、たぶんに焼け石に水的な性格を免れず、そのことは日本語教育の内容と方法をめぐる論議にも影響を与えることになる。

4　日本語＝日本精神論の崩壊過程

日本語普及政策構想をめぐって、方面軍参謀本部と、興亜院と、文部省とのあいだには、思惑の相違が存在していた。方面軍参謀本部は、そもそも日本語教育どころか、学校教育を通じた工作をさほど重視していなかったと考えられる。興亜院については、派遣教員に督学官として学校行政全般を「指導」することを求めた点では、方面軍と歩調を一つにしていたが、華北日本語教育研究所を組織し、また、中国人日本語教員の養成を図ったという点では、日本語普及へのこだわりを見いだすことができる。文部省は、もっぱら日本語教科書の編纂という角度から関与していた点で、占領地支配のリアリティーからもっとも遠い地点に位置するとともに、ナショナリズムの同心円的な拡大への志向を強固にもっていた。華北占領地における日本語教育は、このような三者の思惑がせめぎ合う地点で行われていた。そのことから生じた矛盾は、日本語教授法をめぐる議論——具体的には直接法を採用するか否か、日本語教育に際して翻訳を認めるか否か——として顕在化した。

本節のまとめとして、ということは、本書のまとめとして、翻訳を用いずに学習者に日本語を教える直接法という方法論が批判される過程を明らかにしたい。たかが教授法レベルの技術的な論争に過ぎないものをなぜあえて最後に取りあげるのか。その理由は、直接法という教授理論の背景には日本語がすなわち「日本精神」であるというナショナリズムの観念——以下、日本語＝日本精神論と呼ぶことにしよう——があり、方法への批判が同時にナショナリズムの基盤となる発想への批判としての意味をもっていたと考えるからである。しかも、天皇制の教説が植民地支配という脈絡ではさまざまな矛盾をあらわにせざるをえなかった以上、日本語による異民族の包摂を説く言語ナショナリズムは、帝国主義的であると同時に、ナショナリスティックな観念を維持するための最後の砦だったと考えられる。この最後の砦をめぐる攻防において、結局帝国主義を抛棄するか、あるいはナショナリズムの原理に根本的な改編を加えるか、という瀬戸際に、日本帝国主義は追いつめられていたのではないかと筆者は考えている。

具体的には、山口喜一郎（一八七二―一九五二）、大出正篤、国府種武（一九〇六？―一九七三）という三人の人物に着目する。

山口喜一郎の足跡は、日本植民地帝国による膨張の動向に忠実に寄りそっている。一八八七年に石川県尋常師範学校を卒業、九六年台湾総督府第二回講習員として渡台した山口は、第Ⅰ章（六五頁）で述べたように、国語学校第一附属学校教諭として、グアン式言語教授法の実験教授に当たった。その後、一九一一年朝鮮に渡り、京城高等普通学校附属普通学校主事などを歴任、さらに二五年には関東州に渡り、旅順第二中学嘱託となった。日中戦争が起こると、一九三八年に華北に移り、新民学院の教授となった。この間、一九三三年には、満鉄の資金援助により『外国語としての我が国語教授法』を自費出版している(86)。

大出正篤については、すでに述べた。大出の本拠地は奉天だったが、北京にも日本語学校を開き、華北占領地の日本語教育にも関与していたことを補足しておく。

国府種武は、一九二八年に東京帝大文学部哲学科卒業、翌二九年に台北第一師範附属公学校主事に就任、四〇年には華北に渡り、興亜高級中学校校務長となる。華北日本語教育研究所では指導部長として中核的な地位を占めた。台湾時代、三一年には『台湾に於ける国語教育の展開』を出版して、領有当初のグアン式言語教授法を紹介、その他日本語教育関係の著書を出版している(87)。

国語対策協議会に華北の実践家の代表として出席した山口喜一郎は、一貫して植民地における日本語教育に携わってきた自分のような存在が、本国の官民の注目を浴びず、不遇な立場に置かれてきたことを訴えている。たとえば、

「台湾ニ国府種武ト云フ文学士ガ居ラレテ領台後ノ国語教育ノ変遷ヲ克明ニ御調ベニナツテ著書ガ拵ヘテアリマス。……併シ、斯ウイフ貴重ナ文献ガ殆ド内地ノ教育者ノ顧ミルトコロトナツテ居ナイ」と述べ、『外国語としての我が国語教授法』を「東京辺ニモ多少贈リマシタケレドモ黙殺デス。……空シク埋モレテシマヒマシタ」と発言している。(88)やや我田引水的ではあるが、その感想に偽りはないだろう。国語対策協議会は、これまで植民地かぎりの問題だった日本語教育の問題を本国の問題と意識させて、山口を一躍表舞台に引き出す役割を果たしたのである。

そのことはまた、直接法を主張する山口喜一郎と、翻訳の必要を訴え、直接法を否定する大出正篤との対立が中央にもちこまれたということでもあった。後者の方針がはじめから政策レベルで取りあげられていれば、さほど混乱しなかったのかもしれない。しかし、文部省は、国語対策協議会の報告において、「最も有効適切な日本語の教授は音声言語に俟つべきであり、随つてその教授法は直接法を採用すべきであること」という方針を定め、日本語教科書も、直接法を前提として編纂されることになった。(89)興亜院も「㊙日本語普及方策要領」で、「現在必要ニシテ実績ヲアグベキ指導方法トシテハ、直接法ニ依ル教授ヲ前提トシテ編纂スルコト」と書いている。(90)こうした決定には、日本語＝日本精神論との関係という理論内在的問題が存在したように思われる。そこで、まず山口の教授理論の性格を台湾における日本語教育との関係で検討したうえで、満洲国の状況との関係で大出の議論を、華北占領地との関係で国府の議論を見ていくことにしよう。

一　山口喜一郎と台湾の日本語教育

本書の第Ⅰ章で明らかにしたように、植民地支配において日本語による同化の必要性と可能性を明示したのは、漢文科廃止論争における橋本武の議論であった。また、一九〇四年公学校規則における折衷主義の破棄と、日本語教育重視の方針を勝ち誇ったように解説したのが山口だった。その際に、山口は、橋本の議論の忠実な継承者としての役割を果たしていた。たとえば、日本語教育の目的はさしあたり通訳を養成することではないだろうと、実用主義的な立場を明確に否定、日本語教育それ自体の感化的な機能を強調している。すなわち、「土語漢文ニヨリテ、皇室ノ至仁至慈悲ナル御事ヤ、我国ノ尊崇ナル事ヤ、国民ノ忠勇ナルコトナド、幾百回語リタルトテ、国語ニテ語リ聞カス程有功《ママ》適切ナル能ハザルベシ」というわけである。(91)

『外国語としての我が国語教授法』を執筆した際には、こうした目的論は影を潜めている。著書の題名にも明らかなように、関東州では日本語が「外国語」であったこと、しかも二〇年代末の執筆当時は、中国ナショナリズムの高揚のもとで日本語教育廃止論も出されている時代のことであったことが、目的論への言及をひかえさせたと考えられる。詳しくは筆者の別稿を参照してもらうこととして、ここでは山口の教授理論の大要を見ておくことにしよう。(92)

キー・ワードとなっているのは「言葉の意味」と「事物の意味」の区別である。前者は発話行為が直接指示する意味内容、後者はそれを通して喚起される感情であると山口は説明している。こうした区別は、明示性(denotation)と含意性(connotation)という、言語学で一般に認められた区別と共通する面を持つ。たとえば、竹内芳郎は、前者をある発話における「意味の核」、後者を「情感的訴えかけ」と定義している。(93)山口の特徴は、両者を対等な機能とみなすのではなく、含意性を本質的なものとみなして、それが伝わらなければ「観念なり表象なりの流産であつて、結局言葉の意味を理会する所以ではない」といいきっていることにある。(94)こうした要請から、言語を知的に理解するにとどまらず、生活に即した言語活動を実際に体験させることが必要であり、そのためには、知的作業としての翻訳を排し、直接法でなくてはならない、という結論が演繹されるのである。

一九四二年に書いた文章では、再び方法論と目的論との関係について論じ、日本語教育が進めば「自国語による心内対訳と心内語との領域が狭められ」て、最終的には次のようになると述べている。(95)

教材理解の全過程が所学の外国語、此処では日本語で行はれる様になり、日本語で主題的な事物の意味を記憶し想像し思考し感じ意志するのであるから、ここに於て真に日本語の言霊を感じ、日本の文化を知り、日本精神を体することが出来るのである。

直接法は、こうした日本語＝日本精神論に適合的な方法論としての意味をもっていた。日本語を通じて伝えるべき内容は、その時々の流行語の変化により、「我国の文明」「皇室の仁慈」「日本精神」と融通無碍に変化することができる。「日本的なもの」の内容が明確に存在して、日本語を通じて表現されるというよりも、日本語の存在そのものが「日本的なもの」の存在を保障し、またそのイメージを可能にするための根拠として想定されているのである。また、この場合の「日本的なもの」の内容は、「事物の意味」の定義にも明らかなように、著しく感情面に傾斜していることも特徴的である。台湾や朝鮮という植民地、華北のような占領地の違いを問わず、日本語普及政策を支えた思想は――もちろんすべてを山口の理論の影響に帰せるわけではないにしても――、大筋において、右のような考え方に立脚していると思われる。

さて、山口の理論は、技術的合理性を追求する中で、一見右のようなナショナリスティックな観念とは矛盾すると思われる側面もはらむことになる。直接法が有効な方法として成立するためには、普遍的性格をもつ教材が必要であるという理論がそれにあたる。日本語が「日本的なもの」の内実をすべて担保している以上、あえて内容的に「日本的なもの」を教材として取りあげることは不必要であるばかりではなく、有害であると述べているのである。学習者が「心内対訳」もせずに日本語で考えるようになるためには、当然日本語能力が身についていなくてはならない。しかし、翻訳を用いない日本語教育は、そもそも「事物の意味」以前に、言葉の意味が学習者に伝わらず、コミュニケーション過程そのものが破綻する可能性を常に潜在させている。こうした危険を避けるためには、数量や時間など、文化的背景にもっとも左右されにくい普遍的内容の教材が必要であると山口は述べる。「類化を超えた物事は見たとて、見せられたとて、統覚の仕様がなからう」というわけである。[96] 国語対策協議会でも、「大日本帝国ハ万世一系ノ天皇之ヲ統治スト云フコトハ、対訳シテアレバ「アイウエオ」ヲ知ラナイ者ニデモ教ヘルコトガ出来ル」だろうが、直接法では「寝タリ起キタリ、即チヤリ取リスルコト、働クコト、時間ノ事、サウ云フコトダケデモ、洵ニ総理大臣ヨリ橋下ノ乞食マデ読ミ得ル」内容の教材が必要であるとの持論を展開している。[97]

山口の教授理論は、一面において、言語の翻訳不可能性を強調し、言語により思考が左右されるという相対主義的な言語観と言語決定論に基づいている。しかし、そうした理論は、つきつめれば、「日本語」を真に理解できるのは「日本人」のみであるという、自己閉塞的な論理に落ち込んでいく可能性をもつ。帝国主義的な異民族支配の方策として日本語を用いるためには、日本語は日本人の「精神的血液」であると開き直るだけでなく、「輸血」の可能性と有効性を追求する必要があった。「輸血」のためには、普遍的内容で合理的に構成された教材を準備することが、最低限必要な措置であった。したがって学習者の母語を禁圧して、オウムの口まねに終始させることは日本語を母語同様の「自然」なものにさせるという目的を達せず、「器械的暗記に陥り、記憶の負担を重く」して「対訳法で教授するよりは遙かに弊害の大きい」ものになるとも述べている。[98]

日本帝国主義支配下の台湾人、朝鮮人、中国人にとって日本語は母語ではなく、本来「不自然」な存在であった。それをいかに母語同様の「自然」なものと感じさせ、感情的な共同性を確立するのか。そのための実践的な方法論を探求したのが山口だとすれば、言語政策を基礎づける言語観のレベルでこうした問題を追求したのが、国語学者時枝誠記である。一九二七年から京城帝国大学に奉職していた時枝の言語観は、山口のそれと興味深い符合を見せている。

時枝は、「国語は国民の精神的血液である」という上田万年の言葉について「日本国家、日本民族、日本語が三位一体であった時代」にはそれでよかったかもしれないが、「台湾領有、日韓併合と進んで、我が国家内に異語民族を

包含」した時代には、「再考の余地がある」として次のように述べている。(99)

若し上田博士の主張をそのままに受け入れるならば、異民族である朝鮮人に対して国語を普及させねばならない理由の一半は失はれなければならない。何となれば、朝鮮人にとつては朝鮮語は母の言語であり、生活の言語であり、又精神的血液でもあり得る。……若しこの民族的母語愛護の主張が、朝鮮人に朝鮮語愛護の感情を呼び覚ましたとしても少しも不思議ではないのである。

朝鮮人にとっては朝鮮語こそが「母語」であるという、ある意味で当然な主張は、事実として多民族支配を維持しながら、多民族国家体制への編成替えをなしえなかった帝国日本においては、やはり異端の議論ではあった。ちょうど教育勅語における祖先の観念が、朝鮮人の祖先を思い起こさせるからよくない、と井上哲次郎が述べたのと同様の問題を、時枝はとらえているわけである(二〇〇頁参照)。そこで井上が教育勅語から祖先に関する言葉を削除すべしと説いたのと同様に、時枝は、日本語は日本人の「民族的母語」であるがゆえに尊いのではなく、国家語であるがゆえに重要なのだという論をたて、理念上における民族主義的な色彩を払拭したうえで、「国語を母語化」させる必要を説く。明言はしていないものの、理論的には、北一輝のようにエスペラントを将来的に第一国語とすべきとの主張と通い合う議論といえる。

時枝は、このような言語政策上の問題を学問内在的に受けとめるべきと考え、『国語学原論』(一九四一年)で言語過程説を主張する。西欧の言語学、特にソシュール(F. D. Saussure)の言語学を、社会的制度としての言語を物のように客観的に観察する立場として批判している。言語の表現、理解の過程における主体的立場を重視する時枝の言語過程説は、竹内芳郎の用語をかりるならば、「構成された社会性」よりも「構成する社会性」に比重を置いた言語観と評することができる。(100) 時枝はまた、言語は社会の共有財産とみなす考えは、「教育の力や政策によつてどうしようとしても無駄である」という結論をもたらすと述べている。(101) 換言すれば、朝鮮人にとって「国語を母語化する」という言語政策を基礎づけ、正当化するためには言語過程説に立つことが必要なのであり、そこに言語観と言語政策論との結節点を見いだすことができる。

社会的な制度としての言語の性格を軽視し、新たに社会性を構成していく言語活動を重視する考えは、山口の理論と相似的である。たとえば、時枝は、『国語学原論』において、「如何に多量の「言語」を脳中に貯蔵しても何等の用もなさない。言語過程のあらゆる段階に対する過程的な熟練といふことが必要[102]」と述べているが、これは言語の知的体系的な理解ではなく、言語活動による体得を説いた山口の議論と符合する。時枝は、「国語に於て楽しむ」状態にいたらしめることが大切だと述べているが、山口も「学習の間に可笑しいことがあれば、どつと笑つて(もちろん日本語で――引用者注)「イヤおかしくてたまらん」とかいひ、……抽象的な言葉に具体的な意味の基底を与へ[103]」ることが必要だと書いている。

時枝の論も山口の論も帝国主義的な異民族支配に適合的なものであり、またそのかぎりで、ナショナリズムの論理に一定の修正を加えることの必要を説いたものと位置づけることができる。そのことが、さしあたり、すでに「構成された社会性」としての言語ではなく、新たに統合を創出する、「構成する社会性」としての言語活動への着目、という言語観レベルでの変化をもたらしているのである。

さて、それでは、山口喜一郎の教授理論は、植民地支配というコンテクストでどのような役割を果たしたのか。

国語対策協議会の席上、加藤春城(台湾総督府文教局編修課長)は、一九一三年から刊行した『公学校用国民読本』では従来の教科書に付されていた台湾語の対訳を削除したと説明したうえで、「教授法ニ就テ総督府カラ一ツノ提唱ヲシタノデアリマス。其ノ主ナル点ハ、国語ノ教授ニハ一年ノ初メカラ全然国語ヲ用ヒナクテハナラヌ。台湾語ヲ一切使ツテハナラナイト云フコトヲ主義トシテ定メタ」と述べている[104]。この場合、台湾語の排除という、それ自体政治的な禁圧措置が、直接法の採用という、「教授法」の「改革」の問題として説明されていることに注意しよう。

一九一〇年代後半の公学校増設、さらに一九二二年の第二次台湾教育令により中学校進学への道を切り開いたことが、日本語学習への圧力を高めたことはいうまでもない。と同時に、日本語教育の「質的向上」への欲求も強化された。加藤春城は、第二次台湾教育令期から、子どもたちの日本語が「袪ヲキタヤウナ風」であることへの対応策として「活キタ話シ方」を日本語教育に取り入れるための会話教授が、師範学校附属公学校を中心として試みられたと述べている。[105] こうした事態を前提として、一九三〇年前後には日本語の時間のみならず、学校生活全体から母語を排除しようとする傾向が顕著となった。山口の教授理論は、こうした政策を単に追認するというよりも、むしろ先導しつつ合理化する役割を担ったと考えられる。ただし、普遍的な内容の教材が必要という山口の理論のもう一つの側面は総督府の受容するところとはならず、内容・形式ともに国定国語読本の影響を強く受けた教科書が編纂される。すなわち、山口の言い方にしたがえば、直接法とはいっても、その具備すべき条件を欠いた状況で、「対訳法で教授するよりは遙かに弊害の大きい」方法が一般化したと推定できる。

政策レベルにおけるこのような矛盾は、子どもたちに転嫁されることになる。あるいは、言語習得の能力に秀でた子どもが対象だったからこそ、オウムの口まね的な日本語教育を実行しても、ある程度の「成果」をあげ、矛盾が顕在化せずにすんだと考えられる。言語学者ライアンズ(J. Lyons)は、言語習得のための脳を損傷した二言語併用者の臨床学的な観察に基づいて、臨界年齢を過ぎてからの外国語習得は、神経生理学的に幼児が母語を獲得するのとは異なったものになると指摘している。また、「一言語使用の幼児の、正常な境遇における母語獲得の調査研究から、一般的な意味合いをもったいくつかの結論をひき出し、それらを外国語教育の問題に適用する際には慎重にしなければならない」とも述べている。[106] 学習者の母語習得過程をモデルとした直接法の適用の限界を指摘した文章であるが、九歳前後の臨界年齢以前の段階では、一定の適用可能性を示唆したものと読むことも可能である。

台湾における日本語教育は、学習者の母語の排除という側面では山口の教授理論を継承しつつ、教材論という点では否定していた。教授法と教材構成の原理とのあいだの乖離は、主として子どもの言語習得能力に依存することでカバーされることになる。したがって、学習者の年齢が高くなれば、そこに潜在していた矛盾も顕在化するであろうと予想される。国語対策協議会に台湾の実践家の代表として出席した渡辺正は、「台湾ハ大日本帝国ノ領土」だから、「或ハ少シ強制的ニ過ギハセヌカト思ハレマス点ガアル程強クヤツテ居ル」点もあると述べたうえで、子どもの日本語能力は、教授法よりも、「社会ノ力」や「国語ノ雰囲気ガ何処マデ高マルカ」というような「政治的或ハ経済的ナ色々ナ事」に左右されると述べている。[107] 渡辺は、国府種武とともに台北第一師範学校附属公学校で日本語の会話教授法の開発に努めた人物である。しかし、日本語教育の効果は、教授法よりも、政治的・経済的な諸制度に左右されると述べているわけである。満洲国、あるいは華北占領地における日本語教育は、この渡辺の観察の正しさを証するものとなるであろう。

二　大出正篤と満洲国の日本語教育

大出正篤は、国語対策協議会に出席してはいるが、発言はしていない。ただし、協議会に先立って文部省に「日本語の海外普及政策実施に関する意見書」を提出し、「現地実際家の立場から」、文部省の政策が「理想に走り過ぎて実際に適合せぬやうになりはせぬか」という懸念を表明、文部省は現地の政権による日本語教科書編纂の資料、基礎となる研究調査を提供することで満足すべきだと主張している。[108] これは、満洲国における日本語教育が、従来のそれとは内容・方法において異なったものとならざるをえない、という現状認識に基づいたものであった。

南満洲教育会教科書編輯部主事時代は、大出正篤も山口喜一郎と同様に直接法重視の方針だったように思われる。

だが、満洲国で日本語教育の効果があがらない情勢を前にして、大出は「多年指導的立場にあった自分としてその責任をも感じ」、従来の教授法が子どもを対象として長期間をかけて日本語能力を養成しようとするものであること、他方、「満洲国建国直後の日語教授が要求するところは、そんなまだるい長年月を要する教授法ではなくて、短時日の間に手取り早く効果を現す教授」であると考えた。[109] 特に大出の問題としていたのは、日本人日本語教員の絶対数が不足し、他方、日本語をしゃべれる中国人教員も欠乏しているという状況だった。また、初等学校を卒業した生徒が日本語能力を身につけないまま、中等学校へ進学するために、中等学校でふたたび初歩の会話教授からはじめなくてはならないという問題も指摘している。要するに、まず初等学校のみが普及した台湾の場合とは異なり、すでに近代的な学校体系がある程度形を整えていた満洲国では、各段階の学校で一挙に日本語教育をはじめたために、さまざまな破綻が生じていたのである。

このような教育現実に対応するために、大出の考案したのが速成式言語教授法である。速成法とは、教材の内容を理解させる段階と、実際に使用する段階を区別し、理解の段階については中国語による対訳・語句の注釈・ふり仮名のついた「訳註本」を与えて家で予習させ、授業中は日本語のみによる会話練習に重点をおくというものだった。大出は、一九三五年頃から、まず南満洲教育会教科書編輯部や満洲国文教部の編纂した日本語教科書の「訳註本」を作成して、自分で経営する満洲図書文具株式会社から出版した。さらに、一九三七年からは独自に編纂した教材に基づき、『効果的速成式標準日本語読本』(全四巻)を出版した。満洲国政府は、一九三六年から語学検定試験を実施、これに合格した官吏に各級(一等から四等まで)に応じて特別手当を支給しており、この教科書は、語学検定試験合格を目指して夜間の日本語学校などで学ぶ成人を主な対象としていた。内容を見ると、本文対訳ばかりでなく各教材ごとに補充語や会話練習を設けており、「効果的」「速成式」というプラグマティックな配慮を貫いている。

大出のこの教科書は、成人向けの日本語学校のみならず中等学校でも用いられ、華北占領地でも使用された。たとえば、興亜院による華北での日本語教授法調査では、「中等学校日本人日語教員の大部分は大出氏の教科書を使用し、その教授法を骨子とする」と報告し、調査者の「対策意見」でも中等学校以上における『効果的速成式標準日本語読本』の使用を薦めている。(110)

さて、こうした大出の方法を、満洲国政府はどのように評価していたのだろうか。結論的なことを先に述べれば、そこには協力しつつ競合する奇妙な関係が見られる。まず協力関係という点では、大出は、中等学校用の『国民高等学校・女子国民高等学校日本語読本』全八巻の巻五以降を検定教科書として編修している。満洲国の検定教科書は、原則的に各教科目に一種類しかなく、しかも、「日本に於けるが如き自発的検定出願を期待することを得ざるため、政府は直轄学校職員、その他より適任者を選定して編纂方を慫慂」していると説明されている。(111)したがって、検定教科書編纂の事実は満洲国政府と大出の協力関係を示すものといえる。

他方、大出は自ら編纂した検定教科書に対する「訳註本」を作成して、自習用として出版してもいる。たとえば、大出正篤『師道学校日本語読本』巻一（一九三八年三月発行）と、大出正篤『師道学校用日本語読本　訳註本』巻一（一九三九年三月発行）という二種類の教科書が存在するのである。そのことは、満洲国政府が「訳註本」の採用を認めていなかったことを示している。その理由として考えられることは、日本語教育への意味づけという点では、満洲国も植民地同様の日本語＝日本精神論を掲げていたことである。一九三七年の「学校教育ニ於ケル日本語普及徹底ニ関スル件」では次のように述べている。(112)

日語教師ハ日本語教授ニ際シ単ニ語学トシテ之ヲ取扱フコトナク日本語ヲ通テ日本精神、風俗習慣ヲ体得セシメ以テ日満一徳一心ノ真義ヲ発揚スルニ努ムルコト……教職員及学生ノ学校生活ニ於テハ勿論家庭生活ニ於テモ可成日本語使用ヲ励行スルコト。

こうした過剰な意味づけが、直接法の採用、「訳註本」の排除という方針に帰結したと考えられる。民生部編審官福井優が、日本語教育の目的を「感情生活を日本語によって建て直す」こととして説明していることも、感情の共同性を重視する山口喜一郎流の目的論が、満洲国政府により共有されていたことを示している。(113) もっとも満洲国政府の内部でも、疑問は存在したようである。一谷清昭は、新任の日本人教員が教員再教育講習会で「教へ方は、先づ初期に於ては何をおいても直接法で、実物実感教授でなくてはいけない」と吹き込まれたうえで、「コレハ　ハコデス」という言葉を教えようとした場面を、次のように戯画的に描いている。(114)

試しに、白墨箱を指して

コレハナンデスカ。

とやつて見た。少年たちはしばらく鳴りをひそめてゐたが、やがて勇敢さうなのが一人ぬつと起立して「ハコボコ！」と云つた。

云はれた以上は相手にならなければいけない。

「さうです。ハクボク、ハクボクですね。みなさんも一しょにハクボク、はい！」しかし、これでは脱線するばかりである。先生は、いきなり、白墨を机の上にがらがらとぶちまけてしまつた。今度は空になつた箱だけを手に持つて、もう一度、

コレハナンデスカ。

とやつて見た。少年たちはひとしきりざわめいた。「先生説是《シユエシエンシユオシー》、這是甚麼的《チエーシーシエンマ》」(先生はこれは何かつて云つてるんだらう)。……やがて衆知を集めて代表者が立つて、「ハコボクイレデス」と答へる。先生はこれも肯定せざるを得ない。「さうです」と答へたまま、しばらくは教壇の上で立往生の態である。

中国語の会話が不十分な日本人教員と日本語を知らない中国人生徒のあいだには、もともとコミュニケーションの

困難が横たわっているのだが、直接法という上意下達の方針が、こうした困難さをさらに増幅し、教育現場に混乱を引き起こしているのである。今日から見て驚くべきことは、実態レベルで直接法が形骸化したことよりも、むしろ政策レベルで直接法への固執が容易に撤回されなかったことである。大出正篤は、「南方共栄圏」への日本語の進出が問題になった時点で、大陸での経験を総括して次のように述べている[115]。

「日本語教授によつて日本精神を伝へるのだ」とか「指導理念の理解は日本語によるべきだ」とかいふ考へ方をする人があり、しかもそれを日本語の初歩程度から行はうとする人がある。それが如何に徒労であつたか、さうした行き方が日本語の学習それ自体をも如何に毒したかは、大陸に於ける経験が既に証明してゐる。

的確な総括である。だが、「日本精神」や「指導理念」は、学習者の母語によって理解させればよい、という大出の観測はある意味で甘かった。前章で指摘したように、王道主義の看板が取り下げられた一九三七年以降、満洲国の統治理念の空洞化が進み、教科書についても「まず満系の編審官が「惟神」について翻訳の言葉に窮する[116]」ありさまであったからである。むしろこうした事情があったからこそ、「国民」意識をいくらかなりとも実質化するものとして、日本語教育に過大な期待がかけられたのであり、日本語＝日本精神論に適合的な山口喜一郎の方法論が、政策レベルでは選択されたのだと考えられる。

三　国府種武と華北占領地の日本語教育

一九四〇年三月、日本軍占領下の華北へと渡った当時、国府種武は次のように述べている[117]。

北支へ来て驚いたことは、ここではまだ直接法への疑いをもつ日語教授者が甚だ多いことである。これを全島八百の公学校で多年直接法を使用し、直接法以外の方法で日語教授が可能であるといふ如き念を起してもみない台湾の教育者と比べてみるとき、北支の日語教授に対し、たとへ山口(喜一郎——引用者注)氏の如き大家の暁の星の如き存在があるにもせよ、果して進歩的といふ性格を与へて可なりや否や深く疑はざるを得ない。

さらに続けて、時間数が少ないとか、主な対象が成人であるといった条件の違いは、直接法を否定するものではなく、「唯いくらか工夫を要する丈」であるとも述べている。国府は、台湾時代に、領台当初の山口喜一郎の教授法研究を紹介し、また、自ら行った台北第一師範附属公学校での日本語教育の実践を、山口の『外国語としての我が国語教授法』の理論によって意味づけてもいる。[118]

しかし、興亜高級中学校で日本留学志望者の準備教育を一生の仕事と思ってはじめて二年、国府の論調は変化した。一九四二年五月に書いた論文では、「翻訳が絶対にいけないといつたつて無理」と直接法の限界を指摘するようになり、さらに一九四三年になると「条件の異なるに伴なひ、教授法が異なつてくるのが自然」として明確に方向転換した。[119] 国府は、どのような条件に着目して方向転換したのだろうか。

直接的な理由として挙げていることは、やはり教員の不足、特に中国人教員の養成が追いつかないということである。さらに、より構造的な要因として次のようにも述べている。[120]

台湾といひ朝鮮といひ、又更に関東州満州といひ、凡て日本に比べて遙か文化水準の低い土地であつたのと、も一つは差当り小学校の日本語がまづ着手され漸次上に及ぼされた為、小学校程度の所にいつも議論が多く、中学以上では日本内地と同じ考へでやつてゐた。従つて常に視野は小学校の日本語教授の上にのみあつて日本の文化理解、日本精神の把握といふ如き方面はあまり触れなくてもすんだのである。

ここで華北占領地の「文化水準」の高さとして論じていることは、一つには、中華文明の中心だったということであり、もう一つは近代化が進展していたということと解することができる。国府はまた、大出の議論も山口と同様、「口頭技術としての日本語教授」であり、「文化理解のための日本語教授」に転換しなければならないと述べている。

そして、かつては自分の実践を合理化するために援用していた山口の教授理論、特にその教材選択の原理を「自由主義」「国際主義」と非難して、教材の「民族性」「文化性」を考慮すべきだと主張する。[121]

植民地において学習者の母語の抑圧を正当化する役割を果たした議論が、「自由主義」「国際主義」と非難されるのは、まったくアイロニカルな事態である。しかし、山口の理論には確かにそのような二面性が存在した。日本語でものを考えさせることにより「日本精神」に感化するのだという議論は、対象が子どもであるかぎりにおいて、一定の説得力を持っていた。しかし、対象が青年、成人となった段階で、そうした側面は切り落とされ、普遍的内容の教材論だけが浮上してくることになる。これに対して、内容的にも「日本の文化理解、日本精神の把握」ということを考えなくてはならないと、国府は述べているのである。しかも、大出正篤のように、「指導精神」をめぐる議論は別次元の問題として切り離すのではなく、日本語教育の内容の問題として取りあげねばならないとしている。

大出と国府の相違が生まれた背景には、華北における近代化の進展度と、特に青年層のナショナリズムの高揚度が、満洲国におけるそれよりもいっそう激しかったという事情が存在するであろう。

山口喜一郎でさえも、国語対策協議会において「学生ハマダマダ日本ニ対シテハ十分ナ信頼尊敬ヲ持ツテ居リマセヌ。……日本語ナドハ文化ノ言語トシテ英語ヤ独逸語ニ比ベタナラバ遙ニ低イモノノヤウニ考ヘテ居リマス」[122]と当惑したように述べている。山口の勤めていた新民学院はもっとも「親日的」青年の集まっていたところのはずである。しかし、たとえば、台湾出身の抗日運動家張深切（二四四頁参照）――彼は特高の監視を受ける台湾よりも活動の自由がある華北占領地に渡っていた――が回想するところによれば、同じ新民学院で文法を中心に日本語を教授していた彼が学生の人気を集めていることを山口と日野成美が敵視し、「教室で三民主義と反日理論を講じている」と訴えたというような事件も起きている。[123]あるいはこうした事態を知っていたのだろうか、国府は、戦後の回想では「山口は思想的に低いので、官吏養成の新民学院でも不満の声があがる」と述べている。[124]この国府の発言は、逆に台湾時代の自分自身を含めて、そうした「思想的」問題を取りあげてこなかったことを指摘したものともいえる。

台湾では、たとえ日本語教育の内部に矛盾が蓄積されても、天皇制の教説が何らかの「思想」を表現しているかのような外見を保っていた。満洲国でも、満洲国皇帝と「一徳一心」の存在として天皇が登場していた。しかし、華北占領地では、天皇制の教説は最後まで表舞台に現れなかった。たとえば、華北政務委員会が、修身科の補充教科書として一九四二年一月に刊行した『興亜読本』でも、天皇制を主題とした教材は見られない[125]。満洲国皇帝のような適当な媒介者がいなかったこと、中国共産党が辺区でオールタナティブな学校を組織していたことなどが、傀儡性をかなぐり捨てて天皇を前面に出すことを妨げたのであろう。満洲国支配のイデオロギーは、時を追うにつれて矛盾を深めていたが、華北占領地では中核的な観念がそもそも欠落していたのである。そのなかで、天皇制の諸制度と切り離された形で、いわば「日本語」が裸のままナショナリズムを担うことになったのである。国府が今さらのごとく、「民族性」「文化性」を問題にしなければならなかった理由もここに見いだすことができる。

もちろん、天皇制と関連しながら、しかも一定の普遍性を演出するためのイデオロギー装置として、「八紘一宇」というような言葉は存在した。しかし、これも「日本人」であると意識する人々の社会集団のなかでこそ、はじめて有効性をもったものと思われる。たとえば、一九四〇年の第七五回帝国議会で、北一輝の弟である北昤吉が、「八紘一宇」の「ユニバース・ワン・ファミリー」という翻訳を取りあげて、これでは「国際協調主義ト云フカ、更ニ極端ニハ世界主義、反戦的」なものと理解する場合があり、他方で「帝国主義的」に「誤解」される場合もあるから、意味を明瞭にする必要があると述べる。混乱した議論が続いた末に、翻訳ということに関しては、有田外務大臣が、「八紘一宇」は「深淵ナル御精神並ビニ意味」のために外国語には翻訳しない、その他の日本の国体にかかわる言葉も同様であると答弁する[126]。

同様の議論は翌年の帝国議会でもぶり返され、「八紘一宇ノ大精神ニ随ヒ、万邦ヲシテ各々其ノ所ヲ得シムル」の内容が「外国人ニハ分ラナイ、特ニ東亜共栄圏内ノ異民族ニモ分ラナイト云フコトデハ仕方ガアリマセヌ」という意見に対して、松岡外相は、「悉ク其ノ所ヲ得シムルトハ、必ズシモ平等デナイ」ということだけ答弁して、「八紘一宇」の解釈に関しては無視している。[127]「八紘一宇」は、「神武天皇御創業ノ大精神」であるというナショナリズムと、対外的な膨張を媒介するはずのものとして利用価値が存在したのだが、前者の部分の曖昧さが明確になるなかで、結局、帝国主義的な支配を文字通り意味するものとならざるをえなかったのである。

「文化理解のための日本語教授」を説く国府の議論は、このような事態を前提としてなされたものと考えられる。また、国府が一九四二年後半頃から方向転換を明確にしはじめたことについては、四二年六月のミッドウェー開戦以来戦局全体が守勢に転じたこと、特に華北占領地では同年の大凶作以降インフレーションが激化して、収入のいい職を求めて教員をやめる日本人も増加したことなど、長期的な政策への見通しをもてなくなったことが影響しているであろう。[128]

国府種武の主張は、華北の日本人教員の抱えていた不満や不安を顕在化させる契機となった。たとえば、中央日本語学院教務長の職にあった秦純乗は、山口喜一郎のように「台湾・朝鮮・関東州・満洲等で日本語を異民族に教授して来た人々の語学教授者的性質」への異和感を表明しながら、「高い政治意識で貫かれた」教材が必要だと述べている。[129]客観的には、占領地で日本語普及を図ること自体が政治的なのだが、当時は今さらのごとくこうした主張をする必要があったのである。山東省済南市の教員訓練所教官だった工藤哲四郎は、一九四三年六月に開かれた座談会で、次のように発言している。[130]

言語も一つの民族文化であるから確かに日本精神も日本民族の性格を強く持つてゐる。併しその反面に言葉は我々の思想を表現する一つの形式といふか、例へば日本語によつて自由主義思想も共産主義思想も表現されたのです。さういふ作用を持つてゐる。かういふ意味に於て教材観と言ひますか教材の文化性が問題になると思ふのです。

工藤哲四郎の発言には、彼が地方都市で「国民党軍、遊撃隊、匪賊、共産軍」など「抗日教育に訓練された」中国人の「再教育」に携わっていたという背景が存在するとみてよい。方面軍参謀本部の「華北ニ於ケル思想戦指導要綱」に示されていた、占領地支配のリアリティーがここでようやく、日本語普及政策の方針と結びついたのである。それは同時に、領台初期以来抑圧されてきた言説――高岡武明の「国語サヘ授ケナバ以テ同化ノ実ヲ挙ゲ得ベシト思フハ非ナリ。日本語ヲ以テ非帝国主義社会主義ノ精神ヲ吹込ムコトヲ得ベシ」(六二頁参照)――がふたたび市民権をえたということでもあった。正確には領台以来の四〇年近くの言説の推移を改めて確認してみる必要があるが、たとえどんなに日本語教育が形骸化しても、日本語＝日本精神論に公然と疑問を表明することは一種のタブーであったと考えられる。矢内原忠雄が朝鮮の日本語教育を批判して、「言語は思想の表現並びに伝達の手段であつて、言語が思想を生むのではない」と述べ、「国語教育によつて原住者を本国化しようといふ政策はこの思想と言語との関係を顛倒」したものと批判している例は存在する。[131] しかし、工藤哲四郎の例のように、帝国主義的支配を追求する中で、体制内からこのような批判が生じざるをえなかったという事情こそが重要であろう。そうであればこそ、帝国主義はナショナリズムの発展であると同時にその否定である、といえるのである。

さて、在北京日本帝国大使館(興亜院華北連絡部の後身)の意向が国府・秦・工藤などの方向に添うものだったことは、工藤がこの発言から三カ月ほどして大使館直属の中央日本語学院教授となったことからも推定できる。国府もまた、「大出、山口の対立のおかげで興亜院、後に大使館はそのいづれにも組することができないとして、中立の私などのほうへ手を差し伸べてきた」と回想している。[132] だが、「政治性」と「文化性」を体現した教材をもりこみ、翻訳を付した新たな教科書を華北政務委員会が編纂するなど、明確な政策転換がなされた形跡は見られない。

一つの要因は、本国との意識の落差にあったと思われる。たとえば、日本語教育振興会の刊行した『日本語』と華北日本語教育研究所刊行の『華北日本語』の二雑誌について、山口派（山口喜一郎・日野成美・四宮春行）と国府派（国府種武・秦純乗・工藤哲四郎）の論文数を比べてみると、『日本語』では山口派が一八本、国府派が二本であるのに対して、『華北日本語』では前者が一〇本、後者が四六本である。[133] これは一つの目安に過ぎないが、一口に戦時下とはいっても、本国と占領地のあいだ、北京のような大都市と「治安」の不安定な農村部のあいだで、小さからぬ意識の落差があったのではないかと思われる。

もう一つ考えられることは、天皇制の外皮と日本語という便利な衣装を取り払ったとき、「民族性」「文化性」を表現すべき「思想」が欠落していたということである。

日本語への過剰な期待を否定した時、国府たちは一体何を中国人に理解させるべき「日本文化」の内実として想定しえたのだろうか。まったく手をこまねいていたわけでもなく、どうやら「日本文学」に突破口を見いだしたようである。国府は、一九四三年頃から中国人の日本文学研究者とともに『東文』という雑誌を出版し、秦純乗は自ら編纂した『高等日本語読本』で「吾輩は猫である」や「万葉集」の一部を用いている。こうした方向で教材の「民族性」と「文化性」を表現することもある程度は可能だろう。ナショナリズムの最終的な根拠としての「文学」ということは、それ自体さらに検討を要する問題である。

しかし、すでに指摘したように、「日本文学」の内実はきわめて多様である。たとえば、「親日家」とされ、教育総署督弁という「偽職」にさえ就いた周作人の知り親しんだ「日本」とは、何だったのか。国府は、戦後の回想で、周作人との関係に言及しながら、「文化人もさすがは中国人の方が一枚上」と一定の敬意を表するとともに、「北京へ来る日本の作家など周の前にペコペコしすぎるやうな嫌な感じがした」と書いている。[134] その周の共感と同意をかちうるような教材を編成できれば、国府らの意図もある程度達成されることになる。だが、周作人が親しんだ「日本」とは、たとえば、永井荷風であった。江戸戯作文学の系譜を引く、韜晦に満ちた荷風の世界が、明治政府の富国強兵政策、帝国主義的な膨張とおよそ対極的な世界であることは改めていうまでもない。戦時下の日本ナショナリズムに荷風が醒めた視線を向けていたこともよく知られている。また、周作人が気に入って翻訳した小説の一つに中勘助『銀の匙』がある。周がこの作品を翻訳するにあたり、迷いながら選択した箇所は、本書の第I章の冒頭に引用した部分である。[135] ここでふたたび、主人公の抗議の言葉を引用することにしよう。

先生、日本人に大和魂があれば支那人には支那魂があるでせう。日本に加藤清正や北条時宗がゐれば、支那にだつて関羽や張飛がゐるぢやありませんか。それに先生はいつかも謙信が信玄に塩を贈つた話をして敵を憐むのが武士道だなんて教へておきながら、なんだつてそんなに支那人の悪口ばかしいふんです。

あるいは恣意的な議論とのそしりを免れないかもしれないが、周作人の親しんだ「日本」がこのようなものであったことは、教材の「民族性」「文化性」を説く国府たちの議論もまた、袋小路に陥らざるをえなかったことを暗示している。それはまた、日清戦争以来「大和魂」＝「日本精神」の優越を信じてアジア諸民族に対する抑圧を正当化して来た日本人が最終的に陥らざるえなかった隘路でもあり、文化・思想面における日本人の敗北を象徴する出来事だともいえるだろう。

5 小括

植民地帝国日本による文化統合の試みの蹉跌は、華北占領地において明確になっている。日清戦争から半世紀を経て、今度は日本帝国主義の側が、中国人をはじめとするアジア諸民族に敗北したのである。日本語＝日本精神論の破綻は華北占領地支配の状況の中でこそ顕在化したものだが、原理的には帝国全体の統合原理に内在する矛盾を明らかにしたものと理解できるからである。

台湾・朝鮮の支配と満洲国・華北占領地の支配とでは、次のような状況の相違が存在した。前者では、総督府が近代的教育制度の設計主体でもあったのに対して、後者ではすでにそれが存在したために、中等・高等教育機関で一挙に日本語教育をはじめることになり、教員の不足をもたらした。主要な教育対象が高年齢化したために、植民地の場合のように、子どもの言語習得能力に矛盾を転嫁することも困難になる一方、教育内容における思想性のありようが問題とならざるをえなかった。満洲国や華北占領地には広大な農村部が含まれており、農村部を拠点とする抗日ゲリラ活動が活発に繰り広げられてもいた。特に華北占領地では、抗日民族統一戦線が成立、共産党の根拠地が「聖域」として機能していたために、日本軍はついに「治安」を確立しえなかった。そもそも教育に手が回りかねる状況で、都市部以上に教員は不足し、日本語普及政策を推進するための現実的な基盤は欠落していた。したがって、直接法による日本語教育など、都市の一部の学校を別とすれば行えるはずもなく、そのことは、教授理論の背景として存在した日本語＝日本精神論への批判すらも喚起することになったのである。

「東亜新秩序」「大東亜共栄圏」は、理念としては、ナショナリズムの同心円的な拡大という要素をもっていたのだが、右のような事態が顕在化するなかでその破綻は明らかになり、ナショナリズムの観念は、「外」から「内」へと改革が波及してくることを防ぐためのネガティブな原理としてのみ作用したと考えられる。そのことはまた、占領地の状況に応じた統治政策の転換を困難にし、占領政策の内部に矛盾を蓄積していくものとなる。山口喜一郎、大出正篤、国府種武という三者のあいだでの教授理論をめぐる対立も、こうした矛盾の一つの現れと見なすことができる。それでも興亜院や文部省、また、現地の日本人教員の多くが日本語普及政策に見切りをつけなかったのは、「東亜新秩序」「東亜協同体」「八紘一宇」といった言葉が、そもそもイデオロギーとして機能する見込みもさしてないという、これも消去法的な原理が働いていたためではないかと考えられる。香港で発行されていた国民党左派系の『大公報』の社説では次のように「侵略者の悲哀」を説いている[136]。

（日本人は――引用者注）依然として「東亜新秩序」「東亜協同体」を高調してゐるが、つまりこれを極言すれば、言へば言ふ程益々理論をなさぬこととなる。恐らくは中国人が了解できないのみならず、日本人でさえもわからぬであらう。何となれば一連の杜撰な名詞を連ねる以外に、たとへ作者本人にさへも、恐らく訳がわからぬであらうから。

これに対して、日本人が、中国人には「神武天皇御創業」の「深遠」な精神がわからぬのだといってみたところで、それは「敵」に対するイデオロギーとして機能しえないことを自認したことに等しい。占領地支配という点ではあたかも日本人が主役であるかのようだが、実は中国人こそが主役なのであり、日本人は「他者」としての中国人の透徹した視線にさらされるなかで、次第に自己矛盾を深めていったのである。そうした視線の例として、最後に、文学者林語堂の言葉をあげておくことにしたい[137]。

この精神（人道主義と中庸の精神――引用者注）のある為に、中華民族に東京で発生した如き、ある大学の政治学教授（美濃部達吉のこと――引用者注）が「天皇は国家の機関であり、国家の本身ではない」と云ふ一句を述べたが為に、彼に危害を与えたと云ふ様なことは決して起らない。即ちこの精神は多くの中国の君主を排除し、中国の暴君を誅戮し、数多の中国の豪傑を推し倒すのである。又即ちこの一貫せる精神は、中国人に逼つて抗戦せしめるのである。何故ならば、彼等は彼等の二百余万里満洲国を与えた後も、日本人が尚もかかる「情理に合はない」貪欲飽くなきことを見取つたからである。

人道主義と中庸の道、ユーモアの感と平衡の感とは、凡て連係のあるものである。それらは一切の狂妄なものを、凡て範囲の外に推し出すものである。過去に於て中国の文化と公私の生活は、凡て中庸合理なる基礎の上に建設せられた。将来も、いかに虚妄なるものであらうともすべて排除されるであらうし、而して「合理的」なものはすべて、中国に受け容れられるであらう。それは吾々が敢へて断固として説く所である。

結章

「日本人」という種的同一性《アイデンティティ》の論理のゆらぎともいうべきものを、異民族という「他者」との関係性においてとらえること。そのことを通じて、ナショナリズムを相対化する原理を、近代日本の歴史過程それ自体のうちに見いだすこと。いまだ十分に煮つめていない素材を無理矢理一つの器に投げ込んだという感の強い本書であるが、異民族との関係性＝相対性に焦点をあてて植民地支配を分析する必要性と可能性は提示できたと考えている。

最後に、本書のまとめに代えて、分析の中で析出した諸概念に即して、内容を要約し、今後の研究への展望を示すことにしよう。そのうえで、「戦後」における、国民国家の再建と植民地帝国としての経験の剝落について、補論的に言及することにしたい。

1 要約と展望

本書では、植民地支配を政治史的観点から分析していくための枠組みとして、①言語ナショナリズム－血族ナショナリズム、②内地延長主義－植民地主義、③自主主義－仮他主義、④文明としての近代－思想としての近代、⑤膨張の逆流－防波堤、という一連の対概念を用いてきた。④のように明らかに曖昧な表現や、⑤のような比喩的な表現をはじめ、概念の名称については再考の余地がある。また、概念の内実を対象に即して定義し直していく必要のあることもいうまでもない。ただし、それぞれが相互に独立した分析視角として有効性を持つことは、本書の内容を通じて示すことができたと思う。

植民地支配とは要するに「同化政策」であったという評価についていえば、それは、①から③の前者の項目(言語ナショナリズム、内地延長主義、自主主義)にのみ着目したものである。これに対して、本書では、「同化」という理念は文化統合を創出するためのポジティブな原理としては空洞化していたこと、この空洞を補ったのが差別の重層的な構造を拡大再生産していく原理であったことを明らかにしてきた。④と⑤はこの差別の重層的構造という原理に関わっている。

① 言語ナショナリズムと血族ナショナリズム

本書の初発的な問いは、「帝国主義はナショナリズムの発展であると同時にその否定である」という丸山真男の指摘をどのように理解するかということにあった。本書の分析の中で、ナショナリズムの観念は決して一枚岩的なものではなく、帝国主義的膨張に適合的な観念と、非適合的な観念とがあることがわかった。そこで、前者に「言語ナショナリズム」、後者に「血族ナショナリズム」という分析概念をあてることにした。

前者は、「日本語は日本人の精神的血液」であるという上田万年のマニフェスト、後者は、「君民同祖」の「血統団体」として「日本民族」を定義する穂積八束の議論に、核心となる内容が示されている。両者ともに、前近代の言説の一部を反復利用しつつ、近代的な国民国家にふさわしいものへと改編した主張であり、帝国憲法体制が整備された一八九〇年代以降、体制公認のイデオロギーとしての地位を獲得した点も共通している。上田が「血液」という比喩を用いていることにも明らかなように、両者は本来ならば相補って種的同一性を保障するはずの原理だった。しかし、上田の発想が当初から膨張主義的だったのに対して、「血統団体」の所与性を強調する穂積の主張は、植民地の民衆を排除する原理として機能することになる。

血族ナショナリズムに基づく排除とは、どのようなことか。植民地支配という文脈では、一般の雑誌などでたとえどのような議論がなされようとも、一九四五年まで朝鮮人や台湾人は「戸籍法ノ適用ヲ受ケザル者」であった。というよりも、植民地帝国日本の国家体制は、血統という標識を通じて区別される人間集団として「台湾人」「朝鮮人」「日本人」というカテゴリーを再生産し続けたのである。朝鮮における創氏改名、台湾における改姓名の実施など、文化統合の次元における同一化の圧力が格段に強められた一九四〇年代においてさえ、本籍移転の禁止はなお維持され続けた原理であった。戦前・戦中期において最も重要な義務であり、諸権利を享受するための前提となった徴兵義務は、戸籍に基づいて定められていたから、「台湾人」や「朝鮮人」は国家統合の枠外に位置づけられたということができる。もちろん、兵役義務はむろんのこと、帝国議会への参政権もほとんどの台湾人や朝鮮人は求めていなかっただろう。しかし、ほぼ完全な無権利状態のもとでなお納税の義務だけは課されたこと、そのことにより、帝国の最底辺に組み込まれたことを確認しておくべきだろう。

本籍を朝鮮や台湾から離脱するためのかぎられた手段の一つが婚姻だったが、通婚も厳しく制限されている状況のもとで、血統は、肌の色と同じように基本的に変更不可能な標識だった。肌の色の違いを意味あるものとみなす認識枠組みが人種主義だとすれば、血統団体としての民族の相違を意味づけるのが「万世一系」の虚構に立つ近代天皇制の教説である。天皇制が正当化のための支配的言説たりえていたかぎりにおいて、アジア諸民族との「人種」的な共通性を説く議論は、政策を支える理念のレベルでは、「民族」的相違を強調する議論に対して終始劣勢であった。

血の観念に基づく種的同一性への固着は、近代天皇制に特殊なロジックではなく、むしろたぶんに普遍的な現象というべきであろう。フーコー(M. Foucault)は、権力のメカニズムの内部で血が重要な役割を占めてきたと述べ、その価値は、「表徴《シーニュ》の次元におけるその機能(ある種の血を持つこと、同じ血であること、己が血を危険にさらすことを受け入れること)、そしてまたその不安定性(容易に流し得、枯渇する可能性があり、たちまち入り混り、すぐに腐敗しかねない)」などに由来すると述べている。[1] 数量的には「日本人」こそがマイノリティーな状況での、通婚の進展は「混血」を生み出すから避けるべきとの議論は、まさに血の象徴の不安定性に対応している。

これに対して、言語もまた現地の言葉といりまじったさまざまなピジン日本語を発生させる可能性はあった。とはいえ、教育によって、日本語を母語化させるという一方向的変化が——理念的には——可能なものと意識されていた。こちらは変更可能な標識だったのである。

もちろん、「国語愛護」に関する「伝統」主義者の主張のように、言語に関しても異民族の包摂というモメントを軽視した議論もあり、血統観念についても「日鮮同祖論」のように包摂的な論もある。要するに、ナショナリズムの両極それぞれが、多民族支配という状況に適合しようとする要請と、いったんなされた定義を変更することなく種的な同一性の原理を保持・再生産しようとする要請とに引き裂かれていたというべきだろう。

このような、ナショナリズムの自己分裂的な様相もまた、近代日本に特殊なものではない。文化人類学者ギアーツ(C. Geertz)は、アジアの新興諸国のナショナリズムにおいて、一貫性と連続性を希求するエッセンシャリズム(本質主義)と、近代化のもとでダイナミックな変化を志向するエポカリズム(新時代主義)が複雑な相互作用を遂げると述べている。[2] また彼は、疑似的血縁関係、人種、言語、地域、宗教など「本源的紐帯」と意識されることがらを飼い馴らし、国内秩序と和解・一致させることの困難さを、主に東南アジア諸国の事例に即して論じている。近代日本の場合は、こうした馴化の過程がようやく一段落した段階で、異民族を領土内に抱え込んだことにより、改めてエッセンシャリズム的な原則主義と、エポカリズム的な革新主義との分裂が激化したものと見ることができる。

たとえば、持地六三郎が三・一運動後に「一民族一国家の伝統的制度政策を無理に押し進めんとする」ことを批判したことなどは、エッセンシャリズム的な原則主義の破棄を説いたものと位置づけることができる(第IV章)。この場合の持地の主張は体制外からの批判ではなく、帝国主義的支配の方策を追求する中で導き出されたものであった。しかし、その主張は結局実現しなかった。帝国主義がナショナリズムの発展であると同時に否定であること、その中でナショナリズムは決して否定されきることはなく、政治的な生命力を保ち続けること。帝国主義とナショナリズムをめぐる、ジレンマに満ちた構造をこうした経緯の内に見いだすことができるのである。

② 内地延長主義と植民地主義

国家統合の次元において、ある地域を統合の対象とみなすのか否かということは、国家システムへの参与としての参政権をその地域の住民に対して認めるのか否か、という問題として端的に現れる。台湾・朝鮮は、この点では統合の埒外、すなわち、特別な異法域としての「植民地」とされた。こうした問題は、春山明哲が「内地延長主義」と「特別統治主義」という概念でとらえてきたものである。本書では、事実上の植民地に対して「植民地」という言葉をあてることを忌避した政府の見解を相対化するためにも、あえて「特別統治主義」を「植民地主義」という概念で言い換えたうえで、次のような問題を指摘した。

第一に、基調となる統治方針は植民地主義であり、これを正当化するロジックとして、血族ナショナリズムが用いられたこと。第二に、内地延長主義を明確に打ち出した原敬が首相として登場する以前に、台湾の教育制度という局面では植民地主義の修正がはじめられていたこと。第三に、内地延長主義の理念はあくまでも部分的にしか実現せず、核心的な要素は骨抜きにされたこと。これはすでに指摘されてきた事実ともいえるが、本書では、一九二〇年代朝鮮の統治改革論に即して改めて検証した。第二の点と第三の点は、第一の点で明確にされた統治方針の限界に対する、異なった次元での対応策として位置づけることができる。

第一の点について。血族ナショナリズムの観念は、「日本人」の利益と特権の保持をこそ最優先させる植民地主義の統治方針を正当化する役割を果たした。

たとえば、台湾総督府時代の持地六三郎は、「三千年来君臣ノ義ヲ以テ練成凝結シタル大和民族」と同様の意識を養成しようとするのは不可能であり、列国の競争が激烈な状況のもとで、植民地はもっぱら経済上の利益の獲得の対象とみなすべきであると述べた(第I章)。また、朝鮮では併合時に起草された「教化意見書」が、穂積八束流の君民同祖論を展開して、皇室との「特別な関係」をもたない朝鮮人を「同化」すること——伊勢神宮に詣でて自然に涙するような感情の共有を指す——の不可能を説いたうえで、社会進化論的な発想に基づき、朝鮮人を従属的な地位におき、徹頭徹尾「植民地」として経営すべきと説いた(第II章)。

これらの意見書にみられる露骨に排他的な性格は、文化統合の次元での政策により、ある程度は隠蔽される結果となっている。しかし、国家統合の次元での政策展開は、彼らの提起した理念と整合的なものとして理解できることを本書では明らかにした。その場合の理念とは、パワー・ポリティクス的な国際政治観のもとでの弱肉強食論である。ただし、弱肉強食論それ自体が理念としての位置を占めたというよりも、血族ナショナリズムが弱肉強食の方針を正当化し、弱肉強食論のもとでの利益の共有が血族ナショナリズムを意味ある言説とする、という相互補完的な構造をもっていると筆者は解釈した。この問題に関しては、表向きの言説と部内文書における意見表明との落差、「内地」における雑誌の論調と植民地における論調のギャップ、日本人植民者の意向と総督府の政策との関わりなどの諸点をふまえながら、さらに探求していく必要がある。

第二の点について。総督の制定した律令ではなく、内地法の延長施行を原則とする体制が台湾に適用されるのは一九二〇年代の初頭である。ただし、教育制度という局面では、「内地」と同一水準の学校体系を整備し、相互入学の道を開くという意味で内地延長主義的な方針が一九一〇年代の初頭から模索されていたことを、本書では明らかにした。

一九一一年に朝鮮総督府から台湾総督府に異動した隈本繁吉は、当初は持地の方針を踏襲して、表面上は教育を重視する素振りを見せながら、実際には普及を抑制する、という植民地主義の発想に立っていた。しかし、辛亥革命の影響などによる民心「変調」への対応策として、中学校の設立を認め、公学校を増設しはじめた。このような方針は、植民地主義を堅持する本国政府の反対にあうが、原敬の首相就任により実現をみる。すなわち、一九二二年の第二次台湾・朝鮮教育令における、従来の民族別学校体系の修正、日本語の能力という変更可能な標識により差別を設ける体制の採用は、台湾統治の窮状から発するボトム・アップ方式の変化という側面をもつのである(第III章)。

第三の点について。朝鮮の三・一独立運動は、植民地主義に基づく排除の体制が「民族独立運動」という対抗物を生産し、強化してしまうことを顕在化させた。台湾統治に関わって隈本繁吉の提起した対応策が、教育を「安全弁」として利用するものだったのに対して、持地六三郎は、教育というレベルでの対応の限界を指摘し、参政権問題のレベルで朝鮮議会設置の不可避を説いた。そこには、第一次大戦後の国際政治において民族自決という原則が提起され、あからさまな弱肉強食の論理がもはや通用しなくなったという情勢認識もふまえられていた。

一九二〇年の時点では持地の主張は孤立的なものだったが、一九三〇年には限定的な自治を認める朝鮮地方議会設置と帝国議会への議員の選出が、総督府レベルでの決定案となった。しかし、本国政府との折衝の過程で朝鮮地方議会は実現せず、内地延長主義の内実であるはずの帝国議会への議員選出という方針も先送りにされた。こうした経緯のうちに内地延長主義が形骸化し、自治と独立を阻害するためのネガティブな原理としてのみ機能した姿を見いだすことができる。一九四〇年代の徴兵制施行、衆議院議員選挙法の限定的適用は、「兵員資源」の欠乏という異質な要因に基づいて進行した事態であり、内地延長主義の実現とみなすことはできない(第IV章)。

最後まで、台湾と朝鮮は「外地」=「植民地」だった。もちろん、「外地」も帝国日本の領土として形式的には帝国憲法の及ぶ地域とされ、台湾人・朝鮮人には日本国籍が付与されていた。しかし、参政権を重要なメルクマールとするかぎり、国家統合の枠の外の存在であったとみなすことができる。そうであればこそ、文化統合の次元では、むしろ統合の必要性が声高に叫ばれることになるのである。

③　自主主義と仮他主義

内地延長主義と植民地主義は、国家統合の次元での平等化と差別化の論理である。これに対して、文化統合の次元での同一化と差異化の論理を、伊沢修二の用語をかりて、「自主主義」と「仮他主義」という概念で把握した。教育政策に関していえば、自主主義とは、台湾や朝鮮の教育内容を「内地」と質的に異質なものとしては編成せず、程度の差はあれ連続的なものとして設定すること、と定義できる。逆に、現地の文化を何らかの形で取り入れて質的な差異を設けた場合を、仮他主義として定義できる。国家統合の次元では植民地主義が基底的であったのに対して、文化統合の次元では自主主義が支配的な地位を占めた、とさしあたりは評することができる。第一次朝鮮・台湾教育令で「教育ハ教育勅語ノ旨趣ニ基キ」という条文を掲げたこと、初等教育段階から日本語に圧倒的な時間数をあてたことなどがその例証である。

自主主義とは、いうまでもなく、「日本人」にとっての自主であり、台湾や朝鮮の諸民族の自主的・主体的活動を徹底的に抑圧することだった。このような抑圧が、「日本人」との思想・感情の同一化としての「同化」を達成する手段として有効に機能するはずだという発想を、「同化主義」と定義づけることができる。「同化主義」について従来の研究は表層的な言説と実際の政策展開との距離を見定めず、理念と手段との整合性という問題を閑却してきた。これに対して、本書では、自主主義という手段と「同化」という理念のあいだには、客観的にギャップが存在すること、したがって、「同化」という理念は、思想・感情の同一化に敵対的な要素を排除するネガティブな原理としては機能しても、新たな文化統合の創出というポジティブな機能は不十分にしか果たしえなかったことを明らかにしてきた。しかも、結果として理念が実態と乖離していたというよりは、そもそも形骸化すべく運命づけられた理念だったというのが本書の見解である。理由は、以下の三点に整理することができる。

第一に、文化統合の次元での自主主義の方針の効果は、右に述べてきた国家統合の次元での統治方針により規定されるということである。教育内容がいかに「日本的」だったとしても、学校が普及していないかぎり、効果も限定的なはずである。もちろん、植民地主義の修正という変化はあるにしても、義務教育を台湾に実施して「国民教育」の一環として組織すべきという意見が一九〇〇年前後に否定されて以来、台湾では一九四三年、朝鮮では帝国崩壊まで義務教育が実施されなかったことを考えても、根本的な改編にはいたらなかったと理解すべきである。

第二の理由は、文化統合の核となるはずの理念である教育勅語の利用に対して、植民地当局が必ずしも意欲的ではなかったことである。

伊沢修二は、解釈次第により、教育勅語を異民族に拡大適用できると素朴に信じていたようである。しかし、儒教と国体論の接合を図った折衷主義的な構想の破綻が明らかになる中で、教育行政官や教師たちは、「皇祖皇宗ノ遺訓」「爾祖先ノ遺風」という血族ナショナリズムに連なる文言や、「国憲ヲ重シ」「義勇公ニ奉シ」など国民統合にかかわる倫理は非適合的なものと意識するようになった。第一次朝鮮・台湾教育令における教育勅語規定は、植民地の民衆に勅語の内容を浸透させるためというよりも、勅語謄本の下付という既成事実を踏襲し、「中外ニ施シテ悖ラス」という文言の権威を傷つけないという配慮に基づいたものと考えられる。朝鮮総督府の教科書における勅語解釈のなし崩し的改編(第II章)、台湾版教育勅語発布構想(第III章)、井上哲次郎の教育勅語修正論(第IV章)などがこうした問題の所在を示している。いずれも、血族ナショナリズムに連なる要素を隠蔽する一方、「天」や「文明」という概念を利用することで、勅語の内容に一定の普遍性をもたらす方向での改編を意図したものだった。しかし、台湾版教育勅語は発布にいたらず、井上の構想も「不敬」事件で挫折する。井上のような体制的イデオローグが教育勅語修正論を提起しながら、しかもそれを実現しえなかった経緯の内に、ナショナリズムが自己矛盾を深めていく様相を見いだすことができる。

教育勅語の改編という試みが挫折する一方、朝鮮では、皇民化政策期に「皇国臣民ノ誓詞」が作成された。それは天皇制の教義を極限的に抽象化・簡略化することで、矛盾の隠蔽を狙ったものと評価できる。誓詞朗唱という身体的次元での儀礼的行為に比重をかけ、思想という回路を経ずに、天皇崇拝の感情を直接的に刺激しようとする方策が、強化されたのである。しかし、それは統合機能を果たしえたのだろうか。本書では、断片的な資料を提示するにとどまったが、「不敬」事件を恐れて「ハレ者に触る」ようにして学校儀式を行ったという朝鮮軍参謀の証言や、朝鮮人青年の国体意識に関する調査報告書で、儀礼的行為に依存して青年を心服させることは困難であると書かれていることなどを根拠として、儀礼によって感情的な共同性を創出することの限界を強調した。

なお、仮他主義の方針が部分的に採用されていることも、自主主義の方針の限界を逆に示したものといえる。台湾漢民族の民間信仰に由来する呉鳳伝説を改編して教育内容の体系に組み込んだことは、仮他主義的な方策で統合の理念の間隙を埋めようとした例である(第Ⅲ章)。また、井上哲次郎が国体論の改造に関わって着目していた「王道」というアジア主義的な理念が満洲国の統治理念として浮上したことも、結果的な一致ではあるにしても、自主主義的な方針、特に天皇制の教義の異民族への適用の限界が、新たな方針の採用を不可避としていたことの現れとみなすことができる。特に満洲国では、関東軍のブレーンとしての役割を果たした橘樸が、建国工作の過程で従来の植民地統治体制からの「切断」を自覚的に追求していたことに本書では着目した(第Ⅴ章)。

第三の理由は、日本語教育に課せられた役割の曖昧さである。

植民地支配においては、通訳や下級官吏を養成する必要も存在したために、日本語を教えなくてもよいという議論はほとんど見いだすことはできない。しかし、日本語の普及という手段に文化統合を創出するためのポジティブな機能をどこまで期待していたのか、という点に関しては論者による開きがあった。

台湾では、一九〇四年公学校規則の制定過程で、日本語でものを考えさせ、思想法を同一化することで、「同情同感」が可能になるのだという議論が支配的な地位を占めた。それは、統合の核となる思想レベルの問題を、言語の共通化によって共有されるはずの感情というレベルの問題におきかえたという性格をもっていた。「日本的なもの」の一切を「日本語」が体現している以上、「日本語」を教えさえすれば、「日本的なもの」への「同情同感」も可能になるはずだ、というトートロジカルな論理が、教育内容を構成する原理の中核にすえられたのである。他方、聖書や儒教の経書のように、一定の普遍的な性格をもったテキストを翻訳を用いて伝達していくという方策は、右のような言説が支配的になる過程で否定された(第I章)。

一九〇四年公学校規則以降、台湾でも朝鮮でも、日本語による「同化」は支配的な言説としての地位を占め、これに公然と疑問を表明することはタブーになったと考えられる。しかし、「同化」不要論を説いていた持地六三郎や、「教化意見書」は、日本語教育を副次的なこととみなし、隈本繁吉は、「国民的感情」の養成というより、「非国民的感情」の増殖を防ぐために、日本語教育中心の体制にすべきだと述べていた(第III章)。満洲国や華北占領地では、「日本精神」への感化という目的論から切り離して教えるべきとの実用主義的な議論や、日本語＝日本精神という発想そのものを否定する議論が提出された。現実問題として、日本語教育が感化的な機能を発揮しえない状況を前にして、言語は思想伝達の手段に過ぎず、思想内容を問題にしなければならない、という見解が改めて提起されたのである(第VI章)。言語ナショナリズムの観念も、やはり自己矛盾に陥らざるをえなかったというべきである。

以上、右の三つの論点から、「同化政策」は、現地の社会・文化構造に対して破壊的干渉を行うネガティブな原理としては機能しても、新たに文化統合を創出するポジティブな原理としては、手段との関係が非整合的であるため、きわめて不十分にしか機能しえなかったということができる。つまり、形骸化を約束された理念――かりにそう呼ぶとすれば――であったと結論することができる。

ただし、これは原理的レベルでの論であり、現象的には、一部の台湾人や朝鮮人が自らを「日本人」と思いこもうとした例がないわけではない。この問題をどのように理解すべきか補足的に述べておく必要があろう。なお、以下に述べることは、本書で論証したことというよりも、今後のさらなる展開のための試論的な見解であることを、あらかじめおことわりしておく。

憲法、教育勅語、日本語という本書で着目した統合原理は、それぞれ利害、思想、感情という局面を代表していると考えられる。憲法が権利・義務関係として一定の利害を保障し、教育勅語における「皇祖皇宗ノ遺訓」の内容が曲がりなりにも思想を表現し、言語の共通性の意識がさらに「日本人」としての感情の共有に現実的な基盤を与えた。いまだ仮説的なモデルの域を出ないが、利害、思想、感情という順序をふんで国民共同体への帰属意識が浸透したと考えられるのである。しかし、いったん「日本人」という存在が自明なものとして意識されはじめれば、利害に発する起源は抑圧され、はじめから感情的な共同性が存在したかのような幻想が生まれる。酒井直樹のいう、「共感の共同体」が成立するのである。「共感の共同体」への帰属意識は、一方において気軽な残酷さに満ちた植民地支配のリアリズムを産出する。しかし、他方において、利害、思想という回路を経ずに、感情の転移が可能であるとの信念を生み出すことにもなる。神社参拝のような儀礼的な行為や、日本語教育への過剰な期待も、このような信念から生まれたものと考えられる。

一部の台湾人や朝鮮人が、自らを「日本人」と思いこもうとするにあたっては、第一に、総体として抑圧されている状況のもとで、そのように信じ、また行動することが、一定の個人的な利害を保障したということが考えられる。

次の④で述べるように、「文明としての近代」の「恩恵」という観念は植民地支配というコンテクストでいくばくかの説得力を持っていたのである。個人的な利害を求めない場合でも、帝国日本の支配体制を所与のものとみなすかぎり、無理にでも「日本人」と思い込むことによってこそ、差別から救われるのだという判断もありえたことだろう。第二に、教育の主な対象である子どもは、利害の念が薄い存在であるという特性にも着目すべきである。もちろん、子どもにも子どもなりの利害の念があるし、思想もあるであろう。とはいえ、参政権や通婚の問題が、さしあたり子どもの問題ではないことも確かである。戦乱などで生活を明確に脅かされている場合でなければ、「民族」という抽象的な次元で利害や思想を把握するのは困難でもある。したがって、相手が子どもであるという特性をフルに利用することで、感情を左右することがある程度可能だったと考えられるのである。

一つの例を挙げよう。筆者が一九九〇年に、磯田一雄・野村章とともに台湾で行ったインタビューの記録である。インフォーマントのAさんは、一九三〇年台中州草屯庄に生まれ、一九三七年碧峰公学校に入学、卒業後草屯国民学校高等科に進学している。使用言語は日本語である。(3)

あの時戦争に行って敗残兵になって帰った軍人が先生になった。子どもを見たら殴る。まして台湾の子どもだからね、植民地の子どもだからね。……傷夷軍人は毎日おとぎ話だね。中国大陸でどんな戦争をしたかの話。僕らは小さいからね「先生もっと言いなさいよ」と喜んでね。タンクや鉄かぶとの絵を書いて、どんなに支那人を殺したかとか話すわけだ。……当時海軍工員の募集に先生も一生懸命に日本に行こうと毎日言っている。うちのおやじが「日本に行って何すんだ」と許さないんだね。……あの頃年取った親の世代はちょいちょい中国の話をするしね、中国人勝ったらとてもいい。僕ら小さい子供は「そんなはずはない。先生の話では日本が勝ったらとてもいい」という。年取った親はしようがないから。あれも秘密だからね。……父は小さい時から村の漢文の学校で漢文習ってる。だから思想があります。しかし、あまりいえないからね。今つくづく考えておやじはそんな心だったと、とてもかわいそうですよ。思いを持っても子どもにも話ができない。

傷痍軍人の先生が「どんなに支那人を殺したか」と話すことは、「中国」への帰属意識を核とする「思想」を持った大人の目から見れば屈辱的なことである。しかし、子どもの目から見れば、何よりも「タンクや鉄かぶとの絵」が興味をそそるものである。そうした感情の回路を通して、「植民地の子ども」という差別的視線にさらされるにもかかわらず――あるいは、それゆえにこそ――海軍工員(神奈川県大和市海軍工廠の工員)に応募しようと考えたり、「日本が勝ったらとてもいい」という意識も芽生えている。(4) もちろん、すべての聞き取りの記録がそうであるように、過去を語りながら現在を語っている側面がある。特に台湾人の植民地支配のイメージには、しばしば「戦後」の国民党政府の支配体制への怒りと絶望感の裏返しとして美化された面があると筆者は考えている。ただし、「今つくづく考えておやじはそんな心だった」と痛みとともに回想しているだけに、Aさんの証言はリアルである。

利害と思想をとびこえて、いきなり感情面での転移を図ろうとすること。それは、一定の「効果」を収める場合もあった。だが、人による時差はあったとしても、「日本」「日本人」への同一化を図ろうとする心情は、ある時点で必ず裏切られることになった。Aさんは青年になりかけた時点で帝国の崩壊をむかえているが、植民地統治下に青年、成人に達していた場合は、「同化」を標榜しながら、差別の体制を撤回しない統治体制に矛盾と疑問を感じざるをえなかったことだろう。また、Aさんの場合は初等学校卒業だが、中学校に入学するなど「日本人」と互して競争する立場にあった人は、よりいっそう明確にそうした壁につきあたったはずである。

第Ⅳ章で引用した、朝鮮人青年の国体意識に関する調査で、なぜ天皇を尊ぶのかという質問に対して、ある朝鮮人中学生は、「一国の主権者を尊敬せずには繁昌せぬから」と答えている。この回答は、帝国日本の「繁昌」のために朝鮮人も協力せねばならない、という見解を述べたものと読むこともできる。しかし、天皇崇拝の根拠は要するに利害であるという見解は、押しつけようとする側にとっては恐るべきものである。利害を異にする集団にとっては否定すべき対象以外の何ものでもないということになるうえに、「日本固有」というさまざまな粉飾を取りはらってしまうものでもあったからである。筆者は、異民族という「他者」の醒めた視点のもとで、「同化」という理念の形骸化したことを端的に示す事例として、この証言を位置づけることができると思う。

当時の台湾・朝鮮人が「日本」「日本人」「日本文化」に対して、どのような利害意識と思想と感情とを抱いていたのか。この三つの層の相互関係において、またそれぞれの層の内部でどのような葛藤が存在したのか。本書では、その現象的な側面に関しては、すでに宮田節子の研究で明らかにされた観点を踏襲しつつ、右のような分析の視角と幾つかの断片的な資料を提示するにとどまった。本書で解明できたことは、一部の台湾人や朝鮮人が「日本人」と思いこもうとした事実があったとしても、原理的には裏切られる構造になっていたこと、また、それだからこそ、言説のうえでは、「同化」「一視同仁」が繰り返し再生産されねばならなかったということである。

④　文明としての近代と思想としての近代

「文明としての近代」と「思想としての近代」という言葉は、後藤新平の「特別統治主義」が機能した時代と、原敬の「内地延長主義」が必要にならざるをえなかった時代の背景を説明するための概念として、春山明哲が用いたものである。春山の意図とはおそらくズレているとは思うが、筆者はこの用語を近代の両義性を把握するための概念として拡張して用いてきた。

「同化」という理念が形骸化しつつも建前としての地位を確保し続けられたのは、一方において、近代化という事態が不可逆の過程として進行していたこと、しかも、統治者の側での近代化の内容の使い分けにより、一定の協力者を確保できたことによると考えられる。

本書では、植民地支配者の主導した近代化の趨勢を「文明としての近代」と呼び、自由・平等・博愛や人権という政治理念、これに根ざした民主的な政治システムを「思想としての近代」と呼んで区別した。中西洋の研究に明らかなように、自由・平等・博愛という理念のあいだでも、どの原理を優先させるかということにより社会構想は大きく異なるものとなり、日本語で一般に「博愛」と訳されてきた概念には「人類愛」としての「博愛(philanthropie)」と「隣人愛」としての「友愛(fraternité)」が混在している[5]。しかも、「思想としての近代」の発祥の地であるはずの西洋諸国が、特に対アジア諸民族との関係で、しばしばその原則をなし崩しにし、ふみにじったことはいうまでもない。しかし、さしあたり、本書では、たまたま西洋近代においてもっとも明確に定式化された普遍的諸価値を、理念型として把握するための概念として「思想としての近代」という言葉を用いてきた。

台湾や朝鮮では、総督府は、近代化を選択的に推進する主体でもあった、と一応はいうことができる。ただし、朝鮮における土地調査事業など、経済的次元での近代化は、すでに生じつつあった変化に便乗したものだった。他方、立憲制の適用など、政治的次元での近代化についてはまったく抑止的だった。どのような領域でどの程度に近代化を推進するのかという選択権は決して手放さなかったのである。結果として生じた社会的諸矛盾を隠蔽するためにも、教育内容において「文明化の恩恵」を標榜はしたが、そこで目指された人間像は近代的というよりは、前近代的な被治者意識を温存したうえで、近代的な規律・訓練を身につけた、「順良ナル臣民」であった(第II章)。また、台湾では、文明と野蛮という二分法に基づいて原住民に対する偏見と差別を拡大再生産することで、漢民族の一部を支配体制の内につなぎとめる方策がとられた(第III章)。

総督府の主導した近代化政策の受容基盤に関しては、本書では、ラムレー、ロビンソン、エッカートなどの研究成果に依拠しながら、次のように概括的な整理を行った。台湾における伝統エリートである郷紳層は、清朝への帰属意識が薄かったために、彼ら自身近代化の資源を総督府から調達する協力エリートとしても行動し、領有当初から総督府との「協力メカニズム」を形成した。これに対して朝鮮では、在地両班層に代表される伝統エリートと、近代化を志向する協力エリートのあいだの確執が激しく、新しい地主層に依拠して「協力メカニズム」が機能しはじめるのは一九二〇年代以降のこととなった(第II章)。満洲国の場合は、清末から民国期に地方政界に抬頭し、地方分権化を担った在地有力者が、このような「協力メカニズム」を担うことになった(第V章)。

これは、いうまでもなく、単純化した見取り図である。植民地権力から遠いところにいると思われる存在でも何らかの形で妥協的な対応をとらざるをえないことが、しばしばありえただろう。逆に、まったくの「御用紳士」的存在でも植民地権力とのあいだに小さからぬ確執を感じていたはずである。「協力メカニズム」がどの時期どの地域でどの程度の広がりをもって成立していたのか、ということに関しては今後の実証研究にまたねばならないところが大きい。いずれにしても、近代化の内実と適用の範囲を限定しつつ、一定の受益者を創出することで、被支配民族の内部にも差別と序列化の原理が及ぼされた点にこそ着目する必要がある。

本書では、「文明としての近代」の及ぼすこのような力に対して、「差別の克服と連帯の獲得」を目指した思想的な営為として、台湾では辛亥革命期に抗日武装蜂起を計画した羅福星(第III章)、朝鮮では伊藤博文を暗殺した安重根の思想に着目した(第IV章)。

この両者に共通していることは、一方で伝統的な思想の影響を色濃く残していることである。羅福星は、「天命」という概念に基づいて「国法」を犯すことを正当化するとともに、死後に鬼神と化して復讐するという民間信仰のエートスから抗日のエネルギーを汲みあげていた。安重根は、忠孝の倫理に基づいて、「不忠の臣」としての伊藤博文を告発していた。他方、彼らは、アメリカ独立の歴史と共和政体の樹立、あるいは、自由・平等という理念のうちに、眼前の植民地統治を否定すべき根拠を見いだしてもいた。すなわち、伝統的思想と「思想としての近代」の接合する地点で、総督府の標榜する「文明としての近代」を野蛮と糾弾する視野を獲得していたのである。

日本帝国主義は、羅福星や安重根を死刑に処して抹殺を図った。しかし、一九三〇年代に中国大陸を占領した際の「排日教科書」に彼らの事跡が紹介されていたことにも象徴されているように、歴史のうえから完全に抹殺できたわけではもちろんなかった。中国における抗日ナショナリズムの勃興に支えられて普及したこれらの教科書は、孫文の三民主義を中核として民族主義や民権主義の必要を説くとともに、帝国主義体制により抑圧された諸民族の連帯を訴えていた。台湾や朝鮮では反体制的思想として圧殺されたものが、一九三〇年当時の中国大陸ではすでに体制的な教説としての地位を獲得していたのである。満洲国が王道主義という統治理念を採用した要因も、そうした「孫文以後」の思想状況への対応として理解されねばならない(第V章)。

右のような評価を基調としたうえで、ただし、被抑圧諸民族にとって、差別の重層的な構造そのものをトータルに批判することがいかに困難だったか、ということも指摘しておかねばならない。

羅福星は、日本帝国主義による被抑圧という政治的な経験を共有する集団として「台民」という理念を提起する一方、沖縄や朝鮮支配の問題にまで視野を広げていた。ただし、原住民征服戦争としての「生蕃討伐」を批判するにはいたらなかった。安重根は、献身の対象として「韓国人民」という理念を提起しながら、同時に、日本帝国主義をも支配－被支配関係から解放されるべきとの理念に基づいて「東洋平和」を主張した。安の理想主義的なエートスは、三・一独立宣言書にも引き継がれていると筆者は考えている。その独立宣言書において、中国大陸への侵略は視野に収められているが、大陸とは状況を異にした台湾の問題への言及はない。孫文は、被抑圧諸民族の連帯を説いたが、台湾・朝鮮支配の問題に関しては自治付与の必要を説くに止まった。「排日教科書」で、中華帝国の圏域そのままに沖縄や台湾を中華民国の領土とみなしていることにも、一定の飛躍があるといわざるをえない。

以上の事例だけからの単純な一般化は慎まねばならないが、台湾の呉鳳伝説にかかわって指摘したように、「文明としての近代」と中華文明の観念が相乗し合う地点で、文明と野蛮の二分法が強められ、台湾原住民のような存在に差別のツケが転嫁されていくという問題を視野に入れる必要がある。換言すれば、中華文明の圏外にあった台湾原住民やアイヌ、南洋の諸民族に対する支配を批判しうる視座を獲得しなければ、「文明」の観念を媒介とする差別の重層的な構造、これを拡大再生産していく日本帝国主義への批判も不徹底なものに終わらざるをえないと筆者は考えている。

さらに、台湾原住民の抗日武装蜂起たる霧社事件で一部の原住民が「味方蕃」として日本帝国主義に協力したことにも象徴されるように、これらの諸民族の内部にも差別の重層的な構造を強化する力が貫徹していった側面もある。そのことを想起するならば、重要なことは、それぞれの民族を単位として善玉と悪玉を分類することではなく、差別の重層的構造を拡大再生産する力と、差別の克服と連帯の獲得を志向する力がどのようにせめぎ合っていたのか、ということを解明することというべきだろう。本書では、板垣雄三が二〇年以上も前に提起したこのような分析視角を、日本帝国主義の歴史の解明にも適用することの必要性を示唆するにとどまった。

⑤ 膨張の逆流と防波堤

「膨張の逆流」は升味準之輔の言葉、「防波堤」は筆者の考案、いずれも比喩的な表現であることはいうまでもない。「膨張の逆流」とは、日本帝国主義による多民族支配にともなって生じた諸矛盾が本国の制度や理念の変革・変質を促すものとなること、「防波堤」とは、このような事態を防ぐために、矛盾をさらなる「外」へと転化し、抑圧を移譲していくことである。すなわち、これらの比喩的な概念は、本国、植民地、占領地の政治的な構造連関を動態的に把握するために提起したものである。

台湾総督府が一九一〇年代に本国と同様の中学校を台湾に設立することに決定したとき、朝鮮総督府が、参政権の付与を決定したとき、本国政府はいずれも否定的対応をした。こうした経緯の内に、植民地統治の現状認識から合理的に割り出された統治方針が、本国政府との関係で必ずしもそのままの形では実現せず、植民地統治それ自体は矛盾を深めていく、という構造を見いだすことができる。特に帝国議会への議員選出は、朝鮮人議員の存在を通じて、さまざまな矛盾を本国の中枢で顕在化させる可能性をもっていた。それを恐れたために、たとえ内地延長主義の内実が形骸化しようとも、植民地の民衆の参政権は否定されたのだと考えられる。本書では、このような事態を、膨張の逆流を未然に阻止するための防波堤という概念で説明した。

中塚明やエッカートが指摘してきたように、朝鮮統治の矛盾の一部は、満洲事変以後は、満洲の地へと転嫁されたと考えられる。防波堤にあたった波が、「外」へと活路を見いだしたのである。しかし、そこで新たな膨張の逆流が生じた。石原莞爾ら関東軍首脳と橘樸は、満洲国を拠点として本国を改造するという方策を自覚的に追求しており、橘は、満洲国の支持基盤を調達するためにも台湾・朝鮮への自治付与を不可欠と主張していた。従来の植民地統治と一線を画した満洲国の「王道主義」「民族協和」の思想は、台湾や朝鮮の支配層にとっては脅威だった。これらの諸地域では無理矢理にも王道ではなく皇道が掲げられ、また、建前上「日本人」以外の「民族」の存在が否定されていたからである。結局、満洲国を拠点とした膨張の逆流の波も高い防波堤に阻まれ、むしろ満洲国の統治体制が植民地と連続的なものに変質させられることになる(第V章)。

華北占領地への支配の拡大は、「外」への矛盾のさらなる転嫁という側面を持っていた。この段階では、本国の官庁である文部省が直接占領政策に関与したために、膨張の逆流もそれだけ生じやすくなった。たとえば、「外地」の日本語教育のためには表音的な仮名遣いの採用をはじめ、「国語」の「整理統一」が不可欠であるという改良主義の主張が、文部省を通じて本国の「国語問題」の改革をもたらす可能性が生じていたのである。しかし、これも実現にはいたらず、一部の教科書で表音的仮名遣いを「発音符号」として用いるという妥協的な措置をとるにとどまった。また、「外地」への教員の流出を抑制した本国政府の政策にも現れているように、本国・植民地・占領地支配の効果的な連携が図られるというよりも、それぞれの地域支配から生ずる要請が相互に矛盾しあい、全体として帝国統治の構造そのものが亀裂を深めていったということができる。

中国民衆の頑強な抵抗に支えられた、中国侵略戦争の泥沼化は、さらにアジア太平洋戦争へと波及する。膨張の逆流、防波堤の障壁、「外」への矛盾の転嫁という循環は、日露戦争時から朝鮮人が予言していたように、ついに西欧帝国主義との決定的な対立という壁につきあたる。そして、それまで「外」へ「外」へと転嫁されていた諸矛盾は、たとえば原爆の投下という形で、防波堤を越えて「日本人」――不条理なことにその中には朝鮮人も含まれる――の頭のうえに降り注ぐことになったのである。もちろん、原爆投下は運命的なものではなく、アメリカ帝国主義の対ソ戦略やアジア観などと関連して理解すべきものだが、非戦闘員の大量殺戮に正当化の口実を与えてしまうような事実を、日本人がアジア諸地域で作り出してしまっていたことからも目をそらすことはできない。

右の図式は、いまだたぶんに仮説的な見取り図の段階にとどまっている。しかし、本国・植民地・占領地それぞれの政策展開を構造的に把握すること、特に台湾・朝鮮支配の問題と、満洲事変以後の中国大陸支配の問題を相互に連関させて考察することの必要性は明確にできたと考えている。

なお、右の点に関わって、欧米帝国主義との比較が不可欠なことはいうまでもない。この点でも本書は断片的指摘にとどまったといわざえるをえない。しかし、仮説的な見通しとしては次のように考えている。

差別の重層的な構造という原理は、欧米帝国主義の政策をも貫いており、むしろ日本帝国主義はその構造に適応しつつ、便乗していったものとみなすことができる。また、人種主義に代わるものとしての血族ナショナリズム、これにより正当化される植民地主義という点では、たとえばイギリスの政策ともたぶんに共通の土俵のうえにあったのではないかと考えられる。さしあたり、イギリス・モデルの統治政策を一貫して追及していた持地六三郎を比較のための参照点とすれば、一九二〇年以前の段階では、持地の構想と実際の統治体制とのあいだにそれほどの開きはなかった。しかし、第一次大戦後の情勢にいかに対応するかという点で違いが生じてくることになる。木畑洋一の研究に明らかなように、イギリスは地域によりさまざまな偏差と段階の相違を設けながらも、自治の付与という譲歩策に転じて、帝国‐連邦体制を形成した(6)。日本帝国主義は、ついにそのような転換をなしえなかった。代わって、文化統合の次元における自主主義の強化が図られたのである。

このような違いがなぜ生じたのか。それは多角的に考察されねばならない問題だが、一つポイントとして指摘できることは、持地が教育を一種の宗教とみなして重視することに終始一貫して批判的だったことである。しかし、天皇制が欧米諸国におけるキリスト教の代用品として国民統合の「基軸」とされた近代日本において、教育はまさに一種の宗教であった。したがって、植民地政府からは一定の自律性をもって活動するミッションに現地住民の教化を任せながら、統治体制そのものは別の次元での論理にしたがって構想する余地が少なかったと考えられる。しかも、日本帝国主義による植民地支配は、自らもその「周縁」に位置づけられてきた中華帝国の文化圏を主な対象としていた。したがって、中華帝国の文化システムという「地」から日本という「図」をあえて浮き立たせなければ、支配民族としての「威信」を保てないという事情が存在した。このような条件に、さらに、日本本国における民主主義的な政治システムの未成熟という条件が相乗することで、結局、自治主義的な方向での参政権付与ではなく、教育政策の重視により民族自決主義の風潮を乗りきろうという選択肢がとられたと考えられるのである。そのことは、イギリスなどの場合にもまして、統合の論理の破綻、「日本語」の観念の曖昧さの露呈として、ナショナリズムの自己矛盾の深化をもたらすものとなるのだが。

筆者としては、持地六三郎や隈本繁吉のような植民地テクノクラートによる欧米帝国主義への認識と評価を媒介項としながら、今後本格的に比較研究を行っていきたいと考えている。

2 「戦後」における国民国家の再建
——墨塗られた「帝国」の記憶——

皮肉な言い方をすれば、敗戦は、「日本人」にとって、二重三重に引き裂かれたナショナリズムを再建する絶好のチャンスであった。あるいは、そのようなものとして、敗戦という機会は利用され、「戦後改革」が進められた。

一九四三年一一月のカイロ宣言は、「満洲、台湾及澎湖島ノ如キ日本国ガ清国人ヨリ盗取シタル一切ノ地域ヲ中華民国ニ返還スルコト」を定め、「奴隷状態」におかれていた「朝鮮ヲ自由且独立ノモノタラシムルノ決意」を表明した。また、四五年七月のポツダム宣言は、植民地帝国日本の解体に関するカイロ宣言の方針を確認、「日本国ノ主権ハ本州、北海道、九州及四国並ニ吾等ノ決定スル諸小島ニ局限セラルベシ」と述べ、沖縄などの位置づけに関しては一定の留保を残しながら、日清戦争以前の領土に復させることを明らかにした。したがって、ポツダム宣言の受諾は、当然のごとく帝国の解体、植民地の放棄という政治的決定を含んでいたのである。

このように帝国の解体が軍事的敗北の結果として他律的に行われたことは、荒井信一の指摘しているように、「脱植民地化」を「苦痛に満ちた葛藤の過程」として体験させることを妨げ、植民地支配に対する責任意識の希薄さを生み出すことになった(7)。

まずポツダム宣言受諾以降の「在日」台湾人・朝鮮人の法的位置づけの推移を田中宏の研究により確認しておこう。一九四五年一一月のGHQの指令では、「軍事上の安全が許す限り中国人たる台湾人及び朝鮮人を解放人民として処遇すべき」こと、ただし「必要な場合には、敵国人として処遇されてよい」という方針を定めた。同年同月の帝国議会において、衆議院議員選挙法の改正案附則で「戸籍法ノ適用ヲ受ケザル者」、すなわち台湾人・朝鮮人の選挙権を暫定的に停止することを定め、四七年五月には台湾人・朝鮮人を登録の対象とみなす外国人登録令が、最後の勅令として公布施行された。この翌日に日本国憲法が施行される。当初の憲法草案では法の下の平等を定めた第十四条で、「すべての自然人」を主語としたうえで、「日本国民であると否とを問わず」平等であり、「国籍により」差別されることはない、と規定していた。しかし、日本政府と占領当局のあいだの折衝過程で、主語は「すべて国民は」に変わり、国籍を問わずという文言は削除されることになった。そして、一九五二年のサンフランシスコ講和条約の発効にともなって、台湾人・朝鮮人は、婚姻などにより「内地」の戸籍に入っていた少数者を例外として、一方的に国籍喪失の勧告を受けることになった。(8)

ここで重要なことは、台湾人や朝鮮人にも日本国籍が自動的に与えられなかったということではない、国籍決定に関する自主性が認められなかったことである。あるいは、そのような自主性に依存するものとして、「国籍」という概念が再構築されなかったことであるといってもよい。もっとも、田中宏も指摘しているように、朝鮮人や台湾人の国籍決定権を認める議論がまったくなされなかったわけではない。大野緑一郎文書に収められた「終戦ニ伴ナフ内地在住朝鮮人及台湾人ノ処遇ニ関スル件」でも、「内地在住朝鮮人及台湾人ノ国籍ニ関シテハ在外内地人ノ国籍ト共ニ相互選択ノ自由ヲ与フルガ如クスルモノトス」と規定している。(9)

また当時、国籍決定権に連なるような形で、「国籍」の概念そのものの転換を促す議論が存在しなかったわけではない。たとえば、一九五一年という時点で、丸山真男は、近代ナショナリズムとは、「単なる環境への情緒的依存」

ではなく、ルナン(E. Renan)の著名な言葉のように、「日々の一般投票」という、自発的で主体的な選択に根拠を持つべきものだと述べている。[10]「日本人」であることを望むか否かは、日々選択され直さなければならないし、その選択の根拠となる民主的な理念が存在しなくてはならないというわけである。その通りであろう。しかし、この議論には落とし穴がある。投票権を持つのは誰なのか。丸山の主張では、投票の主体としての「日本人」という観念が自明の前提とされており、その範囲を確定することの困難は問題とされていない。日本政府の主権の及ぶ範囲に一年以上居住する者を「日本人」と規定する、というような方向での再定義が追求された形跡もみられない。まして、旧植民地出身者の「歴史による権利」といった発想は問題とされていない。結局、ラディカルにみえる丸山の議論も、「日本人」が「日本人」であることを選び直すことの可能な国民国家を再建すべきという、トートロジカルな構造をぬけ出していないのである。

「戦後改革」にともなう「民主化」も「主権在民」の体制もすべて「日本国民」の内部でのことであり、しかも、その場合の「日本国民」は、植民地帝国の体制のもとでも頑強に維持され続けた「日本人」にかぎられるという体制が形成されたわけである。血族ナショナリズムによる排除の体制が基調に存在したからこそ、このような「スムーズ」な転換が可能になったというべきだろう。しかも、ことに対朝鮮政策をめぐって、アメリカ占領軍と旧日本統治者とのあいだの協力関係が八月一五日以降急速に復活し、[11]ソ連の南下に備えて朝鮮支配を至上命令とする体制の整備されたことが、右のような転換を助長した。

「戦後日本」における一定の「民主化」が進められる一方、朝鮮では朝鮮戦争、中国大陸では国共内戦が起こる。それはいうまでもなく冷戦構造の産物であるが、同時に、二〇世紀初頭以来日本帝国主義の絶えざる干渉のもとで、十分な社会的合意を経た国民国家形成のチャンスを阻害されてきたという事情も見逃すことはできないだろう。また、台湾では、一九四七年に二・二八事件が起こり、多数の台湾人が国民党政府により虐殺され、その後四〇年近く存続する戒厳令が施行されることになった。もともと台湾に居住していた「本省人」と、国民党政府に前後して大陸からやってきた「外省人」との政治的・文化的な衝突をもたらした大きな要因の一つが、前者にとっての植民地支配の体験――たとえば日本語はしゃべれても北京語はしゃべれないこと、「九・一八」以後の抗日戦争の体験を共有していないこと――だったことはいうまでもない(12)。

植民地帝国日本の歴史が東アジア諸民族に与えたこうしたツケは、しかしながら、冷戦構造のもとでアメリカとソ連のいずれに協力するのか、という問題が中心的な課題として意識される中で、閑却されていくことになる。そもそも東アジア諸地域で戦争が続けられていたにもかかわらず、一九四五年を「戦後」の基点と何の疑問もなく述べることのできる認識の枠組み自体が、いわば「防波堤」の中の意識を象徴的に表しているともいえよう。

敗戦を境とする、植民地帝国日本から国民国家日本への早変わり、その中でのナショナリズムの温存と再建という原理は教育面にもよく現れている。

一九四五年九月二〇日、文部次官より地方長官宛通牒として、「終戦ニ伴フ教科用図書取扱方ニ関スル件」が発せられ、「国防軍備」「戦意昂揚」「国際ノ和親ヲ妨グル虞アル教材」「戦争終結ニ伴フ現実ノ事態ト著ク遊離」した教材が削除されることになった。いわゆる教科書「墨塗り」の指令である。占領政策の進展にともなって、この指令の内容は不十分であることが明確になり、翌四六年一月二五日には改めて「国民学校後期使用図書中削除修正箇所ノ件」を文部省教科書局通牒として発し、全文削除すべき教材、部分的に墨塗りすべき教材などを指定した。この二回の通牒を通じて、国民学校の国語教科書に含まれていた「朝鮮のゐなか」「君が代少年」「支那の子ども」など、旧植民地・占領地関係の教材がほとんど全文削除された(13)。それ自体は当然の措置ともいえる。しかし、削除すべき理由がどのように理解されていたのか、ということが問題である。さしあたりポツダム宣言を受諾した以上、旧植民地・占領地関係の教材は、「戦争終結ニ伴フ現実ノ事態ト著ク遊離」した教材であるという以上の説明を、当時の資料から見いだすことは困難である。

削除の際の基準となった指令の一つは、一九四五年一二月のGHQ／SCAPによる「国家神道、神社神道ニ対スル政府ノ保証、支援、保全、監督並ニ弘布ノ廃止ニ関スル件」である。著名な指令ではあるが、改めてその内容の中で「過激ナル国家主義」の定義にかかわる部分を確認しておこう。[14]

(ヘ)本指令中ニ用ヒラレテヰル軍国主義的乃至過激ナル国家主義的「イデオロギー」ナル語ハ、日本ノ支配ヲ以下ニ掲グル理由ノモトニ他国民乃至他民族ニ及ボサントスル日本ノ使命ヲ擁護シ或ハ正当化スル教ヘ、信仰、理論ヲ包含スルモノデアル

(1)日本ノ天皇ハソノ家系、血統或ハ特殊ナル起源ノ故ニ他国ノ元首ニ優ルトスル主義

(2)日本ノ国民ハソノ家系、血統或ハ特殊ナル起源ノ故ニ他国民ニ優ルトスル主義

(3)日本ノ諸島ハ神ニ起源ヲ発スルガ故ニ或ハ特殊ナル起源ヲ有スルガ故ニ他国ニ優ルトスル主義

(4)ソノ他日本国民ヲ欺キ侵略戦争へ来リ出サシメ或ハ他国民ノ論争ノ解決ノ手段トシテ武力ノ行使ヲ謳歌セシメルニ至ラシメルガ如キ主義

この指令の内容は、きわめて曖昧である。

まず前文の内容について。(1)から(4)までに挙げられた理由以外で「他国民乃至他民族」に支配を及ぼすこと、すなわち帝国主義的な植民地支配一般は問題ではないのか、逆に「他国民乃至他民族」にまで及ばなければ、(1)から(4)のナショナリズムの原理は批判されるべき点を持っていないのか、ということも不明瞭である。一九四五年という境に関わりなく、アメリカもまた自らの国益を追求する帝国主義国家だったという事実が、植民地帝国日本の歴史を批判する観点の曖昧さを生み出す要因になったと考えられる。

四項にわたって挙げられた理由のうち、(1)と(2)は血族ナショナリズムの原理を批判したもののようにも取れる。しかし、血統団体としての「日本国民」という概念の虚構性、またその虚構性が君民同祖という天皇制の教説によって一定の「現実性」――もちろん、「日本人」内部でそう信じられるかぎりにおいてという意味――を与えられてきた、という事態への反省的な意識は見られない。すなわち、(1)における天皇制の観念と、(2)における「日本国民」の観念が別のことがらとして取りあげられているのだが、実際には天皇の存在が「日本国民」のイメージを可能にし、また、「日本国民」という「共感の共同体」への帰属意識が天皇制を産出し続けてきたはずである。本書第II章で指摘したように、血族ナショナリズム論の定式化に力をつくした穂積八束は、実は「民族ノ別、本、絶対ノ囲障ナシ、稍近キ者、稍遠キ者ト分カルルノミ」と自らの所説の虚構性を明確に意識していた。それを「狭隘ナル藩障」と批判的にみなす観点すら保持していた。右にあげた「過激ナル国家主義」の定義は、このような起源を忘却したうえで、むしろ血族ナショナリズムを支える基盤そのものは温存しているのである。

「過激ナル国家主義」を国家主義一般から区別して批判する、という曖昧さを免れない方針の中で、たとえば、文部省『初等科国語』巻八第二〇課「国語の力」における、次のような文章は、二回の墨塗りを越えて生き残ることになる。

われわれは、国語によつて話したり、考へたり、物事を学んだりして、日本人となるのである。国語こそは、まことにわれわれを育て、われわれを教へてくれる大恩人なのである。……わが国語には、祖先以来の感情、精神がとけ込んでをり、それがまた今日われわれを結びつけて、国民として一心一体のやうにならしめてゐるのである。

この教材でも、君が代や「万世一系の天皇」について記述した部分は削除されている。しかし、ここで言語ナショナリズムの観念が強固に生き残っているのを見いだすのは困難ではない。「日本語」が「日本人」としての一体感を形成する、他方、「日本人」の話す言葉として「日本語」は定義される、というトートロジカルな構造。そのなかで「祖先以来の感情、精神」の内実が実はきわめて多様であり、また曖昧であるという認識は隠蔽されている。日本語＝日本精神論の曖昧さは、異民族との関係性＝相対性において痛切に意識されたことがらだった。ただし、植民地や占領地という「前線」と、本国という「後方」のあいだには少なからぬ意識のギャップがあった。異民族との関係性においては、後者の言説はまったく非現実的で、占領政策を混乱させる役割しか果たさなかったのだが、右の墨塗りの過程ではそうした言説こそが「現実的」なものとして生き残ったのである。文部官僚として「後方」で日本語普及政策の指揮に当たった釘本久春や広田榮太郎が、一九四六年の時点でも文部省教科書局国語調査官という職にあったことも、こうした連続性を支える一因となったと考えられる。

もう一つの例を挙げよう。文部省は、一九四六年五月から、教師たちに新しい教育のあり方を示したものとして『新教育指針』を編纂・刊行した。堀尾輝久は、『新教育指針』の記述がマルクス主義に好意的でないことや、「極端な国家主義」としての「国体明徴」運動に対して「厳しさを欠いた記述となっている」ことを問題点として指摘しながらも、「全体として戦前の教育の批判と反省の上に、新しく民主的教育を創造しようとする志向」のものだったと、肯定的に評価している。[15] しかし、同書は、先のＧＨＱ／ＳＣＡＰの指令を敷衍して敗戦の原因を説明したくだりで、次のように述べている。[16]

およそ民族として自信を抱き、国民として祖国を愛するのは、自然の人情であって、少しもとがむべきことではない。しかしそのために他の民族を軽んじたり、他の国民を自分にしたがわせようとするのは、正しいことではない。日本国民は、こうした態度のためにかえって世界の同情を失い、国際的にひとりぼっちになった。これが戦争の原因でもあり敗戦の原因でもあったのである。

たしかに自己反省的記述であるように見えるが、「民族」と「国民」を連続的なものととらえたうえで、愛国心は

「自然の人情」であると説明していることにこそ着目し批判すべきだろう。単一民族国家的な理念と体制を前提としているのである。日本という国家は、一八九〇年の時点でも、一九二〇年の時点でも、一九四六年の時点でも、等しく多民族を領土のうちに含んでいた。一八九〇年の時点でそうした事実を無視して、「皇祖皇宗ノ遺訓」に正統性の根拠をおく単一民族国家的体制が形成された。一九二〇年の時点ではその改廃の必要が明確になり、「民族」の観念と「国民」の観念を切り離すべきこと、「自然の人情」という虚構には依存しえない地点に、統合の原理を築くべきだとの議論が体制の内部からも提起されていた。異民族との関係性＝相対性において把握されたそうした認識は、原理的には、領土内に含まれる異民族の人口の多少にかかわらず、一般的な正当性をもつものだったはずである。しかし、敗戦を境として、多民族国家体制への転換という理念は「死産」のまま、たらいの水とともに流されてしまったのである。

このように、「戦後改革」は、植民地帝国日本の歴史の中にはらまれていた、ナショナリズムの自己否定的な契機を抑圧するものだった。結果として温存されたナショナリズムの中で、一方では、「一国の繁昌」を目指す価値観が支配的なものとして生き続け、他方で、天皇制にまつわる諸観念と諸制度は、形骸化しつつ命脈を保つことになる。もちろん、両者の関係は変化した。植民地帝国の時代には、列国競争激烈という危機意識のもとで、両者は緊密に結びつき合っていた。しかし、敗戦を境として、経済的次元において「国民的」な利益を求める志向が裸のまま露出し、天皇制はいわば脱ぎ捨てられた外套のような位置づけを与えられたと考えられる。

ナショナリズムをめぐる道具立ての配置が変化した以上、外套としての天皇制だけに批判の矛先を向けるのでは不十分である。筆者は、露出した裸体と、脱ぎ捨てられた外套との間隙に生じた巨大な空洞にこそ注目すべきだと考えている。その空洞とは、戦前・戦中期に圧倒的に天皇制によってカバーされてきた、モラルや宗教の次元——やや文学的な表現を用いれば「魂」の次元——における空虚である。

以下、本書の守備範囲を越えた意見表明に堕する危険性を犯して、あえて、こうした「魂」の次元における未解決の課題について、問題提起的に述べることにしたい。

「戦後改革」における「民主化」の中で、国家的権力装置を背景とした、モラルの画一化や疑似的な宗教の強制を排して、思想・信仰・良心の自由という原則を明確にしたことは、いうまでもなく重要なことである。ただし、そのこととモラルや宗教の次元における社会的な合意を形成しつつ、たえずこれを相対化し、組みかえていくことの必要性は、さしあたり別問題のはずである。しかし、実際においては、天皇制国家体制へのきわめて不徹底な批判の中で、こうした次元の問題がむしろなおざりにされてきたと筆者は考えている。

巨大な空洞を埋めるために、当然のごとく、単なる外套と化した天皇制に再び宗教的な情熱の対象としての意味を付与しようとする試みも生じてくることになる。たとえば、三島由紀夫。三島の著した「英霊の声」において、二・二六事件で処刑された青年将校の霊は、「天皇人間宣言」によって天皇を「神」と信じて死んだ戦死者が生と死を意味づける枠組みから放逐され、「愚かな犠牲」となってしまったことを呪詛して、次のように述べる。(17)

陛下がただ人間《ひと》と仰せ出されしとき
神のために死したる霊は名を剝奪せられ
祭らるるべき社《やしろ》もなく
今もなほうつろなる胸より血潮を流し
神界にありながら安らひはあらず

安丸良夫の指摘しているように、三島の描くこうした世界は、奇矯で理解しがたいものと見えたとしても、それは「私たちが戦後社会の消費文明の飽食のなかに自足して、鋭敏な感受性を失った」(18)ためであると筆者も考える。ただし、三島の描く霊自身が述べているように、天皇を「神」とする体制は「辛く苦しき架空」であった。天皇が意思と欲望を盛った生身の人間であり、天皇制が近代日本において政治的な必要によって生み出された社会的制度であるかぎりにおいて、青年将校の霊、あるいは、三島自身の天皇に対する熱い思いは、ある種の「純粋さ」を高めれば高めるほど、現実との巨大なギャップを体験せざるをえない。

しかも、三島の描く神霊の世界は、きわめて政治的である点でも「純粋さ」を貫徹できない。たとえば、志願して「日本兵」として死んだ台湾人や朝鮮人は――当事者の意思とは関わりなく――ここに描かれた神霊の世界に位置づけられるかもしれない。しかし、日本帝国主義により処刑された羅福星や安重根の霊は絶対に排除されるだろう。彼らは、三島の排斥した「共産主義者」と同様に、天皇制の否定に連なる存在だからである。結局、三島が現実の天皇制に宗教的な情緒を補塡させようとすればするほど、他方において、神霊の世界は現実の差別的な構造を反映し、政治化していかざるをえない。

三島の描く世界とはまったく対極的な方向での「慰霊」にこだわり続けた日本人もいた。近年では比較的よく知られるようになった事実であるが、安重根が旅順監獄に幽閉されていた際に看守を努めていた千葉十七は、安の人間性と伊藤博文暗殺にいたる言い分の正当性にうたれて安への思いを保ち続け、朝鮮総督府の憲兵としての官職を中途退職、「戦後」も「懺悔」と「供養」の日々を過ごした。(19)

植民地支配や侵略戦争の担い手となった多くの日本人は、一方で三島的な世界を密かに愛惜しながら、他方で千葉十七の象徴するような、痛悔の念をも心の奥深くに蔵し続けてきたのではないだろうか。しかし、天皇制が「宗教的なもの」に関する特権的な地位を喪失した時、残されたのは宗教的な空洞と無関心であった。結果として、「慰霊」の念は宙にさまようことになる。

同様のことは、モラルの次元においても指摘できる。たとえば、教育勅語の失効をめぐる経緯。一九四八年六月、国会での決議により、教育勅語の学校からの排除と失効が確認された。その過程において、「新教育勅語」発布論が提起されたことなどの紆余曲折については、ここでは取りあげない。筆者の注目したいのは、のちに文部大臣として教育基本法の制定に参与するカトリック法学者田中耕太郎が、一九四六年二月に文部省学校教育局長として、次のような教育勅語擁護論を展開していることである。(20)

教育勅語は我が国の醇風美俗と世界人類の道義的な核心に合致するものでありまして、いはば自然法とも云ふべきであります。すなわち教育勅語には個人、家族、社会及び国家の諸道徳の諸規範が相当網羅的に盛られて居るのであります。それは儒教、仏教、キリスト教の倫理とも共通して居るのであります。中外に施して悖らずとは此の普遍性の事実を示したものに他ならないのであります。……考へ様によつては従来教育勅語が一般に無視されて居たからこそ、今日の無秩序、混乱が生じたと考へられるのであります。

教育勅語は、本当に「世界人類の道義的な核心」にあうものであったのだろうか。田中の意図に反して、そのように評することのできないことは、本書の叙述から明らかであると思う。田中は勅語の内容を「自然法」に合致したものと述べているが、この時期の田中の「自然法」思想に関しては、半澤孝麿が、国家の存在を所与の前提としたうえでの議論であり、現実の秩序と諸制度を批判的に相対化するものではなかったと論じている。(21)教育勅語に関しても、現実に民衆がその正しさを認めている以上、合理的な根拠を持つのであり、「自然法」に即したものであるということが、田中の考えであった。しかし、この場合の田中が「民衆」として視野に入れている範囲、彼の切り取った「現実」そのものが一面的なものであることは、もはや贅言を要しないだろう。

ただし、同時に、教育勅語のうち、どのような部分が「世界人類の道義的な核心」にかなうものであり、どのような部分が否定されるべきなのか、さらなる議論が必要だったと思う。たとえば、「博愛衆ニ及ホシ」という言葉がある。明治期には中村敬宇のように、儒教の仁の思想とキリスト教の隣人愛の思想の交錯する地点で、国家の枠を越えた普遍的なモラルにこそ価値を見いだす態度も存在した。しかし、一八九〇年の論争の過程で、勅語の説く博愛は忠孝の倫理に矛盾しないものだという解釈が、支配的な地位を占めていった。そうした解釈の正当性について、また、「博愛」というモラルの価値について十分な論議が展開されるべきだっただろう。

帝国の崩壊によって生じたモラルと宗教の次元における間隙、それは脱ぎ捨てられた外套としての天皇制への思い入れを復活することによっては決して埋められることはない。唯一その空虚を埋められる可能性があるのは、むしろ、帝国としての歴史への批判を徹底させること、そして、アメリカ占領軍の思惑にも左右される中で実現されなかった可能性の実現に努めることではないだろうか。すなわち、「日本人」という観念を基軸とした排除の構造を改編していくことである。アメリカのような欧米諸国が人権など普遍的な価値に関わる語彙を独占してきた以上、それは、日本社会の歴史的な現実に即して「新しい普遍性」[22]の構築を目指すものでなくてはならない。逆にまた、そうした志向に貫かれていない宗教やモラルの復権は、「一国の繁昌」こそが支配的な価値観となった社会において、若干の宗教的な情緒を補塡する役割しか果たしえないだろう。

在日韓国・朝鮮人、在日中国・台湾人、中国「残留孤児」、インドシナ「難民」、アジア・アフリカ諸国からの留学生や「外国人」労働者、日本社会に居住する多様な人々が、それぞれの出自と由来にかかわりなく、さまざまな局面で具体的に人権を保障される社会。筆者は、そうした社会を形成していくことこそが、日本帝国主義により抑圧され、殺された東アジア諸民族に対しても、支配する者としての自己分裂としばしば不本意な死を迫られた「日本人」に対しても、唯一「鎮魂」となりうる可能性をもったことがらなのではないかと思う。

ある意味で結論は陳腐である。その陳腐な主張に、歴史的な事実の重みと、実証をともなった説得力をいくばくかつけ加えることができれば、本書の役目は十分すぎるほど果たしえたというべきかもしれない。地球の反対側を目指して井戸を掘るという序章の比喩に即していえば、井戸はまだ掘りはじめられたばかりなのだから。

注

序　章

（1）このように中華文化圏と関連して対象を設定する以上、「琉球王国」として独自の政治領域を形成した沖縄を本格的な分析の対象としていないことは、本書の大きな欠落である。また、このような対象の限定は、北海道やサハリンのアイヌ、ギリヤークなど諸先住少数民族、台湾の先住少数民族――以下、当事者の用語法を尊重して「原住民」という呼称を用いる――、南洋群島パラオ、ポナペ、トラックなどの諸民族に対する植民地支配が、それ自体として重要ではないということではない。本論の行論の過程で明らかになるように、結局、「旧土人」「土人」という言葉で総括されがちな少数民族に対する政策を批判しうる視座を持ちえなければ、漢民族や朝鮮人に対する政策も根本的には批判しえないだろうと筆者は考えている。しかし、中華文化圏に属した諸民族への政策とそれ以外では性格の異なるものとなったという判断に基づき、前者の系譜に対象を限定することにする。なお、小川正人『近代アイヌ教育制度史研究』（北海道大学図書刊行会、近刊予定）、宇野利玄「台湾における「蕃人」教育」（戴国煇編著『台湾霧社蜂起事件――研究と資料――』社会思想社、一九八一年）、今泉裕美子「国際連盟での審査にみる南洋群島現地住民政策――一九三〇年代を中心に――」（『歴史学研究』第六六五号、一九九四年一一月）などを参照。

（2）西川長夫「日本型国民国家の形成」西川長夫・松宮秀次編『幕末・明治期の国民国家形成と文化変容』（新耀社、一九九五年）一一頁、一四頁、二二頁。

（3）同前書、一六頁。

（4） 近代日本の公教育において、「御真影」、教育勅語、祝祭日学校儀式などの占めた役割については、教育史の領域において少なからぬ研究が蓄積されている。その中で、最新の研究成果に基づいて簡にして要をえた説明を行ったものとしては、佐藤秀夫編『続・現代史資料8 教育 御真影と教育勅語I』（みすず書房、一九九四年）における佐藤の「解説」をあげるべきだろう。なお、本書において、天皇制宗教の「国教会」としての学校の役割に着目するのは、天皇制イデオロギーの「注入」という方式が植民地にも拡大適用されたことを一面的に強調するためではない。そうした記述は、しばしば、天皇制の効用に対する過大評価と、教育の果たしうる役割の過大評価という二重の単純化を犯していると筆者は考えている。たとえば、佐藤秀夫は、天皇制による公教育支配のメカニズムに着目しながらも、戦前・戦中全期間を一貫した「実効支配」を強調する見解を批判し、「近現代天皇制の状況変動に対応してきた柔構造性」の存在を指摘し、「敵」を憎むあまりその役割を過大評価する傾向を戒めている（同前書、三一頁）。また、廣田照之は、教育史研究者が、しばしば天皇制イデオロギーの「注入」と「内面化」という図式に頼ってきたことを批判し、「内面化」する側の能動的な側面、つまり天皇制を準拠価値の一つとしては受け入れながら、むしろそのことを通じて私的な利害や欲求を実現していった側面（「活私奉公」）を解明する必要を明らかにしている。廣田は、右のような観点を具体化するために、学校儀式に関する佐藤らの研究を前提としながら、天皇制が「単なる教義の体系ではなく、教化・監視・儀礼・信仰告白という、多方面にわたる実践の体系」でもあった点にこそ着目すべきだと述べている（廣田照之「〈天皇制と教育〉再考——「内面化」図式を越えて——」『教育学年報4 個性という幻想』世織書房、一九九五年、二六三頁、傍点廣田）。本書では、分析の対象は主に教育勅語という「教義」のレベルに限定する。しかし、それは、「教義」のレベルに限定したとしても、天皇制イデオロギーの「注入」「内面化」という図式が、植民地支配という局面ではおよそ成立しえないことを明らかにしうるという見通しがあるからである。

（5） 西平直『エリクソンの人間学』（東京大学出版会、一九九三年）二四四—二四六頁。西平によれば、エリクソンは「超越的アイデンティティ」を「種々のアイデンティティを統一する、より広い、より包括的なアイデンティティ」と規定したうえで、それは地上においては決して実現しない理念であり、地上のアイデンティティを相対性＝関係性において照らし出すための、絶対的な否定性であることを強調している(同前書、二四五―二四六頁)。
(6) 丸山真男『増補版 現代政治の思想と行動』(未来社、一九六四年)一六四頁。
(7) 同前書、二七八頁。
(8) 酒井直樹「丸山真男と戦後日本」『世界』第六一五号(一九九五年一一月)。
(9) ベネディクト・アンダーソン、白石隆・白石さやか訳『想像の共同体――ナショナリズムの起源と流行――』(リブロポート、一九八七年)一五〇頁、一五七頁、一六〇―一六六頁。
(10) 同前書、一五一頁。
(11) たとえば、田中宏『在日外国人――法の壁、心の溝――』(岩波書店、一九九一年)、福岡安則『在日韓国・朝鮮人――若い世代のアイデンティティ――』(中央公論社、一九九三年)、永野武『在日中国人――歴史とアイデンティティ――』(明石書店、一九九三年)、駒井洋『外国人労働者定住への道』(明石書店、一九九三年)。「在日台湾人」という用語に関しては、台湾文化研究会『ふぉるもさ』(第七号、一九九五年六月)を参照。
(12) 西村成雄『中国近代東北地域史研究』(法律文化社、一九八四年)二―三頁。
(13) 宮嶋博史、渡部学の研究に関しては、本論で言及するのでここでは省略する。呉密察の研究に関しては、呉密察、帆刈浩之訳「台湾史の成立とその課題」(溝口雄三・浜下武志・平石直昭・宮嶋博史編『アジアから考える[3] 周縁からの歴史』東京大学出版会、一九九四年)を参照。
(14) 朝鮮憲兵隊司令部・朝鮮総督府警務総監部「極秘 騒擾事件の概況」一九一九年(国立国会図書館憲政資料室所蔵斎藤実関係文書、九五―二)。
(15) 植民地経済史研究における代表的な研究としては、浅田喬二『日本帝国主義と旧植民地地主制』(御茶の水書房、一九六八年)、小林英夫『「大東亜共栄圏」の形成と崩壊』(御茶の水書房、一九七五年)、波形昭一『日本植民地金融政策史の研究』(早稲田大学出版部、一九八五年)、山本有造『日本植民地経済史研究』(名古屋大学出版会、一九九二年)などをあげることができるだろう。

(16) 戦後日本における教育史研究の動向に即してこうした問題を指摘したものとして、拙稿「植民地教育史研究の課題と展望」『日本教育史研究』第一〇号(一九九一年)を参照。

(17) 教育史に関連する代表的な研究としては、台湾人の研究者によるものとして、呉文星「日拠時期台湾総督府推広日語運動初探」(『台湾風物』第三七巻第一期・第四期、一九八七年)ほか一連の呉文星の研究、韓国人の研究者によるものとして、鄭在哲《チョンジェチョル》『日帝의対韓植民地教育政策史』(一志社、ソウル、一九八五年)や金雲泰《キムウンテ》『日本帝国主義의韓国統治』(博英社、ソウル、一九八六年)。「偽満洲国」の教育政策をとりあげた中国人の研究書として、斉紅深主編『東北地方教育史』(遼寧大学出版社、瀋陽、一九九二年)、王野平主編『東北淪陥十四年教育史』(吉林教育出版社、長春、一九八九年)などをあげることができる。このうち、鄭の研究は朝鮮のみならず台湾や満洲国にも言及し、金の研究は、丸山真男の所説などにもよりながら、天皇制の教説の内実にある程度たちいった論及をしている。中国人の研究では、「同化政策」よりも「奴化教育」という言葉がよく使われる。いずれも緻密な実証研究だが、実証の前提となる枠組みにおいて、天皇制イデオロギーの注入による「同化政策」であったという評価は、「戦後日本」における研究と同様、共有している。そこには、蔵田雅彦が植民地朝鮮における宗教・文化政策史に関わって指摘したように、「天皇制イデオロギーの内実に関する分析を、すでに理解されているがごとく簡単に処理しているため、短絡的な結論」に陥っているという問題がある。ただし、その蔵田の研究もまた、朝鮮統治初期の天皇制イデオロギーを一九三〇年代の『国体の本義』で説明するという「短絡」を結果として免れていない(蔵田雅彦「天皇制国家の朝鮮植民地支配と文化・宗教政策」『朝鮮史研究会論文集』第二九集、一九九一年)。

(18) 君島和彦「植民地支配の構造」浅田喬二編『「帝国」日本とアジア』(吉川弘文館、一九九四年)一〇七頁。

(19) 同前書、一〇五頁。

(20) 同前書、一〇五頁。

(21) 柄谷行人『探求Ⅰ』(講談社、一九八六年)六―八頁。

(22) 対談「〈アジア〉の自画像をいかに描くか」『世界』第六一四号(一九九五年一〇月)。山室信一の発言。

(23) 上原専祿「日本における独立の問題」一九六一年(『上原専祿著作集』第一三巻、評論社、一九九一年)九頁。
(24) 上原専祿「世界史における現代のアジア」一九五四年(『上原専祿著作集』第一四巻、評論社、一九八九年)八二頁。
(25) 「騒擾善後策私見」一九一九年六月(斎藤実関係文書、六八―六)、原敬「朝鮮統治私見」一九一九年(同前、一〇四―一九)。
(26) 春山明哲「近代日本の植民地統治と原敬」春山明哲・若林正丈『日本植民地主義の政治的展開 一八九五―一九三四年』(アジア政経学会、一九八〇年)五九頁。
(27) 前掲山本『日本植民経済史研究』六〇―六一頁。
(28) 山中速人「朝鮮同化政策と社会学的同化・上」『関西学院大学社会学部紀要』第四五号(一九八二年)、同「朝鮮同化政策と社会学的同化・下」『関西学院大学社会学部紀要』第四六号(一九八三年)。山中はまた、本国の新聞における朝鮮関係記事の分析に基づきながら、「建前として「同化主義」という受容的姿勢をとりながら、実際には、分離主義と排除への引力が働くというダブル・バインドの状態」を指摘している(山中速人「近代日本のエスニシティ観」中野秀一郎・今津孝次郎編『エスニシティの社会学』世界思想社、一九九三年、一〇六頁)。これも的確な総括であり、本書においても踏襲したい着眼である。
(29) 矢内原忠雄「朝鮮統治の方針」一九二六年(『矢内原忠雄全集』第一巻、岩波書店、一九六三年)七三一―七三五頁。
(30) 同前書、七三六―七三七頁、七三九頁。
(31) 矢内原忠雄「朝鮮統治上の二、三の問題」一九三八年(『矢内原忠雄全集』第四巻、岩波書店、一九六三年)三二四頁。
(32) 矢内原忠雄「軍事的と同化的・日仏植民政策比較の一論」一九三七年(前掲『矢内原忠雄全集』第四巻)三〇五頁。
(33) 宮田節子『朝鮮民衆と「皇民化」政策』(未来社、一九八五年)一四八頁。
(34) 同前書、一四八頁。
(35) 尹健次『民族幻想の蹉跌――日本人の自己像――』(岩波書店、一九九四年)一〇〇頁、一〇二頁、一一四頁。
(36) 同前書、九二頁、一〇二頁。

(37)　並木真人「植民地期民族運動の近代観――その方法論的考察――」『朝鮮史研究会論文集』第二六集(一九八九年)。並木は、もう一方で「神国として世界の支配者となるべく運命づけられたと自負して侵略を正当化する」論理が用いられたと述べている。しかし、もともと政策史ではなく民族運動史の分析枠組みを問題とした研究でもあり、天皇制の問題に関する言及は曖昧なままにとどまっている。なお、植民地支配と天皇制との関わりについて、梶村秀樹は、「天皇制の思想をどう始末するのかは、日本人自身が考えるほかないのじゃないか」という朝鮮人の「クールな視線」に満ちた発言を引用しながら、「民族差別の根源」として天皇制の思想を克服していく必要を説いている(『梶村秀樹著作集第1巻　朝鮮史と日本人』明石書店、一九九二年、一五八頁、一六四頁)。本書においても「クールな視線」をできるかぎり内在化しながら、天皇制について論ずることに努めたい。

(38)　板垣雄三『歴史の現在と地域学』(岩波書店、一九九二年)二六―二八頁。板垣は、「差別の克服と連帯の獲得」という理念を、「パレスチナ人」というアイデンティティと関連させて次のように説明している。「ユダヤ人国家によって剝奪され放逐され抹殺される存在、ユダヤ人国家の最下層にうごめく被差別者」としてのパレスチナ人にとって、「「ユダヤ人」的あり方の根源を問いかえし、ホロコーストを批判し、ユダヤ人差別＝反ユダヤ主義に反対して、それを克服することなしには、脱出口がない」のであり、民族的アイデンティティよりは、より広い視野を持つ人間的アイデンティテイを模索せざるをえない立場に置かれているのである(同前書、三八七―三八八頁)。筆者は、植民地期の台湾・朝鮮人の思想的な営みの中にも、こうした意味での「人間的アイデンティティ」の模索の跡が見られるにもかかわらず、そのようなものとして評価されてこなかったと考えている。

第Ⅰ章

(1)　中勘助『中勘助全集』第一巻(岩波書店、一九八九年)一一八―一二〇頁。

(2)　柄谷行人『〈戦前〉の思考』(文芸春秋、一九九四年)三四頁。

(3)　国際政治の次元における中華帝国の解体過程については、永井和「東アジアにおける国際関係の変容と日本の近代――

〈中華帝国体制〉の解体と〈近代帝国主義支配体制〉の成立——」(『日本史研究』第二八九号、一九八六年九月)を参照。また、一九世紀までの東アジアの国際関係に関しては、荒野泰典『近世日本と東アジア』(東京大学出版会、一九八八年)、浜下武志『近代中国の国際的契機』(東京大学出版会、一九九〇年)を参照。

(4) 前掲アンダーソン『想像の共同体』三一頁。

(5) 「台湾問題二案」一八九六年(伊藤博文編『台湾資料』秘書類纂刊行会、一九三六年)三二頁。

(6) 児玉・後藤体制のもとでの台湾統治法案に関しては、春山明哲「台湾旧慣調査と立法構想——岡松参太郎による調査と立案を中心に——」(『台湾近現代史研究』第六号、一九八八年)を参照。

(7) 外務省条約局法規課『台湾ニ施行スヘキ法令ニ関スル法律(六三法、三一法、及び法三号)の議事録』「外地法制誌」第三部附属』(一九六六年)一九四頁、二〇九頁。

(8) 小林道彦「後藤新平と植民地経営——日本植民地政策の形成と国内政治——」『史林』第六八巻第五号(一九八五年九月)。なお、後藤の植民地統治思想に関しては、藤原敬子が福沢諭吉の植民思想との類縁性という興味深い問題を指摘している(「福沢諭吉の植民論——後藤新平の台湾統治政策と関連して——」『福沢諭吉年鑑』一三、一九八七年)。

(9) 春山明哲「明治憲法体制と台湾統治」『岩波講座近代日本と植民地4 統合と支配の論理』(岩波書店、一九九三年)四七—四八頁。

(10) 中村哲「植民地法(法体制確立期)」『講座日本近代法発達史5』(勁草書房、一九五八年)六頁。

(11) 安丸良夫『近代天皇像の形成』(岩波書店、一九九二年)。安丸は、「天皇制的正統説とはまったく異質な思想的系譜」にたつ民衆宗教も天皇の権威や国体論をよりどころとしてそれぞれの教説を展開するにいたった経緯の内に「国民国家による統合の重み」を見いだしている(同前書、二二二頁)。本書では、こうした意味での統合の重みが民間信仰の次元まで浸透していない世界での、天皇制の役回りを考察することになる。

(12) 鬼頭清明「国民国家を遡る」歴史学研究会編『国民国家を問う』(青木書店、一九九四年)二三九頁。

(13) 乃木希典「建議書」一八九七年一一月(国会図書館憲政資料室所蔵後藤新平文書、R二三—七—三)。春山明哲は、この

建議書をとりあげて、「児玉・後藤の立法構想および旧慣調査事業は、そのアイディアにおいて、乃木に負うところが実に大きい」と評価している(前掲春山「台湾旧慣調査と立法構想」)。

(14) 梅謙次郎「台湾ニ関スル鄙見」(同前、R二三―七―五)。

(15) カークード「台湾制度、天皇ノ大権、及帝国議会ニ関スル意見書」一八九五年七月(前掲『台湾資料』)八一―八二頁。カークードの意見書の内容に関しては、呉密察「外国顧問 W. Kirkwood 的台湾殖民地統治政策構想」(国立台湾大学歴史学系編『日拠時期台湾史国際学術研討会論文集』台北、一九九三年)でも詳細な分析がなされている。

(16) 江橋崇「植民地における憲法の適用――明治立憲体制の一側面――」『法学志林』第八二巻第三・四号(一九八五年)。なお、日本の植民地統治思想へのフランス人種社会学の影響について論じた小熊英二の研究によれば、世紀転換期を境として、自然法思想に基づくフランスの同化主義(l'assimilation)的な政策は失敗との批判が強くなり、人種の差異を重視し、伝統的慣習の温存を図り、在来の支配層の活用を説く協同主義(l'association)が優勢になりつつあったとのことである(小熊英二「差別即平等――日本植民地統治思想へのフランス人種社会学の影響――」『歴史学研究』第六六二号、一九九四年)。「同化」への批判が、逆に差別の温存に結びつくという問題は鋭い着眼であり、本書の対象に即しても同様の問題を見いだしうるはずである。ただし、フランスでも一九世紀末の時点ではそうした発想はいまだ少数派であり、司法省顧問ルボンは、地政学的な観点から、台湾を漸進的な内地延長主義の対象とすべきだと主張していたのである。

(17) 「台湾制度ニ関スル原本」(国立国会図書館憲政資料室所蔵鈴木三郎関係文書、一〇―三)。

(18) 台湾住民の武装蜂起と総督府の軍政の関係については、栗原純「明治憲法体制と植民地――台湾領有と六三法をめぐる諸問題――」(『東京女子大学比較文化研究所紀要』第五四巻、一九九三年)を参照。

(19) 久木幸男「明治期天皇制教育研究補遺」『仏教大学教育学部論集』第六号(一九九五年)を参照。

(20) 横森久美「台湾における神社――皇民化政策との連関において――」『台湾近現代史研究』第四号(一九八二年)。

(21) 酒井直樹「天皇制と近代」『日本史研究』第三六一号(一九九二年九月)。

(22) 水上熊吉編『前台湾高等法院長高野孟矩剛骨譚』一九〇二年(家永三郎『歴史のなかの憲法(上)』東京大学出版会、一

九七七年)二三四頁よりの重引。なお、高野事件に関しては、小林道彦「一八九七年における高野台湾高等法院長非職事件について——明治国家と植民地領有——」(『論究(中央大学大学院研究科)』第一四巻第一号、一九八一年)に詳しい。この小林の研究は、「植民地における政治過程と国内における政治過程とを統一的に把握するような方法・視点」を提起している点でも重要である。ただし、乃木が台湾への教育勅語下付を稟申したことなどをもって、「一視同仁的理念を信奉していた」と評している点には疑問が残る。本論で明らかになるとおり、乃木はむしろ伊沢修二的な「一視同仁」主義とは対極的な立場にあり、教育勅語下付にも伊沢の意向が大きく関わっていると考えられるからである。

(23) 冨山一郎は、近代日本社会において、「不衛生」「怠惰」といった観念を内実とする「沖縄人」というカテゴリーが析出される過程を、文化的な属性の問題としてではなく、プロレタリア化における規律の問題として把握する枠組みを提起している(冨山一郎『近代日本社会と「沖縄人」——「日本人」になるということ——』日本経済評論社、一九九〇年、四—五頁)。「近代的民族統一」という観念を前提とした歴史叙述への疑問や、「沖縄人」というカテゴリーが析出されるにあたっての変更不可能な標識と変更可能な標識との相違への着目など、本書は冨山の議論から大きな示唆を受けている。ただし、冨山自身が指摘しているように、「法的平等が設定されたのちのプロレタリア化における支配」(同前書、一〇頁)の問題と、法的平等が達成されていない植民地支配の問題は区別されねばならない。そのうえで、近代日本社会における「沖縄人」「アイヌ」「朝鮮人」「台湾人」「日本人」というカテゴリーの産出と再生産の過程を法制的次元、経済的次元、文化的次元で総体的に把握することは、今後の作業課題として残される。なお、日本近代社会の差別構造をトータルにとらえようとしたものとして、ひろたまさき『日本近代思想体系22 差別の諸相』(岩波書店、一九九〇年)を参照。

(24) 小路田泰直「天皇と政党」鈴木正幸編『近代日本の軌跡7 近代の天皇』(吉川弘文館、一九九三年)八四頁。

(25) 前掲山本『日本植民経済史研究』二九頁。

(26) 若林正丈『台湾抗日運動史研究』(研文出版、一九八三年)六四頁。

(27) 田中宏「日本植民地支配下における国籍関係の推移——台湾・朝鮮に関する参政権と兵役義務をめぐって——」(愛知県立大学外国語学部『紀要』第九号、地域研究・関連諸科学編、一九七四年)を参照。

(28) 伊沢修二「国家教育社第六回定会演説」一八九六年(『伊沢修二選集』信濃教育会、一九五八年)五九三頁。伊沢修二の思想と経歴に関しては、上沼八郎『伊沢修二』(吉川弘文館、一九六二年)を参照。
(29) 台湾教育会『台湾教育沿革誌』(台湾教育会、一九三九年)一六六頁。
(30) 国府種武『台湾に於ける国語教育の展開』(第一教育社、一九三一年)七〇頁。
(31) 伊沢修二「台湾公学校設置に関する意見」一八九七年(前掲『伊沢修二選集』)六一二頁。
(32) 前掲『台湾ニ施行スヘキ法令ニ関スル法律(六三法、三一法、及び法三号)の議事録』六六頁。
(33) 「学務部創設以降事業ノ概略」(後藤新平文書、R三二—八七—一)。
(34) 吉野秀公『台湾教育史』(台湾日日新報社、一九二七年)一三〇頁。
(35) 木村匡「台湾の普通教育」『台湾教育会雑誌』第二八号(一九〇四年七月)。
(36) 沢柳政太郎「我が小学教育の特長」一九一五年(『沢柳政太郎全集』第九巻、国土社、一九七七年)一八三—一八四頁。
(37) 持地六三郎「台湾に於ける現行教育制度」『台湾教育会雑誌』第三一号(一九〇四年一〇月)。
(38) 持地六三郎「県治管見」(後藤新平文書、R三一—七—七三)。執筆時期については、文中に「領台已ニ七星霜」という語句のあることや直近統計の年次から一九〇二年と推定できる。
(39) 前掲持地「台湾に於ける現行教育制度」。
(40) 前掲『台湾教育沿革誌』二八七頁。
(41) ビクトリア朝期のイギリス人の世界観に関しては、松沢弘陽『近代日本の形成と西洋経験』(岩波書店、一九九三年)二三一頁を参照。
(42) 台北帝国大学に関しては、呉密察「従日本植民地教育学制発展観台北帝国大学的設立」(『台湾近代史研究』稲郷出版社、台北、一九九一年)を参照。
(43) E. Patricia Tsurumi, *Japanese Colonial Education in Taiwan, 1895-1945* (Cambridge, Massachusetts and London: Harvard University Press, 1977), p. 214. なお、同書は、教育政策の全般にわたり平衡感覚のとれた目配りを行い、今日

でも植民地期台湾教育史に関する、もっとも適切な通史としての地位を占めている。ただし、植民地教育政策を評価するうえでの基軸となる、Modernization と Japanization の概念そのものに対する批判的な検討が弱く、植民地支配の中でナショナリズムが自己矛盾を深める過程を明らかにする、という本書の課題意識とのあいだにはズレがある。なお、E. Patricia Tsurumi, "Colonial Education in Korea and Taiwan", Ramon H. Myers and Mark R. Peattie (eds.), *The Japanese Colonial Empire* (Princeton : Princeton University Press, 1984) も参照。

(44) 前掲伊沢「台湾公学校設置に関する意見」『伊沢修二選集』六一四―六二〇頁。

(45) 「勅語謄本ニ関スル件」(隈本繁吉文書、0602)。以下、台湾関係の隈本繁吉文書に関しては、阿部洋『隈本繁吉文書目録・解題――特定研究「文化摩擦」――』(一九八一年)で付された整理番号を踏襲する。本資料は、一九一二年に教育勅語宣講会の実施が問題になった際に参考資料として作成されたものと思われる。

(46) 前掲『台湾教育沿革誌』九七六頁。

(47) 伊沢修二君還暦祝賀会『楽石自伝教界周遊前記』(一九一二年)二七八頁。

(48) 伊沢修二「台湾教育談」一八九五年(前掲『伊沢修二選集』)五七一頁。

(49) 上田万年「国語研究に就て」『太陽』創刊号(一八九五年一月)。なお。当時の漢字排斥論については、長志珠絵「「国語」イデオロギーの形成と近代天皇制国家」(馬原鉄男・掛谷宰平編『近代天皇制国家の社会統合』文理閣、一九九一年)に詳しい。

(50) 伊沢修二「所謂最近の国語問題に就きて」一九〇四年(前掲『伊沢修二選集』)七二七頁。

(51) 前掲伊沢「台湾教育談」『伊沢修二選集』五七〇頁。

(52) 前掲伊沢「台湾公学校設置に関する意見」『伊沢修二選集』六一八頁。

(53) 前田孟雄「甲科教生ニ対シテ為シタル講話」『台湾教育会雑誌』第七号(一九〇二年一〇月)。

(54) 前掲『楽石自伝教界周遊前記』二五三頁。

(55) 台湾総督府警務局『台湾総督府警察沿革誌第二編　領台以後の治安状況　中巻　台湾社会運動史』(一九三九年)三頁。

(56)「学事諮問会」『台湾教育会雑誌』第一号(一九〇一年七月)。
(57)前掲伊沢「台湾公学校設置に関する意見」『伊沢修二選集』六二〇頁。
(58)久木幸男「明治儒教と教育——一八八〇年代を中心に——」『横浜国立大学教育紀要』第二八集(一九八八年)。
(59)佐藤秀夫「伊沢修二」石川謙編『現代教育と伝統』(講談社、一九六七年)一一四頁。
(60)伊沢修二「新版図人民教化の方針」一八九七年(前掲『伊沢修二選集』)六三二—六三三頁。
(61)安田浩「近代日本における「民族」観念の形成——国民・臣民・民族——」『思想と現代』第三一号(一九九二年九月)。
(62)鈴木正幸『近代天皇制の支配秩序』(校倉書房、一九八六年)八八頁。
(63)穂積八束『国民教育愛国心』(八尾商店、一八九七年)一—五頁。
(64)大西祝「祖先教は能く世教の基礎たるべきか」一八九七年(松本三之介編『明治思想集II』筑摩書房、一九七七年)一四五—一四六頁。この文章の執筆者が大西祝であるというのは、同書における松本の判断にしたがったものである。
(65)安田敏朗「近代「国語」の歴史」『地域文化研究』第八号(一九九五年)。
(66)後藤新平『日本植民政策一斑』(拓殖新報社、一九二一年)一〇頁。
(67)田中宏「日本の台湾・朝鮮支配と国籍問題」『法律時報』第四七巻第四号(一九七五年四月)を参照。
(68)「朝鮮・台湾人ノ参政権ニ関スル参考資料」(国会図書館憲政資料室所蔵大野緑一郎文書、一二八〇)。なお、小熊英二は、穂積的な純血主義のロジックは異民族支配に非適合的であるために、次第に「日鮮同祖論」をはじめとする混合民族説に取って代わられたというシェマを提出している。また、ナチス・ドイツとは異なり、日本では純血主義が支配的たりえなかったと評価したうえで、その根拠として「「内鮮結婚」などの名のもとに民族間結婚が奨励され、「日本人」と原住者は混住し、台湾・朝鮮の住民も軍隊に徴兵した」ことを指摘している(小熊英二『単一民族神話の起源——〈日本人〉の自画像の系譜——』新曜社、一九九五年、六一頁)。小熊のシェマは、本国における雑誌等に現れた言説の分析としては興味深くまた有意義であるが、それを植民地政策を支える理念でもあったと評価する地点において、小さからぬ飛躍があるといわざるをえない。右において小熊が根拠として挙げている事実には時期的な限定が付されていないが、通婚の「奨励」

や軍隊への徴用は、一九三〇年代後半以降の皇民化政策期のことである。したがって、少なくともそれ以前の段階で、政策理念として純血主義を抛棄したという論拠とはなりえない。しかも、皇民化政策期でさえも、表層的な「奨励」の言説に反して、通婚が実際に認められた例は本論で指摘したように微々たるものであった。また、居住形態に関しては、植民地では「日本人」こそが数量的にはマイノリティーだった以上、ユダヤ人をゲットーに囲い込んだような隔離の例はみられない。しかし、警官や教員などを除いて都市に集住していた日本人が、どの程度現地住民と「混住」していたのか。それ自体検討の余地のある問題である。「人種」という言葉こそ用いていないものの、血族ナショナリズムのロジックは、実質的な人種主義であり、それこそが植民地支配の根幹にすえられた理念であったと筆者は考えている。

(69) 台湾総督府総務局『昭和十七年 台湾人口動態統計』(一九四三年)二四八頁。

(70) 朝鮮総督府『昭和十三年 朝鮮人口動態統計』(一九四〇年)二頁、付録二〇頁。

(71) 「会報」『台湾教育会雑誌』第三号(一九〇一年一二月)。

(72) 前田孟雄「公学校の修身科を如何にす可きか」『台湾教育会雑誌』第八号(一九〇二年一一月)。

(73) 木下龍「本島教育に関する卑見」『台湾教育会雑誌』第五号(一九〇二年六月)。

(74) 小股憲明「教育勅語撤回風説事件と中島徳蔵」京都大学人文科学研究所『人文学報』第六七集(一九九〇年)。日清・日露戦間期の教育勅語問題に関しては、このほかに、小股憲明「日清・日露戦間期における新教育勅語案について」(京都大学人文科学研究所『人文学報』第六四集、一九八九年)、久木幸男「江原素六教育勅語変更演説事件」(『仏教大学教育学部論集』第四号、一九九二年)も参照。

(75) 高岡武明「公学校ノ修身科ニ就キテ」『台湾教育会雑誌』第四号(一九〇二年三月)。

(76) 橋本武「台湾公学校に於ける漢文科について」『教育時論』第六一六号(一九〇二年五月)―第六一九号(一九〇二年六月)。平井又八「公学校に於ける漢文問題 敢て橋本君の教を乞ふ」『台湾教育会雑誌』第六号(一九〇二年八月)―第八号(一九〇二年一一月)。橋本武「平井又八君に答ふ」『台湾教育会雑誌』第一〇号(一九〇三年一月)。橋本は、平井とともに一九〇二年に台湾教育会の幹事に選出されたが、同年中に離台している。教育関係雑誌誌上の台湾関係論文の利用にあたっては、弘谷多喜夫氏と奈須恵子さんの資料収集・整理に多くを負っている。謝意を表したい。

(77)「故平井又八氏略歴」『台湾教育会雑誌』第一一四号(一九一一年九月)。なお、平井は、一九一一年、台湾東部海岸の花蓮で旧慣調査補助委員として滞在中、台湾原住民に襲われて横死している。そのことは、平井もまた、客観的には日本帝国主義の一員とみなされざるをえなかったことを、象徴的に示しているともいえる。

(78) 山口喜一郎「新公学校規則を読む(一)」『台湾教育会雑誌』第二七号(一九〇四年六月)。

(79) 山口喜一郎「新公学校規則を読む(二)」『台湾教育会雑誌』第二八号(一九〇四年七月)。

(80)「後藤長官の訓示」『台湾教育会雑誌』第二七号(一九〇四年六月)。

(81)「後藤民政長官の演説」(後藤新平文書、R二四―七―二八―四)。欄外に「明治三三年三月と断ず」という書き込みがある。

(82) 前掲後藤『日本植民政策一斑』一八頁。

(83) 前掲伊沢「台湾公学校設置に関する意見」『伊沢修二選集』六二〇頁。

(84) 弘谷多喜夫「台湾の植民地支配と天皇制」『歴史学研究』第五四七号(一九八五年)。

(85) 前掲「後藤長官の訓示」。

(86) 柄谷行人『日本近代文学の起源』(講談社、一九八〇年)五八―六一頁。

第 II 章

(1) 持地六三郎「台湾と朝鮮」『台湾時報』第二四号(一九二一年七月)。なお、持地の経歴に関しては、金子文夫「持地六三郎の生涯と著作」(『台湾近現代史研究』第二号、一九七九年)を参照。

(2) 幣原坦「韓国教育改良案」一九〇五年(渡部学・阿部洋編『日本植民地教育政策史料集成(朝鮮篇)』第六三巻所収、龍渓書舎、一九九一年、以下『史料集成』と略す)。

(3)『高宗実録』高宗三二年二月二日条(『高宗純宗実録　中』探求堂、ソウル、一九七〇年)五三六―五三七頁。併合以前の

朝鮮教育史に関しては、尹健次『朝鮮近代教育の思想と運動』(東京大学出版会、一九八二年)に詳しい。尹の著書は、新聞資料の精査などを含めて、朝鮮における「近代教育」の創出過程について論じた労作である。しかし、本書が著された当時の朝鮮史の研究動向全般の影響を受けて、「前近代的」要素に対して一面的に否定的な評価をしていること、たとえば、「経済的に没落した両班儒生は、朝鮮社会の近代的発展から取り残された書堂に依然しがみついたままであった」(同前書、二四八頁)というような記述に対しては、疑問を感じざるをえない。厳密な論証は省くが、こうした尹の主張は、驚くほど植民地当局が朝鮮教育の「事大主義」「空理空論」「非文明」を説く論調と似通ったものとなっている。筆者は、これに対して、「前近代的」とされる思想的なモメントがどのような意味でどの程度に帝国主義批判の論理として機能しえたのか、ということに着目することにしたい。

(4) 幣原坦『朝鮮教育論』一九一九年(『史料集成』第二五巻所収)一二七—一二八頁。

(5) 同前書、一四五頁。ちなみに、寺内正毅は、朝鮮教育令の制定過程で「学制改革ニ関スル件」を執筆し、各学校が上級学校の準備教育機関と化している現状を改めるために、小学校を「初等普通学校」、中学校を「高等普通学校」、帝国大学を「専門学寮」に改称すべきだと論じている(寺内正毅「学制改革ニ関スル件」一九一一年五月、後藤新平文書、R四三—九—三八)。後藤新平に提出されたこの学制改革案が、どのような経緯で執筆されたのか、当時の本国における学制改革論議のコンテクストでどのような意義を持ったか、という問題にはここでは立ち入らない。本国では実施されなかった名称変更が、朝鮮ではいち早くなされたことを確認しておきたい。

(6) 同前書、一二八頁。

(7) 高橋浜吉『朝鮮教育史考』一九二七年(『史料集成』第二七巻所収)一七一—一七二頁。三土忠造を中心とした統監府の教科書編纂事業については、佐藤由美「保護政治下における韓国学部の教科書政策」(阿部洋編『戦前日本の植民地教育政策に関する総合的研究——平成四・五年度科学研究費補助金研究成果報告書——』一九九四年)を参照。

(8) 同前書、一七三頁。

(9) 学部『韓国教育ノ既往及現在』一九〇九年(『史料集成』第六六巻所収)二九頁。

(10) 前掲幣原『朝鮮教育論』一三〇頁。

(11) 学部『各種教育統計』一九一〇年五月(『史料集成』第六六巻所収)。この時期のミッションの教育事業に関しては、阿部洋「併合直前の韓国におけるキリスト教主義学校」(『韓』第一一五号、一九八九年)に詳しい。ただし、阿部が、隈本繁吉の見解をそのまま踏襲する形で、「近代宣教界の奇跡」といわれるほどキリスト教の浸透した理由を、「日本の韓国植民地化の進展にともなう国家的独立の喪失に対する不満のはけ口の一つを、民衆はキリスト教の信仰あるいはその背後に感じられる欧米勢力への漠然たる期待に求めた」と説明している点には疑問が残る。たしかにそうした一面はあるにしても、本論で後述するように、たとえば、「出エジプト記」やイエスの受難の物語が朝鮮人民衆の政治的な被抑圧状況を照らし出すとともに、逆に聖書それ自体への実存的理解を深める、というような循環が成立していた例もみられると考えられるからである。また、当時の植民地官僚は、朝鮮人とキリスト教との関わりを「不満のはけ口」「漠然たる期待」というレベルでしか理解できなかったからこそ、キリスト教勢力を重要な担い手とする、三・一運動の発生を予測できなかったのではないか、と筆者は考えている。

(12) 前掲高橋『朝鮮教育史考』二二〇頁。

(13) 渡部学「朝鮮における『副次』的初等教育施設(下)――朝鮮近代教育理解のための領域づけへの提言――」『武蔵大学紀要』第二巻(一九六四年)。

(14) 学部『普通学校学徒用修身書』巻四、一九〇八年(韓国学文献研究所『韓国開化期教科書叢書九』亜細亜文化社、ソウル、一九七七年)一九頁。

(15) 崔益鉉の抗日思想に関しては、糟谷憲一「甲午改革後の民族運動と崔益鉉」(『旗田巍先生古希記念朝鮮歴史論集 下』龍渓書舎、一九七九年)、同「朝鮮の抗日運動」(『シリーズ世界史への問い10 国家と革命』岩波書店、一九九一年)を参照。

(16) 「韓国ニ於ケル日本ノ至難事」『東亜ロイド(徳文新報)』一九〇九年一二月(『史料集成』第六三巻所収)。隈本繁吉は、一八九七年に東京帝国大学文科大学史学科を卒業、一九〇八年に韓国学部書記官、併合後は初代学務課長となり、一九一一年台湾総督府に転出している(阿部洋編著『日本植民地教育政策史料集成(朝鮮篇)総目録・解題・索引』龍渓書舎、一九九一年、二〇八―二〇九頁)。

(17) J. A. Mangan, "Images for confident control", in J. A. Mangan (ed.), *The Imperial Curriculum* (London and New York: Manchester University Press, 1993), p. 19.

(18) 「㊙教化意見書」一九一〇年九月(『史料集成』第六九巻所収)。

(19) 久木幸男編『日本教育論争史録　第一巻近代篇(上)』(第一法規、一九八〇年)二五七頁。

(20) 井上哲次郎「国民道徳大意」東京府内務部学務課編『修身科講義録』(一九一一年)八八―九三頁。なお、異民族の位置づけをめぐる穂積と井上の家族国家観の性格の相違に関しては、前掲久木「明治期天皇制教育研究補遺」が、前掲小熊「差別即平等論」における、「アイデンティティを否定する同化志向」の「人種差別I」と「民族の差異が強調される人種隔離型」の「人種差別II」という区別を援用しながら、井上は前者、穂積は後者の側面を強調した議論であることをすでに指摘している。

(21) 朝鮮総督府『朝鮮・内地・台湾比較統計要覧』(一九二三年)一頁。

(22) 穂積八束『憲法提要』上巻(有斐閣、一九〇七年)三頁。

(23) 石田雄『明治政治思想史研究』(未来社、一九五四年)一四〇頁。

(24) 木村健二「在外居留民の社会活動」『岩波講座近代日本と植民地5　膨張する帝国の人流』(岩波書店、一九九三年)三四頁。

(25) 前掲梶村『梶村秀樹著作集第1巻』二一二―二一四頁。

(26) 教育政策史の展開の内に「教化意見書」の位置づけを図った唯一の先行研究といえる渡部学の資料解題では、「忠良化」ではなく「順良化」たるべしとの意見は、総督府によってあまりよく生かされていないが、朝鮮人を従属的地位に立たせて「低度の植民地的実学教育」を施そうとする点では総督府の施策と径庭はないと評価している(渡部学「隈本繁吉文書『㊙教化意見書』解題」『韓』第三巻第一〇号、一九七四年一〇月)。植民地的実学教育という後半部の評価については異論がない。しかし、前半部に関しては筆者と見解を異にする。渡部は、「教化意見書」の内容が「一部の勇み足の同化論などに対比させて考えれば、一つの識見」を示したものと論じているが、これは現実の教育政策は「忠良化」を目指した同化であったという判断を前提としている。しかし、その前提自体を疑ってみるべきだろう。

(27) 隈本繁吉「学政ニ関スル意見」一九一〇年八月(『史料集成』第六九巻所収)。なお、稲葉継雄「朝鮮総督府初期の教育政策——統監府時代の連続と不連続——」(前掲『戦前日本の植民地教育政策に関する総合的研究』)は、朝鮮教育令第三条における「時勢及民度ニ適合セシムル」という原理を重視してこの時期の教育制度と理念の関わりを従来より整合的に説明しているが、「時勢及民度」という言説がイデオロギーであるという批判的観点を欠落させている。

(28) 総督府の高等教育政策と専門学校規則・私立学校規則の果たした役割に関しては、阿部洋「日本統治下朝鮮の高等教育——京城帝国大学と民立大学設立運動をめぐって——」(『思想』第五六五号、一九七一年七月)を参照。

(29) 米田俊彦『近代日本中学校制度の確立——法制・教育機能・支持基盤の形成——』(東京大学出版会、一九九二年)二六三—二六四頁。

(30) 「時事彙報 帝国教育会と朝鮮教育 朝鮮教育と総督」『教育時論』第九三四号(一九一一年三月二五日)。なお、帝国教育会の建議を含む第一次朝鮮教育令制定過程に関する研究として、井上薫「日本帝国主義の朝鮮に対する教育政策——第一次朝鮮教育令の成立過程における帝国教育会の関与——」(『北海道大学教育学部紀要』第六二号、一九九四年)がある。

(31) 「社説 新領土の教育」『教育時論』第九一五号(一九一〇年九月一五日)。

(32) 関屋貞三郎「朝鮮人の教育に就て」『朝鮮』第三五号(一九一一年一月)。『朝鮮』(のちに『朝鮮及満洲』と改題)の発行母体たる朝鮮雑誌社という団体の性格に関しては、よくわかっていない。ただし、親日派団体たる一進会に同情的な記事や、同会を陰で操った内田良平の発言が載せられていること(たとえば第三一号、第四〇号)、また、日本人植民者の利益の保護が不十分であるという論調や、言論弾圧といった理由で佐久間総督を批判する記事がみられること(たとえば第三九号、第四〇号)から、総督府よりさらに「右」に位置する雑誌だったと性格づけることができると推定している。

(33) 「朝鮮人を如何に教育すべきか(先づ彼等の非文明的風習性情の改善に重きを置け)」『朝鮮』第三六号(一九九一年二月)。

(34) 金沢庄三郎「余の朝鮮人教育意見」『朝鮮』第三五号(一九一一年一月)。

(35) 旭邦生「寺内総督に奉る書」『朝鮮』第四〇号(一九一一年六月)。

(36) 大野謙一『朝鮮教育問題管見』一九三六年(『史料集成』第二八巻所収)四五頁。

(37) 高橋陽一「井上哲次郎不敬事件再考」寺﨑昌男・編集委員会『近代日本における知の配分と国民統合』(第一法規、一九九三年)三五三頁。

(38) 小田省吾「併合前後の教科書編纂に就て」『朝鮮及満洲』第三五五号(一九三五年一〇月)。

(39) 朝鮮総督府『朝鮮総督府編纂教科書概要』一九一七年(『史料集成』第一八巻所収)九頁。

(40) ただし、これより前、一九一六年に勅語解釈のガイドラインとなる『教育ニ関スル勅語ノ奉釈上特ニ注意スヘキ諸点』が刊行されてはいる。この小冊子は、「爾祖先ノ遺風ヲ顕彰スルニ足ラン」に関しては、古来から移住者が多く「内鮮人ニハ共同ノ血液」が流れているうえに、共通の文化遺産としての儒教が存在すると説明している(朝鮮総督府『教育ニ関スル勅語ノ奉釈上特ニ注意スヘキ諸点』一九一六年、『史料集成』第一六巻所収)。「教化意見書」のように一方で血統の関係で「日本人」と「朝鮮人」は絶対に区別されると内部文書では説きながら、表向きには「日鮮同祖論」を利用する、というギャップの存在を表す例である。なお、朝鮮人が、同姓不婚・異姓不養の原則により外延の明確な父系血縁集団を形成していたこと、総督府も、朝鮮民事令(一九一二年)の制定の際に親族および相続に関しては慣例によるとし、そうした基層文化の領域には、——皇民化政策期の創氏改名の実施(一九四〇年)までは——介入しえなかったことを考えれば、「日鮮同祖論」のイデオロギーとしての通用性はきわめて限定されていたと考えられる。穂積八束が、法学者としてイエ制度の再編を基調とした明治民法の制定に尽力し、祖先崇拝の念を根底とする君民同祖論にいくらかなりとも現実的な基盤を与えようとしたことを想起すべきである。朝鮮の親族組織とイエ制度とのへだたりは、「皇祖皇宗」の教説がイデオロギーとして機能するための条件の欠落を示しているのである。

(41) いずれも成城学園教育研究所所蔵。朝鮮総督府編纂修身教科書の内容に関しては、李《イ》淑子《スックチャ》『教科書に描かれた朝鮮と日本』(ほるぷ出版、一九八五年)を参照。

(42) 『童蒙先習』国会図書館附属東洋文庫所蔵。編者・刊行年等は不詳。吐(送りがな)はハングルではなく漢文。

(43) 朝鮮総督府警務総監部「三・一運動前の朝鮮国内状況(一九一五―一九一九)」一九一九年(姜徳相《カンドクサン》編『現代史資料25 朝鮮1』みすず書房、一九六六年)二八頁。
(44) 山口喜一郎「我が国の外地における日本語教授の変遷」『国語運動』第二巻第一〇号(一九三九年一〇月)。
(45) 「朝鮮人教員及児童に対し国語使用奨励の方法」『朝鮮彙報』一九一五年五月。
(46) 「公立普通学校に於ける国語普及施設」『朝鮮彙報』一九一六年二月。
(47) 「北鮮地方学事状況」『朝鮮彙報』一九一五年五月。
(48) 前掲高橋『朝鮮教育史考』三六〇頁。
(49) 宮嶋博史『東洋文化研究所紀要別冊 朝鮮土地調査事業史の研究』(東洋文化研究所、一九九一年)五五〇頁。
(50) 前掲『普通学校学徒用修身書』巻四、四頁。
(51) 隈本繁吉「㊙報告書」一九一〇年(『史料集成』第六六巻所収)。なお、阿部洋は、史料解題で執筆年次を一九〇九年と推定しているが、一九〇八年に赴任した隈本が「一昨夏及昨夏」に起草した復命書に言及していることや、教監としてあげている人名などから考えて、一九一〇年と推定できる(前掲阿部『日本植民地教育政策史料集成(朝鮮篇)総目録・解題・索引』一八三頁)。
(52) 中村敬宇「民撰議院論綱序」一八七五年(渋谷啓校注『敬宇文集』巻六、一九〇三年)一一頁。
(53) 前掲松沢『近代日本の形成と西洋経験』二六一頁。
(54) 趙景達「朝鮮近代のナショナリズムと文明」『思想』第八〇八号(一九九一年)。
(55) 金東明「一進会と日本――「政合邦」と併合――」『朝鮮史研究会論文集』第三一集(一九九三年)。
(56) 前掲並木「植民地期民族運動の近代観――その方法論的考察――」。
(57) 宮嶋博史『両班――李朝社会の特権階層――』(中央公論社、一九九五年)二二頁、二〇八頁。
(58) 大和和明『植民地期朝鮮の民衆運動』(緑蔭書房、一九九四年)一五二頁。
(59) 宮嶋博史「植民地朝鮮」『シリーズ世界史への問い8 歴史のなかの地域』(岩波書店、一九九〇年)一四八頁。

(60) 草屯鎮志編纂委員会『草屯鎮志』(一九八六年)三三頁。草屯の歴史に関しては、拙稿「抗日運動における教育要求と総督府の教育政策——一九二〇—三〇年代台中州草屯庄の事例を中心に——」(前掲『日拠時期台湾史国際学術研討会論文集』)を参照。

(61) 石田浩『台湾漢人村落の社会経済構造』(関西大学出版部、一九八五年)一一〇頁。

(62) 前掲若林『台湾抗日運動史研究』三六頁。なお、台湾と朝鮮の土地調査事業を比較したものとして、宮嶋博史「朝鮮『土地調査事業』研究序説」(『アジア経済』第一九巻第九号、一九七八年)がある。宮嶋はこの論文で、台湾の土地調査事業では、大租権・小租権・現耕佃人という一田三主制のもとで、大租権の買収により事実上の地主たる小租権者に土地支配を保障する体制が形成されたのに対して、朝鮮では大租権にあたる「領主的」所有権の消滅が独自の作業としては行われなかったことを指摘している。こうした経済政策の次元での比較を含めて、台湾統治と朝鮮統治の性格の相違を生み出した条件を総体として理論化する作業は、今後の課題として残されている。

(63) Harry J. Lamley, "The Younkai of 1900: An Episode in the Transformation of the Taiwan Elite during the Early Japanese Period"(前掲『日拠時期台湾史国際学術研討会論文集』)一一六頁、一二六頁。

(64) 呉文星『日拠時期台湾社会領導階層之研究』(正中書局、台北、一九九二年)二七頁。

(65) Ronald Robinson, "Non-European foundations of European imperialism: Sketch for a theory of collaboration", in Roger Owen and Bob Sutcliffe (eds.), *Studies in the Theory of Imperialism* (London: Longman, 1972), p. 121. なお、ロビンソンは、「協力メカニズム」が危機に瀕した段階で、非公式の帝国から公式の帝国への移行が起こると説明しているわけだが、この点に関しては必ずしも日本帝国主義の台湾・朝鮮支配にあてはまるわけではない。また、ロビンソンの議論の前提となっている、西欧帝国主義が世界に広がる植民地に十分な軍事力をさけたわけではないという点に関してもそのまま適用することはできない。特に朝鮮の場合に関しては、比較的豊富な軍事力をさけたからこそ、「協力メカニズム」の形成が必須の条件とはならなかったという側面もある。ここでは、さしあたり、このような相違点はさておいて、協力エリートの操作による「協力メカニズム」の形成という一般的モデルを、台湾と朝鮮の差異を明確にするため援用したに過ぎない。ロビンソンの所説に関しては、高橋進「帝国主義の政治理論」(『岩波講座近代日本と植民地1 植民地帝国日本』岩波書店、一九九二年)を参照。

(66) 佐野通夫「教育の支配と植民地の支配――植民地朝鮮における就学率・志望者数の変遷と政策的対応――」(前掲『戦前日本の植民地教育政策に関する総合的研究』)五五頁。就学率に関しては、古川宣子「植民地期朝鮮における初等教育」(『日本史研究』第三七〇号、一九九三年)も参照。

(67) 前掲『台湾教育沿革誌』四〇八―四〇九頁。

(68) 同前書、九八四頁。

(69) 朴来鳳《パクレエボン》「日本統治下書堂教育の具体相(II)――全羅北道を中心に――」『韓』第三巻第一二号(一九七四年)。

(70) 渡部学「朝鮮在来民間初等教科書『童蒙先習』の転進層――総督治下朝鮮民衆の民族陶冶保衛――」『思想』第一〇二号(一九七二年五月)。なお、『童蒙先習』をめぐる一連の渡部の研究は、自主独立を希求する朝鮮人の主体的な教育営為を、綿密な資料考証に基づいて実証したすぐれた研究であるが、もっぱら「朝鮮歴代要義」の部分に関心をあて、五倫の部分については「封建倫理道徳」としてほとんど分析対象としていない。しかし、総督府の教化理念との対抗関係をトータルにとらえるためには、両側面を含んだ分析がなされるべきであろう。

(71) 高峻石『朝鮮人・私の記録――体験的日本植民史・朝鮮解放までの三六年――』(同成社、一九七一年)二六頁。

(72) 前掲幣原『朝鮮教育論』二四四頁。

(73) 前掲「三・一運動前の朝鮮国内状況」『現代史資料25』一七頁。

(74) Carter J. Eckert, *Offspring of Empire: The Koch'ang Kims and the Colonial Origins of Korean Capitalism*, (Seattle: Univ. of Washignton Press, 1991), pp. 30-33.

(75) 前掲渡部「朝鮮における『副次』的初等教育施設(下)」。

(76) 草屯国民小学校『創立九十周年校慶記念校友名録』一九九〇年。

(77) Eckert, *Offspring of Empire*, p. 226. 金容沃《キムヨンオック》は同様の問題を取りあげて、李朝における中央集権体制と官僚制の形式的な成立が「国づくり」の意識の分化と対象化を困難としたまま、日本帝国主義による植民地体制下に組み込まれてしまったと評価している(金容沃「朝鮮朱子学と近代——アジア未来社会における作為と整体——」『アジアから考える[7]世界像の形成』東京大学出版会、一九九四年、二三七頁)。

(78) 朝鮮総督府警務局「高宗死去に対する朝鮮人の動向」一九一九年三月(前掲『現代史資料25』)七〇―八〇頁。

(79) 外務省『日本外交文書』第四二巻第一冊(一九七一年)二〇八頁。読み下し文については、趙景達「安重根——その思想と行動——」(『歴史評論』第四六九号、一九八九年五月)を参照した。

(80) 趙景達「朝鮮における日本帝国主義批判の論理の形成——愛国啓蒙運動における文明観の相克——」『史潮』第二五号(一九八九年)。

(81) 「安応七歴史」(国会図書館憲政資料室所蔵七条清美文書、七九「安重根伝記及論説」)。以下、同史料の読み下しにあたっては、市川正明『安重根と日韓関係史』(原書房、一九七九年)を参照した。安重根の獄中記に関しては、『韓』第九巻第四・五号(一九八〇年五月)で諸異本の比較に基づく綿密な校訂作業が行われている。なお、安のこの自叙伝は、旧知の洪《ホン》錫九《ソクグ》神父が死刑の数日前に訪れてキリストの死と復活を記念するミサを行い、「天主は決して汝を棄てず」と述べたことへの感謝とともに終わる。安が自らの生と死を意味づけるにあたって、キリストによる贖罪と復活の観念に支えを見いだしていたことがわかる。

(82) 「東洋平和論」(同前所収)。安重根と同様に、儒教的な思惟を基調としながらキリスト教を受容した日本人として、中村敬宇がいる。中村もまた、儒教の倫理のうちでも特に「万物一体の仁」の観念を重視し、キリスト教の隣人愛の思想もこれと連続的なものとしてとらえていた。国際認識という点では、やはり万国公法的な信義の念に基づく、東洋平和を主張していた。両者の主張の前提となる国際状況と両者の立場には大きな相違がある。たとえば、安の信仰には、死後天主による賞罰がくだされるとの審判の念が色濃く浸透しているのに対して、次第に合理主義的なユニテリアン系神学に傾斜した敬宇は、あくまで現世的な報償思想を抱いていた。彼岸的と此岸的とのこのような相違は、両者のおかれた状況の切迫度に対応するものかもしれない。いずれにしても、明治啓蒙思想家のうちでも、福沢諭吉や加藤弘之が権謀術数渦巻く国際政治の現状に追随し、弱肉強食の力の論理に加担していったのに対して、安と中村が儒教とキリスト教の接点において理想主義的エートスを保ち続けたことは興味深い。それもまた「近代」の思想だったのである。なお、中村敬宇の思想については、荻原隆『中村敬宇研究』(早稲田大学出版会、一九九〇年)で鋭利な分析がなされており、右の叙述も荻原の研究に大きく依存している。

(83) 李朝期にカトリックの受容が儒教の革新に果たした役割について、小川晴久「丁茶山の経学解釈とキリスト教」(『中国——社会と文化——』第四号、一九八九年)を参照。

(84) 月脚達彦「愛国啓蒙運動の文明観と日本観」『朝鮮史研究会論文集』第二六集(一九八九年)。

(85) 私立学校規則改正に際しては、本国の宗教教育禁止規定たる訓令一二号(一八九八年)がモデルとされたと考えられる。「学校ノ事業ノ外ニ校舎ヲ宗教上ノ目的ニ使用スル」ことは差し支えないとして、実質的に課程外の宗教教育・儀式を許容したことも共通している。ただし、訓令一二号では、適用対象から私立各種学校を除外していた。朝鮮の場合は、官公立学校はもちろん「普通教育、実業教育、又ハ専門教育ヲ為ス私立学校」のすべてを対象とする厳しい内容だった。これは、本国では徴兵猶予や文官試験受験資格などの特権を与えないことが各種学校化への脅しとして作用したのに対して、元来そうした特権と縁の薄い朝鮮では脅しがきかないための措置と考えられる。

(86) 閔庚培、澤正彦訳『韓国キリスト教史』(日本基督教団出版局、一九七四年)一〇八頁。朝鮮キリスト教史に関しては、池明観《チミョンガン》「韓国近現代思想史におけるキリスト教」(『朝鮮史研究会論文集』第一九集、一九八二年)、澤正彦『未完 朝鮮キリスト教史』(日本基督教団出版局、一九九一年)も参照。澤の著書は、三・一独立運動とキリスト教との関係を、各教会史や地域史をふまえて研究していく可能性と方向性を示した貴重な労作である。一九二〇年代以降の状況について共産主義勢力の役割を高く評価し、「キリスト教が担うべくして担えなかった包括的人間解放の理念を、共産主義運動が一定の限定のもとに担った」(同前書、二一六頁)と述べていることも、キリスト教史家がともすれば陥りがちな護教的姿勢を免れたものとして注目できる。

(87) 姜渭祚《カンウィジョ》、澤正彦・轟勇一訳『日本統治下朝鮮の宗教と政治』(聖文社、一九七六年)三四頁。

(88) 金容福、金子啓一訳「民衆のメシア運動としての韓国キリスト教」李《イ》仁夏《インハ》・木田献一監修『民衆の神学』(教文館、一九八四年)一八九頁。
(89) 前掲大野『朝鮮教育問題管見』四九—五〇頁。
(90) 久木幸男「訓令一二号の思想と現実(三)」『横浜国立大学教育紀要』第一六集(一九七六年)。
(91) 前掲持地「台湾と朝鮮」。
(92) 天道教の「人乃天」の思想に関しては、宮嶋博史「朝鮮社会と儒教——朝鮮儒教思想の一解釈——」(『思想』第七五〇号、一九八六年一二月)を参照。
(93) 朝鮮憲兵隊長報告書「大正八年朝鮮騒擾事件状況」一九一九年(市川正明編『三・一独立運動』第三巻、一九八四年、原書房)四〇三頁。

第 III 章

(1) 『台湾教育令制定由来』(以下、注では『由来』と略す)前篇、緒言。本資料は、草稿が東京大学教養学部所蔵隈本繁吉文書(台湾関係)に収録され、台湾総督府罫紙に浄書されたものが東書文庫に所蔵されている。前者は、前掲阿部『特定研究「文化摩擦」隈本繁吉文書目録・解題』で０４０１という整理番号が付されている。本書では、後者の東書文庫所蔵版を用い、前篇・後篇それぞれの表題・目次・緒言を除き、本文について筆者の算出した頁数を記すことにする。なお、若林正丈が『アジアの友』(第一四一号、一九七六年四月・五月)、上沼八郎が『高千穂論叢』(第二六巻第三号、一九九一年一二月、同第四号、一九九二年三月)に本資料の復刻を試みている。
(2) 同右、後篇、四一頁。
(3) 上沼八郎「台湾総督府学務部隈本繁吉『部務ニ関スル日誌』について」高千穂商科大学総合研究所『総合研究』第五号(一九九二年三月)。以下に引用する隈本の日誌の読みについては、上沼による復刻作業に負うところが大きい。
(4) 「㊙台湾ニ於ケル教育ニ対スル卑見ノ一二並ニ疑問」(隈本繁吉文書、０１０２)。本資料には執筆年次と執筆者名が明記されていず、三月五日という執筆月日が記されているのみだが、「赴任後其ノ実際ヲ査察シ」云々という文言および今後の学務行政の方針について述べた内容から、隈本が赴任直後に執筆したものと推定できる。
(5) 「教育行政覚書」(隈本繁吉文書、0103)。文中、「三六年小官学務課長」に赴任して以来、という表現が見られることから、持地の執筆したものとわかる。
(6) 「㊙官房文書課長鈴木三郎より意見書提出に関する依命」一九一三年二月四日(『㊙本島人内地人共学問題　本島人中等教育問題各打合員意見』隈本繁吉文書、0302)。
(7) 「㊙対島民子弟中等教育問題ニ就テ」(同右所収)。コンニャク版の本意見書には、「小官意見」という手書きの書き込みがある。
(8) 「㊙答案一覧」(同右所収)。
(9) 『由来』前篇、七頁。
(10) 同前書、一五頁。
(11) 隈本繁吉『㊙部務ニ関スル日誌』一九一三年四月三〇日条(隈本繁吉文書、0201)。
(12) 「㊙対本島人中等教育問題」一九一三年五月一七日(隈本繁吉文書、0305)。
(13) 若林正丈「総督政治と台湾土着地主資産階級——公立台中中学校設立問題一九一二—一九一五年——」『アジア研究』第二九巻第四号(一九八三年一月)。
(14) 『由来』前篇、七—八頁。
(15) 呉三連・蔡焙火・葉栄鐘・陳逢源・林伯壽『台湾民族運動史』(自立晩報社、台北、一九七一年)九頁。
(16) 野村浩一『近代中国の思想世界——『新青年』の群像——』(岩波書店、一九九〇年)第一章を参照。
(17) 甘得中「献堂先生与同化会」林献堂先生紀念集編纂委員会『林献堂先生紀念集　巻三追思録』(中台印刷廠、台中、一九六〇年)二八頁。
(18) 清末から民国期にかけての郷紳層を中心とした民間社会の自立化の傾向と、国民国家形成とのせめぎ合いに関しては、村田雄二郎「王朝・国家・社会」(『アジアから考える[4] 社会と国家』東京大学出版会、一九九四年)を参照。
(19) 劉明朝「追思林献堂先生之一生」(前掲『林献堂先生紀念集 巻三追思録』)四八頁。なお、林献堂の思想と同化会の試みに関しては、許世楷『日本統治下の台湾――弾圧と抵抗――』(東京大学出版会、一九七二年)に詳しく、訳文作成にあたっても同書を参考にした。
(20) 台湾総督府警務局『台湾総督府警察沿革誌第二篇 領台以後の治安状況 上巻』(一九三八年)七四九頁。
(21) 郭沫若『郭沫若全集文学篇』一一(人民文学出版社、北京、一九九二年)二五五―二五六頁。なお、本資料の所在をはじめ、漢民族の断髪に関しては、劉香織『断髪――近代東アジアの文化衝突――』(朝日新聞社、一九九〇年)を参考にした。
(22) 前掲呉『日拠時期台湾社会領導階層之研究』二八一頁。
(23) 凃照彦は、辜顕榮、林熊徴が日本資本に寄生しつつ活発な投資活動を行ったのに対して、林献堂らが地主的貸借業を中心とし、日本資本への依存度が低かったことに、両者の二〇年代以降の政治的な対立の要因を見出している(『日本帝国主義下の台湾』東京大学出版会、一九七五年、四三二頁)。
(24) 『由来』前篇、八頁。
(25) 台湾総督府法務部「台湾匪乱小史」一九二〇年(山辺健太郎編『現代史資料21 台湾1』みすず書房、一九七一年)三三一―三三五頁。
(26) 同前書、四二頁、四七頁。
(27) 前掲若林『台湾抗日運動史研究』七頁。
(28) 前掲「台湾匪乱小史」『現代史資料21』三六頁、四二頁。
(29) 「羅福星騒擾事件報告書」(鈴木三郎文書、二五)。同資料中、「今月二五日より臨時法院で公判」と記されていることから、一九一三年一一月の執筆と推定できる。
(30) 隈本繁吉『㊙部務ニ関スル日誌』一九一四年二月一六日条(隈本繁吉文書、0203)。
(31) 『台湾日日新報』一九一四年二月一三日―一八日付け。

(32)　前掲「台湾匪乱小史」『現代史資料21』四九頁。
(33)　小森徳治『佐久間左馬太』(台湾救済団、一九三三年)五二五頁。
(34)　台湾経世新報社『台湾大年表』(台北印刷株式会社、一九三八年)一九一一年八月八日、一九一二年三月二三日、一九一四年六月二六日の事項。
(35)　前掲小森『佐久間左馬太』五七一頁。
(36)　前掲「台湾匪乱小史」『現代史資料21』三五頁。
(37)　前掲若林「総督政治と台湾土着地主資産階級」。
(38)　張深切『里程碑』巻一(聖工出版社、台中、一九六一年)。張深切の経歴に関しては、黄英哲「張深切略年譜」(『台湾文学研究会会報』第一五・一六合併号、一九九〇年)、および前掲若林『台湾抗日運動史研究』第二編第二章を参照。
(39)　同前書、八九頁。
(40)　隈本繁吉「本島人の同化に就いて」『台湾教育』第一五四号(一九一五年二月)。
(41)　『由来』前篇、四〇―四五頁。
(42)　内田嘉吉「公立中学校設置ノ必要」一九一四年六月四日(『公立台中中学校設置問題』隈本繁吉文書、0301)。民政長官名で法制局長あてに提出されたこの文書が隈本起草のものであることは、前掲『㊙部務ニ関スル日誌』一九一四年六月三日条に「午後更ニ長官名内閣閣議ニ対スル説明書起稿」と記されていることからわかる。なお、同資料を収めた『公立台中中学校設置問題』という大部の簿冊には、中学校設立と台湾教育令に関する一九一六年九月までの事実経過が記され、関係資料が収録されている。同一六年六月から一〇月にかけては、総督府が、内務省の修正要求を受けて、台湾教育調査会で教育令案の再審議を行っていた時期である。その際、民政長官ほかの顔ぶれが変わっていたために「改メテ教育令案ノ沿革及経過ヲ説明スルノ煩累」がはなはだしく、「議事寸進尺退ノ奇観」(『由来』後篇、四七頁)を呈したと隈本が述べていることから、『公立台中中学校設置問題』は、この時に説明資料として作成されたものと推測できる。
(43)　『由来』前篇、五三頁。

(44)「㊙台湾公立中学校官制案公布ノ件ニ就テ」(鈴木三郎文書、一一五)。この文書が法制局との折衝過程で起草されたものであることは確かだが、執筆者と執筆時期の特定は困難である。内田民政長官と隈本による交渉が進展を見せないことに業を煮やした佐久間総督が、自身で原案を執筆したとの可能性もある。あるいは、隈本が『㊙部務ニ関スル日誌』六月九日条に「総督ヨリ中学校ノ名称其他変更ハ姑息無意味、対蕃関係ノ保甲出役、将来統治策ヨリシテ強硬ノ来電アリシニ依リ、説明書ノ内容ヲ変更シ長官携帯、既ニ配布ノ分ト引換ヘタリ」と記していることに着目すれば、この時の差しかえ説明書と想定することもできる(『㊙部務ニ関スル日誌』一九一四年六月九日条)。保甲出役、将来統治策という部分が、説明書の内容と整合的だからである。ただし、この点に関しては文字通り推測の域にとどまる。

(45)「台湾公立中学校官制」一九一五年一二月(国立公文書館所蔵『公文類聚』第三九編巻五所収)。

(46)『由来』後篇、三四頁。

(47)「大正五年六月内務省ト交渉概要」「次田拓殖課長意見抄及之ニ対スル批評」(前掲『公立台中中学校設置問題』第一章参照資料)。

(48)堀尾輝久『現代教育の思想と構造』(岩波書店、一九七一年)第一部第二章「独占=帝国主義段階における教育」を参照。

(49)内務省拓殖局「㊙台湾教育令案参考意見書」一九一八年六月(『公文類聚』第四三編巻二四所収)。なお、第一次台湾教育令を含め、植民地教育令制定過程に関する枢密院での議論については、久保義三『天皇制国家の教育政策』(勁草書房、一九七九年)第四章に詳しい。

(50)「枢密院会議筆記 台湾教育令」一九一八年一二月八日(『枢密院会議議事録』第二〇巻、東京大学出版会、一九八五年)二四一—二四二頁。

(51)同前、二四三頁。

(52)『原敬日記』第八巻(乾元社、一九五〇年)一九一八年一二月三日条。

(53)隈本繁吉『㊙部務ニ関スル日誌』一九一六年四月一四日条(隈本繁吉文書、0204)。

(54)「朝鮮教育令改正要領」一九二一年八月(『公文類聚』第四六編巻二二所収)。第二次朝鮮教育令に関しては、広川淑子

「第二次朝鮮教育令の制定過程」(『北海道大学教育学部紀要』第三〇号、一九七七年)を参照。

(55) 近藤純子「構成式話し方教授法について――台湾日本語教育史の一研究――」『教育研究所紀要』第一四号(一九八八年)。

(56) 原春一「公学校における国語使用」『台湾教育』第三二二号(一九二九年五月)。

(57) 台湾総督府『学事年報』一九三〇年度、一九三一年度。

(58) 『由来』後篇、二二一―二二六頁。

(59) 上沼八郎「台湾における教育勅語の宣講について――植民地教育史研究ノート・その五――」『高千穂論叢』第二八巻第三号(一九九三年一二月)。同論文において、上沼は隈本文書中の主要な教育勅語関係資料を復刻している。また、いちはやく台湾版教育勅語に言及した研究として、前掲弘谷「台湾の植民地支配と天皇制」がある。ただし、上沼にしても弘谷にしても資料紹介の域にとどまり、諸草案相互の関係を推定しつつ内容上の特質を分析するという作業は行っていない。なお、上沼の論文によれば、この建白よりやや早い時期に石部が『台湾保甲民指鍼』(弘文堂、一九一一年)という本を出版し、亀山警察本署長や黄玉階が序文を寄せているとのことである。②の内報案が亀山の名義で執筆されていることからも、勅語宣講会の構想は、この三人の人脈を通じて浮かび上がったものと推定できる。

(60) 黄玉階ほか「勅語宣講会設立稟請」一九一一年一二月(隈本繁吉文書、0601附6)。

(61) 石部定「勅語宣講会設立ニ関スル建白」一九一一年一二月一〇日(隈本繁吉文書、0601附3)。

(62) 「宣講ノ起源沿革及実行状況ノ一斑」(隈本繁吉文書、0601附7)。

(63) 亀山理平太「勅語宣講会ニ関シ在京民政長官ニ内報案」一九一二年一月二二日(隈本繁吉文書、0601附1)。

(64) 前掲隈本『㊙部務ニ関スル日誌』一九一二年一月二六日条。

(65) これらの草案の前後関係については、次のように推定できる。まず③が④に先立つものであることは執筆時期から明確である。これらと①②の前後関係については不明であるが、①②については書き込みによる多数の訂正が見られるのに対して、稟議書の付された③には訂正が二箇所しかないこと、①と②の訂正内容には重複があるうえに、②の訂正後の内容が③と同一であることを考えると、①②は③より前の段階のものと推定できる。③と④の関係については、学務部嘱託館森万平の「内申に関する鄙見」（一九一二年八月二〇日、隈本繁吉文書、０６０８）が参考となる。ここでは、③の表現と④の表現を比較し、たとえば、③の「万世不磨ノ大訓」が④では「万世不磨ノ垂範」に改められている点について、「書経ニ大烈耿光大誥大訓等ノ字面アリ。大ハ美称ナリ」という具合に漢学に関する知見を披瀝しながら、「不肖ハ原文ヲ是トス」と評価している。④の内申案の欄外には「本文ニ就テハ異議ノ点少ラズ《マヽ》」という隈本によると思われる書き込みがあることから、④の修正案に異議のあった隈本が、館森の該博な知識をバックとして、改めて③の適切さを主張したという構図をうかがうことができる。

(66) 前掲館森「内申に関する鄙見」。

(67) 前掲隈本『[秘]部務ニ関スル日誌』一九一二年八月九日条。

(68) 「[秘]本島教育ニ関スル御沙汰書内申ノ件」一九一二年八月一四日（隈本繁吉文書、０６０８）

(69) 草案の前後関係は、①の訂正後の内容が②の原文とほぼ等しく、②の訂正後の内容が③と同一内容であることから、①から③へという前後関係を推定できる。③のみ編修原稿用紙ではなく台湾総督府罫紙を用いて楷書で浄書されていることも、③がもっとも完成度の高い草案であることを傍証する事実である。台湾総督府罫紙に記された④の執筆者は不明だが、内申をめぐる経緯から考えて隈本と推定できる。

(70) 「極秘　敬擬教育勅諭草按」（隈本繁吉文書、０６０４）。原文には句読点はないが、本書の他の資料と同様、引用に際しては漢文バージョンの句点を参考にしながら、適宜句読点を加えた。

(71) 「[秘]帝国新領土ノ民衆ニ下賜セラル、場合ニ於ケル教育勅語内容事項私按」（隈本繁吉文書、０６０３）。

(72) 「山県有朋宛井上毅書簡」一八九〇年六月二〇日（海後宗臣『海後宗臣著作集第一〇巻　教育勅語成立史研究』東京書籍、一九八一年）二四六頁。

(73) 渡辺欣雄『漢民族の宗教』（第一書房、一九九一年）六七頁。

(74) 前掲高岡「公学校ノ修身科ニ就テ」。

(75) 藤田省三『第二版　天皇制国家の支配原理』(未来社、一九六六年)二〇—二二頁。
(76) 前掲隈本『㊙部務ニ関スル日誌』一九一六年四月九日条。
(77) 『由来』後篇、一三頁。
(78) 「教育令修正案ニ対スル意見」(隈本繁吉文書、0403)。
(79) 台湾総督府『公学校用国民読本』巻一一(一九一四年)六六—六九頁。なお、台湾では呉鳳伝説が日本の敗戦以後も初等教育の教材とされていたために、人類学者陳其南「一則捏造的神話——「呉鳳」」(『民生報』一九八〇年七月二八日)が呉鳳伝説を捏造された神話として告発したことを契機として、伝説の信憑性について様々な議論が行われている。そのなかで、翁佳音「呉鳳伝説沿革考」(『台湾風物』第三六巻第一期、一九八五年)のように比較的包括的な研究も行われているが、日本側資料の追及が弱いために部分的な不合理性の指摘や異伝との対照に留まり、原住民征服戦争との関わりなど伝説の変容過程に働いた政治的力学が明らかにされていない。日本人によるものとしては、向山寛夫「作られた義人・呉鳳の話」(『中央経済』第二五巻二号、一九七六年二月)が異伝の存在を指摘し、下村作次郎『文学で読む台湾——支配者、言語、作家たち——』(田畑書店、一九九四年)が、戦後原住民の作家により、呉鳳伝説へのプロテストを含んだ物語へと新たに改編されたことについて論じている。
(80) 台湾総督府警務局『理蕃誌稿』第二編(一九一八年)三七三頁。
(81) 台湾総督府警務局『理蕃誌稿』第三編(一九二一年)三六六頁。
(82) 白容生「呉鳳廟(一)」『台湾日日新報』一九一三年三月一九日付け。
(83) 前掲『理蕃誌稿』第三編、三六七頁。
(84) 台湾総督府蕃務本署『治蕃紀功』(一九一一年)八〇頁。
(85) 拙稿「植民地教育と異文化認識——『呉鳳伝説』の変容過程——」『思想』第八〇二号(一九九一年四月)を参照。以下、『雲林県采訪冊』の底本としては、周憲文校訂『台湾文献創刊第三七種　雲林県采訪冊』(台湾銀行経済研究室、台北、一九五九年)を用いる。

（86）中田直久『殺身成仁　通事呉鳳』（博文館、一九一二年）四二―四三頁。
（87）前掲『治蕃紀功』八二頁。
（88）猪口鳳庵「阿里山蕃地見聞録」『蕃界』第三号（一九一三年五月）。
（89）『底本柳田国男集』第五巻（筑摩書房、一九六八年）三七頁。
（90）台北帝国大学言語学研究室『原語による台湾高砂族伝説集』（一九三五年）六八七―六八八頁。
（91）臨時台湾旧慣調査会第一部『蕃族調査報告書　曹族阿里山蕃・同四社蕃・同簡仔霧蕃』（一九一五年）二九頁。これらの調査資料の背景については、小島麗逸「日本帝国主義の台湾山地支配――対高山族調査史――その二」（『台湾近現代史研究』第三号、一九八一年）を参照。
（92）臨時台湾旧慣調査会第一部『番族慣習調査報告書』第四巻（一九一七年）二七八―二七九頁。
（93）森丑之助『台湾蕃族志』第一巻（一九一七年）三一六頁。
（94）前掲『番族慣習調査報告書』第四巻、二七九頁。なお、張士陽の研究によれば、康熙年間後半から雍正年間にかけて、原住民が頻繁に「反漢人入植闘争」を行っており、この「老蕃」の話が、ある程度一般化できることがわかる（張士陽「雍正九・十年の台湾中部の先住民の反乱について」『台湾近現代史研究』第六号、一九八八年）。
（95）合田涛『首狩と言霊――フィリピン・ボントック族の社会構造と世界観――』（弘文堂、一九八九年）三五八頁。
（96）前掲森『台湾蕃族志』第一巻、三一五頁。
（97）『立法院公報』第七六巻第四三院会記録（一九八七年五月）。こうした決定は、台湾原住民権利促進会の要求と提言を受け入れる形でなされたものである。台湾原住民権利促進会のリーダーの一人であるイバン・ユカンは、次のように書いている。「（呉鳳の話が――引用者注）繰り返し児童に吹き込まれることによって、漢民族の原住民族に対する見方がどれだけ歪められてきたことか。漢民族児童と同様に同じ話を読まされる原住民児童がどれだけ傷ついてきたか。はなはだしくは、首狩りに代表されるマイナス・イメージをみずからのアイデンティティーとしてしまう悲劇がどれだけ繰り返されたことでしょうか」（イバン・ユカン「立ち上がる台湾少数民族」若林正丈『転形期の台湾――「脱内戦化」の政治――』田畑書店、一九八九年)二二八頁。
(98) 呉鳳廟改築委員会『呉鳳』(一九三一年)がこの時に出版されている。霧社事件に関しては、前掲戴『台湾霧社蜂起事件』および春山明哲編『台湾霧社事件軍事関係資料集』(不二出版、一九九二年)を参照。
(99) 曾景来『台湾宗教と迷信陋習』(台湾宗教研究会、一九三八年)一六〇頁。
(100) 福井康順ほか監修『道教』第三巻(平河出版、一九八三年)二四一頁。
(101) 柴田廉『台湾同化政策論』(晃文館、一九二三年)七二頁。
(102) 三尾裕子「〈鬼〉から〈神〉へ――台湾漢人の王爺信仰について――」『民族学研究』五五巻三号(一九九〇年一二月)。
(103) 石川栄吉ほか編『文化人類学事典』(弘文堂、一九八七年)七四九頁。
(104) 鈴木満男『華麗島見聞記――東アジア政治人類学ノート』(思索社、一九七七年)一七四頁。なお、鈴木は、この「英霊」の観念が現在でも台湾の民衆の宗教心性にそぐわないものであると述べている。
(105) 前掲「台湾匪乱小史」『現代史資料21』四二頁。
(106) 同前書、五七頁。
(107) 前掲隈本『㊙部務ニ関スル日誌』一九一五年七月一六日条。
(108) 高橋礼輔「題白巌義民」『白巌義民』(一九〇〇年)一頁。本資料は、石島庸男氏(山形大学)のご教示によるものである。
(109) 津田毅一「呉鳳の人格と家庭及び其の感化」『台湾教育』第一五四号(一九一五年二月)。
(110) Tsurumi, *Japanese Colonial Education in Taiwan, 1895-1945*, p. 145.
(111) 岡部松五郎「国民読本材料に対する児童の好悪調査」『台湾教育』第一五五号(一九一五年四月)。
(112) 春山明哲は、こうした用語法を用いて、後藤新平の政策は、「「文明としての近代」が希薄であった時期に有効」だったのに対して、原敬の内地延長主義は、「台湾人が「思想としての近代」を発酵させ始めた時代に統治技術として可能になった」と述べている。ただし、特に概念の内容は規定していない(前掲春山「明治憲法体制と台湾統治」四九頁)。
(113) 戴国煇「霧社蜂起と中国革命――漢族系中国人の内なる少数民族問題――」(前掲『台湾霧社蜂起事件』)参照。

(114) 植民地統治体制と「台湾アイデンティティー」の関係について、若林正丈「台湾をめぐる二つのナショナリズム――アジアにおける地域と民族――」(平野健一郎編『講座現代アジア4 地域システムと国際関係』東京大学出版会、一九九四年)を参照。

第Ⅳ章

(1) 中塚明『近代日本の朝鮮認識』(研文出版、一九九三年)一三八頁。中塚は、日本人の「帝国主義的意識」の内実を批判的に解明する必要があると述べているが、そのためには朝鮮議会設置論などの反動性を指摘するだけでなく、それすらも実現にいたらなかった経緯をより詳細に検討する必要があると筆者は考えている。

(2) 前掲春山「近代日本の植民地統治と原敬」『日本植民地主義の政治的展開』二四頁、五九頁。

(3) 姜東鎮『日本の朝鮮支配政策史研究――一九二〇年代を中心として――』(東京大学出版会、一九七九年)三九五頁。

(4) 森山茂徳「日本の朝鮮統治政策(一九一〇―一九四五年)の政治史的研究」新潟大学『法政理論』第二三巻三・四号(一九九一年)。

(5) 糟谷憲一「朝鮮総督の文化政治」『岩波講座近代日本と植民地2 帝国統治の構造』(岩波書店、一九九二年)一四三頁。

(6) Eckert, *Offspring of Empire*, p. 224.

(7) 前掲佐野「教育の支配と植民地の支配」『戦前日本の植民地教育政策に関する総合的研究』五五頁。

(8) 前掲中塚『近代日本の朝鮮認識』一〇九頁。このほか、台湾・朝鮮総督府の歳出歳入構造の推移の分析のなかで、三・一運動以後の司法警察費の割合の増加について指摘したものとして、平井広一「日本植民地財政の展開――一つの概観――」(『社会経済史学』第四七巻第六号、一九八二年)を参照。

(9) 升味準之輔『日本政党史論』第三巻(東京大学出版会、一九六七年)一二六頁。升味は、辛亥革命期の大陸政策との関係で、「日清戦争と義和団事件、特に日露戦後においては、日本は列強に互して大陸に膨張しはじめる。この膨張によって、一方では、政治体制に大陸部門が設けられ、そこにおいて生ずる紛争が既成部門に逆流し、混乱を生じさせる。つまり、膨張の逆流が深刻となる」(同前書、一二五―一二六頁)と述べている。
(10)『教育新聞』の論説に関しては、前掲佐藤編『続・現代史資料8』に収録されている。『やまと新聞』の記事に関しては、井上哲次郎『巽軒日記』(東京大学大学史史料室所蔵)に関係事項の記載のあることが手がかりとなった。閲覧の便宜を与えてくださった同史料室長の中野実氏に謝意を表したい。
(11) 井上哲次郎「朝鮮に新勅を賜ふべし(朝鮮統治の欠陥と民族自決の謬見)」『やまと新聞』一九一九年四月二八日、四月三〇日、五月二日付け。
(12) 森川輝紀『近代天皇制と教育』(一九八七年、梓出版社)二四〇頁。戦間期における国体論の動揺と政治史的脈絡に関しては、前掲鈴木『近代天皇制の支配秩序』第二部第Ⅲ章も参照。
(13)「教界春秋」『東亜之光』第一四巻第一号(一九一九年一月)―第五号(一九一九年五月)。
(14) 佐藤秀夫「解説」(前掲『続・現代史資料8』)二九頁。
(15) 佐藤正「言論　新日本の対象と教育方針」(同前書所収)四一三―四一四頁。
(16) 窪田治輔「問題は方法難」(同前書所収)四一八頁。他の二つの論文の題名は、亘利章三郎「本質の問題に非ず過程の問題」、箕作元八「慎重なる態度を要す」。
(17) 前掲高橋「井上哲次郎不敬事件再考」『近代日本における知の配分と国民統合』三四七―三四九頁。
(18)「奇怪なる国体冒瀆学説と責任当局者」(前掲『続・現代史資料8』)三三九頁。なお、佐藤秀夫は、同書解説において、井上不敬事件は、「朝鮮「三一事件」後に井上の公表した「教育勅語改訂論」に起因するのではないかという仮説」を提起している(同前書、四三頁)。これに対して、筆者は、井上の教育勅語修正論を攻撃した資料が見つかっていない以上、現在の段階では、王道的国体論という主張を媒介とする間接的な因果関係は指摘しえても、直接的な因果関係を証するのは困難と考えている。
(19)「枢密院会議筆記　朝鮮教育令　台湾教育令」一九二二年一月二五日(『枢密院会議議事録』第二八巻、東京大学出版会、一九八五年)八頁。

(20)「朝鮮行政」編修総局『朝鮮統治秘話』(一九三七年)二七一頁。

(21) 持地六三郎「朝鮮統治論」一九二〇年一〇月(斎藤実関係文書、一〇四—二七)。この意見書に言及した研究としては、姜東鎮と金子文夫のものがあるが、どちらも的確な位置づけをしているとは思えない。姜は、持地の意見書について、朝鮮議会の設置を説いているが、「四、五〇年後の目標」としており「「窮極の目的は同化にあること」を云謂している」と評価し、「三・一運動直後の段階においては、日本の支配層はもちろん、日本の知識人も朝鮮の参政権問題に関しては反対していたことがわかる」と結論づけている(前掲姜『日本の朝鮮支配政策史研究』三二一頁)。しかし、「四、五〇年後」というのは、イギリスの自治領《ドミニオン》のように、完全に行政権を移譲すべき時期について述べたものであって、朝鮮議会設置について述べたものではない。「同化」云々という文章には、すぐ後に「去り乍ら」それには「悠久の年月を要す」という文章が続く。しかも、これは従来公言してきた理念と朝鮮議会の設置とを調和させるための詔勅案の内容として述べられている部分である。斎藤実関係文書を駆使した姜の研究も、この資料に関しては内容を読み違えているといわざるをえない。また、金子文夫は、「朝鮮統治論」について、「内地延長主義を明確に否定している点が注目に値」するとしているが、「大正デモクラシー期の植民地政策論としては、本書にそれほど高い評価を与えることはできない」と評価している(前掲金子「人物・日本植民史(2)持地六三郎の生涯と著作」)。しかし、本論でも述べるとおり、「大正デモクラシー」の代表的な存在たる吉野作造や矢内原忠雄の論議にしても、持地の主張の枠を越えるものではないと筆者は判断している。

(22) 前掲「極秘 騒擾事件ノ概況」。この要望書は、姜徳相編『現代史資料26 朝鮮2』(みすず書房、一九六七年、五四頁)にも収録されている。

(23)「大正九年日記」(斎藤実関係文書、二〇八—五九)、「大正九、十年日記」(同前、二〇八—六〇)。

(24) 三・一運動後の山本美越乃、矢内原忠雄らによる朝鮮議会設置論に関しては、小野一一郎「第一次大戦後の世界政策論——朝鮮問題をめぐって——」(小野一一郎・吉信粛編『両大戦間期のアジアと日本』大月書店、一九七九年)、台湾議会設置運動と山本美越乃らの主張との関係に関しては、前掲若林『台湾抗日運動史研究』第一篇第三章、三・一運動後の吉野らの統治改革論の限界を指摘したものとして、高崎宗司「日本人の朝鮮統治論批判——三・一運動後を中心に——」

(『季刊三千里』第三四号、一九八三年五月)、植民政策学者の植民地統治論の全体的傾向に関して、浅田喬二『日本植民地研究史論』(未来社、一九九〇年)を参照。

(25) 吉野作造「朝鮮統治の改革に関する最小限度の要求」一九一九年六月(松尾尊兊編『中国・朝鮮論』平凡社、一九七〇年)。

(26) 前掲矢内原「朝鮮統治の方針」『矢内原忠雄全集』第一巻、七四二頁。

(27) 同前書、七四〇頁。

(28) 持地六三郎「朝鮮統治後論」(斎藤実関係文書、一〇四—三〇)。同資料には執筆年次が記されていないが、『安辺私言』に「大正九年十一月当路者に提出」と記されている。『安辺私言』は持地が私家版として作成したもの。奥付はなく、「序」の日付けは一九二二年一月である。「朝鮮統治論」「朝鮮統治後論」のほか朝鮮参政権問題に関連する論文を収め、「当路並に知人間に配布」したものと書いている。「序」では、「此集題して安辺私言と曰ふ、或は之を以て西洋思想にかぶれたる愚者の説と為し、或は之を以て退職官吏の不平を洩せる狂者の言と為す」であろうが、「朝鮮統治に於ける内地延長の同化政策が或は案外実行容易」ならば「洵に国家の大幸」という皮肉な文章で自らの論の孤立感を表白している。なお、まったくの推測であるが、朝鮮議会設置をめぐる持地と矢内原の論調の相似性、本書が東京大学経済学部図書室に所蔵されていることを考えると、矢内原が本書を読んでいた可能性も想定できる。

(29) 大塚常三郎「朝鮮議会(参議院)要綱」(斎藤実関係文書、七五—二)。

(30) 「㊙朝鮮在住者の国政並地方行政参与ニ関スル意見」(斎藤実関係文書、七一—一三)。なお、斎藤総督のもとでの参政権問題に関しては、前掲姜『日本の朝鮮支配政策史研究』第三章第三節のほか、楠精一郎「外地参政権」(手塚豊編著『近代日本史の新研究IX』北樹出版、一九九一年)に詳しい。本資料が第一次斎藤総督時代末期に起草されたものであるという推定も、楠の研究に依拠している。

(31) 「地方制度案促求の児玉政務総監電報」一九三〇年三月九日接受(斎藤実関係文書、七八—三五)。

(32) 萩原彦三『私の朝鮮日記』一九六〇年(国会図書館憲政資料室所蔵大塚常三郎文書、一二八)五九—六〇頁。

(33) 同右、六〇頁。

(34) 森田芳夫「在日朝鮮人処遇の推移と現状」法務研修所『法務研究報告書』第四三集第三号（一九五五年）四三頁。

(35) 朝鮮総督府警務局「㊙最近ノ天道教ト其ノ分裂ヨリ合同ヘノ過程」一九三〇年一二月（斎藤実関係文書、七七―九）。

(36) 中塚明「朝鮮支配の矛盾と「満州事変」」『季刊現代史』創刊号（一九七二年一一月）。

(37) 稲葉正夫・小林龍夫・島田俊彦・角田順編『太平洋戦争への道 別巻資料編』（朝日新聞社、一九六三年）一〇〇頁、一〇六頁。

(38) 万宝山事件に関しては、緑川勝子「万宝山事件および朝鮮内排華事件について」『朝鮮史研究会論文集』第六集（一九六九年）、朴永錫《パクヨング》・文熙英《ムンヒヨン》訳『万宝山事件研究』（第一書房、一九八一年）を参照。

(39) 神田正種「鴨緑江」一九五〇年（稲葉正夫・小林龍夫・島田俊彦編『現代史資料7 満洲事変』みすず書房、一九六四年）四六五頁。

(40) 前掲森田「在日朝鮮人処遇の推移と現状」四三頁。

(41) カーター・J・エッカート、橋谷弘訳「植民地末期朝鮮の総力化・工業化・社会変化」『思想』第八四一号（一九九四年七月）。尹致昊の日記の典拠は、国史編纂委員会『尹致昊日記』（第一〇巻、同委員会、一九八八年、一六頁）。

(42) 木下重行「青年期に於ける国体意識の研究――内鮮の差異についての民族性格学的調査――」文部省教学局『㊙思想研究』第一三輯（一九四三年）三三頁。調査対象者は、一三二四名で、中学校、高等女学校、師範学校、青年学校と多岐にわたっている。木下は、統計的数値に有意性をもたせようと、要素分析の手法などを駆使した調査を行っているが、この点に関しては本書ではたちいらない。本調査は、東京文理科大学教授楢崎浅太郎の指導のもとで行われたものであり、関係した調査結果として左記のようなものがある。楢崎浅太郎・木下重行「青年学校生徒の国体意識」（『教育心理研究』第一四巻第九号、一九三九年九月）、木下重行「青年学校生徒の国体意識と今後の教育」（『興亜教育』第一巻第二号、一九四二年二月）。なお、本書は、高橋陽一氏（家鴨文庫主人）のご厚意で入手できたものである。

(43) 満洲における民族解放闘争をめぐる、朝鮮人と中国人の関係について、江口朴郎・佐々木太郎「日本と「満洲」・朝鮮」

（江口朴郎編『民族の世界史15　現代世界と民族』山川出版社、一九八七年）、鐸木昌之『満州・朝鮮の革命的連携――満洲抗日闘争と朝鮮解放後の革命・内戦――』（『岩波講座近代日本と植民地6　抵抗と屈従』岩波書店、一九九三年）を参照。

(44)　前掲宮田『朝鮮民衆と「皇民化」政策』七四頁。第三次朝鮮教育令と志願兵制度、さらに創氏改名を一連の政策とみなす観点については、さらに宮田節子「皇民化政策の構造」（『朝鮮史研究会論文集』第二九集、一九九一年）で詳細に検討しており、「皇国臣民」という語の新しさに関しても同論文で強調している。なお、台湾における皇民化政策に関しては、近藤正己「異民族に対する軍事動員と皇民化政策――台湾の軍夫を中心にして――」（『台湾近現代史研究』第六号、一九八八年）を参照。近藤はまた、創氏改名について、宮田節子・金英達《キムヨンダル》・梁泰昊《ヤンテホ》『創氏改名』（明石書店、一九九二年）を前提としながら、朝鮮と台湾の比較研究を行っている（近藤正己「「創氏改名」研究の検討と「改姓名」」（前掲『日拠時期台湾史国際学術研討会論文集』）。

(45)　同前書、一二三頁。

(46)　同前書、一七六頁。

(47)　「極秘　朝鮮人志願兵制度ニ関スル意見」一九三七年六月（国会図書館憲政資料室所蔵旧陸海軍文書マイクロフィルム、R一〇五―六七八「朝鮮人志願兵制度ニ関スル件」）。

(48)　朝鮮総督府警務局長「極秘　内鮮一体ノ理念及其ノ実現方策要綱」（大野緑一郎文書、一二六八）。なお、本資料が執筆されたと推定できる一九四〇年頃の警務局長は、三橋孝一郎である。

(49)　中村雅子「マイノリティの歴史と「文化剥奪論」――「文化」が「奪われる」ことの意味――」『アメリカ史研究』第一二号（一九八九年）。

(50)　前掲木下「青年期に於ける国体意識の研究」九一頁。

(51)　同前、一三、一四、二二、四九、五二頁。

(52)　同前、一八頁。

(53)　前掲「極秘　騒擾事件ノ概況」。

(54)　間庭充幸『日本的集団の社会学——包摂と排斥の構造——』(河出書房新社、一九九〇年)四二頁。
(55)　持地六三郎「朝鮮参政権問題」『大鵬』一九二二年四月(前掲持地『安辺私言』)四六—四七頁。

第Ｖ章

(1)　緒方貞子『満州事変と政策の形成過程』(原書房、一九六六年)一一六頁。
(2)　古屋哲夫「「満洲国」の創出」山本有造編『「満洲国」の研究』(京都大学人文科学研究所、一九九三年)七六頁。
(3)　平野健一郎「満州事変前における在満日本人の動向——満州国性格形成の一要因——」日本国際政治学会『国際政治』第四三号(一九七〇年)。
(4)　平野健一郎「満州国協和会の政治的展開——複数民族国家における政治的安定と国家動員——」(日本政治学会『日本政治学会年報一九七二年度』一九七三年)、山室信一『キメラ——満洲国の肖像——』(中央公論社、一九九三年)を参照。たとえば、山室は「于冲漢の政見が満洲国の独立とその地における王道政治や平等無差別楽土の実現」などの「枢要な論点を、関東軍そして石原にもたらした」とする一方、「橘によって満洲国建国の原理として王道なる概念が付け加えられ」たとも書いているが、その関連を明らかにしていない(山室『キメラ』八八頁、一一六頁)。
(5)　小川平吉『王道覇道と皇道政治』(広文堂、一九三五年)によれば、「王道」という言葉のもっとも古い典拠は、『書経』洪範の「偏なく党なく、王道蕩蕩たり。党なく偏なく王道平平たり」といった章句である。また、『孟子』では、「王道」という言葉はさほど用いられていないが、梁恵王章句に見いだすことができ、「王覇の弁」をさかんに説いた『孟子』に即して王道思想の内実を解釈しようとするのが、当時としても一般的だった。
(6)　溝口雄三『方法としての中国』(東京大学出版会、一九八九年)一七七頁。
(7)　片倉衷「満洲事変機密政略日誌」一九三一年九月二二日条(前掲『現代史資料7』)一八九頁。
(8)　同前、一九三一年一〇月四日条(同前書所収)二〇一頁。
(9)　「社説」『満洲日報』一九三一年九月二九日付け。なお、本章のもとになった、拙稿「「満洲国」における儒教の位相

――大同・王道・皇道――」(『思想』第八四一号、一九九四年七月)では、この記事の日付を「九月二六日」と記したが、正しくは「九月二九日」である。ここに訂正したい。

(10) 佐藤胆斎「孫文の新精神と王道三民主義」『満洲日報』一九三二年九月一二日付け―一九三二年九月一八日付け。

(11) 保々隆矣『打倒日本』(邦文社、一九三一年)一八三―一八四頁。初出は、「怎様実行民族主義」『新三民主義課本』初級用第六冊第九課。なお、東三省における教育権回収運動に関しては、阿部洋「旧満州における日本の教育事業と教育権回収運動」(阿部洋編『日中教育文化交流と摩擦』第一書房、一九八三年)を参照。

(12) 同前書、一〇頁、三三頁、三六頁。初出は、「国恥記念歌」『小学党化教育唱歌集』、「台湾的革命運動」『新時代国語教科書』高級用第二冊第五課・第六課、「朝鮮亡国的故事」『新時代国語教科書』第七冊第四二課・第四三課。

(13) 同前書、一四四頁。初出は、「朝鮮台湾」『新中華地理課本』高級用第四冊第一六課。

(14) 平野健一郎「中国における統一国家形成と少数民族――満洲族を例として――」平野健一郎・山影進・岡部達味・土屋健次編『アジアにおける国民統合』(東京大学出版会、一九八八年)五六―五九頁。

(15) 孫文「大亜細亜主義の意義と日支親善の唯一策」『改造』第七巻第一号(一九二五年一月)。

(16) 安井三吉「孫文の最後の訪日について」『中国研究』一九七五年九月。このほかに、同「孫文「大亜洲主義」のテキストについて」(『近代』第六四号、一九八八年)、同「講演「大亜細亜問題」の成立とその構造」(陳徳仁・安井三吉『孫文・講演「大アジア主義」資料集』法律文化社、一九八九年)も参照。

(17) 高綱博文「孫文の「大アジア主義」講演をめぐって――『孫文講演「大アジア主義」資料集』を中心に――」『歴史評論』第四九四号(一九九一年六月)。

(18) 安井三吉「孫文の講演「大アジア主義」と戴天仇」孫文研究会編『孫文とアジア』(汲古書院、一九九三年)六二頁。

(19) 橘樸「支那人気質の階級別的考察」『月刊支那研究』第二巻第一号(一九二五年六月)。

(20) 橘樸『支那思想研究』(日本評論社、一九三六年)。ただしこの論文でも、中国人を「利己主義者」と決めつける一般の日本人の見解に反して、ただ「愛着に価する国家」がまだできていないだけだとの説明もしている(同前書、三三一頁)。

(21) 野村浩一「橘樸――アジア主義の彷徨――」『立教法学』第一九号(一九八〇年)。
(22) 山田辰雄「中国国民革命論」山本秀夫編『橘樸と中国』(勁草書房、一九九〇年)七二頁。家近亮子「橘樸の中国共産党批判」(同前書所収)も参照。
(23) 前掲野村「橘樸――アジア主義の彷徨――」。
(24) 橘樸「孫文綱領の東洋的性格」『橘樸著作集』第三巻(勁草書房、一九六六年)一四八頁。初出は、『支那建設論』(大陸新報社、一九四四年)。なお、同著作集は、必ずしも原文に忠実でないため、極力初出文献に当たることに努めたが、本論文に関しては初出文献の所在を確認できなかったために著作集によっている。
(25) 橘の伝記的事実に関しては、山本秀夫『橘樸』(中央公論社、一九七七年)を参照。
(26) 小股憲明「橘樸の社会思想と変革論」京都大学人文科学研究所『人文学報』第五二集(一九八二年)。
(27) 橘樸「日本改造の過程(下)」『満洲評論』第三巻第二四号(一九三三年一二月)。
(28) 橘樸「私の方向転換」『満洲評論』第七巻第六号(一九三四年八月)。
(29) 橘樸「満洲事変とファシズム」『満洲評論』第一巻(一九三一年一一月)。
(30) 三谷太一郎「満洲国国家体制と日本の国内政治」前掲『岩波講座近代日本と植民地2』一八三頁。
(31) 座談会「大陸政策十年の検討」『満洲評論』第二一巻第一七号(一九四一年一〇月)。参加者は、橘のほか、尾崎秀実、鈴木小兵衛、平貞蔵、土井章、細川嘉六。
(32) 「満洲事変機密政略日誌」一九三一年一〇月九日条(前掲『現代史資料7』)二〇六―二〇七頁。
(33) 野田蘭造「満洲事変の社会的意義と半独立国家に関する考察」『満洲評論』第一巻第一〇号(一九三一年一〇月)。
(34) 小林英夫「日本の「満洲」支配と抗日運動」野沢豊・田中正俊編『講座中国近現代史6 抗日戦争』(東京大学出版会、一九七八年)。
(35) 前掲「大陸政策十年の検討」。
(36) 西村成雄「日本政府の中華民国認識と張学良政権――民族主義的凝集性の再評価――」前掲『「満洲国」の研究』二三

頁。

(37) 江夏由樹「近代東三省の社会変動――清末、旧奉天省における在地勢力の抬頭――」『アジアから考える[3] 周縁からの歴史』東京大学出版会、一九九四年)。袁金鎧に関しては、このほかに、江夏由樹「旧奉天省遼陽の郷団指導者、袁金鎧について」(『一橋論叢』第一〇〇巻第六号、一九八八年)、松重重浩「張作霖による奉天省権力の掌握とその支持基盤」(『史学研究』第一九二号、一九九一年)を参照。なお、袁金鎧や于冲漢のみならず、全体として、どのような背景を持った中国人が、満洲国でどのように行政機構に参与したのかという問題に関しては、松沢哲成『日本ファシズムの対外侵略』(三一書房、一九八三年)第二章、浜口裕子「満洲事変と日本人――「満洲国」にはいる中国人官吏と日本の政策――」(慶應義塾大学法学部『法学研究』第六四巻第一一号、一九九一年)に緻密な研究がある。

(38) 外務省『日本外交文書 満洲事変』第一巻第一冊(一九七七年)三一六頁。

(39) 同前書、三六〇―三六一頁。

(40) 『満洲日報』一九三一年一〇月六日付け。

(41) 関東軍司令部「于冲漢の出盧と其政見」一九三一年一一月二二日(稲葉正夫・小林龍夫・島田俊彦編『現代史資料11 続・満洲事変』みすず書房、一九六五年)五六四頁。

(42) 前掲『日本外交文書 満洲事変』第一巻第一冊、三七一頁。一九三一年一一月六日付け奉天総領事発幣原外相宛電報。

(43) 「満洲事変機密政略日誌」一九三一年一一月六日条(前掲『現代史資料7』)二四七頁。

(44) 升巴倉吉「満洲事変から独立政権へ」『国つくり産業開発者の手記 ああ満洲』(満洲回顧集刊行会、一九六五年)二〇頁。

(45) 金井章次『満蒙行政瑣談』(創文社、一九四三年)二九二―二九三頁。

(46) 「満洲事変機密政略日誌」一九三一年一一月六日条(前掲『現代史資料7』)二四七頁。

(47) 参謀本部「満洲事変における軍の統帥(案)」(前掲『現代史資料11』)四一一頁。

(48) 前掲「于冲漢の出盧と其政見」(同前書所収)五六六頁。

(49) 「満洲事変機密政略日誌」一九三一年一一月七日条(前掲『現代史資料7』)二五二―二五三頁。

(50) 前掲古屋「「満洲国」の創出」『「満洲国」の研究』五六頁。
(51) 山室信一「「満洲国」統治過程論」(同前書所収)九二頁。
(52) 山室信一「「満洲国」の法と政治――序説――」京都大学人文科学研究所『人文学報』第六九集(一九九一年)一三六頁。
(53) 橘樸「大革命家の最後の努力――孫文の東洋文化観及び日本人観――」『月刊支那研究』第一巻第四号(一九二五年三月)。
(54) 橘樸「日本に於ける王道思想(四)」『満蒙』第六年第六五冊(一九二五年九月)。
(55) 橘樸「王道の実践としての自治」『満洲評論』第一巻第一五号(一九三一年一二月)。
(56) 橘樸「王道理論の開展」『満洲評論』第三巻第七号(一九三二年八月)。
(57) 後藤延子「康有為の大同世界像――その存在構造と思想史的意義――」信州大学人文学部『人文科学論集』第一五号(一九八一年)。後藤は、こうした康有為の構想が、通婚による肌の色の同一化を含めて極端な画一化への志向をもっていること、強力な権限をもつ公政府自体が私的性格のものとなってしまうのを免れる保障がないことなどの問題点も指摘している。
(58) 前掲溝口『方法としての中国』一二頁。なお、鈴江言一は、孫文と康有為との思想的関係について、「孫文が一の観念論者であり、彼の思想が中国の伝統的政治思想の深い支配下にあつた限りにおいて、彼は政敵康有為から少なからぬ影響を受けてゐたのである。殊に中国の古い学問に余り縁のない孫文が、頻りに云々する大同説及び大学中庸の方法論に根拠する道徳論に至つては、疑ひもなく康有為の影響の重要な参加を云々しえよう」と述べている(鈴江言一『孫文伝』岩波書店、一九五〇年、三九一頁)。
(59) 橘樸「中国共産党批判」『中央公論』第六五四号(一九四二年二月)。
(60) 橘樸「満洲新国家建国大綱私案」『満洲評論』第二巻第一号(一九三二年一月)。
(61) 橘樸「新国家設計批判」『満洲評論』第一巻第一四号(一九三一年一一月)。ここでは、「大綱」について「無名氏の「満蒙の自由国建設案」」と記し、それが関東軍顧問により作成されたものであることは明言していない。

(62) 前掲平野「中国における統治国家の形成と少数民族」『アジアにおける国民統合』六二頁。
(63) 橘樸「日本改造の過程(下)」『満洲評論』第五巻第二四号(一九三三年一二月)。
(64) 戴季陶「孫中山先生与台湾」秦孝儀主編『中国現代史史料叢書第一集 国父孫先生与台湾』(中央文物供応社、台北、一九八九年)二六三—二六四頁。本書では、前掲安井「孫文の講演「大アジア主義」と戴天仇」六三頁よりの重引。
(65) 片桐(浜口)裕子「「満洲国」建国構想とその展開——「アグラリア」と「インダストリア」——」『慶應義塾大学大学院法学研究科論文集』昭和五三年度(一九七八年)。同「「満洲国」の合作社政策」(『アジア経済』第二四巻第一号、一九八三年一月)も参照。
(66) 橘樸「満洲統治と地主階級」『満洲評論』第八巻第二号(一九三五年一月)。
(67) 前掲三谷「満洲国国家体制と日本の国内政治」『岩波講座近代日本と植民地2』一九一—一九二頁。
(68) 風間秀人「農村行政支配」浅田喬二・小林英夫編『日本帝国主義の満洲支配』(時潮社、一九八六年)三一八頁。
(69) ロイド・E・イーストマン、上田信・深尾葉子訳『中国の社会』(平凡社、一九九四年)三〇一頁。
(70) 「満洲事変機密政略日誌」一九三一年一一月七日条(前掲『現代史資料7』)二五二頁。『満洲評論』による調査は、これらの組織のうち青幇の分派たる在家裡の勢力がもっとも大きく、旧東北軍、国民政府、ソ連が利用を図ろうとしたこと、満洲国政府もその利用を図り「表現的合法的存在」にしようとしていること、しかしそれすら思うにまかせない状況で「弾圧することは到底不可能」であることを報告している(万協和寄「満洲国に於ける在家裡の現況」『満洲評論』第八巻第二四号、一九三五年六月)。なお、満洲評論社が末光高義『支那の秘密結社と慈善結社』(一九三二年)という本を刊行し、橘が序文を寄せていることからも、橘が青幇などに大きな関心を寄せていたことがわかる。
(71) 橘樸『支那建設論』一九四三年(前掲『橘樸著作集』第三巻)二七五頁、二八〇頁。
(72) 紅卍字会に関する調査資料として、大山彦一「道院・紅卍字会の研究」『建国大学研究院研究期報』第三輯(一九四二年)、民生部厚生司教化科『教化団体調査資料第二輯 満洲国道院・世界紅卍字会の概要』(一九四四年)がある。同会と大本教との関係については、さしあたり中濃教篤『天皇制国家と植民地伝道』(国書刊行会、一九七六年)を参照。

(73) 文教部教化司礼教科『教化団体調査資料第三輯　満洲帝国道徳会の概要』(一九四四年)五七―五九頁。
(74) 民生部厚生司教化科『教化団体調査資料第一輯　教化団体概要』(一九四三年)一二三頁。
(75) 前掲『教化団体調査資料第三輯　満洲帝国道徳会の概要』三七頁。
(76) 橘樸「「中庸」思想の本質――袁金鎧氏の『中庸講義』を読みて――」『月刊支那研究』第二巻第四号(一九二五年九月)。
(77) 前掲『教化団体調査資料第三輯　満洲帝国道徳会の概要』一四九頁。
(78) 加地伸行『儒教とは何か』(中央公論社、一九九〇年)。
(79) 前掲橘「『中庸』思想の本質」。
(80) 橘樸「支那思想に関する考察」『満蒙』第五年第四二冊(一九二四年一月)。
(81) 袁金鎧「王道梗概憶説(下)」『満洲評論』第五巻第八号(一九三三年八月)。
(82) 陸軍省調査班「満蒙新建設に対する住民の意向」一九三二年一月(前掲『現代史資料11』六二二頁)。
(83) 満洲帝国協和会中央本部『協和文庫第七輯　建国の精神』(一九三九年)。以下、一九三九年以前の満洲国の宣言文・詔書等の出典はいずれも同書による。なお、「大同」という元号の由来には諸説があり、礼運篇の大同世界の記述をふまえたものという確たる証拠があるわけではない。
(84) 島川雅史「現人神と八紘一宇の思想――満洲国建国神廟――」『史苑』第四三巻第二号(一九八四年)。本節の内容は、この島川の論文に示唆を受けている。ただし、なぜ「国教」の転換という「大事件」が生じたのかということについて、天皇制国家による支配の顕在化という説明を出ていない。
(85) 山本晴雄「満洲国の指導精神教育精神と日本国民の覚悟」一九四〇年(「満洲国」教育史研究会監修『「満洲・満洲国」教育資料集成』第一四巻、エム・ティ出版、一九九三年、以下『資料集成』と略す)。引用部分は、著者が一九三九年に満洲を調査した際の民生部教育司長田村敏雄の発言。
(86) 鄭孝胥「王道救世之要義」『建国普及精神之資料』第一集、一九三二年一〇月(『資料集成』第二巻所収)。
(87) 橘樸「帝制と王道思想――鄭総理の王道政策批判――」『満洲評論』第六巻第八号(一九三四年二月)。

(88) 前掲平野「満洲国協和会の政治的展開――複数民族国家における政治的安定と国家動員――」。

(89) 橘樸「自治から道王《ママ》へ」『満洲評論』第六巻第一二号(一九三四年三月)。

(90) 鄭孝胥「跋後藤春吉満洲瑞士比較説」彭述先編『鄭総理大臣王道講演集』(福文盛印書局、一九三四年)一〇五頁。同資料は、久木幸男氏のご厚意により入手できたものである。

(91) 前掲橘「帝制と王道思想」。

(92) 田崎仁義『皇道日本と王道満洲』(斯文書院、一九三三年)一二三―一二五頁。

(93) 満洲帝国協和会中央本部調査部『㊙惟神道と王道の真義(満洲国建国原理としての惟神・王道)』(一九四三年)四二頁、五八頁。この資料は、田崎の講演と協和会関係者との懇談からなる。

(94) 鄭孝胥『王道講義』(一九三五年、国会図書館附属東洋文庫所蔵、手稿)。橘樸「王道概説」『満洲評論』第九巻第一五号(一九三五年一〇月)―第二三号(一九三五年一二月)。

(95) 前掲『教化団体調査資料第三輯 満洲帝国道徳会の概要』三七頁。

(96) 千葉命吉『満洲王道思想批判』(大日本独創学会、一九三三年)四三頁、二〇七頁。

(97) 鈴木隆史『日本帝国主義と満州 一九〇〇―一九四五』下(塙書房、一九九二年)一四六頁。

(98) 橘樸「日系官吏の帝政理由批判」『満洲評論』第六巻第五号(一九三四年二月)。

(99) 橘樸「日本に於ける王道思想(二)」『満蒙』第六年第六二冊(一九二五年八月)。

(100) 前掲山室『キメラ』二五三頁。

(101) 蔡培火『東亜の子かく思ふ』(岩波書店、一九三七年)五頁。初出は、「昭和十年は一九三五年なり」『台湾新民報』一九三五年一月一日付け。

(102) 台北州基隆郡教化連合会『教化資料・パンフレット第三輯 皇道日本と王道及覇道』(一九三六年)一〇八頁、一三二頁。

(103) 前掲「極秘 内鮮一体ノ理念及其ノ実現ノ方策要綱」。

(104) 関東軍司令部「満洲国の根本理念と協和会の本質」(前掲『現代史資料11』)九〇八―九〇九頁。

(105) 前掲古屋「「満洲国」の創出」『「満洲国」の研究』七七頁。
(106) 民生部教育司『学校令及学校規程』一九三七年(『資料集成』第三巻所収)、八―一一頁。
(107) 民生部教育司『㊙学制調査委員会議事録』(一九三九年)六〇頁。
(108) 民生部『国民高等学校女子国民高等学校日本語読本』巻八(一九四一年)一四五―一四六頁。
(109) 前掲久木『日本教育論争史録 第一巻近代編(上)』四一四頁。
(110) 満洲国史編纂刊行会『満洲国史・総論』(満蒙同胞援護会、一九七〇年)六六九頁。なお、建国大学の設立過程に関しては、志々田文明「建国大学の教育と石原莞爾」(早稲田大学『人間科学研究』第六巻第一号、一九九三年)を参照。
(111) 同前書、五九二頁。「平泉博士の謹話」久保田覚巳『満洲帝国皇帝陛下御訪日と建国神廟御創建』(日満中央協会、一九四一年)一〇二頁。
(112) 満洲国史編纂刊行会『満洲国史・各論』(満蒙同胞援護会、一九七一年)一一〇八頁。
(113) 民生部『㊙康徳九年度民生庁長会議録』(一九四二年)一〇二頁。
(114) 八束清貫「惟神の道ここに徹底」前掲『満洲帝国皇帝陛下御訪日と建国神廟御創建』一二四頁。
(115) 興亜院政務部『㊙王道思想に纏はる若干の基本問題』(一九四一年二月)。本意見書の執筆者である山下信庸氏の筆者あて私信(一九九五年一月一日)によれば、当時の民生部教育司長田村敏雄が一九四一年二―三月頃に山下氏を訪ね、「満洲国では、王道論や五族協和論やら、色々やって見たがウマくいかないので困っている」と述べ、大同学院のゼミナールで使うためにという理由で五〇部程度この意見書を持ち帰ったとのことである。文教政策担当者が、皇道への開き直りに安住しえていたわけではなかったことを示す貴重な証言といえよう。なお、山下氏は、興亜院嘱託当時の意見書類を『アジア的文化の源流を探る――日本の反省――』(私家版、一九九四年)にまとめている。
(116) 前掲『惟神道と王道の真義』七五―七八頁。
(117) 前掲『教化団体調査資料第一輯 教化団体概要』一三二―一三三頁。
(118) 前掲『惟神道と王道の真義』五七―六四頁。

(119) 前掲大山「道院・紅卍字会の研究」四九九頁。
(120) 藤井忠俊「なぜ「満洲事変」をとりあげるか」『季刊現代史』創刊号(一九七二年号)。
(121) 汪兆銘政権のイデオロギーに関しては、利谷信義「「東亜新秩序」と「大アジア主義」の交錯——汪政権の成立とその思想的背景」(『仁井田陞博士追悼論文集』第三巻、一九七〇年)、伊藤昭雄「「大アジア主義」と「三民主義」」(『横浜市立大学論叢(人文科学)』第四〇巻第一号、一九八九年)を参照。
(122) 野村章『「満洲・満洲国」教育史研究序説』(エム・ティ出版、一九九五年)九九頁を参照。
(123) 前掲三谷「満洲国国家体制と日本の国内政治」『岩波講座近代日本と植民地2』二一〇頁。
(124) 橘樸「政治力と国民組織」『東亜連盟』第三巻第一二号(一九四一年一二月)。なお、東亜連盟運動に関しては、照沼康孝「東亜連盟協会」(『年報近代日本研究5』山川出版社、一九八三年)を参照。
(125) 橘樸『職域奉公論』(評論社、一九四二年)二頁。
(126) 前掲「大陸政策十年の検討」。
(127) 前掲橘「政治力と国民組織」。なお、本章では、副題に付した「アジア主義の可能性と限界」という問題を、主に橘の思想との関連に即して論じたが、「アジア主義」一般は橘の思想ほどには「可能性」を示していないことを確認しておくべきだろう。それは、酒井直樹の指摘しているように、「東亜の指導者」として「東亜の住民から絶えず自己のナルシスティックな像を満足する承認を聞き出そうとする要求」に満ちたものであり、そうした要求が否定されたとき、容易に「東亜の住民」への敵視に転化しうるものだった。酒井はまた、帝国主義と人種主義の否定を掲げた「東洋」の原理は、自らの帝国主義と人種主義を否認するための装置であるとして、「東洋」「西洋」という二分法的な同一性の原理そのものへの批判的な観点を提示している(酒井直樹「「東洋」の自立と大東亜共栄圏」『情況』一九九四年一二月号)。本章では、当時の日本人としては、そうしたナルシシズムからもっとも自由だったと思われる橘の議論が否定される過程を通して、逆に「アジア主義」一般にまつわる酒井の議論の的確さを論証したことになるだろうか。

第VI章

(1) 『東京朝日新聞』一九四〇年八月二日付け夕刊。

(2) 安部博純「〈大東亜共栄圏〉構想の形成」『北九州大学法政論集』第一六巻第二号(一九八八年一月)。

(3) 安部博純「〈大東亜共栄圏〉構想の展開」『北九州大学法政論集』第一六巻第三・四号(一九八九年三月)。

(4) 小沢有作「日本植民地教育政策論——日本語教育政策を中心にして——」(『都立大人文学報』第八二号、一九七一年)、石剛『植民地支配と日本語』(三元社、一九九三年)、川村湊『海を渡った日本語』(青土社、一九九四年)、前掲安田「近代『国語』の歴史」一九九五年)、高崎宗司「「大東亜共栄圏」における日本語」(『岩波講座日本通史第19巻 近代4』岩波書店、一九九五年)。

(5) 北京市政協文史資料研究委員会編、大沼正博訳小島晋治解説『北京の日の丸——体験者が綴る占領下の日々——』(岩波書店、一九九一年)、中薗英助『わが北京留恋の記』(岩波書店、一九九四年)。

(6) 日中全面戦争にいたる過程での現地解決主義の定着という問題を鋭利に分析したものとして、古屋哲夫「日中戦争にいたる対中国政策の展開とその構造」(古屋哲夫編著『日中戦争史研究』吉川弘文館、一九八四年)。華北分治工作に関しては、星野昭吉「「蘆溝橋事件」までの日本の対中国政策の展開——華北分治工作の進展過程と抗日民族統一戦線の形成過程——」(『一九三〇年代中国の研究』アジア経済研究所、一九七五年)を参照。

(7) 臨時政府の組織に関しては、安井三吉「日本帝国主義とカイライ政権」(前掲『講座中国近現代史6』)、新民会に関しては八巻佳子「中華民国新民会の成立と初期工作状況」(前掲『一九三〇年代中国の研究』)を参照。

(8) 防衛庁防衛研修所戦史室『支那事変陸軍作戦(1)昭和一三年一月まで』(朝雲新聞社、一九七五年)四四七頁。

(9) 藤本万治「北支に於ける文化工作の現状」『文部時報』第六四二号(一九三九年一月)—第六四五号(一九三九年二月)。末文に「文部省内教育研究会に於ける談話筆記」との注記がある。

(10) 興亜院華北連絡部『㊙北支に於ける文教の現状』(一九四一年)八四—九〇頁。

(11) 「対支文化工作委員会設置理由(一三、二、一四)」『参考資料関係雑件 北支那文化工作に関する意見』(外務省外交資料館所蔵)。外務省による「対支文化事業」に関しては、阿部洋「戦前期日本の中国における文化事業」(岩橋文吉編『国際化時代の人間形成』ぎょうせい、一九八二年)を参照。

(12) 防衛庁防衛研究所戦史室『北支の治安戦〈二〉』(朝雲新聞社、一九七一年)一〇七頁。興亜院の成立過程と組織の性格に関しては、馬場明『日中関係と外政機構の研究』(原書房、一九八三年)を参照。

(13) 東亜文化協会『冀東防共自治政府排日教科書改訂事業』一九三七年(『資料集成』第九巻所収)一〇頁。初出は、「中華民国万歳」『初級小学国語教科書』第七冊。

(14) 同前書、二七—二八頁。初出は、『奉天毎日新聞』一九三六年一月一一日付け記事。

(15) 前掲野村『「満洲・満洲国」教育史研究序説』二二八頁。日本語訳は、野村章によるもの。

(16) 坂井喚三「華北に於ける教科書政策」『興亜教育』第二巻第一号(一九四三年一月)。

(17) 前掲『冀東防共自治政府排日教科書改訂事業』二八頁。初出は、『満洲日報』一九三六年一月一二日付け記事。

(18) 前掲坂井「華北に於ける教科書政策」。

(19) 大出正篤、飯河の経歴に関しては、満蒙資料協会『満洲紳士録』(一九四〇年)、茗渓会への照会などによる。南満洲教育会教科書編輯部の事業に関しては、拙稿「〝満洲国〟政府的教科書政策」『遼寧教育史志』第二輯(遼寧教育史志編纂委員会、瀋陽、一九九三年)、および教科書編輯部『教科書編輯部要覧』(一九四四年、『資料集成』第九巻所収)を参照。また、関東州・満鉄附属地の教育政策に関しては、槻木瑞生「「満洲」における近代教育の展開と満鉄の教育」(前掲『日中教育文化交流と摩擦』)ほか槻木の一連の研究、平野健一郎「満洲における日本の教育政策——一九〇六年—一九三一年」(『アジア研究』第一五巻第三号、一九六八年一〇月)を参照。

(20) 初等教育研究会第二部『公学校日語学堂教育の実際』一九三七年(『資料集成』第九巻所収)五三九頁。

(21) 前掲『冀東防共自治政府排日教科書改訂事業』三五頁。

(22) 江口圭一「帝国日本の東アジア支配」前掲『岩波講座近代日本と植民地1』一八二頁。

(23) 大塚豊「戦時下中国における欧米系大学」(前掲『日中教育文化交流と摩擦』)を参照。
(24) 吉田三郎『国民精神文化研究第四六冊　思想戦——近代外国関係史研究——』(一九四一年)二一八—二一九頁。
(25) 前掲『㊙北支に於ける文教の現状』六五頁、六八頁、一四八頁。小林澄兄「東亜文化協議会と北支の教育状況」(『教育』第七巻第一号、一九三九年一月)も参照。
(26) 『北京近代科学図書館館刊』第五号(一九三八年一二月)、第六号(一九三九年七月)。
(27) 日本軍占領下の周作人の思想と行動に関しては、木山英雄『北京苦住庵記——日中戦争時代の周作人——』(筑摩書房、一九七八年)を参照。同書は、周作人の思想に対する鋭い観察を示しているばかりではなく、当時の占領政策の推移に関しても、行き届いた目配りをしている。
(28) 文学者と植民地・占領地支配とのかかわりに関しては、川村湊『異郷の昭和文学——「満州」と近代日本——』(岩波書店、一九九〇年)、尾崎秀樹『近代文学の傷痕——旧植民地文学論——』(岩波書店、一九九一年)、神谷忠孝「南方徴用作家」(『北海道大学人文科学論集』第二〇号、一九八三・八四年)などを参照。
(29) 三木清「東亜思想の根拠」『改造』第二〇巻第一二号(一九三八年一二月)。
(30) 東亜研究所『極秘　抗日政権の東亜新秩序批判(翻訳)』(一九四一年)一一一頁。初出は、『大公報』一九三九年一月。なお、江公懐のこの論や田中義一の上奏文に関しては、中国人の対日観という脈略で、山口一郎『近代中国対日観の研究』(アジア経済研究所、一九七〇年)が詳細に論及している。
(31) 外務省文化事業部『機密　支那に於ける日本語教育状況』(一九三八年)二〇頁、二五頁。
(32) 前掲『極秘　抗日政権の東亜新秩序批判』一〇七頁。
(33) 北一輝「日本改造法案大綱」一九一九年(橋川文三編『超国家主義』筑摩書房、一九六四年)三二〇頁。
(34) 海後宗臣「北支の子供を観る」『児童』第七巻第二号(一九三八年二月)。教育制度の状況に関しては、同「北支の教育」(『教育思潮研究』第一二巻第三輯、一九三八年)に詳しい。
(35) 海後宗臣「北支に於ける教育建設に就て」外務省文化事業部『㊙対支文化政策に就て(二)』(一九三九年)二五—二六頁。

(36) 国府種武「北京、広東の教育」『法政大学文学部紀要』第一五号(一九六九年)。

(37) 「北平学校的近況」『教育雑誌』第二九巻第一号(一九三九年一月)。日中戦争当時の『教育雑誌』の記事に関しては、佐藤尚子「中国教育界の抗日教育論——「満洲事変」をめぐる『教育雑誌』の論説・記事——」(前掲『戦前日本の植民地教育政策に関する総合的研究』)を参照。

(38) 「北京市教育局中小学校日語普及状況」『華北日本語』第三巻第一〇号(一九四三年一〇月)。

(39) 興亜院華北連絡部「華北に於ける日本語普及情況(其の一)」興亜院政務部『㊙調査月報』第一巻第八号(一九四〇年八月)。

(40) 「河北省内治安状況調査報告」一九三九年三月(防衛庁防衛研修所戦史室『北支の治安戦〈一〉』朝雲新聞社、一九六八年)一七七—一七八頁。

(41) 「晋冀師生英勇参戦」一九四七年三月(河北省晋察冀辺区教育史編委会編『晋察冀辺区教育資料选編』北京師範大学出版社、北京、一九九一年、一一七頁)。晋察冀辺区については、安井三吉「中国民族統一戦線の展開過程——晋察冀辺区の形成・発展」(『歴史学研究』一九七一年度特集号)を参照。

(42) 興亜院華北連絡部『華北農村教育調査報告』(一九四〇年)九〇頁。この調査は、北京大学農学院教授西山武一・佐藤武・渡辺兵力が一九四〇年三月から四月にかけて河北省の農村で行ったもの。

(43) 「晋察冀辺区的小学教育」一九四六年六月(前掲『晋察冀辺区教育資料选編』)三七二頁。

(44) 西村成雄「中国抗日根拠地——危機と社会空間の再調整——」前掲『岩波講座近代日本と植民地6』八三—八四頁。

(45) 前掲『華北農村教育調査報告』一〇六頁。

(46) 前掲「華北に於ける日本語普及情況(其の一)」。

(47) 多田部隊本部「極秘　華北ニ於ケル思想戦指導要綱附属書」一九四〇年四月二〇日(旧陸海軍文書マイクロフィルム、九八六「極秘　華北ニ於ケル思想戦指導要綱ノ件」)。

(48) 石島紀之「中国占領地の軍事支配」前掲『岩波講座近代日本と植民地2』二三六—二三八頁。

(49) 文部省『㊙国語対策協議会議事録』一九三九年一一月(『資料集成』第一〇巻所収)一頁。なお、同協議会の議事録の抄録が、中内敏夫編『ナショナリズムと教育』(国土社、一九六九年)に収められ、小沢有作が解説を加えている。

(50) 興亜院文化部第三課「㊙日本語普及方策要領(草案)」一九三九年六月(タイプ印刷、故大志万準治氏所蔵資料)。なお、大志万氏は当時興亜院嘱託として国語対策協議会に出席、日本語教育振興会の常任理事にもなっている。

(51) 前掲『㊙国語対策協議会議事録』一一一頁。

(52) 前掲「㊙日本語普及方策要領(草案)」。

(53) 前掲『㊙国語対策協議会議事録』一四九頁。

(54) 同前書、二一八―二一九頁。

(55) 同前書、一八七―一九一頁。

(56) 満洲国文教部『㊙第一回教育庁長会議記録』一九三二年(『資料集成』第二巻所収)。堀敏夫「満洲国日本語教育の概況」『コトバ』第四巻第一二号(一九四二年一二月)。

(57) 前掲『学校令及学校規程』七九頁、一五一頁。国務院法制処編『満洲国法令輯覧第三巻学務編』一九四二年(『資料集成』第三巻所収)三四―六六頁。

(58) 満洲国政府による教科書の発行状況に関しては、拙稿「旧「満洲国」における皇民化教育の資料調査」(『成城学園教育研究所年報』第一七集、一九九四年)を参照。

(59) 前掲『㊙国語対策協議会議事録』一九八頁。

(60) 同前書、一九六頁。

(61) 同前書、二〇頁、五六頁、一五三頁。

(62) 山田孝雄「再び文部省の仮名遣改定案に抗議す」一九三一年(西尾実・久松潜一監修『国語国字教育史料総覧』国語教育研究会、一九六九年)二一八頁。

(63) 河原宏『昭和政治思想史研究』(早稲田大学出版部、一九七九年)二四四頁、二五〇頁。

(64) 長沼直兄の経歴に関しては、森清「太平洋戦争前後における米軍将校に対する日本語教育——長沼直兄を中心に——」(『日本語教育』第六〇号、一九八六年)、釘本久春に関しては、山口正「釘本久春氏の業績」(同前所収)を参照。
(65) 「文部に国語課新設 国語の整理と海外進出へ 大岡新課長の談」『教育週報』第八一二号、一九四〇年一二月七日付け。
(66) 日本語教育振興会の組織と事業に関しては、拙稿「日中戦争期文部省と興亜院の日本語教育政策構想——その組織と事業——」(『東京大学教育学部紀要』第二九巻、一九九〇年)を参照。
(67) 文部省『日本語読本学習指導書』巻一(日本語教育振興会、一九四三年)二頁。なお、奥付には文部省という編纂者は記されていないが、発行者として記された日本語教育振興会の住所は文部省と一致する。文部省が中国人向けの教科書を作成することが内政干渉として非難されることを防ぐための措置と考えられる。
(68) 言語文化研究所編『長沼直兄と日本語教育』(開拓社、一九八一年)二三一頁。これらの教科書の内容については、拙稿「「大東亜共栄圏」構想と日本語教育政策——文省編『日本語読本』の内容分析——」『日本の教育史学』第三三集(一九九〇年)を参照。
(69) 相良惟一「中、南支各地に於ける日本語教育及び日本語普及の状態並に日本語教育振興会に対する希望意見」一九四三年八月四日(言語文化研究所所蔵資料)。相良は当時日本語教育振興会常任理事。日本語教育振興会関係の資料の利用にあたっては、長沼守人氏(東京日本語学校校長)に多大のご便宜をいただいたことを感謝したい。
(70) 満洲国民生部『建国十周年慶祝東亜教育大会記録』一九四二年(『資料集成』第一〇巻所収)一一六頁。
(71) 同前書、一一八頁。
(72) 前掲「㊙日本語普及方策要領(草案)」。
(73) 「昭和一六年度華北日本語教育研究所事業報告」『華北日本語』第一巻第六号(一九四二年七月)。
(74) 相良惟一「日本語教師の処遇に関する諸問題」『日本語』第四巻第四号(一九四四年四月)。
(75) 興亜院政務部『㊙第七十五回帝国議会支那関係質疑応答集』(一九四〇年)一〇五二頁。
(76) 「支那派遣教員錬成実施」『興亜』第一巻第九号(一九四〇年一〇月)。

(77) 大出正篤「大陸に於ける日本語教授の概況」『日本語』第一巻第六号(一九四一年六月)。
(78) 前掲『㊙北支に於ける文教の現状』九六頁。
(79) 同前書、九一頁。
(80) 在北京日本大使館文化課『㊙北支に於ける文化の現状』(一九四三年)六七―六八頁。なお、東南アジアへの占領地の拡大にともなって、一九四二年一一月に興亜院、対満事務局、拓務省などの機能を吸収して大東亜省が成立、興亜院華北連絡部も在北京日本大使館に改組された。
(81) 前掲『㊙国語対策協議会議事録』三一頁。
(82) 『教育審議会諮問第一号特別委員会整理委員会会議録』第一九輯(宣文堂書店、復刻版、一九七一年)四五頁。文部省文書課長有光次郎の発言。
(83) 『東京朝日新聞』一九四一年四月五日付け。閣議決定の詳しい内容については、清水虎雄「教職員の大東亜共栄圏への派遣について」(『文部時報』第七五三号、一九四二年三月)を参照。
(84) 秦純乗「我が校の日本語教育」『華北日本語』第一巻第二号(一九四二年三月)。
(85) 興亜院華北連絡部「華北に於ける日本語教師養成状況並に天津・済南・徐州・開封の各地学校に於ける日本語教授法調査」興亜院政務部『㊙調査月報』第二巻第三号(一九四一年三月)。
(86) 山口喜一郎の経歴に関しては、満蒙資料協会『中国紳士録』(一九四二年)、山口の没後編纂された、山口喜一郎『話すことの教育』(習文社、一九五二年)などを参照した。木村宗男「山口喜一郎――人物日本語教育史――」(『日本語教育』第六〇号、一九八六年)も参照。
(87) 国府種武の経歴に関しては、前掲国府「北京、広東の教育」、蔡茂豊『中国人に対する日本語教育の史的研究』(私家版、一九七七年)を参照。
(88) 前掲『㊙国語対策協議会議事録』一三一頁―一三二頁。
(89) 文部省図書局「国語対策協議会概況」『文部時報』第六六一号(一九三九年七月)。

(90) 前掲「㊙日本語普及方策要領」。故大志万準治氏所蔵資料には、興亜院華北連絡部文化局「我ガ国ニ於ケル日語教授ノ変遷」というタイプ印刷の資料が含まれ、表紙に「一四・六・一四 興亜院文化部受」と記されている。その内容は、山口喜一郎「我が国の外地における日本語教授の変遷」(『国語運動』一九三九年一〇月)とほぼ同文であることから、山口が直接法の採用を興亜院に働きかけるために起草したものと推測できる。

(91) 山口喜一郎「中部台湾ノ一部ニ於ケル教授上ノ瞥見」『台湾教育会雑誌』第七号(一九〇二年一〇月)。

(92) 拙稿「山口喜一郎の日本語教授理論――教育における方法的価値をめぐる一考察――」東京大学教育学部教育哲学・教育史研究室『研究室紀要』第一五号(一九八九年)。

(93) 竹内芳郎によれば、含意性の概念の内実は、①シニフィアン(意味するもの)から生じるのか、それともシニフィエ(意味されるもの)から生ずるのか、②個別的な発話行為に基づくものなのか、それとも社会的な言語体系に基づくのか、という二点で議論が分かれるとされる(竹内芳郎『増補言語・その解体と創造』筑摩書房、一九八五年、一九三―一九八頁)。山口の場合は、①の問題についてはシニフィエから生ずると考え、②の問題については発話行為に基づくとみなしていると思われる。

(94) 山口喜一郎『外国語としての我が国語教授法』(一九三三年)五二頁。

(95) 山口喜一郎「自国語と外国語――日本語教授法序説その二――」『日本語』第二巻第三号(一九四二年三月)。

(96) 山口喜一郎「生活と教習」『日本語』第四巻第四号(一九四四年四月)。

(97) 前掲『㊙国語対策協議会議事録』二〇九頁。

(98) 前掲山口『外国語としての我が国語教授法』一五一頁。

(99) 時枝誠記「朝鮮に於ける国語政策」『日本語』第二巻第八号(一九四二年八月)。この時枝の論説に関しては、前掲石『植民地支配と日本語』、柄谷行人「日本精神分析(4)」(『批評空間』第八号、一九九三年)、前掲川村『海を渡った日本語』、前掲安田「近代「国語」の歴史」などの論稿も着目している。しかし、時枝の議論こそが帝国主義的であるとの見解は示されていない。

(100) 前掲竹内『増補言語・その解体と創造』九八頁。
(101) 時枝誠記「最近に於ける国語問題の動向と国語学」『日本語』第四巻第一号(一九四四年一月)。
(102) 時枝誠記『国語学原論』(岩波書店、一九四一年)一〇二―一〇三頁。なお、言語を「物」とみなしているという時枝のソシュールへの批判が、今日のソシュール理解に即していえば的外れなものであることはいうまでもない。
(103) 前掲山口『外国語としての我が国語教授法』一六五―一六六頁。
(104) 前掲『㊙国語対策協議会議事録』一四―一五頁。
(105) 同前書、一五頁。
(106) ジョン・ライアンズ、近藤達夫訳『言語と言語学』(岩波書店、一九八七年)二七七頁。
(107) 前掲『㊙国語対策協議会議事録』一二六頁。戦時下の台湾における日本語教育に関しては、近藤純子「戦争と日本語――台湾日本語教育史の一研究――」(近畿大学教育研究所『教育研究所紀要』第一八号、一九九〇年)を参照。
(108) 大出正篤「日本語の海外普及政策実施に関する意見書」『国語運動』第三巻第六号(一九三九年六月)。
(109) 大出正篤「日本語の世界的進出と教授法の研究」『文学』第八巻第四号(一九四〇年四月)。
(110) 興亜院華北連絡部「華北に於ける日語教師養成状況並に天津、済南、徐州、開封の各地学校に於ける日本語教授法調査」興亜院政務部『㊙調査月報』第二巻第六号(一九四一年六月)。
(111) 民生部『満洲国教育概況』一九四二年(『資料集成』第六巻所収)八四頁。なお、満洲国の言語政策に関しては、安田敏朗「「満洲国」の「国語」政策[上]」(『しにか』一九九五年一〇月)を参照。
(112) 高萩精玄「満洲国に於ける日本語教育の現状」『コトバ』第二巻第八号(一九四〇年八月)。
(113) 福井優「満洲国における日本語の問題」『国語運動』第三巻第六号(一九三九年六月)。
(114) 一谷清昭「日本語の教室」『文学』第八巻第四号(一九四〇年四月)。
(115) 大出正篤「日本語の南進に就いて」『日本語』第二巻第一〇号(一九四二年一〇月)。
(116) 前掲『満洲国史・各論』一一〇八頁。

(117) 国府種武「日語教授雑感」『コトバ』第三巻第九号(一九四〇年九月)。
(118) 国府種武『日本語教授の実際』(東都書籍株式会社、一九三九年)五〇二―五一八頁。
(119) 国府種武「直接法と対訳法」『華北日本語』第一巻第四号(一九四二年五月)。
(120) 国府種武「日本語教授の諸問題」『日本語』第三巻第五号(一九四三年五月)。
(121) 国府種武「文化理解のための日本語教授」国語文化学会編『外地・大陸・南方日本語教授実践』(国語文化研究所、一九四三年)二二五頁。
(122) 前掲『㊙国語対策協議会議事録』四九―五〇頁。
(123) 張深切『里程碑』巻四(聖工出版社、台中、一九六一年)五四四頁。
(124) 前掲国府「北京、広東の教育」。
(125) 加藤将之「興亜読本と華北教育」『興亜教育』第一巻第四号(一九四二年四月)。内容は、孔子、乃木将軍、野口英世の伝記、王揖唐華北政務委員会委員長や周作人教育総署督弁の演説、満洲国の首都新京や東京がいかに繁栄しているかという内容の見聞記、欧米による中国侵略の歴史と「黄族」の連帯をうたう韻文などである。
(126) 前掲『㊙第七十五回帝国議会支那関係質疑応答集』一一〇七―一一一五頁。
(127) 興亜院政務部『第七十六回帝国議会支那関係質疑応答集』(一九四一年六月)二一七―二一八頁。
(128) 華北占領地の経済状況に関しては、中村隆英『戦時日本の華北経済支配』(山川出版社、一九八三年)を参照。
(129) 秦純乗「環境と対象」前掲『外地・大陸・南方日本語教授実践』二二六頁。
(130) 座談会「日本語教育の文化性と技術性」『華北日本語』第二巻第六号(一九四三年六月)。
(131) 前掲矢内原「軍事的と同化的・日仏植民政策比較の一論」『矢内原忠雄全集』第四巻、三〇四頁。
(132) 前掲国府「北京、広東の教育」。
(133) 『日本語』の刊行は、現在確認しうるかぎり、一九四一年四月から一九四五年一月まで、『華北日本語』の刊行は一九四二年二月から一九四五年三月までである。

(134) 前掲国府「北京、広東の教育」。

(135) 劉岸偉『東洋人の悲哀――周作人と日本――』(河出書房出版社、一九九一年)一四六頁。

(136) 前掲『極秘 抗日政権の東亜新秩序批判』一二二頁。初出は、「侵略者は心労するもその結果は益々拙い」(『大公報』一九三九年五月一四日)。

(137) 同前書、二一五頁。初出は、林語堂「中国未来之路」(『新中国之誕生』第八節、一九三九年四月)。なお、すべての「国民性」論がそうであるように、この議論も単純化を免れない。「平衡」を失した文化大革命はどうなるのだという反論もありうる。しかし、抗日戦争のさなかに執筆されたこの文章が、日本を敗北に追い込んだ精神のあり方の一側面をよく表していると考えて引用した。

結章

(1) ミッシェル・フーコー、渡辺守章訳『性の歴史I 知への意思』(新潮社、一九八六年)一八六頁。フーコーはまた、ナチズムにおいて血の象徴論が規律的な権力と結合した姿を見いだしている。従来、日本帝国主義の政策は、このような血の原理とは無縁なものとみなされがちであった。たとえば、安部博純は、「血のミュトス」を標榜するナチスが異民族同化に対して消極的だったのに対して、日本は異民族の同化に積極的であり、「無限抱擁」的であったと評価している(安部博純『日本ファシズム研究序説』未来社、一九七五年、三五七頁)。単純にナチズムと天皇制を同一視することはもちろんできないにしても、かりに「同化」の意味を血液の混淆というレベルで考えるならば、植民地帝国日本の統治体制は決して同化主義的ではなく、ナチスと同様、「抱擁」の対象を厳しく限定していたと評すべきである。対象の範囲が限られてこそ、感激的な「抱擁」として機能するのである。

(2) クリフォード・ギアーツ、吉田禎吾・柳川啓一・中牧弘允・板橋作美訳『文化の解釈学II』(岩波書店、一九八七年)九〇頁、一二二―一二四頁、一四五頁。

(3) この時の調査記録に関しては、拙稿「台湾における皇民化教育に関する聞き取り調査」『成城学園教育研究所年報』第一四集(一九九一年)。なお、文学研究の立場から、「日本人」と思い込もうとした台湾人の意識をリアルに分析したものとして、垂水千恵『台湾の日本語文学——日本統治時代の作家たち——』(五柳書院、一九九五年)を参照。

(4) 大和市の海軍工廠における台湾人少年工のことに関しては、樋口雄一・鈴木邦男「大和市と台湾の少年工——高座海軍工廠関係資料調査概報——」『大和市史研究』第一八号(一九九二年)。

(5) 中西洋『〈自由《リベルテ》・平等《エガリテ》〉と〈友愛《フラテルニテ》〉』(ミネルヴァ書房、一九九四年)。中西は、本書において、〈平等〉を前提としたうえでの、〈友愛〉の原理に基づく〈アソシアシオン〉こそが重視されるべきだと述べている(同前書、二〇九頁)。

(6) 木畑洋一『支配の代償——英帝国の崩壊と「帝国意識」——』(東京大学出版会、一九八七年)六〇頁。イギリスと日本の植民地支配を比較した研究として、同「英国と日本の植民地統治」(前掲『講座近代日本と植民地1』)も参照。

(7) 荒井信一『戦争責任論——現代史からの問い——』(岩波書店、一九九五年)一九四—一九六頁。

(8) 前掲田中『在日外国人』五八頁—六一頁。「戦後改革」期の在日外国人に対する政策について、大沼保昭『単一民族社会の神話を超えて』(東信堂、一九八六年)も参照。

(9) 「終戦ニ伴ナフ内地在住朝鮮人及台湾人ノ処遇ニ関スル件」(大野緑一郎文書、一二七〇)。

(10) 前掲丸山『増補版 現代政治の思想と行動』一六一頁。なお、山田広昭は、「日々の人民投票」とはいっても、そもそも「最初の統一はつねに暴力的」である以上、「国民」としての「感情の共同性」と、これに反した要素を「忘却する働き」を強調するルナンの議論も、ドイツ型「国民」概念を提起したとされるフィヒテの議論と行きつくところは同じであると評している(山田広昭「国民語り Na(rra)tion ——フィヒテからルナンへ——」『現代思想』第二一巻第五号、一九九三年五月)。的確で鋭い指摘であるが、筆者としては、「戦後改革」期に「最初の統一」の原理自体を見直す可能性も存在したと考えている。また、山田は、フィヒテやルナンの議論の批判的な検討に基づいて、「どのようにすればいかなる同一性の原理にも依拠することなく社会を構築することができるのか」というように問題をたてねばならないと説いている。これに対して、筆者は、「たとえ一定の同一性に依拠したとしても、たえずそれを批判的に相対化するような原理を組み込んだ社会を構築することができるのか」というように問題をたてるべきだと考えている。

(11)藤城和美『朝鮮分割——日本とアメリカ——』(法律文化社、一九九二年)二五〇頁。

(12)二・二八事件に関しては、さしあたり、呉密察「台湾人の夢と二・二八事件」(『岩波講座近代日本と植民地8 アジアの冷戦と脱植民地化』岩波書店、一九九三年)を参照。

(13)以下、教科書墨塗りを支えた政策と墨塗りの実態に関しては、中村紀久二「総論・敗戦と教科書」(『文部省著作戦後教科書全35巻 別巻解説1』(大空社、一九八四年)および、同書所収の「戦時期、墨塗り、暫定、六・三新制教科書の教材異同比較表」による。

(14)「戦後日本教育史料集成」編集委員会編『戦後日本教育史料集成』第一巻(三一書房、一九八二年)三九―四〇頁。

(15)山住正己・堀尾輝久『戦後日本の教育改革2 教育理念』(東京大学出版会、一九七六年)二四〇―二四一頁。

(16)前掲『戦後日本教育史料集成』第一巻、一三五頁。

(17)三島由紀夫「英霊の声」一九六六年(『三島由紀夫全集』第一七巻、新潮社、一九七三年)三六二頁。なお、近代天皇制批判の視点、特に三島の文学の受けとめ方に関しては、お茶の水女子大学大学院における一九九四年度の教育史演習に参加した学生たちの議論に大きな示唆を受けている。いちいち名前は挙げないが、感謝したい。

(18)前掲安丸『近代天皇像の形成』二八七頁。

(19)斉藤泰彦『わが心の安重根——千葉十七・合掌の生涯——』(五月書房、一九九四年)。

(20)田中耕太郎「教育行政官及び教育者の性格その他——地方学務課長会議での訓辞要旨——」『文部時報』第八二七号(一九四六年四月)。教育勅語の失効の過程については、鈴木英一『日本占領と教育改革』(勁草書房、一九八三年)、久保義三『天皇制と教育の史的展開 昭和教育史』下(三一書房、一九九四年)などを参照。

(21)半澤孝麿『近代日本のカトリシズム——思想史的考察——』(みすず書房、一九九三年)二一〇頁。

(22)「新しい普遍性」という言葉は、サイード(E. W. Said)が世界人権宣言などとの関わりで言及しているもの。そこには、民族主義が民族の外部にある他者の権利を侵害することにつながりやすいという問題と同時に、普遍性に関わる語彙を独占してきたアメリカ合衆国の権力が「世界人権=普遍的人権の名のもとに、イラクの体制の残忍さを批判」しながら、イエメン労働者やパレスチナ人に対する抑圧には目をつぶるという、矛盾に満ちた状況がふまえられている（エドワード・W・サイード、大橋洋一訳「民族主義、人権、解釈」『みすず』第三九三号、一九九三年一二月）。なお、徐《ソ》京植《キョンシク》は、パレスチナ人の映画監督クレイフィ(M. Khleifi)との対談において、このサイードの議論をひきながら、「自分にとって固有の、あるいは在日朝鮮人に固有の経験がどのように世界の他の人々と繋がってゆくのか、それをいかに真の普遍性に向けて開いていくか、しかも、あなたの言う「抽象化という罠」におちいることなく」という問題を提起している（「普遍主義というひき臼にひかれて――パレスチナと在日をつなぐもの――」『世界』第六一七号、一九九六年一月）。「日本人」が自らの「固有の経験」に根ざしながら、どのようにしたら徐の問題としているような開かれた地平に少しでも近づくことができるのか、ということが本書を貫くテーマであったということもできるかもしれない。

あとがき

昨年(一九九五年)は、「戦後五〇年」を記念するさまざまな催しの行われた年だった。しかし、あまのじゃくな筆者は、「戦後五〇年」という問題のたて方への異和感を拭うことができず、植民地支配の歴史への自分のこだわりと現在の状況との接点をどのように見いだすべきか、思いあぐねていた。

しかし、自分のこだわりが決して自分だけのものではないのだと思えた時ももちろんあった。日台関係一〇〇周年記念留学生フォーラム実行委員会主催「日本と台湾　その一〇〇年を考える」(六月一七日—一八日、於拓殖大学)と、ハンギョレ研究会主催「朝鮮解放・分断五〇年——いま在日同胞と祖国を考える——」(七月二二日、於早稲田奉仕園)という二つのシンポジウムである。そこでは、まだまだ若いと自分では思っている筆者よりもさらに若い台湾人留学生や在日韓国・朝鮮人が、「民族」と「歴史」をめぐって真剣な討議を繰り広げていた。歴史をみる時の立脚点は、彼らと自分で、異なったものとならざるをえないかもしれない。しかし、それぞれが先行する世代との葛藤をはらんだ継承関係の中で、新しい「民族」と「歴史」のイメージを形成しつつあるとの思いに力づけられた。本論のつづきのような内容となってしまうことが恐縮であるが、その時に感じた思いを記すことであとがきに代えることにしたい。

台湾からの留学生が中心となって企画・運営にあたった前者のシンポジウムには、筆者は、陳培豊さん(東京大学大学院)の「台湾における植民地統治と上田万年の国語観」と題する報告のコメンテーターとして出席した。まず印象に残ったのは参加者の多さである。一〇〇名近くはいただろうか。台湾史研究の「マイナーさ」を常々感じてきた身としては、これは驚きであり、二〇枚くらいでいいだろうと思っていたレジュメをあわてて増刷する羽目にも陥った。報告者の中心は台湾出身の大学院生であるが、その他に大学に籍をおく狭義の「研究者」だけでなく、通信社などで定職につきながら台湾への関心をもち続けている日本人が、少なからず参加していたことも新鮮だった。

何義麟さん(東京大学大学院)は、「日本びいきの父親」をいかに理解するか、というところから問題をたてていた。そして、一九四五年から四七年にかけての台湾人の言論活動には「主体的な日本観」が存在したことを、抗日運動のメンバーの一人だった王白淵などに即して論じていた。王は、「日本人諸君に与ふ」という文章で、台湾人の最低限の要求である台湾議会設置についてさえ日本人がいかに冷淡だったかを指摘したうえで、民族の対立は歴史的に相対的なものであり、日本人が民主的体制を形成し視野を拡大すれば、再び出会えるだろうと述べているのである。そうした「主体的な日本観」が、二・二八事件以後の政治的抑圧のもとで戦後世代に伝達されるチャンスを失い、現在の状況への絶望感の裏返しとして過去を美化する「日本びいきの父親」たちが生まれたのではないか、と何さんは話していた。

確かに、筆者も台湾を訪れた時に衛星放送で大相撲を楽しんでいる人のいることに驚いたことがある。また、特に筆者の父親の世代には、そうした姿の一面をとらえて、日本の台湾統治は「成功」だったと短絡しがちな日本人が少なからずいる。彼らが台湾の抗日運動の歴史や「戦後」政治史をふまえたうえで、「日本びいきの父親」たちを理解しようと努力している例はまれである。このように、ほとんど同床異夢な状況のもとでのもちつもたれつの構造を越えて、どうしたら先行する世代のツケをそれぞれに背負いながら、日本人と台湾人が出会えるのだろうか。何さんの報告は、そうした問題を筆者につきつけるものだった。

もう一人印象的だったのは、法制史を専攻する呉豪人さん(京都大学大学院)の報告である。呉さんは、「遅れてきたナショナル・アイデンティティ」という題名で、民族形成についてのフランス・モデルとドイツ・モデルという理論を援用しながら「台湾人アイデンティティ」の形成過程にまつわる困難を指摘していた。興味深かったのは、「結局、台湾人アイデンティティの根拠はどこに求められるのか。閩南語《みんなん》(福建系の漢民族の言葉)か」というやや性急な調子の質問に対して、言語や文化にアイデンティティの根拠を求めることには反対する、それは原住民の排除に連なるからである、一定の政治的理念のもとでの結集という原理をこそ優先させるべきだ、と答えたことである。

あれはもう四年前のことになるだろうか、中華航空に乗った際に北京語に続いて閩南語でアナウンスのあったことに驚いた覚えがある。北京語に比べておとしめられていた閩南語が台湾社会で公的な市民権を得たのは、その程度に新しいはずのことである。今日の日本社会で、ある意味では「気軽に」国民国家の虚構性やナショナル・アイデンティティの限界について議論できるのとは異なった状況がそこには存在する。そうした状況の中で、原住民の排除につながらないような理念をこそ探求すべきだ、と述べていることの重たさを忘れてはならないだろう。

ハンギョレ研究会のシンポジウムの行われた早稲田奉仕園礼拝堂も満員だった。司会者は、一昨年、『「民族」を読む――二〇世紀のアポリア――』(日本エディタースクール出版部)という重たい問いかけに満ちた著書を著した徐京植《ソキョンシク》さん。徐さんは、最初に、この会では日本語を用いるとハングルで述べ、また、「朝鮮」という呼称は「韓」という呼称を排するものではないと説明したうえで、在日朝鮮人の参政権の欠落という問題をはじめ、自分たち自身の運命が自分たちと疎遠なところで決められている現状をどのように変えていけるのか、また、「祖国」や「民族」という多義的な言葉を、今自分たちのおかれている複雑な状況に即して、どのようにつかみ直していけるのか、という問題を提起した。

在日三世である慎蒼健《シンチャンゴン》さん(東京大学大学院)は、司会者からの問いかけに次のようにこたえていた。

従来、在日朝鮮人が日本社会に異質な他者として受けいれられることばかりが強調され、自分たち自身がフィリピンなどからの「外国人」労働者を異質な他者として受けいれようと努力してきたのか。実はそうした「外国人」労働者の姿にこそ、自分たちの祖父や祖母の姿を重ね合わせて見ることができるのではないか。そして、今日「民族」ということを語ることに意味があるとしたら、言語や文化の共有ということよりも、そうした歴史的体験にこそ根拠を求めるべきであり、また、自らの実体験に開きなおることではなく、異質な歴史的体験を共有し、交流させていくことこそが重要だ、と慎さんは述べていた。

ここに挙げてきた人たちの議論に共通しているのは、どうしたら差別の重層的な構造そのものを乗り越え、排他的でない、他者への共感につながる「民族」主義を構築できるのか、あるいは、そもそもそうしたことが可能なのかということだったように思われる。それはまた、帝国主義と植民地支配の歴史によって、ひとりの人間の中で、親子のあいだで、民族の内部で、民族と民族のあいだで、二重にも三重にも引き裂かれた構造を、——一つの差別の克服が別の差別の強化に帰結してしまいがちであるというジレンマを慎重にふまえたうえで——どのようにしたら克服していけるのだろうか、という問いにも連なっているように思えた。

筆者は、このような問題のたて方に共感した。と同時に、ある種の戸惑いを感じざるをえなかったのも事実である。なぜならば、彼らの議論は自己批判的であり、日本人の罪を一方的に糾弾するという類のものではないだけに、日本人としてはあまりに「心地よい」のである。この「心地よさ」に埋没してしまわないためには、おそらく、もう一つ次のような問いを付け加えねばならないのだろう。

差別の重層的な構造を乗り越えようとする、台湾人や朝鮮人の自己批判的な発言が、日本人にナルシスティックな自己肯定を呼び起こすのではなく、より徹底した自己批判を喚起するような回路を、どのようにしたら保障できるのだろうか。

答えはまだない。ただ、本書全体が、そうした問題意識に促されて執筆されたものであることは確かである。筆者は、人間的な生き方を求める思いに貫かれた台湾や在日の若者の議論に大いに挑発されたし、また、本書を通して、挑発し返していきたいと思っている。

筆者のような「戦後」生まれ、それも「高度成長」時代に生まれた人間にとって、植民地支配は「昔のこと」であるという感覚を完全に拭い去るのは困難である。また、日本政府の植民地支配責任を追求すべきではあっても、個人として責任を負うべきいわれも、自己批判的であるべき理由もないかもしれない。「自虐史観」という、非難の言葉もある。しかし、評論家の加藤周一さんが「戦争責任」問題に関わって述べているように、たとえいくさや犯罪が過去のことだったとしても、「いくさや犯罪を生み出したところの制度・社会構造・価値観」が今日まで残っているとすれば、それに反対するかしないかは、いつ生まれたかには関係のない問題である(「春秋無義戦」『朝日新聞』一九九二年一二月一七日付け夕刊)。また、実際に、従来の制度・社会構造・価値観の深さにつきあたりながら、国境や民族の壁を越えようとする行動、感受性、思想が、さまざまな場で形成されつつあるとも思う。それはもちろん「研究」という領域にかぎられることでもない。本書の内容、特に末尾の部分はかなりモラリスティックな論調となってしまったが、「日本人」であるか否かを問わず、そうした場に生きる人々と接した時の心の震えのようなもの——ある種の戸惑いの感じを含めて——と、単純素朴な楽しさが、案外と、本書執筆に際してのエネルギー源となっていたようである。歴史研究というかぎられた領域のことではあるが、筆者もまた、そうした人たちの驥尾に付して、「自虐」のためにではなく、他者との交流に対する自らの感受性を解き放ち、人間的な生き方の追求を、われひとともに可能にするための一つの条件として、植民地支配にともなって産み出された制度・社会構造・価値観を批判する作業を続けていきたいと思う。

本書は、一九九四年に東京大学大学院教育学研究科に提出した学位請求論文「近代日本植民地教育文化政策史研究」を大幅に加筆修正したものである。各章の内容は、それぞれ次のような既発表論文と関係している。

＊　　＊　　＊

第Ⅰ章　「領台初期における植民地教育方針の形成——儒教・教育勅語・日本語——」阿部洋編著『平成四・五年度科学研究費（総合A）研究成果報告書　戦前日本の植民地教育政策に関する総合的研究』一九九四年

第Ⅱ章　書き下ろし

第Ⅲ章　「資料紹介：台湾版教育勅語草案について」お茶の水女子大学文教育学部『特定研究成果報告書　異文化間教育のための情報システムの構築』一九九四年

「植民地教育と異文化認識——「呉鳳伝説」の変容過程——」『思想』第八〇二号、一九九一年四月

「異民族支配の教義——台湾漢族の民間信仰と近代天皇制のあいだ——」『岩波講座近代日本と植民地4　統合と支配の論理』岩波書店、一九九三年

第Ⅳ章　書き下ろし

第Ⅴ章　「「満洲国」における儒教の位相——大同・王道・皇道——」『思想』第八四一号、一九九四年七月

第Ⅵ章　「日中戦争期文部省と興亜院の日本語教育政策構想——その組織と事業——」『東京大学教育学部紀要』第二九巻、一九九〇年

「「大東亜共栄圏」構想と日本語教育政策——文部省編『日本語読本』の内容分析——」『日本の教育史学』第三三集、一九九〇年

「戦前期中国大陸における日本語教育」木村宗男編著『講座日本語と日本語教育』第一五巻、明治書院、一九九一年

「解説」『「満洲・満洲国」教育資料集成』第九巻、第一〇巻、エム・ティ出版、一九九三年

第I章、第III章、第V章は、既発表論文をおよそ二倍くらいの枚数に加筆修正したものである。第I章、第III章のうちでも特に「はじめに」に続く第二節の法制史関係の部分はほとんど書き下ろしとなっている。どちらかといえば、思想史にひかれやすい傾向の筆者が、法律とか制度の重要さに気づいたのは、比較的最近のことだからである。第V章に関しては、学位論文の審査委員会における若林正丈先生の的確な批判に触発されて、孫文の思想をはじめ中国の近代的なナショナリズムとの関連について加筆した。第VI章も占領地文化工作に言及した第二節についてはほとんど書き下ろし、第三節以降の日本語普及政策についてはむしろ既発表論文の内容を大幅に縮小整理した。第II章、第IV章は学位論文にも含まれていないものであり、純粋な書き下ろしである。ただし、両章執筆の前段階にあたる内容を『歴史学研究』に投稿している。説明不足の点が多々あり、掲載にはいたらなかったが、『歴史学研究』編集委員会による懇切なコメントは本書の執筆に際して大きな参考となった。この場をかりて謝意を表したい。

筆者のささやかな研究史をかえりみると、まず修士論文では日本語教育政策史を取りあげ、一九九〇年に台湾を訪れて以降は台湾史に関心を向け、内容的にも言語の問題にかぎらず、広く植民地支配と文化との関係ということに焦点がうつった。呉鳳という一人の漢民族をめぐる物語が思いもかけぬ奥ゆきをもっていることに気づき、これを窓口として異文化のせめぎあう姿が見えてきたのも、この頃のことである。台湾の呉鳳伝説を分析したのと同様の関心と方法に基づいて、満洲国を分析の対象としたのが第V章のもとになる論文である。朝鮮史については、実は学部学生の時代から初発の関心として存在していたのだが、研究蓄積の厚さに気おされてどこか敬して遠ざけてきたところが

あった。本書執筆に際して、ようやく学部時代以来の宿題に立ち向かったということになる。執筆の時期による関心のズレや用語の不統一などをできるだけ克服し、独立した著書として統合された内容とすることに努めたが、どの程度成功しているかは読者の判断にまつよりほかはない。

＊　＊　＊

筆者の数少ない特技の一つは、よい師を見つけるということである。また、実際に本当にめぐまれてきたと思う。さかのぼり出せばきりはないが、二谷貞夫先生をはじめとする筑波大学附属高等学校の社会科の先生方に、たとえば、韓国民主化運動の担い手であり、詩人である金芝河《キムジハ》という人物について教えられたことが、こうした道に迷い込む(?)遠因となっているといわざるをえない。東京大学教養学部時代は、義江彰夫先生のゼミで歴史研究の楽しさと、資料に基づいてものをいうというごくあたりまえのはずのことが、いかに難しくまた大切であるかということを教えられた。

教育学部に進学して以降もたくさんの先生方の薫陶を受けたが、一〇年来の指導教官である寺﨑昌男先生と、他大学からのモグリ学生としてお世話になった久木幸男先生に、特に感謝したい。

寺﨑昌男先生は、おそらく大学の教員としては希有であると思われるほど、「教育者」としての資質を持った人である。「あまりにも」という形容を付けたいほど個性にあふれた寺﨑ゼミの院生たちが、それぞれ孤立するのではなく、いつのまにかお互いの研究に干渉しあい、共同研究を組織するようになったのは、寺﨑先生がそれぞれの個性を見ぬきながら、自由な学問創造の場の雰囲気づくりに意をくだいてくださったことが大きい。しかも、それは、大学史を専攻する先生の「大学」に対する熱い思いに支えられたものだった、と今さらのように思う。学部学生時代以来、方向性の定まらぬエネルギーをもてあましがちだった筆者も、そうした集団の中で、自らの思いを人に伝えるためにはプレゼンテーションの技術が必要であることを学び、ようやく「研究」という領域の中に自分を押し込んでいくことが少しずつできるようになってきたのだった。

久木幸男先生は、柔らかな物腰と謙虚さに満ちた態度のうちに、ときおり、孤高の剣豪のような(?・)鋭い眼光を光らせる人であることを筆者は知っている。「博識」などという生やさしい言葉では表現できないほどの歴史への造詣の深さ、資料批判の厳しさと資料の読みの的確さ、どれも「学問」と呼ばれるものの奥深さをかいまみせてくれるものであった。また、近代天皇制と教育に関する久木先生のご研究は、言葉の真の意味でラディカル(根底的)な批判を提起したものであり、本書の執筆にあたっても、板垣雄三氏や酒井直樹氏の議論と並んで、大きな示唆を受けている。

このほか、台湾や中国への旅を共にさせていただいた磯田一雄先生、故野村章先生には、現地を訪れて当事者の話を聞き、研究者と交流する——もちろん、論争することを含めて——ことの大切さを教えていただいた。聞き取り調査に際して、植民者の子弟として中国東北や台湾に暮らした体験を持つ野村先生が話の糸口をつかみ、磯田先生が一貫性のある質問をし、筆者が「若気のいたり」でつっこんだことを聞く、という役回りは絶妙のトリオだったのではないか、と思っている。くしくも、筆者がはじめて自分の研究を講演めいた形で話す機会を与えられたその日に野村先生は他界された。ご冥福を祈りたい。(なお、野村先生が自らの植民者としての体験を批判的にふり返られた貴重な記録が『岩波ブックレット 植民地そだちの少国民』として刊行されている。)

東京大学大学院教育史教育哲学研究室の先生方や院生諸氏、また、近代日本教育史料研究会(通称「かわら版」)のみなさんにも感謝したい。特に、筆者を「かわら版」の仲間に引きずり込んでくれた米田俊彦さんは、修士論文、博士論文、そして本書の原稿全体に丁寧に目を通し、いつも的確なアドバイスをしてくださった。「かわら版」や寺﨑ゼミのメンバーと数かぎりなく酒を飲みながら話した体験が、研究者としての今の自分を支えてくれていると考えれば、大量の酒代も十分に元がとれているというべきだろう。

本書の表紙で用いた写真を提供してくださったのは、三田裕次さんである。ふだん商社マンとして働きながら、台湾関係資料が台湾に系統的に蓄積されるように奔走されている三田さんは、新しい「日本人」のあり方の一つの例を示しているのかもしれない。いい意味で道楽(?)として、歴史にかかわり、アジア諸地域の人々とかかわろうとする人が出てこなければ、価値観も社会構造も変わらないだろうと思うからである。

最後に、決して豊かとはいえない台所事情のもとで、大学院進学を認め支えてくれた父と母、また、著書執筆にともなう不自然・不規則・不健康きわまりない生活の中で、いつも明るい、よく響く笑い声を絶やさないでいてくれた妻(山本)直美にも、この場をかりて心からありがとうといいたい。

筆者のような若輩に本書出版のチャンスを与えてくださったのは、岩波書店編集部馬場公彦さんである。筆者の「兄貴」のような年頃だろう(と勝手に思っている)馬場公彦さんは、たとえ年賀状であっても釘をさすべきところはしっかりさす有能な編集者であり、論旨の曖昧な部分をあまりにも的確に指摘する恐るべき読者であり、そして何よりも、「日本」と「アジア」の関係について刺激的な議論を交わすことのできる貴重な友人である。本書も、植民地研究への課題意識と「アジア」への思いを共有する馬場さんとの「共闘」の産物であると筆者は思っている。もっとも、本書が当初予定していた枚数の倍近くにふくれあがってしまったことをはじめ、本書の不十分な点が、すべて筆者の責に帰するものであることはいうまでもない。

＊　＊　＊

本書が出版される頃には、筆者は、グラスゴーのマンガン教授のもとで、在外研究員として、イギリスとの比較植民地政策史研究に手をそめはじめているはずである。イギリスというかつての世界の「中心」の、グラスゴーという今日では「周縁」的な存在となった街で、本来の意味での「世界史」に連なるような形で、帝国主義・植民地支配と教育・文化との関係について今後も考え続けていきたいと思う。

一九九六年三月一日——三・一独立運動の記念の日に——

駒込　武

再版にあたって

再版にあたって、初版に存在した誤字・誤植等をできるかぎり改めた。なお、次の二点については内容的なことがらに関わることなので、ここで初版本における誤りを再版でどのように訂正したのかを明確にしておきたい。

九一頁三行目　「約三万五〇〇〇人」(誤)→「約三五万人」(正)

一六二頁六行目～七行目　「「忠実業ニ服シ勤倹産ヲ収メ」という語句は、戊申詔書の「誠実業ヲ修メ…勤労倦マズ」を踏襲」(誤)→「「誠実業ヲ修メ…勤労倦マズ」という語句は、戊申詔書の「忠実業ニ服シ勤倹産ヲ収メ」を踏襲」(正)

一九九七年三月二〇日

駒込　武

■岩波オンデマンドブックス■

植民地帝国日本の文化統合

1996年3月26日　第1刷発行
2010年11月19日　第9刷発行
2016年2月10日　オンデマンド版発行

著　者　駒《こま》込《ごめ》　武《たけし》

発行者　岡本　厚

発行所　株式会社　岩波書店
〒101-8002 東京都千代田区一ツ橋2-5-5
電話案内 03-5210-4000
http://www.iwanami.co.jp/

印刷／製本・法令印刷

ISBN 978-4-00-730377-7　　Printed in Japan

人名索引

1) 台湾・朝鮮・中国の人名は，便宜的に日本語漢字音で読み，50音順に配列した.
2) 事項索引としての性格もある程度もたせるために組織名や神名も対象としたが，一般名詞としての天皇，韓国皇帝などは索引項目に含めなかった．また，組織名については必ずしも網羅的ではなく，台湾総督府など頻出する組織名については原則として注の部分の編著者名のみを索引項目とした.

ア行

カ 行

サ行

タ行

ナ 行

マ 行

ヤ 行

ラ 行

ワ 行

書名索引

1) 検索の便宜を考えて，書名から「極秘」「第二版」「増補版」というような補足的な情報および副題を削除したうえで，50音順に配列した．
2) 本索引は，紀要や雑誌のような逐次刊行物，公文書や個人文書所収の諸資料を除外し，一般書(パンフレット類を含む)のみを対象として作成した．洋書も除外した．
3) 本文に登場する一般書については網羅的に含めることにしたが，注の部分については，資料集類に一般書の一部あるいは全部が所収されている場合，資料集類のみを索引項目とした．
4) カッコ内は，編著者名を表す．古典および講座類の編著者名は省略した．

ア 行

カ 行

サ行

タ 行

ナ 行

ハ 行

マ 行

ヤ 行

ラ 行

ワ 行